·通用经济系列教材·

The Concise Course in Stock Investments

证券投资学简明教程

（第三版）

蒋海涛　李绍昆　编著

中国人民大学出版社
·北京·

图书在版编目（CIP）数据

证券投资学简明教程/蒋海涛，李绍昆编著. —3版. —北京：中国人民大学出版社，2019.4
通用经济系列教材
ISBN 978-7-300-23680-3

Ⅰ.①证… Ⅱ.①蒋…②李… Ⅲ.①证券投资-高等学校-教材 Ⅳ.①F830.91

中国版本图书馆CIP数据核字（2016）第283574号

通用经济系列教材
证券投资学简明教程（第三版）
蒋海涛　李绍昆　编著
Zhengquan Touzixue Jianming Jiaocheng

出版发行	中国人民大学出版社		
社　　址	北京中关村大街31号	**邮政编码**	100080
电　　话	010－62511242（总编室）		010－62511770（质管部）
	010－82501766（邮购部）		010－62514148（门市部）
	010－62515195（发行公司）		010－62515275（盗版举报）
网　　址	http://www.crup.com.cn		
	http://www.ttrnet.com(人大教研网)		
经　　销	新华书店		
印　　刷	北京宏伟双华印刷有限公司	**版　　次**	2009年10月第1版
规　　格	185 mm×260 mm　16开本		2019年4月第3版
印　　张	17.25	**印　　次**	2019年4月第1次印刷
字　　数	403 000	**定　　价**	42.00元

出版说明

随着经济全球化的不断深入，中国经济走上了高速发展的通道，获得了前所未有的发展。越来越多的人认识到，要想真正融入现代社会，无论是什么专业背景、从事何种工作，学习经济类课程对工作都非常有帮助。顺应这一形势，我国大部分高等院校也开始重视经济类课程的教学和经济类课程的普及。一方面，越来越多的经济类课程成为高校非经济专业选修的热门课程；另一方面，许多理工科学生把经济类专业当作第二学位来学习。但是，现有的经济类教材大部分在内容上都有一定的深度，对初涉经济学的学生来说有一定的难度，适合的教材较少。鉴于这种情况，我们组织编写了这套“通用经济系列教材”。本套教材在组织编写上遵循了以下原则：

第一，所列课程均为经济类的基础课程，能够适应不同专业学生的普及学习。

第二，教材在编写上力求简明、通俗，篇幅适中，重视基础知识和基本原理的讲解。

第三，在内容上尽量减少纯理论的阐述、证明等，增加一些实际案例、专栏、开篇案例导读之类的东西，使教材的可读性更强，内容更易于理解。

我们秉承中国人民大学出版社“出教材学术精品，育人文社科英才”的宗旨，紧跟时代脉搏，不断推出精品，提升教材的质量，为中国高等教育和实践水平的提升做出贡献。我们希望广大读者的建议和鞭策能够促使我们不断对本套丛书进行改进和完善，以更好地服务读者。

中国人民大学出版社

前　言

随着新三板的开通和发展以及沪港通和深港通的启动，中国多层次资本市场已经初见规模，居民和非居民的投资和融资路径进一步拓宽，中国资本市场已经进入发展的快车道。学习和掌握证券市场知识，把握证券市场的发展规律，必将使读者从中国证券市场的进一步发展中受益。随着我国经济建设进入新常态阶段，证券投资活动也和过去呈现出不同的特点，掌握新的证券知识的必要性，在当今阶段尤为迫切。

中国经济进入新常态发展阶段，供给侧的改革日渐深入，资本市场也相应地做出了很多的改革和调整，确立了新的继续前行的路径、目标、动力和实践方式。随着中国资本市场和国际资本市场的日渐融合，中国资本市场面临新的改革、创新和发展，进而推动中国经济复苏、结构调整和增长方式的转变。缩小收入分配差距，让“有恒产者有恒心”，该项目标的具体落实，必将使广大居民对我国经济社会全面、协调、可持续发展更有信心。证券投资作为一个重要的收入来源，越来越引起人们的广泛关注。

进行证券投融资活动必须通晓证券投资环境、工具、分析、交易等一系列中间环节和相关知识。本书以证券投资为主线介绍证券市场、证券投资基本原理及相关知识。

当前我国证券市场的新发展、证券行业的新变化是本书编写的大背景。本书是在多年从事证券投资学专业课程教学的基础上，结合证券投资实践，组织相关领域专业教师编写的。证券投资学是一门对理论性与实践性要求都很高的专业课程。因此，本书的编撰过程注重理论与实践的密切结合，着重突出了实践性的特点。本书安排了大量的证券投资案例，并对它们做了深入剖析，以培养读者理论与实践相结合的能力。在案例的选择上本书始终坚持深入浅出，灵活实用。在编撰过程中，本书注重用平实、精练的语言，深入浅出地阐述证券投资的基本理论与实践技能。

本书的受众主要是高等院校财经专业的师生，同时，本书既可以作为广大证券投资爱好者学习相关专业知识的参考书籍，又可以作为证券、银行与保险系统以及其他经济管理部门的专业培训与学习用书。非专业人员也可以将本书作为其认识证券市场、从事证券投资事业的指导性书籍。证券投资学有着较强的时效性，本书的教学必须随着社会经济的发展而不断地补充与完善。本书仅提供了系统的证券投资知识基础，学生学完本书之后，还要深入学习实践，广泛深入阅读相关书籍才能逐步真正掌握这门课程。为了方便有志进入证券业的读者深入学习，我们在附录中增加了 2018 年证券业从业人员一般从业资格考试大纲供读者学习时参考。

本书主要由蒋海涛、李绍昆负责，并由他们进行了最终的统稿工作。参与本书各章编撰的同志包括：张宣庆负责第一章的编撰，王国莉负责第二章的编撰，秦冬杰负责第三章的编撰，李绍昆负责第四章的编撰，刘晓燕负责第五章的编撰，张毅负责第六章的编撰，蒋海涛负责第七章的编撰，任福娇负责第八章的编撰。

本书的特色在于：清晰、准确、活泼地描述了证券投资学的基本概念和原理，全面系统地反映了当前国内证券投资领域的教学科研成就，强化了证券投资市场运行和投资实践的内容。我们认为，这样的编写，融合了当前主流教材编写的各家优点，并且结合当前中国教学特色而进行了卓有成效的尝试。

需要特别说明的是，尽管本版更新了相当多的内容，但它仍是在前两版的基础上发展而来的，在结构上遵循了原来的思路。本书在编撰过程中参考了大量国内外相关领域的著作资料，借鉴、引用了其中部分内容，在此向有关作者表示诚挚的感谢。限于我们的水平与时间等诸多因素，书中难免有疏漏之处，敬请广大读者批评指正，使之日臻成熟。同时，向曾经选用并准备选用本书的读者表示感谢。

蒋海涛

2018 年 10 月

目　录

第一章

证券投资导论

第一节　有价证券与证券投资

一、证　券

广义的证券是指各类记载并证明特定权益的法律凭证。

首先，作为规范的法律凭证，证券并不是任何人都可以随意制作和发行的。证券必须具有合法性，按照合法的程序获得批准、制作和发行，并受到法律的保护。

其次，证券是用于设定和证明特定权益的书面凭证，其设定和证明的所有权益具有法律效力，它表明证券持有人有权取得该证券记载并证明的特定权益。证券持有人有权依其所持凭证记载的内容获得应有的权益。

证券可以采取纸面形式或证券监管机构规定的其他形式。当前在我国随着科学技术特别是现代电子信息技术的飞速发展及金融制度的不断创新，现代证券在形态上很多已经采用电子登记及交易的方式，不再是早期的单一凭证式纸面实物形态。

证券遍布在人们社会生活的各个方面，如钞票、支票、提单、房产证、股票、债券等都是证券。另外，像购物凭证、保险单、车票等也都是证券。

狭义的证券就是下文所述的资本证券。

二、有价证券

（一）有价证券及其分类

有价证券是指具有票面金额，用于证明持有人对特定财产拥有所有权或债权并可以流通的凭证。由于它代表着一定量的财产权利，持有人可凭该证券直接取得一定量的商品、货币，或是取得利息、股息等收入，因而可以在证券市场上买卖和流通，客观上具有一定的交易价格。

按所体现内容的不同，有价证券包括商品证券、货币证券和资本证券。这也是通常所讲的**广义有价证券**。

商品证券是证明持有人具有商品所有权或使用权的凭证，取得这种证券就等于取得这种商品的所有权，持有人对这种证券所代表的商品的所有权受法律保护。属于商品证券的有提单、运单、房产证等。

货币证券是指本身能使持有人或第三者取得货币要求权的有价证券。货币证券主要包括商业证券和银行证券。前者如商业汇票和商业本票；后者如银行汇票和银行支票。

资本证券是指由金融投资或与金融投资有直接联系的活动产生的证券，即证券业内通常所讲的**狭义证券**概念，如股票、债券、基金等。持有人有相应的收入要求权。资本证券是有价证券的主要形式。

从投资的意义来说，前面所列举的证券显然并不具有同等的重要性，有些类别的证券甚至不能作为投资对象。我们更为关注的是那些能够在市场上流通，具有明确的价值或价格表现，从而能够作为投资对象给持有人带来增值收益的证券。

从这个意义来讲，可流通的资本证券如股票、债券等，无疑是最典型的有价证券；可流通的商品证券及货币证券从广义上也可以被视作有价证券；还有一种证券如购物凭证、保险单、合同书等凭据证券则基本不属于有价证券范畴。证券投资学关注的是价值增值问题。考虑到投资的严格意义，更准确地说，有价证券主要是指现代经济生活中最常见的那些资本证券。本书以后所讲的有价证券除非特别说明，均指资本证券。

有价证券是虚拟资本的一种形式。所谓虚拟资本，是指以有价证券形式存在，并能给持有人带来一定收益的资本。虚拟资本是独立于实际资本的一种资本存在形式，本身不能在生产过程中发挥作用。通常，虚拟资本的价格总额并不等于所代表的真实资本的账面价格，甚至与真实资本的重置价格也不一定相等，其变化并不完全反映实际资本额的变化。显然，有价证券的交易价格只能取决于预期的投资收益、市场利率以及宏观政策、供求关系等市场性因素。

就投资收益和市场利率而言理论上有如下计算公式：

有价证券价格＝有价证券预期收益/银行存款利率

如果有价证券的预期收益大于银行存款同期利息收入，理论上则意味着有价证券的市场价格将会上扬。例如，某只股票的预期收益率将达到 15%，而银行一年期存款利率为 5%，这就意味着投资该只股票将会获得 3 倍于银行存款的收入，股票的价格自然会上升。反之，如果政府大幅度提高银行存款利率，有价证券的预期收益率将低于银行存款利率，则意味着证券的价格将下跌。

有价证券是伴随着社会化大生产和商品经济的逐步发展而产生的。它是现代经济生活中各类经济主体进行大规模社会融资时普遍采用且极具效率的工具，同时也是十分重要和理想的投资对象。

（二）资本证券及其分类

资本证券可以从不同的角度按不同的标准进行分类。

1. 按证券发行主体的不同，资本证券可分为政府证券、公司证券和金融证券

政府证券通常是指由中央政府或地方政府发行的中长期债券。中央政府债券也称国债，通常由财政部发行；地方政府债券由地方政府发行。公司证券是公司为筹措资金而发行的有价证券，公司证券包括的范围比较广泛，主要有股票、公司债券及商业票据等。金融证券是商业银行及非银行金融机构为筹措信贷资金而向投资者发行的一种资本证券。金融证券主要包括金融债券、大额可转让存单等，其中以金融债券为主。金融证券也可被视为公司证券的一种。

2. 按是否在证券交易所挂牌交易，资本证券可分为上市证券与非上市证券

上市证券是指经证券主管机关核准发行，并经证券交易所依法审核同意，允许在证券交易所内公开买卖的证券。非上市证券是指未申请上市或不符合证券交易所挂牌交易条件的证券。非上市证券不得在证券交易所内交易，但可以在其他证券交易市场交易。某些国债和开放式基金份额就属于非上市证券。

3. 按募集方式分类，资本证券可以分为公募证券和私募证券

公募证券是指发行人通过中介机构向不特定的社会公众投资者公开发行的证券，审核较严格并采取公示制度。私募证券是指向少数特定的投资者发行的证券，其审查条件相对宽松，投资者也较少，不采取公示制度。目前，我国信托投资公司发行的信托计划、上市公司采取定向增发方式发行的资本证券均属私募证券。

4. 按证券所代表的权利性质分类，资本证券可以分为股票、债券和其他证券三大类

股票和债券是证券市场上的两个最基本和最主要的品种；其他证券包括基金证券、证券衍生品，如金融期货、金融期权、可转换证券、权证等。

三、证券投资

（一）投　资

投资是指经济主体为了获取未来预期收益而购买实物资产或金融资产进行经营的经济行为。经济主体可以是国家、机构、企业法人或个人。实物资产主要包括固定资产和流动资产，例如厂房、机器设备、基础设施以及生产经营过程中使用的原材料、各种耗材等。金融资产则主要表现为各类有价证券如股票、债券及其衍生品等。投资者必须充分地运用投资形成的实物资产来间接地参与企业营利性的生产经营及销售活动；或运用金融资产获得股息、债息等收益性分配，或在市场低买高卖获得差价以实现投资的利润目标。总之，只有形成特定的资产并有效地运用这些资产，投资的预期收益才可能实现。

投资按照不同的标准可以分为证券投资与实业投资、长期投资与短期投资、直接投资与间接投资、初创投资与后续投资、对内投资与对外投资等。

投资具有风险，风险是指收益的不确定性。投资显然是延迟消费而提前预支财富并谋取将来不确定收益的行为。投资收益的这种将来的不确定性，构成了投资风险。因此，投资者必然要寻求能够补偿风险的超额回报。投资者要实现未来收益，必须在风险既定的情况下回避或控制风险，追求收益的最大化；或在收益既定的情况下寻求风险最低的投资。

投资要获得预期的收益，在做出投资决策前必须考虑相关的重要因素。这些因素包括投资收益的多少、投资风险的大小以及回避和控制、投资伸缩弹性、投资管理权控制等。

对于投资者来说，由于在现代实业投资中要满足规模经济需要的巨额资金投入，克服现代科技的复杂性以及获取信息的局限性，获得稳定的投资收益无疑是十分困难的，因而金融投资形式便成为必然的选择。

（二）证券投资

证券投资是指投资者（法人或自然人）购买股票、债券、基金等有价证券以及这些证券的衍生品，以获取红利、利息及资本利得的投资行为和投资过程。按照投资品种的不同，有时它是直接投资的一种重要形式，有时它是间接投资的一种形式。证券投资是商品经济充分发展、信用制度高度发达的产物，是发达国家现代社会最主要和最基本的投资方式。

证券投资具体表现为在证券市场上买卖或持有有价证券的活动过程。证券投资作为一种经济行为既可能给投资者带来巨大的收益，也蕴含着相当大的风险。收益与风险总是伴随着整个证券投资过程。

投资者可以根据自己的目的或行为方式的不同进行短期投资、长期价值投资或控股投资以实现自己的收益目标。

（三）证券投资的基本特点

证券投资有五个方面的基本特点：收益性、风险性、流动性、时间性、社会性。

1. 收益性

证券投资的收益性是指持有或低买高卖证券本身可以获得一定数额的收益，这是投资者拥有或转让资本所有权的回报。证券代表的是对一定数额的某种特定资产的所有权或债权，投资者持有证券也就同时拥有取得这部分资产增值收益的权利，通过转让也可以获得资本利得，因而证券投资具有收益性。通常这种收益会远高于银行利息收入，尽管有时这种收入是不确定的。

2. 风险性

证券投资的风险性是指证券投资者在证券投资过程中面临着达不到预期收益或遭受损失的可能性。有时会面临连本金也无法收回的可能性。从整体上说，证券的风险与其收益成正比。一般风险越大的证券，投资者要求的预期收益越高，面临的风险也越大。反之，则收益低风险小。风险包括证券发行人因经营不善或道德问题导致无法履行义务的风险，以及因受政策变化、经济波动、通货变动、投资者预期等因素影响引发证券贬值导致的投资损失风险。

3. 流动性

又称变现性。证券投资的流动性是指证券持有人可以简便快捷地用证券换取现金的特性。流动性可通过证券的到期兑付、贴现、转让等方式实现。不同投资、不同证券的流动性是不同的。证券投资的流动性不受任何限制，任何投资者都可以随时随意自由地出售或转让证券并收回本金。与实物投资相比，流动性好是证券投资的一大显著特点。

4. 时间性

证券投资是一个行为过程，从前期的市场调研、投资品种选择，特别是资金支出、买入证券到持有管理，直至卖出证券获得投资回报，需要一段时间。而这个时间段的长短取决于不同证券资产的特性以及投资者的偏好。在投资过程中，时间长短与收益多少、风险大小高度相关。一般而言，投资时间越长，收益就越高，风险也就越大。

5. 社会性

由于证券投资流动性好，买卖起点数额较低，不受资金拥有量的限制，群众可以根据自己的财力随意投资；加之对投资者没有限制性规定条件，譬如文凭、资历、性别等限制；另外，由于营业网点多，网络服务高效便捷，适于分散居民的投资，能最大限度地满足中小投资者的要求，因此在我国很快成为广大社会公众普遍参与的活动。我国证券市场虽然只有短短二十几年的历史，但投资者数量却急剧增长，从我国沪深交易所成立到现在短短的二十多年时间，开户的股票投资者就已超过一亿户。证券市场已成为我国金融市场中规模最大、参与人员最多、影响最大的生产要素市场。

（四）证券投资的目的及意义

证券投资者包括自然人和法人。自然人即通常所讲的中小投资者，其以个人私有资金从事证券投资。法人是指进行证券投资的公司机构，包括国有和民营的公司机构。

证券投资是投资理财的重要渠道之一。其最根本的动机和目的在于获取收益，尽管这一收益伴随着风险。不同的投资者，其买卖证券的具体动机不尽相同。政府可以通过买卖证券干预证券市场，调节货币供求，调控经济；商业银行进行证券投资，目的在于获得利息收入、分散风险及增强资产的流动性。对于包括商业机构在内的一般投资者而言，投资的目的及意义主要有以下几个。

1. 获取稳定或较高的投资收益

一些稳健的、着眼于长期投资的人进行证券投资的最主要动机是获取利息和股息等收益。他们通过比较各种证券收益的差别，进行仔细的选择，把资金投放在价格比较稳定且收益较高的证券上，譬如债券。而当一国经济处于快速发展的上升期时，企业发展速度之快会非常惊人，此时买入一些高速增长、盈利能力强的公司的股票并长期持有，可以获得超额回报，分享企业与国民经济高速发展的成果。

而一些比较激进的投资者则偏重于获取资本利得。他们认为证券投资获取的价差收益远远高于股利或利息收入，与其为获得股利和利息长期持有，不如在证券市场上短期买卖证券以赚取价差。因而，这类投资者更注重证券价格的变动趋势，将资金投放于价格波动幅度大的证券种类，如对某些热点证券频繁买卖，在短时间内获取较高的收益。

2. 资产保值的重要手段

在当今商品货币经济条件下，全世界无一例外采用的是纸币流通方式。通货膨胀与货币贬值不可避免，这已是被世界各国的经济发展所证明的事实。如何使单位或个人的财产保值增值，是每一个法人单位的管理者或个人必须正视的问题。显然，把钱存入银行是不能实现这一目的的，因为从较长时期来看银行存款利率往往低于通货膨胀率，而选择有发展前途的优秀企业，与国民经济同步成长的证券投资方式便成了使资产保值的重要选择。

3. 掌握控股权、参与公司管理

某些机构或较大资本参与证券投资，主要是为了掌握控股权以参与发行公司的经营管理，达到控制上游资源或下游销售渠道的目的。资金雄厚的投资者有时会通过大量购买某一公司股票来达到控制某家公司的目的。随着股份公司的规模不断扩大，股权不断分散，股东越来越多，绝大多数中小股东由于资金所限，根本不可能通过在证券市场上买入股票实现控股，所以并不太关心公司的经营管理，而更关心股票的分红收益。

4. 客观上支撑社会融资

从经济增长与社会发展的宏观角度讲，证券投资最重大的意义之一，是客观上它对社会融资的支撑作用。

在现代社会经济发展中，需要不断地向社会融资。社会融资最重要、最有效的途径之一，就是在证券市场上发行股票、债券等有价证券。在证券市场上大规模发行有价证券的前提，是证券投资行为的普遍化，即有着大量的投资者。如果没有人作为原始证券的认购者，没有活跃的证券发行市场上的投资活动，有价证券的发行就无法实现；不仅如此，有价证券发行后还必须实现自由的无限次的流通转让，否则就会使原始认购者面临巨大的持有风险，从而使发行活动难以为继，这又要求在二级市场上存在大量对已发行有价证券的投资行为。普遍的持续性的二级市场证券投资活动，是持续性证券发行活动的基础。因此，尽管证券投资者的行为只是为了追逐个体的获利目标，但客观上却起到支撑社会融资的重要作用。

第二节　证券市场

一、证券市场及其在金融市场中的地位

证券市场是股票、债券、基金等有价证券发行和交易的场所以及有机管理组织体系的总称，是证券投资者进行投资活动的地方。这个场所随着当今计算机网络技术的全面应用已经发展成为遍布世界各地的庞大的无形市场。证券市场通常包括证券发行市场和证券交易市场。股票、债券、基金等有价证券在证券市场上发行和交易的同时，实现了价值直接交换、财产权利直接交换、风险直接交换。

证券市场是市场经济发展到一定阶段的产物，是为解决资本供求矛盾和流动性而产生的市场。证券市场以证券发行与流通的方式实现了筹资与投资的对接，有效地化解了资本的供求矛盾和资本结构调整的问题。在证券市场里，各类投资主体参与其中，各种信息在这里交流传递，代表不同利益的各种力量和各方面因素在这里汇集，证券所代表的各种经济关系的总和在这里充分体现。供需双方通过竞争以决定证券价格，在价值规律的基础上形成的证券价格保证了资金的合理流向和有效使用，并且能够得到经济和法律上的保证和支持。

现代经济社会发展所需巨额资金的融通，主要通过金融市场体系中的（短期）货币市场和（长期）资本市场来完成。证券市场是资本市场的核心。证券市场中的股票和债券是整个金融市场上最为活跃、最为重要的金融资产，证券市场作为金融市场的主体在现代金融市场体系中有着不可替代的重要地位，对一个国家的经济运行有着重大的作用。由于不同国家有不同的社会制度、发展阶段和经济基础，因此证券市场在金融市场中的地位也不

尽相同。我国的金融市场从萌芽到初步形成并非证券市场一马当先，而是以银行同业借贷市场为先导，证券市场、贴现市场等紧随其后，各子市场服务于某一特定领域，彼此有着不可替代的作用，这与发达国家的金融市场还是有所不同的。目前还不能很好地覆盖社会经济的各个方面，只能按照中国的经济体制要求与其他金融子市场协调发展、运转。

金融市场、货币市场、资本市场以及衍生品市场之间的关系见图 1－1。

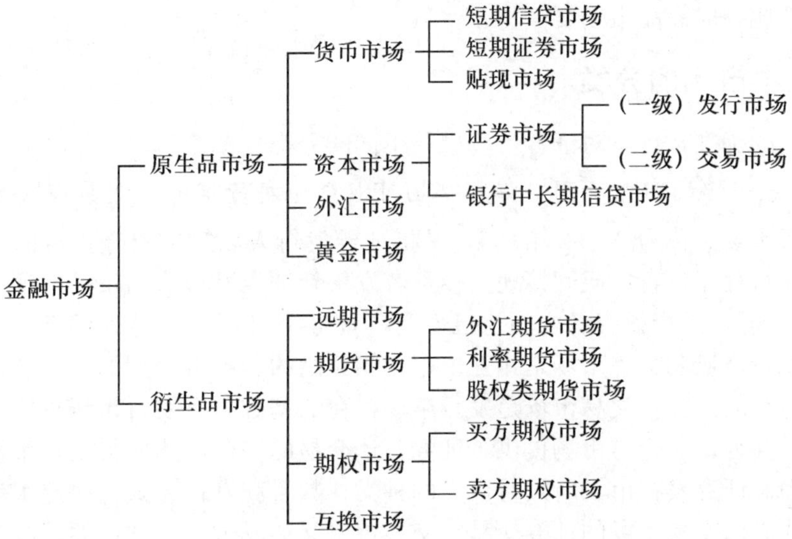

图 1－1　金融市场基本结构

二、证券市场的特征

与普通商品市场相比，证券市场具有以下特征：

（一）交易对象及交易目的不同

证券市场的交易对象是各种有价证券，交易目的是获得红利、利息和资本利得等收益。而普通商品市场的交易对象是具有不同使用价值的实物商品，交易目的是获得其使用价值。

（二）交易价格的决定因素不同

证券市场上的各种证券本身并不像商品一样具有价值，其价格取决于影响市场的各种因素的综合评估，或者说证券预期收益的市场表现受到市场利率、预期收益率、供求关系以及宏观政治、经济政策和投资者的心理因素等诸多因素的共同影响。而商品市场上的商品价格主要取决于商品价值和市场供求关系。

（三）市场的功能作用不同

证券市场上的证券是一种虚拟资本，证券的流通具有多重市场功能：对于发行者可实现其筹集资金的目的：对于投资者可带来投资收益，实现其财产保值增值的目的，避免通货膨胀导致的货币贬值损失；对于国家可通过证券市场实现社会资源的有效配置和合理使用，实现社会财富的快速增长以及对国民经济运行实施宏观调控。而商品市场上的商品流通只能满足人们的某种特定需要。

（四）市场的风险性及流动性不同

证券市场价格对各种影响因素的变化反应十分敏感，波动较大。这取决于市场多种因素的综合影响。证券市场前景的可测性较差，交易风险相对商品市场要大得多。商品市场实行的是等价交换原则，价格可预测性大，波动小，市场风险相对较小。此外，证券市场远比一般商品市场交易规模大，参与者众多，投资者可以随时随地自由地出售证券并收回本金，流动性比一般商品市场要高得多。

三、证券市场的分类

按照不同的标准，可以对证券市场进行不同的分类：

（一）按照市场的职能不同，证券市场可以分为发行市场和交易市场

证券发行市场又称为“一级市场”，是指证券发行人以筹集资金为目的，按照一定的法律规定和发行程序，直接或间接地向投资者发售新证券所形成的市场。证券交易市场又称为“二级市场”，是指投资者之间将已发行的证券通过买卖交易进行流通转让所形成的市场。证券发行市场和交易市场是相互依存、相互制约、不可分割的一个整体，发行市场是交易市场存在的前提，交易市场是发行市场存在的基础。有发行市场供应证券，才有交易市场的证券交易，而交易市场提供了证券转让交易的平台，才使得发行市场得以保持经久不息的活力。证券发行市场所发行证券的种类、数量和发行方式，决定了证券交易市场的规模和运作。而交易市场的证券交易、交易价格又会反过来影响证券发行市场的发行和发行价格。

（二）按照交易的对象不同，证券市场可以分为股票市场、债券市场、基金市场和衍生品市场

股票市场是指以股票为对象的发行和交易市场，属于长期资本市场，是证券市场中最重要的组成部分。债券市场是指以债券为对象的发行和交易市场。基金市场是指以基金单位为对象的发行和交易市场。衍生品市场是各类衍生产品发行和交易的市场。

（三）按照市场组织形式不同，证券市场可以分为场内市场和场外市场

场内市场是指由证券交易所组织的集中进行证券交易的市场，是组织化、制度化了的市场，是证券市场的核心。场内市场的交易场所和交易时间固定，交易对象是符合有关法规的上市证券，它必须达到交易所规定的上市标准，才能在场内交易。交易者为具备一定资格的会员证券公司及特定的经纪人和券商。一般投资者只能通过证券经纪人进行证券买卖。场外市场包括柜台（店头）市场以及第三、第四市场，是指在证券交易所外进行证券交易的市场。

四、证券市场的基本功能

证券市场是市场经济条件下高级的市场组织形态，具有聚集资本并且合理配置资本的重要机制。世界经济发展的历史证明，健康、繁荣的证券市场不仅可以推动本国经济的迅速发展，而且对国际经济一体化也具有深远的影响。从宏观经济的角度讲其基本功能包括如下方面。

（一）聚集转化资本功能

在国民收入一定的前提下，资金总是稀缺资源。一个国家经济发展的速度和经济增长的程度往往受到资金投入规模的直接影响。发达的证券市场为人们提供了多样化的、可供选择的投资工具，证券资产的多样性满足了社会不同层次投资者的需要，充分调动起人们的投资热情，开辟了储蓄向投资转移的渠道，最大限度地吸引了资金，从而有效地实现了社会资金的聚集。通过有价证券的买卖，把各个分散的小额资金汇集起来，转化为巨额资本，增加了投资，促进了经济的快速增长。政府、企业在证券市场中可以通过发行证券进行筹资，以迅速地筹集到急需的长期巨额资本，实现跨越式快速发展的目的。如果说一国的经济是一艘在市场经济的海洋中远航的巨轮，那么发达、健康的证券市场就是一台源源不断地提供强大动力的发动机。

（二）优化资源配置功能

任何社会可以利用的经济资源总是有限的，这就要求优化资源配置。优化资源配置就是要使资源流向最需要的、效率最高的产业部门和企业，从而使经济以最快的速度增长。优化资源配置首先必须优化资金资源的配置，而证券市场便是优化资金配置最有效率的场所。证券市场削弱了社会经济资源在部门、区域以及形态之间转移的障碍，通过证券价格引导资本快速流动。那些经营好、能够高速成长、发展潜力巨大的企业，或者是新兴行业的企业预期效益好，回报率高，其证券价格相应就高，从而吸引大量的资本。资本的趋利性使这些企业能够获得充裕的资金资源，而业绩差、前景不佳的企业则因不能获得资金而难以为继、逐渐消亡。这样，证券市场就引导资本流向产品社会需求旺盛、回报率高的行业和企业，从而使资本产生尽可能高的效率，进而实现资源配置的优化。

另外，证券市场便于企业的收购、兼并和资产重组，促进资源的优化整合。在证券市场中，资产采取有价证券的形式，这就使资产具有最大的流动性。一些资本雄厚、经营效益好的企业可以根据社会需要，通过控股、参股等方式收购、兼并效益不佳的企业，或者与其他企业组成企业集团，提高经营效益。证券市场上的收购、兼并活动，优化了经济资源的配置。

（三）定价功能

定价功能是指证券市场通过有效运行，为资本决定价格。证券的价格实质上是证券所代表的资本的价格，是证券需求者和证券供给者在市场机制的作用下通过公平竞争所形成的合理价格，是证券市场上证券供求双方共同作用的结果。证券市场的运行形成了证券需求者和证券供给者的竞争关系，这种竞争的结果是：能产生高投资回报的资本，市场的需求就大，相应的证券价格就高；反之，证券的价格就低。因此，证券市场提供了资本的合理定价机制。

（四）宏观调控功能

宏观调控功能是指政府可以通过证券市场行情的变化对经济运行状况和发展前景进行分析预测，并利用证券市场对国民经济运行实施宏观调控，稳定经济运行。市场经济条件下的证券市场素有国民经济的“晴雨表”之称，可以综合反映国民经济运行的发展态势，客观上为观察和监控经济运行提供了直观的指标。反过来，国家通过调节证券市场的有关变量，又可以直接调节市场上的货币量并对整个经济活动产生巨大的影响。

（五）有利于促进公司规范治理与发展

在我国当前特有的历史发展阶段，证券市场还具有促进国有企业股份制改造、建立现代企业制度、转换企业经营机制的功能。企业经过改造成为上市公司之后，不仅获得了企业发展急需的长期资本，更重要的是优化了公司法人治理结构，完善了公司治理机制，得到了更多的规范治理与监督，这对于企业的健康、快速发展至关重要。另外，企业上市以后，股票价格的涨跌会直接影响企业的形象，股东的投资回报与企业效益密切相关，进而会促使股东关心企业的生产经营和发展前景，同时在证券监管部门和市场中介机构的监督及制约下，有利于公司健康发展。

另外，证券市场还有集中传递国内外企业、行业以及国家政治、经济海量信息的功能。

五、证券市场的构成要素

证券市场的构成要素主要包括证券市场的主体、证券市场的客体、证券市场的中介服务机构、证券市场的自律性组织以及证券市场的监管机构。

（一）证券市场的主体

证券市场的主体是市场上的证券发行人和证券投资人，是资金需求者和供给者，是证券交易的买卖双方。

1. 证券发行人

证券发行人是指为筹措资金而在市场上发行股票、债券等证券的政府及其机构、金融机构及公司企业。证券发行人是金融市场上的资金需求者，是证券发行的主体。证券发行人具体包括：

（1）政府及其机构。通常政府发行的证券品种仅限于债券，主要是为了协调财政资金周转、弥补财政赤字、开展大型建设项目而筹集资金等，战争期间还可用于筹集战争经费。由财政部发行的政府债券是以国家信用做保证的，具有很高的安全性，被称为“无风险证券”，相对应的证券收益率也被称为“无风险利率”。在美国，虽然中央银行采取了股份制组织结构，可以发行股票募集资金，但是中央银行的股东并不享有决定中央银行政策的权利，只能按期收取固定的红利。

（2）金融机构。金融机构作为证券市场的发行主体，既可以发行债券，也可以发行股票。股份制金融机构发行股票和债券的目的主要有两个，即为发展筹集资金或改变自身的资产负债结构。

（3）公司企业。现代股份制公司主要采取股份有限公司和有限责任公司两种形式，只有股份有限公司才能发行股票。公司通过发行股票所筹集的资本属于公司自有的长期的权益资本，而通过发行债券所筹集的资本属于借入资本，到期要还本付息。发行股票和长期公司（企业）债券是公司企业筹措长期生产经营资本的主要途径，发行短期债券则是补充流动资金的重要手段。与国家发行的债券相比，公司企业发行的债券风险较大，发行利率也较高。随着竞争的加剧和资金投入的不断增加，公司企业对长期资本的需求将越来越大，所以，公司企业作为证券发行主体的地位有不断强化的趋势。

2. 证券投资人

证券投资人是指通过证券进行投资的机构投资者和个人投资者，是证券市场资金的主要供给者和市场主体的主要组成部分。

（1）机构投资者。

机构投资者主要有政府机构、金融机构、企业与事业法人、各类基金以及合格境外机构投资者（QFII）、人民币合格境外机构投资者（RQFII）、合格境内机构投资者（QDII）等。

1）政府机构。作为政府机构，参与证券投资的目的主要是调剂资金余缺和进行宏观调控。各级政府及政府机构出现资金剩余时，可通过购买政府债券、金融债券投资于证券市场。中央银行以公开市场操作作为政策手段，通过买卖政府债券或金融债券影响货币供应量以及利率水平从而进行宏观调控。我国国有资产管理部门或其授权部门持有国有股，履行国有资产的保值增值和通过国家控股、参股来支配更多社会资源的职责。从各国的具体实践看，出于维护金融及社会稳定的需要，政府还可成立或指定专门机构参与证券市场交易，减少非理性的市场振荡。

2）金融机构。参与证券投资的金融机构包括证券经营机构、银行业金融机构、保险公司及保险资产管理公司、主权财富基金以及其他金融机构。

a. 证券经营机构。证券经营机构主要指证券公司，是证券市场上最活跃的机构投资者，以其自有资本、营运资金和受托投资资金进行证券投资。

b. 银行业金融机构。银行业金融机构包括吸收公众存款的各类商业银行以及政策性银行。按我国现行法规规定，银行业金融机构可用自有资金及国务院银行业监督管理机构规定的可用于投资的表内资金进行证券投资，但仅限投资于国债，而且通常以短期国债作为其超额准备金的持有形式。对于因处置贷款质押资产而被动持有的股票，只能单向卖出。银行业金融机构经国务院银行业监督管理机构批准后，也可通过理财计划募集资金进行有价证券投资。

c. 保险公司及保险资产管理公司。目前我国的保险公司资产除大量投资于各类政府债券、高等级公司债券外，还广泛涉足基金和股票投资。其资金来源除利用自有资金和保险收入外，还可运用受托管理的企业年金进行投资。作为投资主体，保险公司通常采用自设投资部门进行投资、委托专门机构投资或购买共同基金份额等方式运作。保险公司除投资于国债之外，还可以在规定的比例内投资于证券投资基金和股权性证券。目前国内主要保险公司均根据原中国保监会的规定发起设立了保险资产管理公司，对保险资产的投资进行集中管理，成为证券市场重要的投资主体。

d. 主权财富基金。随着我国改革开放、经济的发展，国家有了大量外汇储备，为管理好这些资金，使其不断地保值增值，经国务院批准，中国投资有限责任公司于2007年9月29日宣告成立，注册资本金为2 000亿美元，成为专门从事外汇资金投资业务的国有投资公司，以境外金融组合产品为主，开展多元投资，实现外汇资产保值增值，这被视为中国主权财富基金的发端。

e. 其他金融机构。其他金融机构包括信托投资公司、企业集团财务公司、金融租赁公司等。这些机构通常也在自身章程和监管机构许可的范围内进行证券投资。

信托投资公司可以受托经营资金信托业务和投资基金业务。企业集团财务公司达到相关监管规定的，也可申请从事证券投资业务。目前金融租赁公司只准从事不超过规定限额的固定收益类证券投资业务。

3）企业与事业法人。

a. 企业。我国目前规定，各类企业可参与股票配售，也可投资于股票二级市场。企业可以用自己的积累资金或暂时不用的闲置资金直接或委托专业机构进行证券投资，可以通过股票投资实现对其他企业的控股或参股。

b. 事业法人。事业法人可根据政策规定用自有资金和有权自行支配的预算外资金进行证券投资。

4）各类基金。基金性质的机构投资者包括证券投资基金、社保基金、企业年金和社会公益基金。

a. 证券投资基金。证券投资基金是指通过公开发售基金份额筹集资金，由基金管理人管理，由基金托管人托管，为基金份额持有人的利益，以资产组合方式进行证券投资活动的基金。《中华人民共和国证券投资基金法》规定我国的证券投资基金可投资于股票、债券和国务院证券监督管理机构规定的其他证券品种。

b. 社保基金。我国社保基金通常是指社会保险基金和社会保障基金。

社会保险基金是指社会保险制度确定的用于支付劳动者或公民在患病、年老伤残、生育、死亡、失业等情况下所享受的各项保险待遇的基金，它由企业等用人单位和劳动者或公民个人缴纳的社会保险费以及国家财政给予的一定补贴形成。我国的社会保险基金包括基本养老、失业、基本医疗、工伤和生育保险 5 项保险基金，以应对职工生、老、病、残、失业之急。目前，中国城镇职工养老保险基金实行社会统筹与个人账户相结合的制度，个人和企业分别按职工本人上年工资总额的 8%和 20%缴纳保险费。企业缴纳的 20%全部划入社会统筹基金，由各地社保局在属地范围内统一征收、统一管理，主要用于当期离退休人员的退休金发放。职工个人缴纳的养老保险费以及利息金额形成个人账户，账户余额在参保人退休后归个人养老使用。

社会保险基金的运作，根据规定应全部用于购买国债和存入财政专户，严禁投入其他金融和经营性事业，任何部门、单位或个人都不得利用基本养老保险基金在境内外进行其他形式的直接或间接投资。

社会保障基金是由中央政府集中的社会保障储备基金。该项基金主要用于应对人口老龄化高峰时社会养老的需要，以及重大自然灾害等特殊情况和国务院批准的其他社会保障支出。其资金来源包括国有股减持划入的资金和股权资产、中央财政拨入资金、经国务院批准以其他方式筹集的资金及其投资收益；由全国社会保障基金理事会进行管理。按照《全国社会保障基金投资管理暂行办法》等相关规定，社保基金理事会直接运作的社保基金的投资范围限于银行存款、在一级市场购买国债；投资股票、基金、信用等级在投资级以上的企业债、金融债等有价证券须委托社保基金投资管理人管理和运作并委托社保基金托管人托管。对于以外汇形式上缴的境外国有股减持所得，社保基金理事会可以委托合格的境外投资管理人进行境外投资，境外投资限于规定的风险较小的品种。

依据《做实企业职工基本养老保险个人账户中央补助资金投资管理暂行办法》和社保

基金理事会与试点省、直辖市签署的委托投资管理合同，社保基金理事会还管理着个人账户试点省、直辖市委托管理的个人账户资金及其投资收益。这些资金的投资对象和范围与全国社会保障基金相同。

截至 2017 年 12 月 31 日，全国社保基金管理的资产总额已超 2.22 万亿元人民币。

c. 企业年金。企业年金基金财产限于境内投资，投资范围包括银行存款、国债、中央银行票据、债券回购、万能保险产品、投资连结保险产品、证券投资基金、股票，以及信用等级在投资级以上的金融债、企业（公司）债、可转换债（含分离交易可转换债）、短期融资券和中期票据等金融产品。

d. 社会公益基金。社会公益基金是指将收益用于指定的社会公益事业的福利基金、科技发展基金、教育发展基金、文学奖励基金等。按照国务院 2004 年颁布的《基金会管理条例》的规定，这些社会公益基金管理者应当按照合法、安全、有效的原则实现基金的保值、增值。

5）合格境外机构投资者（QFII）、人民币合格境外机构投资者（RQFII）与合格境内机构投资者（QDII）。

a. QFII 制度是在货币没有实现完全可自由兑换、资本项目尚未完全开放的情况下，有限度地引进外资、开放资本市场的一项过渡性的制度。

我国所谓合格境外机构投资者是指符合 2006 年 8 月 24 日中国证监会等颁布的《合格境外机构投资者境内证券投资管理办法》的规定，经中国证监会批准投资于中国证券市场，并取得国家外汇管理局批准额度的境外基金管理机构、保险公司、证券公司及其他资产管理机构。

合格境外机构投资者在经批准的投资额度内，可以投资于中国证监会批准的人民币金融工具，包括在证券交易所挂牌交易的股票、债券、证券投资基金、权证等中国证监会允许的其他金融工具，并可以参与新股发行、可转换债券发行、股票增发和配股的申购。

QFII 在我国境内进行股票投资，应当遵守中国证监会规定的持股比例限制和国家有关规定：单个境外投资者通过合格境外机构投资者持有一家上市公司股票的，持股比例不得超过该公司股份总数的 10%；所有境外投资者对单个上市公司 A 股的持股比例总和，不得超过该上市公司股份总数的 20%。而对上市公司进行战略投资的，其战略投资的持股不受上述比例限制。

b. RQFII。为促进跨境人民币业务的开展，拓宽境外人民币的私人投资渠道，直接推动香港离岸人民币市场的发展，为香港投资者和香港中资证券类机构提供参与境内证券市场投资的机会，2011 年 12 月 16 日，中国证监会、中国人民银行、国家外汇管理局联合发布了《基金管理公司、证券公司人民币合格境外机构投资者境内证券投资试点办法》，开启了人民币 QFII 即 RQFII 的试点。经审批的境内基金管理公司、证券公司的香港子公司，可以运用在香港募集的人民币资金投资境内证券市场。

RQFII 业务与 QFII 业务的主要区别在于：

第一，募集的投资资金是人民币而不是外汇；第二，RQFII 限定为境内基金管理公司和证券公司的香港子公司；第三，投资的范围由交易所市场的人民币金融工具扩展到银行间债券市场的人民币金融工具；第四，简化和便利对 RQFII 的投资额度及跨境资金的收支管理。

c. 合格境内机构投资者（QDII），是指符合《合格境内机构投资者境外证券投资管理试行办法》的规定，经中国证监会批准在中华人民共和国境内募集资金，运用所募集的部分或者全部资金以资产组合方式进行境外证券投资管理的境内基金管理公司和证券公司等证券经营机构。在我国目前的外汇管理体制下，购买 QDII 发起的各类理财产品，是中国境内投资者参与境外资本市场投资的合法途径，但风险同境内投资一样是不可轻视的。

（2）个人投资者。

个人投资者是指从事证券投资的自然人，他们是证券市场最广泛的参与者。个人投资者的投资目的是实现货币资金保值和增值。在我国个人投资者大多直接参与证券市场交易，或者购买投资基金间接参与证券市场，以利于降低交易成本，防范交易风险。个人进行证券投资应具备一些基本条件，这些条件包括掌握国家有关法律、相关证券交易知识并具备一定的经济实力。为保护个人投资者的合法权益，对于部分高风险证券产品的投资（如衍生产品、信托产品），监管法规还要求相关个人签署书面的知情同意书。

考虑到不同投资者的风险偏好和承受能力，投资者应当对所要投资的金融产品和机构服务、个体的财务状况、财务需求、知识、经验乃至信息做出全面慎重的考虑、抉择，力争实现理想的“适合的投资者购买恰当的产品”，即符合投资的适当性原则为最佳。

（二）证券市场的客体

证券市场的客体是指证券市场的交易对象，具体包括股票、债券、基金、可转换债券、权证、股指期货等投资工具。

（三）证券市场的中介服务机构

证券市场的中介服务机构指为证券发行及交易提供服务的各类机构，主要有证券公司和证券服务机构。

1. 证券公司

证券公司又称券商，是指依法设立并经证监会批准的从事证券经营业务的有限责任公司或股份有限公司。我国自 2006 年 1 月 1 日起施行的修订后的《中华人民共和国证券法》（以下简称《证券法》）将原规定分类（证券公司原按资本金不同分为综合类证券公司和经纪类证券公司）监管划分模式调整为按照证券经纪、证券投资咨询、财务顾问、证券承销和保荐、证券自营、证券资产管理、其他证券业务等业务类型进行管理，并按照审慎监管的原则，根据各项业务的风险程度，设定分类准入条件。

2. 证券服务机构

证券服务机构是指依法设立的从事证券服务业务的法人机构，主要包括证券投资咨询公司、会计师事务所、资产评估机构、律师事务所、证券信用评级机构等。

（四）证券市场的自律性组织

1. 证券交易场所

按照《证券法》的规定，证券交易场所是为证券集中竞价交易提供场所和设施，组织和监督证券交易，实行自律管理的法人。其主要职责是：提供交易场所与设施；制定交易规则；监管在该交易所上市的证券以及会员交易行为是否合规合法，确保市场的公开、公平和公正，为证券交易提供健康、高效、公平的市场。我国目前主要有上海证券交易所、深圳证券交易所和中国香港特别行政区的联合交易所。

2. 证券业协会

证券业协会是证券业的自律性组织。按照《证券法》的规定，证券公司应当加入证券业协会。证券业协会应当履行协助证券监督管理机构组织会员执行有关法律，维护会员的合法权益，为会员提供信息服务，制定规则，组织培训和开展业务交流，调解纠纷，就证券业的发展开展研究，监督、检查会员行为及证券监督管理机构赋予的其他职责。

3. 证券登记结算机构

在我国，证券登记结算机构是指中国证券登记结算有限责任公司。证券登记结算机构是为证券交易提供集中的登记、托管与结算服务的专门机构，是不以营利为目的的法人。按照《证券登记结算管理办法》，证券登记结算机构实行行业自律管理。

（五）证券市场的监管机构

我国的证券监管机构是指国务院下设的证券监督管理委员会及其派出机构，按照国务院授权并依据证券法规对证券机构和证券市场实施集中、统一监督管理。其主要职责是：依法制定有关证券市场监管的章程、规则，监督证券法规的执行，保护投资者的合法权益；对全国的证券发行、交易以及中介机构的行为依法实施全面监管；维护市场公平秩序，促进证券市场的有序运行和健康发展。

第三节　证券投资学的研究对象与内容

证券投资以其超额的收益、高度的风险、极强的诱惑力吸引着众多投资者。信息的瞬息万变、时刻面临的风险，决定了证券投资行为的极端复杂性。什么是证券投资，怎样才能卓有成效地进行证券投资，这是每一个进入这一领域的人都迫切希望了解的。

把握证券投资学的研究方向，搞清楚其研究对象、内容与方法对于系统准确地掌握其知识体系显然可以起到提纲挈领的作用，具有十分重要的意义。

一、证券投资学的研究对象

证券投资学是研究证券投资运动及其客观规律的综合性、应用性的经济学科。其研究对象我们可以概括为证券投资运动及其客观规律。具体来讲就是研究证券投资过程中客观存在的从发行、交易、分析决策、投资到监督管理的各种现象，熟知各种投资工具，研究投资过程的内在机理，认识证券投资活动中存在的各种利益主体及其复杂的经济关系，帮助投资者最大限度地获得证券投资收益，防控证券投资风险。

证券投资学的综合性表现为它以多学科为基础，涉及广泛的知识，如经济学、财政学、货币银行学、会计学、统计学、企业管理学等学科知识。证券投资学的应用性主要表现为通过对投资运动及其客观规律的理论研究，总结归纳最终要落实到投资的实践和操作上，获得稳健的投资回报。因此，证券投资学具有很强的实践性和操作性。

二、证券投资学的研究内容

证券投资学的研究对象决定了其研究内容，其主要内容包括如下方面：

（一）证券投资的基本原理

主要涉及证券投资的许多重要的基本概念，包括证券投资及其运行过程、投资规则和投资程序、投资原则和内在要求、证券投资收益、证券投资风险、证券价格及形式等。明确这些概念是深入学习证券投资学的基础。

（二）证券投资要素

证券市场中证券的发行者和投资者、各种证券投资工具、证券投资中介以及证券投资管理体系，是证券投资的不同要素。它们形成了证券投资过程中的基本架构，每一个要素都起着不可或缺的重要作用；它们的发展水平直接或间接地影响、制约着证券投资过程，决定着其运行方式，直接反映着证券市场与证券投资的发展水平。研究这些要素，对于全面、深入地掌握证券投资运动全过程，有效地从事证券投资活动有着十分重要的作用。

（三）从事证券投资活动的市场

证券投资活动是在证券市场上进行的，这个证券市场体系包括证券发行市场与证券交易市场。其基本组成框架、结构和运行机制实际上是一个十分庞杂的体系，它由许多分支系统组成。不同的证券投资者只有充分了解证券市场体系和内容，才可能依据自己特有的投资目的和要求，清醒、理性地进入这一市场，进行有效的投资。

（四）证券投资的分析

证券投资的分析包括证券价格、收益与风险以及证券投资的分析方法等。其中证券投资的分析方法是证券投资学中最为实用的重要内容，也是学习中最难掌握的部分。证券投资分析目前较为成熟且市场应用又最广泛的方法主要有基本分析法、技术分析法及投资组合分析法三大类。基本分析法是运用经济理论从基本面信息评估证券的投资价值、提出投资建议的方法；技术分析法是仅从证券的市场行为来分析证券价格走势的方法；投资组合分析法主要用于投资组合管理量化分析。这三类分析方法有着极为丰富的内容，是投资者科学决策、避免失误必不可少的武器。

（五）证券投资中的风险与收益

风险与收益总是形影相随，充斥于整个证券投资过程。证券投资的收益最大化与风险最小化也就成为证券投资者最为理想的目标。因此，研究证券投资中的风险与收益、评价量化风险与收益、实现收益最大化与风险最小化等这些证券投资的核心问题都将在证券投资学中找到答案。

（六）证券市场监管

证券投资者要获得成功必须有一个公平有效的投资市场环境。这一部分内容主要是从管理者的角度研究证券市场的有效监管，以保护投资者的利益，维护市场秩序，提高证券市场运行效率，促进证券市场规范、健康地发展。

三、证券投资学的研究方法

要过河到达彼岸，方法就是桥和船，没有桥与船是过不了河的。要真正掌握证券投资学，就必须注意研究方法。

（一）强调理论联系实际，重在实践

如前所述，证券投资学是研究证券投资运动及其客观规律的综合性、应用性的经济学科，由此可以看出，证券投资学不仅限于证券投资运动及其客观规律的理论研究，更具有很强的实践性和操作性。证券投资是一个十分复杂的过程，影响投资过程的因素不仅多种多样而且瞬息万变，在当前的市场环境下各种信息还做不到完全公开透明，这就加大了证券投资研究的复杂性和难度。因此必须充分重视证券投资的实践，密切跟踪市场，做大量的个案考察，进行广泛的实证分析。通过这种实证分析来对理论进行更有说服力的解释，或者对其适用范围进行修正和完善，从实践案例中探索规律，才能使得出的理论更为准确可信，用于投资实践也才能更具指导意义。

（二）重视综合运用多种方法对各种因素做出即时的动态分析，同时强调结论的特定背景

证券投资学的分析不像数学和物理那样，条件明晰，结论唯一。过分看重结论的普遍适用性是有害的。证券投资过程中时时处处充斥着多空双方激烈的博弈，市场走势经常会受到国内国外各种瞬时信息和某些人为因素的影响，情况十分复杂，变数很多。因此要综合运用各种方法对多种因素进行全面、系统的分析研究，这些方法和因素包括基本面的、技术面的，宏观的、微观的，利好的、利空的，形态的、指标的，等等。要科学、全面地运用证券投资理论，弄清不同市场环境条件下各种因素相互作用的关系与力度，及时综合分析，判断下一步行情趋势并得出结论，掌握先机，指导实践。需要强调的是，运用证券投资学理论所得出的许多观点与结论只能是针对某种具体情况的，有其特定的适用范围。初学者应当仔细研究其个性而不是笼而统之当作共性。例如在技术分析中，有时会出现相同或近似的图形、指标，它们在不同的基本面和市场阶段会演变出不同甚至完全相反的市场走势。同样，在基本面分析中，即使出现同样的信息，由于处在不同的技术走势或不同阶段，也会出现大相径庭的结果。这就使得人们对证券投资理论的准确把握较为困难，规律的运用就不能过于机械和刻板。因此，在学习及研究过程中，对每一种结论、观点的特定环境及适用背景都要认真思考、仔细揣摩，注意准确把握，避免失误。

第二章
证券投资工具

第一节 股　票

股票作为主要的证券投资工具之一，至今已有400多年的历史。它最早出现于资本主义国家，是随着股份公司的出现而出现的，是在企业经营规模不断扩大而资金供应不足的背景下出现的一种可以让公司获得大量资本金的形式。世界上最早的股份有限公司是1602年在荷兰成立的东印度公司。伴随着股份公司的诞生和发展，以股票形式集资入股的方式也得到广泛发展。我国最早发行股票是在20世纪80年代中期，1984年北京的天桥百货股份有限公司成为中国的第一家股份制企业。随后，上海的飞乐公司、深圳的宝安公司相继发行了股票。经过短短30多年，截至2018年8月19日，沪深两市仅A股已有3 653只。

一、股票概述

（一）股票的定义与性质

股票（stock）是一种有价证券，它是由股份有限公司签发的证明股东所持股份的凭证。

股份有限公司的全部资本被分为许多等值的单位，叫作股份。它是股份公司资本的基本单位和股东法律地位的计量单位，占有一个单位，就称占有一股份，股票则是记载股份数的一种形式。股票与股份的区别在于，前者是形式，后者是内容。股份有限公司依照《中华人民共和国公司法》（简称《公司法》）的规定，为筹集资金向社会发行股票，股票的持有人就是股东。持有某只股票，就证明该股东对公司的净资产占有一定份额的所有权。

股票作为一种所有权凭证，具有以下性质：

1. 股票是有价证券

有价证券是财产价值和财产权利的统一表现形式。持有有价证券，一方面表示拥有一定价值量的财产，另一方面也表明有价证券持有人可以行使该证券所代表的权利，如进行股票买卖行使股东权转让的权利，依其持有的股票请求分配股息和红利的权利等。

2. 股票是要式证券

股票应具备《公司法》规定的有关事项，如果缺少规定的要件，股票就无法律效力。而且股票的制作和发行须经国务院证券监督管理机构核准，任何个人或者团体均不得擅自印制、发行股票。

3. 股票是证权证券

证券可以分为设权证券和证权证券。设权证券是指证券所代表的权利本来不存在，而是随着证券的制作而产生，即权利的发生是以证券的制作和存在为条件的。如汇票、本票等票据的制作就有创设票据权利的作用。证权证券是指证券是权利的一种物化的外在形式，它是权利的载体，权利是已经存在的。股票代表的是股东权利，它的发行是以股份的存在为条件的，股票只是把已存在的股东权利表现为证券的形式，它的作用不是创造股东的权利，而是证明股东的权利。

4. 股票是资本证券

股份公司发行股票是一种吸引认购者投资以筹措公司自有资本的手段，对于认购股票的人来说，购买股票就是一种投资行为。因此，股票是投入股份公司资本份额的证券化，属于资本证券。但股票又不是一种现实的资本，股份公司通过发行股票筹措资金，它是公司运营的真实资本。股票凭借它所代表的资本额和股东权益在股票市场上进行着独立的价值运动，是一种虚拟资本。

5. 股票是综合权利证券

股票不属于物权证券，也不属于债权证券，而是一种综合权利证券。物权证券是指证券持有人对公司的财产有直接支配及处理权的证券；债权证券是指证券持有人为公司债权人的证券。股票持有人作为股份公司的股东，享有独立的股东权利。换言之，当公司股东将出资交给公司后，股东对其财产的所有权就转化为股权了。股权是一种综合权利，股东依法享有资产收益、参与重大决策、选择管理者等权利。股东虽然是公司财产的所有人，享有种种权利，但对于公司的财产不能直接处理，而对于财产的直接支配及处理是物权证券的特征，所以股票不是物权证券。另外，一旦投资者购买了公司股票，即成为公司部分财产的所有人，但该所有人在性质上是公司内部的构成分子，而不是公司的债权人，所以股票也不是债权证券。

（二）股票的特征

股票是社会化大生产的产物，作为人类文明的成果，股份制和股票适应了各国经济的发展，具有以下一些特征：

1. 收益性

收益性是股票最基本的特征，它是指股票可以为持有人带来收益的特性。持有股票的目的在于获取收益。股票的收益来源可分成两类：一是来自股份公司。认购股票后，持有人即可从公司领取股息和红利，从而获取购买股票的经济利益。二是来自股票流通。股票持有人可以持股票到市场上进行交易，当股票的市场价格高于买入价格时，卖出股票就可以赚取差价收益。这种差价收益称为资本利得。以首创股份（600008）股票为例。如果在2012年11月底投资1万元买入该股票，到2013年3月底便能以2万元的市场价格卖出，赚取1倍的利润。在通货膨胀时，股票价格会随着公司原有资产重置价格上升而上涨，从而避免了资产贬值。股票通常被视为在高通货膨胀期间可优先选择的投资对象。

2. 风险性

风险性是指股票可能产生经济利益损失的特性。股票的风险主要表现在以下两方面：其一，影响股份公司经营的因素繁多且变化不定，其每年的经营业绩都不确定，而股票的股息和红利是根据公司具体盈利水平确定的。盈利多，股息红利就可多发；经营不佳、盈利少，股东的收益就少甚至无利可分；若公司破产，则股票持有人就可能连本金都保不住。其二，当投资者购买二级市场上流通的股票时，股票的价格除受公司的经营业绩影响外，还要受政治局势、社会因素、宏观经济状况等众多因素的影响。当股票的价格下跌时，股票持有人会因股票贬值而蒙受损失。例如，2011年11月25日，重庆啤酒创下每股83.12元高价后，由于疫苗事件，在19个交易日后跌至每股20.16元。如果不合时机地在高价位买进该股票，就会导致严重损失。

3. 参与性

参与性是指股票的持有人有权参与公司的重大决策的特性。股票的持有人作为股份公司的股东有权参加股东大会，通过行使对重大决策的投票权来参与公司的经营管理。股东参与公司重大决策的权利取决于其持有的股票份额，也就是说，股东的权益与其所持股票占公司股本的比例成正比。例如，某公司发行了10万股股票，某股东持有1 000股，则他拥有该公司百分之一的股权。通过行使股东参与权而使股东的投资意志和经济利益得到强化。中航地产2012年度股东大会采取现场表决与网络投票结合的方式，于2013年4月22日至23日，通过深交所交易系统和互联网投票系统向全体股东提供网络形式的投票平台，股东可以在网络投票时间内通过上述系统行使表决权。

4. 稳定性

稳定性是指股票是一种无期限的法律凭证，它反映的是股东与股份公司之间稳定的经济关系。在向股份公司参股投资而取得股票后，任何股东都不能退股，股票的有效存在与股份有限公司的存续相联系，即股票是与发行公司共存亡的，通过发行股票筹集到的资金，在公司存续期内是一笔稳定的自有资本。当然，对于股票持有人来说，可以通过出售股票而转让其股东身份。

5. 流通性

流通性是指股票具有可以自由在市场上转让及买卖的特性。股票虽不可退回本金，但流通股却可以随意转让、出售或作为抵押品。股票在证券交易所流通或进行柜台交易时，转让者收回投资，而将股票所代表的股东身份及各种权益出让给受让者。当持有的股票是可流通股时，其持有人可在任何一个交易日到市场上将其兑现，这就是股票的流通性。流通性通常以可流通的股票数量、股票成交量以及股价对交易量的敏感程度来衡量。可流通股数越多，成交量越大，价格对成交量越不敏感，股票的流通性就越好，反之就越差。通过股票的流通和股价的变动，可以看出人们对于相关行业和上市公司的发展前景和盈利潜力的判断。那些在流通市场上吸引大量投资者、股价不断上涨的行业和公司，可以通过增发股票，不断吸收大量资本进入生产经营活动，收到优化资源配置的效果。

（三）股票的价值与价格

1. 股票的价值

股票是虚拟资本的一种形式，它本身没有价值。从本质上讲，股票仅是一个拥有某种所有权的凭证。股票在实际生活中存在价值，是因为股票持有人即股东不但可以凭此参加股东大会，对股份公司的经营决策施加影响，还享有参与分红与派息的权利，获得相应的经济利益。所以，股票的价值就是用货币来衡量的作为获利手段的价值。其价值主要分为四种形式：(1) 股票的票面价值。即面值，是股份公司在所发行的股票票面上标明的票面金额，它以元/股为单位，其作用是表明每一股股票所包含的资本数额。如果以面值作为发行价，面值总和即为公司的资金总额。一般来说，股票的发行价格都会高于其面值。当股票进入流通市场后，股票的面值就与股票的价格没有什么关系了，所以股票的票面价值仅在初次发行时有一定的意义。(2) 股票的账面价值。又称股票净值或每股净资产，是用会计统计的方法计算出来的每股股票所代表的实际资产的价值。计算方法是以公司账面净值总额（包括注册资金、各种公积金、累积盈余等，不包括债务）除以发行股票的股数。公司的净资产是公司营运的基础。在盈利水平相同的前提下，账面价值越高，股东实际拥有的资产就越多，股票的收益越高，股票就越有投资价值。由于账面价值是财务统计、计算的结果，数据较精确而且可信度很高，所以它是股票投资者评估和分析上市公司实力的重要依据之一。因此，账面价值是股票投资价值分析的重要指标，在计算公司的净资产收益率时也有重要的作用。如 2018 年 9 月 30 日中国神华（601088）每股净资产为 16.14 元，可以作为该股票投资者进行投资价值分析的指标。(3) 股票的清算价值。是公司清算时每一股份所代表的实际价值。一般在公司解散时才需要清算。从理论上说，股票的清算价值应与账面价值一致，实际上并非如此。在公司清算时，其资产往往只能压低价格出售，再加上必要的清算费用，所以大多数公司的实际清算价值低于其账面价值。(4) 股票的市场价值。也称股票的市值，指股票在股票市场上进行交易过程中所具有的价值。股票的市场价值由于受市场各种因素的影响，是一种经常变动的数值，它直接反映了股票的市场行情。

2. 股票的价格

股票作为一种资本证券，通过有偿转让，能给持有人带来收益，这就产生了股票的价格。在一级市场和二级市场上，股票有各自不同的价格，即发行价格和交易价格。发行价格是股票在一级市场上发行时的价格，它只有一种，一经确定就固定不变。根据发行价格与票面金额的不同，发行价格可以分为面值发行价格、折价发行价格和溢价发行价格。股票的发行价格不可随意制定，要考虑以下因素：市盈率、每股税后利润、类似上市公司的股价、每股净资产、预计的股利。交易价格是指在证券市场上买卖股票时，由买卖双方所决定的价格。股票一旦完成发行并进入交易市场，就脱离了股份有限公司的直接支配，价格由双方当事人随行就市来确定。股票最大的特点就是价格的不确定性，股价永远处于变动之中，随着股市中供求关系的变化而上下波动。交易价格在交易过程中又分开盘价、收盘价、最高价、最低价、买入价、卖出价和成交价等多种。

开盘价是指证券交易所每个营业日开市后第一笔成交的价格。如果开市后一段时间内（一般为半小时内）某只股票没有交易，则以该股票前一个营业日的收盘价作为当日该股票的开盘价。如果某股票几日内都无交易做成，通常是用证券交易所的场内中介经纪人和券商交易员根据客户对该股票买卖要求委托的价格趋势定出指导性价格，促其成交，并将这种成交价作为开盘价。收盘价是指证券交易所每个营业日闭市前最后一笔成交的价格，也称收市价。沪市收盘价为当日该证券最后一笔交易前一分钟所有交易的成交量加权平均价（含最后一笔交易）。当日无成交的，以前一日收盘价为当日收盘价。深市的收盘价通过集合竞价的方式产生。收盘集合竞价不能产生收盘价的，以当日该证券最后一笔交易前一分钟所有交易的成交量加权平均价（含最后一笔交易）为收盘价。当日无成交的，以前一日收盘价为当日收盘价。最高价是指证券交易所每个营业日中成交的最高价格，而最低价则是指证券交易所每个营业日中成交的最低价格。买入价是指投资者为买进某种证券愿意出的价格。卖出价是指投资者为卖出某种证券所报的价格。成交价是指从开盘到当前时刻最近或最后成交的价格。最新价可用于了解当前的行情，并作为确定委托买入价或委托卖出价的参照依据。

二、股票的分类

按照不同的分类方法，股票可以分为不同的种类。

（一）按股东的权利分类

股票按股东的权利划分，可分为普通股和优先股。

1. 普通股

普通股是股份有限公司发行的对股东不加特别限制，股东享有平等权利，并随公司利润的大小而分取相应的股息、红利的股票。普通股是标准的股票，通过发行普通股所筹集的资金，成为股份公司注册资本的基础。《公司法》规定，股东既可以用货币出资，也可以用实物、知识产权、土地使用权等可以用货币估价并可以依法转让的非货币财产作价出资；但是，法律、行政法规规定不得作为出资的财产除外。股份有限公司成立后，即向股东正式交付股票。普通股的持有人是股份公司的基本股东，按照《公司法》的规定，公司股东依法享有资产收益、参与重大决策和选举管理者等权利。

普通股与股份有限公司的存续时间相一致，在此期间，股东享有以下权利，这些权利也构成了普通股的股权特点。

（1）股份有限公司的经营参与权。股东基于股票的持有而享有股东权，这是一种综合权利，其中首要的是可以以股东的身份参与股份公司的重大事项决策。作为普通股股东，行使这一权利的途径是参加股东大会、行使表决权。股东大会是股份公司的权力机构，由全体股东组成。股东大会依法行使以下职权：决定公司的经营方针和投资计划；选举和更换非由职工代表担任的董事、监事，决定有关董事、监事的报酬事项；审议批准董事会报告；审议批准监事会或监事报告；审议批准公司的年度财务预算方案、决算方案；审议批准公司的利润分配方案和弥补亏损方案；对公司增加或减少注册资本做出决议；对发行公司债券做出决议；对公司合并、分立、解散、清算或者变更公司形式做出决议；修改公司章程；行使公司章程规定的其他职权。

股东大会应每年召开一次，当出现董事会认为有必要或监事会提议召开等情形时，也可召开临时股东大会。在法律上，普通股股东对公司的经营参与权是平等的，持有人都拥有一份表决权，持股份额越多，拥有的表决权就越多。普通股股东可直接出席股东大会来行使表决权，也可以委托代理人出席股东大会代为行使表决权。

投票的方法有两种：多数投票制和累进投票制。多数投票制，又叫普通投票制、直接投票制。在选举董事会时，股东每持有一股便有一个投票权。例如，某个股东持有100股股票，那么每个董事的空缺他都可投100票。股东大会做出决议必须经出席会议的股东所持表决权过半数通过，但公司持有的本公司股份没有表决权。股东大会做出修改公司章程、增加或减少注册资本的决议，以及公司合并、分立、解散或者变更公司形式的决议，必须经出席会议的股东所持表决权的2/3以上通过。这种办法使少数派股东无法当选为董事，而掌握大部分投票权的大股东可以垄断全部董事会人选。累进投票制，是针对多数投票制的弊端，为保障多数小股东的利益而采用的投票方法。在累进投票制下，每一个股东都可以把投票权累进起来，集中投选一个候选人。他可投的总票数，等于所持有的股数乘以所要选出的董事数。这样，小股东们可集中推选某个董事，或根据需要适当分散投票，选出能代表小股东利益和意愿的董事人选。例如股东持有100股股票，要选出董事12人，那么他共可投1 200（=100×12）票，他可用这1 200票来选举他认为合适的一个或数个董事人选。股东大会选举董事、监事，可以依照公司章程的规定或者股东大会的决议，实行累进投票制。

（2）公司资产收益权和剩余资产分配权。普通股股东拥有公司盈余和剩余资产分配权，这一权利直接体现了其在经济利益上的要求。这一要求又可以表现为两个方面：一是普通股股东有权按照实缴的出资比例分取红利，但是全体股东约定不按照出资比例分取红利的除外；二是普通股股东在股份公司解散清算时，有权要求取得公司的剩余资产。

我国有关法律规定，公司缴纳所得税后的利润，在支付普通股的红利之前，应按如下顺序分配：弥补亏损，提取法定公积金，提取任意公积金。可见，普通股股东能否分到红利以及分得多少，取决于公司的税后利润多少以及公司未来发展的需要。另外，普通股股东要求分配公司剩余资产的权利也不是任意的，必须是在公司解散清算之时。而且按《公司法》的规定，公司财产在分别支付清算费用、职工的工资、社会保险费用和法定补偿金，缴纳所欠税款，清偿公司债务后的剩余财产，有限责任公司按照股东的出资比例分配，股份有限公司按照股东持有的股份比例分配。清算期间，公司存续，但不得开展与清算无关的经营活动。公司财产在按照规定清偿前，不得分配给股东。

（3）其他权利。除了上面两种基本权利外，普通股股东还可以享有由法律和公司章程所规定的其他权利。《公司法》规定，股东还有以下主要权利：1）股东有权查阅公司章程、股东名册、公司债券存根、股东大会会议记录、董事会会议决议、监事会会议决议、财务会计报告，对公司的经营提出建议或者质询。2）股东持有的股份可依法转让。股东转让股份应在依法设立的证券交易场所进行或按照国务院规定的其他方式进行。公司发起人、董事、监事、高级管理人员的股份转让受《公司法》和公司章程的限制。3）公司为增加注册资本发行新股时，股东有权按照实缴的出资比例认购新股。股东大会应对向原有股东发行新股的种类及数额做出决议。股东的这一权利又称优先认股权或配股权。

优先认股权是指当股份公司为增加公司资本而决定增加发行新的股票时，原普通股股东享有的按其持股比例、以低于市价的某一特定价格优先认购一定数量新发行股票的权利。赋予股东这种权利有两个主要目的：一是能保证普通股股东在股份公司中保持原有的持股比例；二是能保护原普通股股东的利益和持股价值。因为当公司增资扩股后，在一段时间内，公司的每股税后净利会因此而摊薄，原普通股股东以优惠价格优先购买一定数量的新股，可从中得到补偿或取得收益。享有优先认股权的股东可以有三种选择：一是行使此权利来认购新发行的普通股；二是如果法律允许，可以将该权利转让给他人，从中获得一定的报酬；三是不行使此权利而听任其过期失效（优先认股权的有效期一般为 2 周到 1 个月，最多为 2 个月）。普通股股东是否具有优先认股权，取决于认购时间与股权登记日的关系。股份公司在提供优先认股权时会设定一个股权登记日，在此日期前认购普通股的，该股东享有优先认股权；在此日期后认购普通股的，该股东不享有优先认股权。前者可称为附权股或含权股，后者可称为除权股。

2. 优先股

优先股是与普通股相对应的一种特别股票。它指的是股份有限公司发行的在公司收益和剩余资产分配方面比普通股具有优先权的股票。优先股并不完全具备通常定义的股票的一般特征，是具有股票和债券的某些共同特点的证券。其特征主要表现在以下几个方面：

第一，约定的固定股息率。优先股在收益分配上与普通股的很大不同之处在于公司发售股票时就已确定了今后的股息率，且股息是固定的，不随公司利润的增减而波动。

第二，优先分派股息和清偿剩余资产。按照公司章程的规定，优先股股东优先于普通股股东分取股息；当公司破产或解散清算时，优先股股东对剩余资产的要求权优先于普通股股东，因此优先股的风险比普通股要小。但是，当公司经营良好时优先股股东一般也不能像普通股股东那样获得高额利润。

第三，表决权受到限制。一般情况下，优先股股东不能参加公司的经营管理，不享有投票表决权，只有当公司活动涉及优先股所保障的权利时优先股股东才能获得相应的表决权。

第四，股票可由公司赎回。优先股股东不能要求退股，但可以依照优先股上所附的赎回条款，由发行公司赎回。

对于发行公司而言，设立和发行优先股，便于公司增发新股票，也有利于公司在需要时将优先股转换成普通股或公司债务，同时，由于优先股股东一般无表决权，可以避免公司经营决策权的分散。对于投资者而言，购买优先股，其收益能够得到保障，而且其收益率一般要高于公司债券以及其他债券的收益率。一些国家的公司法规定，优先股可以在设立公司时发行，也可以在公司增资配股或者增发股本时发行，法律不加限制。但有些国家的法律规定，优先股只能在特殊情况下，如在公司增扩新股或清理债务时才能发行。

根据优先股所包含的权利的不同，优先股可以分为以下不同种类：

（1）累积优先股和非累积优先股。累积优先股指在某个营业年度内，如果公司无盈利或所获盈利不足以分配规定的股利，在以后年度，可以对往年未支付的股息进行累积补发的优先股。在累积未发的优先股股利尚未补足前，公司不得分配普通股股利。非累积优先股指公司当年所获利润不足以支付规定的优先股股利时，其所欠部分即使在以后盈利的年度，股东也不能要求公司予以补发。其特点是利息固定，但只能从本营业年度的净利润中进行分配，如果本营业年度的盈利不足以支付全部优先股股息，对不足部分公司不予计算。

(2) 参与分配优先股和不参与分配优先股。参与分配优先股是指当公司利润增大时，优先股股东除了按规定收取当年既定比率的股息外，还有权跟普通股股东共同参与利润分配的优先股。因此，参与分配优先股可以享受固定股息率之外的额外股利。根据优先股股东参与公司利润分配的方式和比例不同，参与分配优先股又可分为全部参与分配优先股和部分参与分配优先股。前者指优先取得股息后，还有权与普通股股东等额分享公司本期剩余利润的优先股；后者指优先取得股息后，有权以一定额度为限与普通股股东一起分享公司本期剩余利润的优先股。不参与分配优先股指的是只按规定股息率取得股息，不能参与公司利润分配的优先股。

(3) 可赎回优先股和不可赎回优先股。可赎回优先股，又称“库藏股”或“库存股”，指的是股份有限公司有权按规定价格收回该股票，其特点是在公司发行该种股票时就规定，根据公司将来的需要，公司有权按照规定的条件将股份收回注销。一般来说，赎回价格要高于原来的发行价格。不可赎回优先股即根据规定不允许公司赎回的已经发行的优先股。

(4) 股息可调优先股和股息不可调优先股。股息可调优先股指的是股息可以调整的优先股。一般来说，发行这种股票与股份有限公司的经营状况无关，而是由于受到其他证券价格或市场利率变化的影响而发行，它对保护股东权益、扩大公司股票发行量具有一定的积极作用。股息不可调优先股即股息率不能调整的优先股。常见的优先股一般都是股息不可调优先股。

(5) 可转换优先股和不可转换优先股。可转换优先股是指在特定的条件下，股东可以将其所持股票转换成普通股或公司债券的一种优先股。持有这种股票的股东，可以根据公司的经营状况和股市行情自主决定是否将其转换成普通股或公司债券。一般来说，当公司盈利增加、市场行情好转时，持有人可以将优先股转换成普通股，从而获得较大的收益，并可取得表决权，参与公司经营管理。而当公司发展前景不明、盈利减少、支付股息有困难时，持有人可以将优先股转换成公司债券，这样持有人就由公司股东变成了公司债权人，有权在规定的期限收回本金。不可转换优先股指的则是不能转换成普通股或公司债券的优先股。

(二) 按有无面值分类

按股票票面是否标明金额，可划分为有面额股票和无面额股票。

1. 有面额股票

有面额股票是指在股票票面上记载一定金额的股票。这一记载的金额也被称为股票票面金额、股票票面价值或股票面值。股票票面金额的计算方法是用资本总额除以股份数，而实际上很多国家通过法规予以直接规定，而且一般是限定了这类股票的最低票面金额。另外，同次发行的有面额股票的每股票面金额是等同的。票面金额一般以国家的主币为单位，大多数国家的股票都是有面额股票。

2. 无面额股票

无面额股票是指股票票面不记载金额的股票，只记载股数以及占总股本的比例，又被称为比例股票或股份股票。这种股票并非没有价值，而是不在票面上标明固定的金额，只记载其为几股或股本总额的几分之几。因此，无面额股票的价值将随股份公司资产的增减而相应增减：公司资产增加，每股价值上升；反之，公司资产减少，每股价值下降。但是，无面额股票与有面额股票的区别仅体现在表现形式上。也就是说，它们都代表着股东对公司资本总额的投资比例，两者的股东享有同等的股东权利。20 世纪早期，美国纽约州最先通过法律，允许发行无面额股票；以后美国其他州和其他一些国家也相继仿效。但是，目前世界上很多国家（包括中国）的公司法规定不允许发行这种股票。

（三）按是否记名分类

按是否记载股东姓名，股票可以分为记名股票和无记名股票。

1. 记名股票

记名股票是指在股东名册上登记持有人的姓名或名称及住址，并在股票上也注明持有人的姓名或名称的股票。股东的姓名或名称一般写在股票背面。记名股票不仅要求股东在购买股票时需要将姓名或名称记入，而且要求股东转让股票时需向公司办理股票过户手续，除了记名股东外，任何人不得凭此对公司行使股东权。股票同为一人所有者，应记载同一本名。记名股票不得私自转让，在转让过户时，应到公司提交股票，改换持有人姓名或名称，并将转让人的姓名或名称、住址记载于公司股东名册上。《公司法》的规定为：公司发行的股票，可以为记名股票，也可以为无记名股票。公司向发起人、法人发行的股票，应当为记名股票，并应当记载该发起人、法人的名称或者姓名，不得另立户名或者以代表人的姓名记名。公司发行记名股票的，应当置备股东名册，记载下列事项：股东的姓名或者名称及住所、各股东所持股份数、各股东所持股票的编号、各股东取得股份的日期。

2. 无记名股票

也称不记名股票，是指在股票票面和股份公司股东名册上均不记载股东姓名的股票。它与记名股票比较，区别不是在股东权利等方面，而是在股票记载方式上。无记名股票发行时一般留有存根联，它在形式上分为两部分：一部分是股票的主体，记载了有关公司的事项，如公司名称、股票所代表的股数等；另一部分是股息票，用于进行股息结算和行使增资权利。《公司法》的规定为：股份有限公司发行无记名股票的，公司应当记载其股票数量、编号及发行日期。

（四）按投资主体不同分类

在我国，股票按投资主体不同分为国有股、法人股、公众股和外资股等不同类型。其中国有股和法人股属于非流通股，随着股市全流通的推进，必将逐渐淡出历史舞台。由于其在一定历史时期存在，故以下仍做简单介绍。

1. 国有股

国有股是指有权代表国家投资的部门或机构以国有资产向公司投资形成的股份，包括以公司现有国有资产折算成的股份。在我国企业股份制改造中，原来一些全民所有制企业改组为股份公司，从性质上讲，这些全民所有制企业的资产属于国家所有，因此在改组为股份公司时，就折成国有股。另外，国家对新组建的股份公司进行投资，也构成了国有股。国有股由国务院授权的部门或机构持有，或根据国务院的决定，由地方人民政府授权的部门或机构持有，并委派股权代表。

国有股从资金来源来看，主要有三个方面：(1) 现有国有企业整体改组为股份公司时所拥有的净资产。(2) 现阶段有权代表国家投资的政府部门向新组建的股份公司的投资。(3) 经授权代表国家投资的投资公司、资产经营公司、经济实体性总公司等机构向新组建股份公司的投资。以国有资产折价入股的，需按国务院及国家国有资产管理部门的有关规定办理资产评估、确认、验证等手续。

国有股是国有股权的一个组成部分。在我国，国有资产管理部门是负责国有股权行政管理的专职机构。国有股权可由国家授权投资的机构持有，在国家授权投资的机构明确前，则由国有资产管理部门持有或者由国有资产管理部门代政府委托其他机构或部门持有。国有股权委托持有的，国有资产管理部门一般要与被委托单位办理委托手续，订立委托协议。国家授权投资机构持有股权的，国有资产管理部门代授权方拟定有关协议。国有股股利收入由国有资产管理部门监督收缴，依法纳入国有资产经营预算并根据国家有关规定安排使用。国有股权可以转让，但转让应符合国家的有关规定。国有资产管理部门应考核、监督国有股持股单位是否正确行使权利和履行义务，维护国有股的权益。

2. 法人股

法人股是指企业法人或具有法人资格的事业单位和社会团体以其依法可支配的资产向股份有限公司的非上市流通股权部分投资所形成的股份。法人持股所形成的也是一种所有权关系，是法人经营自身财产的一种投资行为。法人股股票以法人记名。

如果是具有法人资格的国有企业、事业及其他单位以其依法占用的法人资产向独立于自己的股份公司出资形成或依法定程序取得的股份，则可称为国有法人股。国有法人股也属于国有股权。

作为发起人的企业法人或具有法人资格的事业单位和社会团体，在认购股份时，可以用货币出资，也可以用其他形式的资产，如实物、工业产权、非专利技术、土地使用权作价出资。但对其他形式资产必须进行评估作价，核实财产，不得高估或者低估作价。

法人股在互相持股方面有一定的条件。我国规定，一家公司拥有另一家公司10%以上的股份，则后者不能购买前者的股份。另外，各种法人均不得将持有的公有股份、认股权证和优先认股权转让给本法人单位的职工，不得将以集体福利基金、奖励基金、公益金购买的股份派送给职工。

3. 公众股

公众股也可以被称为个人股，它是指社会个人或股份公司内部职工以个人合法财产投入公司形成的股份。公众股有两种基本形式：公司职工股和社会公众股。

(1) 公司职工股。

公司职工股是指股份有限公司在本公司公开向社会发行股票时公司内部职工按发行价格所认购的股份。按照《股票发行与交易管理暂行条例》的规定，公司职工股的股本数额不得超过公司拟向社会公众发行的股本总额的10%。公司职工股在本公司股票上市6个月后，即可安排上市流通。

需注意的是，公司职工股和内部职工股是两个完全不同的概念。在我国进行股份试点初期，出现过一批不向社会公开发行股票，只对法人和公司内部职工募集股份的股份有限公司，被称为定向募集公司，内部职工作为投资者所持有的公司发行的股份被称为内部职工股。1993年，国务院正式发文明确规定停止内部职工股的审批和发行。1998年11月，证监会禁止上市公司发行公司职工股。

（2）社会公众股。

社会公众股是指股份公司采用募集方式设立时向社会公众（非公司内部职工）募集的股份。在社会募集方式情况下，股份公司发行的股份，除了由发起人认购一部分外，其余部分应该向社会公众公开发行，因此，公司内部职工以外的个人认购的股份，就构成了社会公众股。

4. 外资股

外资股是指股份公司向外国和我国香港、澳门、台湾地区的投资者发行的股票。这是我国股份公司吸收外资的一种方式。它以人民币标明面值，在发行、交易和分红时均采用外币进行计价支付。外资股按上市地域可以分为境内上市外资股和境外上市外资股。

（1）境内上市外资股。

境内上市外资股是指经过批准由外国和我国香港、澳门、台湾地区的投资者向我国股份公司投资所形成的股权。这类股票被称为人民币特种股票或B股，它是以人民币标明面值，以外币认购和买卖，采取记名股票形式在境内证券交易所上市交易的。目前，上交所B股以美元标价，深交所B股以港元标价。B股公司的注册地和上市地都在境内。B股的投资人限于：外国的自然人、法人和其他组织，香港、澳门、台湾地区的自然人、法人和其他组织，定居在国外的中国公民，中国证监会规定的其他投资人。2001年2月19日，经国务院批准，中国证监会决定，允许境内居民以合法持有的外汇开立B股账户，交易B股股票。自从B股市场对境内投资者开放之后，境内投资者逐渐取代境外投资者成为投资主体，B股发生了由“外资股”演变为“内资股”的趋向。

与B股相对应，我国的A股股票是以人民币标明面值，在境内上市，供境内投资者用人民币认购的股份。它包括国家股、法人股和公众股三种股票形式。

（2）境外上市外资股。

境外上市外资股是指股份有限公司向境外投资者募集并在境外上市的股份。它也采取记名股票形式，以人民币标明面值，以外币认购。在境外上市时，可以采取境外存股证形式或者股票的其他派生形式。在境外上市的外资股除了应符合我国的有关法规外，还需符合上市所在地国家或者地区证券交易所制定的上市条件。这类股票目前主要有H股、N股、S股等。其中，H股在香港发行，在香港联合证券交易所挂牌交易；N股在美国纽约发行并主要通过存托凭证在纽约上市；S股在新加坡发行并上市。所谓存托凭证（depositary receipt）是指在一国证券市场上流通的代表外国公司有价证券的可转让凭证。存托凭证一般代表外国公司的股票，有时也代表债券。它起源于1927年的美国证券市场，是为便利美国投资者投资于非美国股票而产生的。直到现在，国际上的存托凭证也主要是以美国存托凭证（ADR）的形式存在，即主要是面向美国投资者发行并在美国证券市场上交易的存托凭证。如果发行范围不止一个国家，就叫全球存托凭证（GDR）。美国存托凭证解决了美国与国外证券交易制度、惯例、语言、外汇管理等不尽相同所造成的交易上的困难，是外国公司在美国市场上筹资的重要金融工具，同时也是美国投资者最广为接受的外国证券形式。我国自 1993 年起，就成功发行了美国存托凭证，其数量逐渐扩大。

三、股息和红利

（一）股息、红利的含义

股息是股份有限公司定期按照股票份额的一定比例支付给股东的收益。一般来说，优先股按照固定的股息率优先取得股息，它是固定的，不以公司盈利水平大小为转移。普通股的股息一般是在支付优先股的股息之后，再根据剩余的利润数额确定和支付，因而是不固定的，甚至在公司发生亏损时，很可能分不到股息。股息通常是以每股若干元或百分比来表示的。

红利是股份有限公司按规定分配股息之后，将尚剩余的利润再分配给股东的部分。一般来讲，普通股股东可以享受红利收益，而优先股股东则不享受分红。股份有限公司只有在有剩余利润时才能分派红利，而不得以公司的财产作为红利分派给股东。

（二）股息、红利的形式

股息、红利的形式有四种：现金股利、财产股利、负债股利、股票股利。现金股利，俗称派现，是股份有限公司以货币形式支付给股东的股息、红利，也是最普遍、最基本的股利形式。分配现金股利也最为简单，即从公司净利润中支出现金直接分配。财产股利是股份有限公司以现金以外的其他资产向股东分派股息、红利。它可以是股份有限公司持有的有价证券，也可以是实物。负债股利是股份有限公司通过建立一种负债，用债券或应付票据作为股利分派给股东。它虽不是现实的货币收益，但到期可以兑换成货币，而且持有期可以带来一定的利息；此外，债券或票据等可以流通转让，从而可以随时变现。股票股利，俗称送红股，是股份有限公司以股票的形式向股东支付的股息、红利。通常是由股份有限公司以新增发的股票或一部分库藏股票作为股利，代替现金分派给股东。

不少人把送红股、配股以及转增股本混为一谈，其实三者是有区别的。送红股是上市公司将本年的利润留在公司里作为发展再生产之用，它与股份公司暂不分红派息没有太大的区别。公司发放股票作为红利，从而将利润转化为股本。送红股后，公司的资产、负债、股东权益的总额及结构并没有发生改变，但总股本增大了，同时每股净资产降低了。实际上股东手中股票的总资产含量没有变化。配股是指公司按一定比例向现有股东发行新股，属于发行新股再筹资的手段，股东要按配股价格和配股数量缴纳配股款，完全不同于公司对股东的分红。而转增股本则是指公司将公积金转化为股本，转增股本并没有改变股东的权益，但却扩大了股本规模，因而客观结果与送红股相似。转增股本和送红股的本质区别在于，红股来自公司的年度税后利润，只有在公司有盈余的情况下，才能向股东送红股；而转增股本却来自资本公积，它可以不受公司本年度可分配利润的数量及时间的限制，只要将公司账面上的资本公积减少一些，增加相应的注册资本金就可以了，因此转增股本并不是对股东的分红回报。

我国相当多的上市公司以送红股的方式对股东进行回报，这在国外成熟股市上是较为少见的。海外投资者更注重现金红利，所以发行 H 股的公司多采取现金分红方式。为加强对上市公司中小股东合法权益的保护，我国证券监管机构采取积极的政策引导，要求上市公司应重视对投资者的合理投资回报，实施积极的利润分配办法，鼓励更多地采用现金分红方式。如自 2008 年 10 月 9 日起施行的《关于修改上市公司现金分红若干规定的决定》中就增加了这样一款规定：公司应当在章程中明确现金分红政策，利润分配政策应保持连续性和稳定性。另外，该决定将《上市公司证券发行管理办法》第八条第（五）项“最近三年以现金或股票方式累计分配的利润不少于最近三年实现的年均可分配利润的百分之二十”修改为：“最近三年以现金方式累计分配的利润不少于最近三年实现的年均可分配利润的百分之三十”。2013 年 1 月 7 日，上交所根据证监会通知的要求发布上市公司现金分红指引。

（三）股息、红利的发放

股利的发放一般是在期末结算后，在股东大会通过结算方案和利润分配方案之后进行。有些公司的股利一年派发两次，但是中期派息与年终派息有所不同，中期派息以上半年的盈利为基础，而且要考虑到下半年不至于出现亏损的情况。从根本上讲，要看股东们考虑的是眼前利益还是公司的将来发展，从而带来更大利益。

股利的派发权属于股东大会，但派发股利的具体方案则由董事会提出，一经股东大会认可，即可确定进行。公司股票是可以转让的。为了确定哪些人可以领到股利，必须在发放股利前确定一些日期界限。这里有四个重要日期需要注意，分别列示如下：

1. 宣布股利日

即董事会宣布的股利发放日期。一般定为 T 日。

2. 股权登记日

凡此日在公司股东名册上有名字的人都可分到最近一次股利。由于股票交易与股东是不断变化的，公司很难确定某期股息派发中股东有哪些人，因此，董事会必须决定某一天为股权登记日，让股东进行股权登记，以便公司确认股东并派发股息。我国 A 股股权登记日一般为 T+3 日，也就是宣布股利日后的第 3 个交易日。

3. 除息日

除去股息的日期。在除息日当天或其后购买股票者将无权领取最近一次股利。我国 A 股除息日一般在股权登记日后若干天（一般为一个交易日，即 T+4）。

4. 股利发放日

将股利正式发放给股东的日期。一般为 T+8，也就是除息日之后的第四个交易日。

上述日期都是指交易日，如逢节假日则顺延。如方大特钢 2018 年度的利润分配日程为：宣布股利日 2018 年 3 月 6 日，股权登记日 2018 年 3 月 9 日，除息日 2018 年 3 月 12 日，现金股利发放日 2018 年 3 月 16 日。

第二节 债 券

在证券中，债券的历史比股票要悠久得多。最早的债券形式是在奴隶制时代产生的公债券。希腊和罗马在公元前 4 世纪就开始出现国家向商人、高利贷者和寺院借债的情况。

随后，公债不断得到发展。前文提到的东印度公司，作为历史上最古老的股份公司，除了发行股票外，也发行短期债券，并进行买卖交易。19 世纪末到 20 世纪，欧美各国为确保产品市场不断扩大的同时资金供应充足，由股份公司发行了大量公司债，并不断创造出新的债券种类，这样就组建形成了今天多品种、多样化的债券体系。

一、债券概述

（一）债券的定义

债券（bond）是一种有价证券，是社会各类经济主体为筹集资金而向债券投资者出具的、承诺按一定利率定期支付利息并到期偿还本金的债权债务凭证。

债券作为一种债权债务凭证，票面上通常包含四个基本要素：

1. 债券的发行主体

它指的是发行债券的各类社会经济主体。一般来说，债券的发行主体包括政府机构、金融机构和工商企业。一般来说，债券的发行主体必须经有关机关批准或符合有关法规规定后才能成立。明确债券发行主体是为了确认债务人，同时也为投资者合理选择债券提供依据。

2. 债券的面值

债券的面值即债券的票面价值，它包括两个方面的内容：一是面值币种，即以何种货币作为债券价值的计量单位。币种的选择主要依其发行对象和实际需要来确定。一般来说，若发行对象是国内有关经济主体，则选择国内货币作为债券价值的计量单位；若向国外发行，则选择债券发行地所在国家的货币或国际通用货币作为债券价值的计量单位。二是票面金额的大小。不同债券面额可大可小，即使同一种类的债券也可以有大小不同的多种面额，债券面额的大小标志着债券发行者向投资者筹集资金的数量和到期归还本金的多少。不同票面金额的债券，对于债券的发行成本、发行数量和投资者的分布，具有不同的影响。票面金额较小，有利于小额投资者购买，从而也有利于债券发行，但可能增加发行费用，加大发行工作量；票面金额较大，则会降低发行费用，减轻工作量，但可能减少发行量。

3. 债券的利率

它是债券年利息与债券票面价值的比率。债券利率的高低，主要受银行利率、偿还期限、利率计算方法、资本市场资金供求状况以及发行者的信誉级别等因素影响。

4. 债券的偿还期限

它是指债券从发行日起到本息偿清之日止的时间。债券期限的确定，主要受发行者的资金需求、未来利率的发展趋势、证券交易市场的发达程度、投资者的投资心理和行为偏好等因素影响。

（二）债券的性质

债券有以下基本性质：

1. 债券属于有价证券

首先，债券反映和代表一定的价值。债券本身有一定的面值，通常它是债券投资者投入资金的量化表现；另外，持有债券可按期取得利息，利息也是债券投资者收益的价值表现。其次，债券与其代表的权利联系在一起，拥有债券也就拥有了债券所代表的权利，转让债券也就将债券代表的权利一并转移。

2. 债券是一种虚拟资本

债券尽管有面值，代表了一定的财产价值，但也只是一种虚拟资本，而非真实资本。因为债券的本质是证明债权、债务关系的证书，在债权、债务关系建立时所投入的资金已被债务人占用，债券是实际运用的真实资本的证书。债券的流动并不意味着它所代表的实际资本也同样流动，债券独立于实际资本之外。

3. 债券是债权的表现

债券代表债券投资者的权利，这种权利不是直接支配财产权，也不是资产所有权，而是一种债权。拥有债券的人是债权人，债权人不同于财产所有人。以公司为例，在某种意义上，财产所有人可以被视作公司的内部构成分子，而债权人是与公司相对立的。债权人除了按期取得本息外，对债务人不能进行其他干预。

（三）债券的特征

债券既具有证券的共性，又具有自身的特点，其特征包括如下几个方面：

1. 偿还性

偿还性是指债券有规定的偿还期限，债务人必须按期向债权人支付利息和偿还本金。债券的偿还性使得资金筹措者不能无限期地占用债券购买者的资金，换言之，他们之间的借贷经济关系将随偿还期结束、还本付息手续完毕而不复存在。这一特征与股票的永久性有很大的区别。在历史上，债券的偿还性也有例外，曾有国家发行过无限期债券或永久债券。这种债券无固定偿还期，持券者不能要求政府清偿，只能按期取息。当然，这只是个别现象，不能因此而否定债券具有偿还性的一般特性。

2. 流动性

流动性是指债券持有人可按自己的需要和市场的实际状况灵活地转让债券，以提前收回本金和实现投资收益。流动性首先取决于市场为转让所提供的便利程度；其次还表现为债券在迅速转变为货币时，以货币计算的价值是否蒙受损失。

3. 安全性

安全性是指债券持有人的收益相对固定，不随发行者经营收益的变动而变动，并且可按期收回本金。一般来说，具有高度流动性的债券同时也是较安全的，因为它不但可以迅速地转换为货币，而且可以按一个较稳定的价格转换。债券投资不能收回有两种情况：（1）债务人不履行债务，即债务人不能按时足额履行约定的利息支付或偿还本金。不同的债务人不履行债务的风险程度是不一样的，通常情况下政府债券不履行债务的风险最低。（2）流通市场风险，即债券在市场上转让时因价格下跌而承受损失。许多因素会影响债券的转让价格，其中较重要的是市场利率水平。

4. 收益性

收益性是指债券能为投资者带来一定的收入，即债券投资的报酬。在实际经济活动中，债券收益可以表现为两种形式：一种是利息收入，即债权人在持有债券期间按约定的条件分期、分次取得利息或者到期一次取得利息；另一种是资本损益，即债权人到期收回的本金与买入债券或中途卖出债券与买入债券之间的价差收入。从理论上讲，如果利率水平一直不变，这一价差就是自买入债券或是自上次付息至卖出债券这段时间的利息收益表现形式。但是，由于市场利率会不断变化，债券在市场上的转让价格将随市场利率的升降而上下波动。债券持有人能否获得转让价差或转让价差的多少，要视市场情况而定。

二、债券的分类

债券的种类繁多，各具特点。我们可以从不同的角度，按照不同的标准对债券进行分类。

（一）按发行主体分类

根据发行主体的不同，债券可以分为政府债券、金融债券和公司债券。

1. 政府债券

政府债券是国家为筹措资金，向投资者出具的，承诺在一定时期支付利息和到期还本的债务凭证。政府债券的举债主体是国家。政府债券作为国家财政分配的一种特殊形式，是国家信用方式发展的结果。由于政府债券有安全性高、流动性强、收益稳定、减免税待遇等特点，因此，在现代市场经济中它对于调节国家财政收支状况和市场货币供给量，对于集中资金进行经济建设，都有十分重要的意义。

依政府债券的发行主体不同，政府债券分为中央政府债券和地方政府债券。

（1）中央政府债券。

也称公债券或国库券，简称国债，是中央政府为筹措财政资金而发行的。各国中央政府债券的名称不尽相同，但发行的目的都是弥补国家预算赤字、建设公共基础设施、筹措战争经费开支、归还旧债本息等。中央政府债券有由各国政府、财政部发行的，如美国的国库券、日本的国债、英国的金边债券、加拿大的联邦政府债券等；也有由政府有关机构发行的，一般由政府担保，如美国的联邦政府代理机构债券、日本的政府保证债券等。中央政府发行的债券有各种不同的期限，一般将它们分为短期、中期和长期三组，在证券市场上，其发行量和交易量都占有相当大的比重，对货币市场和资本市场的资金融通起着重要的作用。特别是短期国库券，作为货币市场的一种工具，具有“近似货币”的性质，风险小，流动性强，收益率也较高，是深受投资者青睐的金融资产。

新中国成立以后，我国最早的国债是1950年发行的人民胜利折实公债。它的募集与还本付息，均以实物为计算标准，其单位定名为“分”。自那以后，为了加速国家经济建设，中央人民政府从1954年开始连续发行了5次国家经济建设公债。由于改革开放的不断深入，自1981年以来，我国发行的国债品种主要分为普通国债和其他类型国债两大类。其中，普通国债包括记账式国债、凭证式国债和储蓄国债（电子式）。记账式国债以记账形式记录债权、通过证券交易所的交易系统发行和交易，可以记名、挂失。凭证式国债是一种国家储蓄债，可记名、挂失，以“凭证式国债收款凭证”记录债权，不能上市流通，从购买之日起计息。储蓄国债（电子式）是财政部面向境内中国公民的储蓄类资金发行的，以电子方式记录债权的一种不可流通的国债。其他类型国债包括特别国债和长期建设国债。特别国债是为了特定的政策目标而发行的国债。财政部分别在1998年、2007年发行过两次。长期建设国债是财政部发行的专项用于国民经济和社会发展急需的基础设施投入的国债。

财政部数据显示，2007 年财政部共发行 35 期国债约 2.35 万亿元，比 2006 年增加 1.46 万亿元。其中，特别国债 8 期 1.55 万亿元；记账式国债 21 期 6 347 亿元；凭证式国债 5 期 1 600 亿元；储蓄国债（电子式）1 期 34 亿元。

（2）地方政府债券。

简称地方债券，又叫市政债券。它是中央政府以下各级地方政府为了特定的目的而发行并偿还的债券。地方政府债券是地方政府根据本地区经济发展和资金需要状况，以承担还本付息责任为前提，向社会筹集资金的债务凭证，筹集的资金一般用于弥补地方财政资金的不足，或者地方兴建大型项目。地方政府债券的发行主体是地方政府，地方政府一般又由不同的级次组成，而且在不同的国家有不同的名称。美国地方政府债券由州、市、区、县和州政府所属机关和管理局发行。日本地方政府债券则由一般地方公共团体和特殊地方公共团体发行，前者是指都、道、府、县、市、镇、村政府，后者是指特别地区、地方公共团体联合组织和开发事业团等。

地方政府债券按用途分类，通常可以分为一般债券和专项债券。前者是指地方政府为缓解其资金紧张或解决临时经费不足而发行的债券，后者是指为筹集资金建设某项具体工程而发行的债券。对于一般债券的偿还，地方政府通常以本地区的财政收入作担保，而对于专项债券，地方政府往往以项目建成后取得的收入作保证。

我国自 1995 年 1 月 1 日起施行的《预算法》规定，地方政府不得发行地方政府债券(除法律和国务院另有规定外)，但地方政府在诸如桥梁、公路、隧道、供水、供气等基础设施的建设中又面临资金短缺问题，于是在一段时期形成了具有中国特色的地方政府债券市场，即以企业债券形式发行地方政府债券。如 1999 年上海城市建设投资开发公司发行了 5 亿元浦东建设债券，用于上海地铁建设；济南自来水公司发行了 1.5 亿元供水建设债券，所筹资金用于济南市供水设施建设。直至 2009 年 4 月，由财政部代发的 30 亿元新疆政府债券一期（简称新疆债）在深交所上市，成为新时期国内第一只地方政府债券。

2. 金融债券

金融债券的发行主体是银行或非银行金融机构。金融机构一般有雄厚的资金实力，信用度较高，因此，金融债券往往也有良好的信誉，期限以中期较为多见。对于金融机构来说，吸收存款和发行债券都是它的资金来源，构成了它的负债。存款的主动性在存款户，金融机构只能通过改善提供的服务条件来吸引存款，而不能完全控制存款，而发行债券则是金融机构的主动负债，金融机构有更大的主动权和灵活性。在欧美许多国家，由于商业银行和其他金融机构多属于股份公司组织，所以这些金融机构发行的债券与公司债券一样，受相同的法规管理。日本则有所不同，金融债券的管理受制于特别法规。

我国银行和其他金融机构发行金融债券始于 1982 年，当年中国国际信托投资公司率先在日本的东京证券市场发行了外国金融债券。自 1985 年开始，在国内发行人民币金融债券。1985—1992 年，中国工商银行、中国农业银行每年都发行金融债券，中国建设银行、中国银行和其他一些金融机构也发行过金融债券。1994 年，我国政策性银行成立后，发行主体从商业银行转向政策性银行。当年仅国家开发银行就发行了 7 次金融债券，总金额达 758 亿元。目前，国家开发银行、中国进出口银行和中国农业发展银行这三家政策性银行不仅可以在国内市场发行人民币金融债券，而且可以在国际市场上发行外币金融债券。

3. 公司债券

公司债券是公司依照法定程序发行、约定在一定期限还本付息的有价证券。公司债券的发行主体是股份公司，但有些国家也允许非股份制企业发行债券，所以，在归类时，可将公司债券和企业发行的债券合在一起，称为公司（企业）债券。公司发行债券主要是为了经营需要。由于公司的情况千差万别，有些经营有方、实力雄厚、信誉高，也有一些经营较差、可能处于倒闭的边缘，因此，公司债券的风险性相对于政府债券和金融债券要大一些。公司债券有中长期的，也有短期的，视公司的需要而定。

我国证券市场上同时存在企业债券和公司债券，它们在发行主体、监管机构以及规范的法规上有一定的区别。公司债券的发行主体为依照《公司法》设立的有限公司和股份公司；企业债券的发行主体为我国境内具有法人资格的非公司制企业（如各种厂、矿等）。申请公开发行公司债券应当报经中国证监会或者国务院授权的部门核准；发行企业债券应当报经有关部门审批。公司债券在《公司法》中有专章规定，同时也是《证券法》明文规定的证券的一种，其发行、交易适用《公司法》《证券法》的相关规定；企业债券的发行、交易主要适用国务院《企业债券管理条例》的规定。

（二）按期限长短分类

根据偿还期限的长短，债券可分为短期债券、中期债券、长期债券和无限期债券。各国对短、中、长期债券年限的划分不完全一致，但一般来说，是按以下标准划分的。

1. 短期债券

它指的是期限在 1 年以下的债券，如美国、英国的国库券，其期限分为 3 个月、6 个月、9 个月和 1 年期 4 种，是一种短期政府债券，其目的是在财政收入不足、存在赤字的情况下，用以平衡政府财政收支。

2. 中期债券

它指的是期限在 1 年以上、10 年以下的债券，如美国的中期国家债券、日本的中期附息票国债和贴现国债等。

3. 长期债券

它指的是期限在 10 年以上的债券，如美国的长期国家债券、日本的长期附息票国债等。

4. 无限期债券

也称永久债券，它指的是不规定到期期限、债权人也不能要求清偿但可按期取得利息的一种债券，无限期债券多为政府发行的债券。例如，1715 年英国的国债约为 6 000 万英镑，其中 1 640 万英镑是无限期国债，利率在 5%～6%之间。另外，也有一小部分公司、金融集团等发行这种债券，如渣打集团于 2009 年发行了 15 亿美元永久债券，年票息率为 9.5%。

（三）按付息的方式分类

根据债券合约条款中是否规定在约定期限向债券持有人支付利息，可分为贴现债券、附息债券、单利累积债券和浮动利率债券四类。

1. 贴现债券

是指债券券面上不附有息票，在票面上不规定利率，发行时按规定的折扣率，以低于债券面值的价格发行，到期按面值支付本金的债券。贴现债券属于通过折价方式发行的债券，其发行价格与票面金额（偿还价格）的差额，构成了实际的利息。贴水发行的贴现债券有两种，分别为贴现债券和零息债券。前者期限比较短，如短期国债；后者期限普遍较长，最多可到 20 年，如有的 20 年期限的债券，其面值为 20 000 美元，而它发行时的价格很可能只有 6 000 美元。

2. 附息债券

债券合约中明确规定，在债券存续期内对持有人定期支付利息（通常每半年或每年支付一次）。按照计息方式的不同，这类债券还可细分为固定利率债券和浮动利率债券两大类。其中，有些附息债券可以根据合约条款推迟支付定期利率，故称为缓息债券。

3. 单利累积债券

与附息债券相似，这类债券也规定了票面利率，但是，债券持有人必须在债券到期时一次性获得本息，在存续期间没有利息支付。

4. 浮动利率债券

这是指债券的利率在最低票面利率的基础上参照预先确定的某一基准利率予以定期调整。

（四）根据债券券面形态分类

根据债券券面形态可以分为实物债券、凭证式债券和记账式债券。

1. 实物债券

实物债券是一种具有标准格式实物券面的债券。在标准格式的债券券面上，一般印有债券面额、债券利率、债券期限、债券发行人全称、还本付息方式等各种债券票面要素。有时债券利率、债券期限等要素也可以通过公告向社会公布，而不在债券券面上注明。无记名国债就属于这种实物债券，它以实物债券的形式记录债权、面值等，不记名，不挂失，可上市流通。实物债券是一般意义上的债券，很多国家通过法律或者法规对实物债券的格式予以明确规定。

2. 凭证式债券

凭证式债券的形式是债权人认购债券的一种收款凭证，而不是债券发行人制定的标准格式的债券。我国 1994 年开始发行凭证式国债，我国的凭证式国债通过各银行储蓄网点和财政部门国债服务部面向社会发行，券面上不印制票面金额，而是根据认购者的认购额填写实际的缴款金额，是一种国家储蓄债，可记名、挂失，以“凭证式国债收款凭证”记录债权，不能上市流通，从购买之日起计息。在持有期内，持券人如遇特殊情况需要提取现金，可以到原购买网点提前兑取。在提前兑取时，除偿还本金外，利息按实际持有天数及相应的利率档次计算，经办机构按兑付本金的 2‰收取手续费。

3. 记账式债券

记账式债券是没有实物形态的票券，利用账户通过计算机系统完成国债发行、交易及兑付的全过程。我国 1994 年开始发行记账式国债。目前，上海证券交易所和深圳证券交易所已为证券投资者建立了电子证券账户，发行人可以利用证券交易所的交易系统来发行债券。投资者进行记账式债券买卖，必须在证券交易所设立账户。记账式债券可以记名、挂失，安全性较高，同时由于记账式债券的发行和交易均无纸化，所以发行时间短，发行效率高，交易手续简便，成本低，交易安全。

资　料

次级债券简介

次级债券是一种可流通的债务工具，其息票支出基本上可以免税。它的偿还顺序在存款及普通债券之后，在普通股及优先股之前。根据《巴塞尔协议》，次级债券可计入银行附属资本，但必须满足以下要求：次级债券的最短原有期限必须为5年以上；次级债券计入附属资本的总额不得高于核心资本50%；在到期前5年内次级债券计入资本的部分应每年累积折价20%。

根据国际清算银行对全球范围次级债券的统计，依债券期限来划分，次级债券分为有期限次级债券和无期限次级债券两种。次级债券的期限一般为2～30年，其中以10年期为主，约占整个次级债券市场份额的73%。依债券票面利率来划分，次级债券分为固定利率次级债券和浮动利率次级债券，但以固定利率次级债券为主，约占整个次级债券市场份额的82.5%。依债券是否可赎回来划分，次级债券分为可赎回次级债券和不可赎回次级债券。银行为降低发行长期次级债券的成本，通常设立赎回条款，其中10年期限、5年后可赎回是比较标准的形式。

由于次级债券相对于银行的一般债务而言具有一定的风险，其信用等级一般较普通债券低一至两个级别，因此次级债券的票面利率高于普通债券。

资料来源：中国人民银行网站 http://www.pbc.gov.cn/。

三、债券投资收益

债券的投资收益来自三个方面：一是债券的利息收益，即债息。这是债券发行时就决定了的，除了保值贴补债券和浮动利率债券，债券的利息收入不会改变，投资者在购买债券前就可得知。二是资本利得。资本利得受债券市场价格变动的影响。三是再投资收益。再投资收益受以周期性利息收入进行再投资时市场收益率变化的影响。

（一）债　息

债券的利息收益取决于债券的票面利率和付息方式。债券的票面利率是指1年的利息占票面金额的比率。票面利率的高低直接影响着债券发行人的筹资成本和投资者的投资收益，一般是由债券发行人根据债券本身的性质和对市场条件的分析决定的。通常，首先要考虑投资者的接受程度。发行人往往参照其他条件相似债券的利率水平，在多数投资者能够接受的限度内，以最低利率来发行债券。其次，债券的信用级别是影响债券票面利率的重要因素。一般债券都有信用风险，信用越低的债券，票面利率越高，信用越高的债券，票面利率越低。例如，同是2012年3月发行的3年期公司债，11武钢债（122128）的信用评级为AAA，债券利率为4.75%，而12酒钢债（122129）的信用评级为AA+，债券利率为5.4%。再次，利息的支付方式和计息方式也是决定票面利率的因素。到期一次性偿还本金和利息，可以满足追求价值增值的投资者的需要，票面利率一般较高；或定期支付利息，可以满足追求稳定收入的投资者的需要，更加适合养老型资金的投资特点，票面利率一般较低。最后，还要考虑证券主管部门的管理和指导。一旦债券的票面利率确定后，在债券的有效期内，无论市场上发生什么变化，发行人都必须按确定的票面利率向债券持有人支付利息。

债券的付息方式是指发行人在债券的有效期内，何时或分几次向债券持有人支付利息。付息方式既影响债券发行人的筹资成本，也影响投资者的投资收益。一般把债券利息的支付分为一次性付息和分期付息两大类。分期付息债券又称附息债券或息票债券，是在债券到期以前按约定的日期分次按票面利率支付利息，到期再偿还债券本金。分期付息一般分按年付息、半年付息和按季付息三种方式。对投资者来说，在票面利率相同的条件下，分期付息可获取利息再投资收益，或享有每年获得现金利息便于支配的流动性好处。

（二）资本利得

债券投资的资本利得是指债券买入价与卖出价或买入价与到期偿还额之间的差额。同股票的资本利得一样，债券的资本利得可正可负：当卖出价或偿还额大于买入价时，资本利得为正，此时可称为资本收益；当卖出价或偿还额小于买入价时，资本利得为负，此时可称为资本损失。投资者可以在债券到期时将持有的债券兑现，或是利用债券市场价格的变动低买高卖从中取得资本收益，当然，也有可能遭受资本损失。

（三）再投资收益

再投资收益是投资债券所获现金流量用于再投资的利息收入。对于附息债券而言，投资期间的现金流是定期支付的利息，再投资收益是将定期所获得的利息进行再投资而得到的利息收入。

对于投资于附息债券的投资者来说，只有将债券持有至到期日，并且各期利息都能按照到期收益率进行再投资，才能实现投资债券时预期的收益率。反之，如果未来的再投资收益率低于购买债券时预期的到期收益率，则投资者将面临再投资风险。

决定再投资收益的主要因素是债券的偿还期限、息票收入和市场利率的变化。在给定债券息票利率和到期收益率的情况下，债券的期限越长，再投资收益对债券总收益的影响越大，再投资风险就越大。在给定偿还期限和到期收益率的情况下，债券的息票利率越高，再投资收益对债券总收益的影响就越大。当市场利率变化时，再投资收益率可能大于或小于到期收益率，使投资总收益发生相应变化。但是，对于无息票债券而言，由于投资期间并无利息收入，因而就不存在再投资风险，持有无息票债券直至到期所得到的收益就等于预期的到期收益。

四、债券与股票的比较

（一）债券与股票的相同点

1. 两者都属于有价证券

尽管债券和股票有各自的特点，但它们都属于有价证券。债券和股票作为有价证券体系中的成员，是虚拟资本，它们本身无价值，但又都是真实资本的代表。持有债券或股票，都有可能获取一定的收益，并能行使各自的权利和流通转让。债券和股票都在证券市场上交易，并构成了证券市场的两大支柱。

2. 两者都是筹措资金的手段

债券和股票都是有关经济主体为筹资需要而发行的有价证券。经济主体在社会经济活动中必然会产生对资金的需求，从资金融通角度看，债券和股票都是筹资手段。与向银行贷款等间接融资相比，发行债券和股票筹资的数额大，时间长，成本低，且不受贷款银行的条件限制。

3. 两者的收益率相互影响

从单只债券和股票看，它们的收益率经常会发生差异，而且有时差距还很大。但是，总体而言，如果市场是有效的，则债券的平均利率和股票的平均收益率会大体保持相对稳定的关系，其差异反映了两者风险程度的差别。这是因为在市场规律的作用下，证券市场上一种融资手段收益率的变动，会引起另一种融资手段收益率发生同向变动。

（二）债券与股票的区别

1. 两者权利不同

债券是债权凭证，债券持有人与债券发行人之间的经济关系是债权与债务关系，债券持有人只可按期获取利息及到期收回本金，无权参与公司的经营决策。股票则不同，股票是所有权凭证，股票所有者是发行股票的公司的股东，股东一般拥有表决权，可以通过参加股东大会选举董事，参与公司重大事项的审议和表决，行使对公司的经营决策权和监督权。

2. 两者目的不同

发行债券是公司追加资金的需要，它属于公司的负债，不是资本金。发行股票则是股份公司创立和增加资本的需要，筹措的资金列入公司资本。而且，发行债券的经济主体有很多，中央政府、地方政府、金融机构、公司企业等一般都可以发行债券，但能发行股票的经济主体只有股份有限公司。

3. 两者期限不同

债券一般有规定的偿还期，期满时债务人必须按时归还本金，因此债券是一种有期投资。股票通常是不能偿还的，一旦投资入股，股东便不能从股份公司抽回本金，因此股票是一种无期投资，或称永久投资。但是，股票持有人可以通过市场转让收回投资资金。

4. 两者收益不同

债券通常有规定的利率，可获得固定的利息。股票的股息及红利不固定，一般视公司经营情况而定。

5. 两者风险不同

股票风险相对较大，债券风险相对较小。因为：第一，债券利息是公司的固定支出，属于费用范围；股票的股息及红利是公司利润的一部分，公司有盈利才能支付，而且支付顺序列在债券利息支付和纳税之后。第二，倘若公司破产，清理资产有余额偿还时，债券偿付在前，股票偿付在后。第三，在二级市场上，债券因其利率固定，期限固定，市场价格也较稳定；而股票无固定期限和利率，受各种宏观因素和微观因素的影响，市场价格波动频繁，涨跌幅度较大。

第三节　证券投资基金

信托基金发源于英国，但在美国得以蓬勃发展。1924 年，第一个具有现代证券投资基金形态的开放式基金“马萨诸塞投资信托”诞生于波士顿。这只基金成立的第一年只有 200 名投资者，总资产不足 40 万美元。20 世纪 90 年代，世界经济一体化的迅速发展使得投资全球化的概念主导了投资基金的发展，同时各国经济的高速增长也使得股市空前高涨，股票型基金也得以迅速膨胀。1992 年 11 月，我国国内第一只投资基金——淄博乡镇企业投资基金（简称淄博基金）经中国人民银行总行批准正式设立。淄博基金的设立揭开了投资基金在内地发展的序幕，并在 1993 年上半年引发了短暂的投资基金发展的热潮。1998 年 3 月 17 日，经中国证监会批准，新成立的南方基金管理公司和国泰基金管理公司分别发起设立了规模为 20 亿元的两只封闭式基金——“基金开元”和“基金金泰”，由此拉开了我国证券投资基金试点的序幕。2001 年 9 月，我国第一只开放式基金——“华安创新”诞生，由此我国证券投资基金的发展实现了从封闭式基金到开放式基金的历史性跨越，进入一个全新的发展阶段。

一、证券投资基金概述

（一）证券投资基金的定义

证券投资基金（securities investment fund）是一种利益共存、风险共担的集合证券投资方式，即通过发行基金单位，集中投资者的资金，由基金托管人托管，由基金管理人管理和运用资金，从事股票、债券等金融工具的投资，并将投资收益按基金投资者的投资比例进行分配的一种间接投资方式。

根据证券投资基金的含义，我们可以看出其性质体现在以下几个方面：

1. 证券投资基金是一种集合投资制度

证券投资基金是一种积少成多的整体组合投资方式，它从广大的投资者那里聚集巨额资金，组建投资管理公司进行专业化管理和经营。在这种制度下，资金的运作受到多重监督。

2. 证券投资基金是一种信托投资方式

它与一般金融信托关系一样，主要有委托人（即投资者）、受托人（即管理人）、托管人三个关系人，其中受托人与委托人之间订有信托契约。但证券基金作为金融信托业务的一种形式，又有自己的特点。如果从事有价证券投资的主要当事人中还有一个不可缺少的托管机构，它不能与受托人（基金管理公司）由同一机构担任，而且基金托管人一般是法人；基金管理人并不对每个投资者的资金都分别加以运作，而是将其集合起来，形成一笔巨额资金再加以运作。

3. 证券投资基金是一种金融中介机构

它存在于投资者与投资对象之间，起着把投资者的资金转换成金融资产，通过专门机构在金融市场上再投资，从而使货币资产得到增值的作用。证券投资基金的管理者对投资者所投入的资金负有经营、管理的职责，而且必须按照合同（或契约）的要求确定资金投向，保证投资者的资金安全和收益最大化。

4. 证券投资基金是一种证券投资工具

它发行的凭证即基金券（或受益凭证、基金单位、基金股份）与股票、债券一起构成有价证券的三大品种。投资者通过购买基金券完成投资行为，并凭之分享证券投资基金的投资收益，承担证券投资基金的投资风险。

（二）投资基金的特征

1. 集合理财、专业管理

基金将众多投资者的资金集中起来，委托基金管理人进行共同投资，表现出一种集合理财的特点。通过汇集众多投资者的资金，积少成多，有利于发挥资金的规模优势，降低投资成本。基金由基金管理人进行投资管理和运作。基金管理人一般拥有大量的专业投资研究人员和强大的信息网络，能够更好地对证券市场进行全方位的动态跟踪与深入分析。将资金交给基金管理人管理，使中小投资者也能享受到专业化的投资管理服务。

2. 组合投资、分散风险

为降低投资风险，一些国家的法律通常规定基金必须以组合投资的方式进行基金的投资运作，从而使“组合投资、分散风险”成为基金的一大特色。中小投资者由于资金量小，一般无法通过购买数量众多的股票分散投资风险。基金通常会购买几十种甚至上百种股票，投资者购买基金就相当于用很少的资金购买了一篮子股票，在多数情况下，某些股票下跌造成的损失可以用其他股票上涨的盈利来弥补，因此可以充分享受到组合投资、分散风险的好处。

3. 利益共享、风险共担

证券投资基金实行“利益共享、风险共担”的原则。基金投资者是基金的所有者。基金投资收益在扣除由基金承担的费用后的盈余全部归基金投资者所有，并依据各投资者所持有的基金份额比例进行分配。为基金提供服务的基金托管人、基金管理人只能按规定收取一定比例的托管费、管理费，并不参与基金收益的分配。

二、投资基金的类型

（一）按设立方式分类

按基金的设立方式可分为契约型基金和公司型基金。

1. 契约型基金

契约型基金又称为单位信托基金，是指把投资者、管理人、托管人三者作为基金的当事人，通过签订基金契约的形式，发行受益凭证而设立的一种基金。契约型基金起源于英国，后在中国香港、新加坡、印度尼西亚等国家和地区十分流行。

契约型基金是基于契约原理而组织起来的代理投资行为，没有基金章程，也没有董事会，而是通过基金契约来规范三方当事人的行为。基金管理人负责基金的管理操作。基金托管人作为基金资产的名义持有人，负责基金资产的保管和处置，对基金管理人的运作实行监督。

2. 公司型基金

公司型基金是按照公司法以公司形态组成的基金，该基金公司以发行股份的方式募集资金，一般投资者为认购基金而购买该公司的股份，也就成为该公司的股东，凭其持有的股份依法享有投资收益。这种基金要设立董事会，重大事项要由董事会讨论决定。美国的基金多为公司型基金。

公司型基金的特点是：基金公司的设立程序类似于一般股份公司，基金公司本身依法注册为法人，但不同于一般股份公司的是，它是委托专业的财务顾问或管理公司来经营与管理；基金公司的组织结构也与一般股份公司类似，设有董事会和股东大会，基金资产由公司所有，投资者则是这家公司的股东，承担风险并通过股东大会行使权利。

契约型基金与公司型基金有如下三个主要区别：

（1）资金的性质不同。契约型基金的资金是通过发行基金份额筹集起来的信托财产；公司型基金的资金是通过发行普通股筹集起来的，是公司法人的资本。

（2）投资者的地位不同。契约型基金的投资者购买基金份额后成为基金契约的当事人之一，投资者既是基金的委托人，即基于对基金管理人的信任，将自己的资金委托给基金管理人管理和营运，又是基金的受益人，即享有基金的受益权。公司型基金的投资者购买基金公司的股票后成为该公司的股东，因此，公司型基金的投资者对基金运作的影响比契约型基金的投资者大。

（3）基金的营运依据不同。契约型基金依据基金契约营运基金，公司型基金依据基金公司的章程营运基金。

由此可见，契约型基金和公司型基金在法律依据、组织形式以及有关当事人的地位等方面是不同的，但它们的投资方式都是把投资者的资金集中起来，按照基金设立时所规定的投资目标和策略，将基金资产分散投资于众多的金融产品上，获取收益后再分配给投资者。

（二）按运作方式分类

按基金的运作方式不同可分为封闭式基金和开放式基金。

1. 封闭式基金

封闭式基金是指基金的发起人在设立基金时，限定了基金单位的发行总额，筹集到这个总额后，基金即宣告成立，并进行封闭，在一定时期内不再接受新的投资，又称为固定型投资基金。基金单位的流通采取在证券交易所上市的办法，投资者日后买卖基金单位都必须通过证券经纪商在二级市场上进行竞价交易。

封闭式基金的期限是指基金的存续期，即基金从成立起到终止之间的时间。决定基金期限长短的因素主要有两个：一是基金本身投资期限的长短。一般如果设立基金的目的是进行中长期投资（如创业基金），其存续期就可长一些，反之，如果设立基金的目的是进行短期投资（如货币市场基金），其存续期可短一些。二是宏观经济形势。一般若经济稳定增长，基金存续期可长一些，若经济波动起伏，则存续期应相对短一些。当然，在现实中，存续期还应考虑基金发起人和众多投资者的要求来确定。基金期限届满即为基金终止，管理人应组织清算小组对基金资金进行清产核资，并将清产核资后的基金净资产按照投资者的出资比例进行公正合理的分配。

2. 开放式基金

开放式基金是指基金管理公司在设立基金时，发行基金单位的总份额不固定，可视投资者的需求追加发行。投资者也可根据市场状况和各自的投资决策，或者要求发行机构按现期资产净值扣除手续费后赎回股份或受益凭证，或者再买入股份或受益凭证，增持基金单位份额。为了应付投资者中途抽回资金、实现变现的要求，开放式基金一般都从所筹资金中拨出一定比例，以现金形式保持这部分资产。这虽然会影响基金的盈利水平，但作为开放式基金来说，这是必需的。

尽管我国最早的基金是封闭式基金，但随着基金规模的快速扩大，开放式基金后来居上，逐渐成为基金设立的主流形式，且到期封闭式基金的出路也更多地选择了转向开放式基金。2006 年 7 月 14 日基金兴业的封闭式向开放式转型方案获得股东大会通过，标志着国内首例封闭式基金转开放式基金正式得以实施。截止到 2016 年 8 月底，传统封闭式基金仅剩下 5 只，它们分别是基金银丰、基金久嘉、基金丰和、基金科瑞、基金鸿阳。随着最后一只封闭式基金——基金银丰于 2017 年 7 月 27 日退市，传统封闭式基金正式退出历史舞台。

封闭式基金与开放式基金的区别主要表现在以下几点：

(1) 基金规模可变性不同。封闭式基金一般只能按预先既定的规模发行，发行时要达到计划规模的一定比例，基金方能成立。同时，在发行上市后，在存续期内，如果未经法定程序认可，就不能扩大或缩小基金的规模。而开放式基金的规模则是不固定的，一般在基金设立三个月后，投资者就可以随时申购新的基金单位，也可以随时向基金管理公司赎回基金单位。

(2) 基金存续期限不同。封闭式基金通常都有固定的存续期，目前我国封闭式基金的存续期一般为 10 年或 15 年。当期满时，就必须进行基金清盘，只有在基金持有人大会通过并经监管机关同意的情况下，才可以延长存续期。而开放式基金没有固定的存续期，只要基金的运作得到投资者的认可，基金规模没有低于规定的最低标准，基金就可以一直存续下去。

(3) 基金交易地点、方式不同。封闭式基金是在证券交易所二级市场上挂牌交易买卖的，投资者可以将其持有的基金单位转让给其他投资者，从而变现。而开放式基金的买卖主要是由投资者向基金管理公司及其代销机构（如银行）提出申购（赎回）申请，确认有效后即可成交。由交易所主推的创新产品 ETF、LOF 目前正在加速发展。

资　料

基金创新产品：ETF、LOF、联接基金

ETF 是 Exchange Traded Fund 的英文缩写，即“交易型开放式指数基金”，又称“交易所交易基金”。

LOF 是 Listed Open-Ended Fund 的英文缩写，即“上市型开放式基金”。

两者同时存在一级市场和二级市场，既可以像开放式基金一样进行申购和赎回，也可以像封闭式基金那样通过交易所的系统买卖，但两者也存在一定的区别：

1. 适用的基金类型不同

ETF 主要是基于某一指数的被动投资基金产品，而 LOF 虽然也采取了开放式基金在交

易所上市的方式，但它不仅可以用于被动投资的基金产品，也可以用于主动投资的基金产品。

2. 申购和赎回的标的不同

在申购和赎回时，ETF 与投资者交换的是基金份额和“一篮子”股票，而 LOF 则是用基金份额与投资者交换现金。

3. 套利操作方式和成本不同

ETF 在套利交易过程中涉及基金和股票两个市场，而对 LOF 进行套利交易只涉及基金的交易。另外，ETF 可以实现 T+0 交易，其交易成本除交易费用外主要是冲击成本；而 LOF 申购和赎回的基金单位和市场买卖的基金单位分别由中国注册登记系统和中国结算公司深圳分公司系统托管，跨越申购赎回市场与交易所市场进行的交易必须经过系统之间的转托管，需要两个交易日的时间，所以 LOF 套利要承担时间上的等待成本，进而增加了套利成本。

4. 参与的门槛不同

按照国外的经验和华夏基金上证 50 ETF 的设计方案，其申购赎回的基本单位是 100 万基金单位，起点较高，而且需要大量金融知识和技术条件支持，其主要适合机构客户和有实力的个人投资者，一般的小散户是没有这个条件的；而 LOF 产品的申购和赎回与其他开放式基金一样，申购起点为 1 000 基金单位，更适合中小投资者参与。

鉴于 ETF 的参与门槛高这一局限性，国内首只 ETF 联接基金——华安上证180 ETF 联接基金于 2009 年 8 月才正式发行。ETF 联接基金是指将其绝大部分基金财产投资于跟踪同一标的指数的 ETF，追求跟踪偏离度和跟踪误差最小化，且采用开放式运作方式的基金。其最重要的特点就是降低 ETF 的投资门槛，让投资者通过银行渠道投资 ETF。作为一种全新的基金产品，ETF 联接基金的发行必将拓宽 ETF 的投资渠道。

（4）基金定价方法不同。由于封闭式基金的买卖是在证券交易二级市场进行的，因此如同股票价格一样，封闭式基金的价格也直接受到其供求关系、其他基金及股票价格，以及股市、债市行情等的共同影响，通常情况下会偏离基金本身的资产净值，甚至会出现反向变动的情况。而开放式基金申购、赎回时的价格确定，是以每日计算出的该基金资产净值为基础，加上必需的申购、赎回费用得出的，这一价格不直接受证券市场波动及基金市场供求关系变化的影响。

（5）投资策略不同。对于封闭式基金来讲，由于其规模固定的特征，基金管理公司不会有基金单位赎回的压力，可以从容地将资金进行各种短期和长期投资，同时也可以百分百地利用所筹资金，没有留存准备金的必要。而开放式基金则必须随时应付投资者的申购和赎回，特别是为了防备投资者的赎回，基金资产必须留存部分现金及流动性强的资产，以保证万一出现巨额赎回，资产能迅速变现，因此开放式基金的资产不能全部进行投资运作，也不得不适当降低长期投资的比率。

（6）信息披露要求不同。封闭式基金不必按日公布资产净值，目前我国规定，只需要每周公布一次单位资产净值。而开放式基金则要求基金管理公司每个开放日公布基金单位资产净值，并以基金单位资产净值为基础确定交易价格，受理基金的申购和赎回业务。同时，由于开放式基金在销售方式上比较依赖广告，因此这方面的监管相应地也更具体，比如规定开放式基金的销售广告不得含有误导性的信息和内容等。

（三）按投资目标分类

按投资目标不同可分为成长型基金、收入型基金和平衡型基金。

1. 成长型基金

成长型基金是基金中最常见的一种，它追求的是基金资产的长期增值。为了达到这一目标，基金管理人通常将基金资产投资于信誉度较高、有长期成长前景或长期盈余的所谓成长公司的股票或债券。成长型基金又可分为稳健成长型基金和积极成长型基金。如易方达增强回报A就是稳健成长型基金，如易方达策略成长就是积极成长型基金。

2. 收入型基金

收入型基金主要投资于可带来现金收入的有价证券，以获取当期的最大收入为目的。收入型基金资产成长的潜力较小，损失本金的风险相对也较低，一般可分为固定收入型基金和股票收入型基金。固定收入型基金的主要投资对象是债券和优先股，因而尽管收益率较高，但长期成长的潜力很小，而且当市场利率波动时，基金净值容易受到影响。股票收入型基金的成长潜力比较大，但易受股市波动的影响。

3. 平衡型基金

平衡型基金将资产分别投资于两种不同特性的证券上，并在以取得收入为目的的债券及优先股和以资本增值为目的的普通股之间进行平衡。这种基金一般将25％～50％的资产投资于债券及优先股，其余的投资于普通股。平衡型基金的主要目的是从其投资组合的债券中得到适当的利息收益，与此同时又可以获得普通股的升值收益。投资者既可获得当期收入，又可得到资金的长期增值，通常是把资金分散投资于股票和债券。平衡型基金的特点是风险比较低，缺点是成长的潜力不大。如易方达平稳增长就是典型的股债平衡型基金。

（四）按投资标的分类

按投资标的可分为债券基金、股票基金、货币市场基金、指数基金等。

1. 债券基金

债券基金是一种以债券为主要投资对象的证券投资基金。由于债券的年利率固定，因而这类基金的风险较低，适合于稳健型投资者。通常债券基金的收益会受货币市场利率的影响，当市场利率下调时，其收益就会上升；反之，若市场利率上调，则基金的收益率下降。除此以外，汇率也会影响基金的收益，管理人在购买非本国货币的债券时，往往还在外汇市场上做套期保值。

2. 股票基金

股票基金是指以股票为主要投资对象的证券投资基金。股票基金的投资目标侧重于追求资本利得和长期资本增值。基金管理人拟定投资组合，将资金投放到一个或几个国家，甚至是全球的股票市场，以达到分散投资、降低风险的目的。投资者之所以钟爱股票基金，原因在于可以有不同的风险类型供选择，而且可以克服股票市场普遍存在的区域性投资限制的弱点。此外，股票基金还具有变现性强、流动性强等优点。由于聚集了巨额资金，几只甚至一只基金就可以引发股市动荡，所以各国政府对股票基金的监管都十分严格，不同程度地规定了基金购买某一家上市公司的股票总额不得超过基金资产净值的一定比例，防止基金过度投机和操纵股市。

3. 货币市场基金

货币市场基金是以货币市场为投资对象的一种基金，其投资工具的期限在一年内，包括银行短期存款、国库券、公司债券、银行承兑票据及商业票据等。通常，货币市场基金的收益会随着市场利率的下跌而降低，与债券基金正好相反。货币市场基金通常被认为是无风险或低风险的投资。

4. 指数基金

指数基金是20世纪70年代以来出现的新的基金品种。为了使投资者能获取与市场平均收益相接近的投资回报，产生了一种功能上近似或等于所编制的某种证券市场价格指数的基金。其特点是：它的投资组合等同于市场价格指数的权数比例，收益随着当期的价格指数上下波动。当价格指数上升时基金的收益增加，反之收益减少。基金因始终保持当期的市场平均收益水平，因而收益不会太高，也不会太低。

三、证券投资基金的运作

（一）证券投资基金的当事人

1. 基金发起人

基金发起人在基金设立中所扮演的角色类似于股份公司设立时的发起人，但是由于基金的特殊性，各国的法律对基金发起人的要求一般比对普通的股份公司的发起人的要求严格。

基金发起人在基金的设立过程中，主要负责向主管机关申请批准基金的设立。在基金设立获得批准后，负责基金的募集工作，使基金能够成功地募集设立，投入投资运作。

2. 基金管理人

基金管理人是利用自身的专业投资管理技能，在遵守法规和基金契约的条件下，运用基金资产进行投资，使基金资产获得增值的机构。其基本职责主要有：按照基金契约的规定运用基金资产投资并管理基金资产；及时、足额向基金持有人支付基金收益；保存基金的会计账册、记录15年以上；编制基金财务报告，及时公告，并向中国证监会报告；计算并公告基金的资产净值及每一基金单位的资产净值；开放式基金的管理人还应当按照国家的有关规定和基金契约的规定，及时、准确地办理基金的申购和赎回。

基金管理人是基金资产的管理和运用者，基金收益的好坏取决于基金管理人管理及运用基金资产的水平，因此各国对基金管理人的任职资格也都做出了严格限定。《中华人民共和国证券投资基金法》（以下简称《证券投资基金法》）规定，基金管理人由依法设立的公司或者合伙企业担任。公开募集基金的基金管理人，由基金管理公司或者经国务院证券监督管理机构按照规定核准的其他机构担任。设立管理公开募集基金的基金管理公司，应当具备下列条件，并经国务院证券监督管理机构批准：

（1）有符合《证券投资基金法》和《公司法》规定的章程；

（2）注册资本不低于1亿元人民币，且必须为实缴货币资本；

（3）主要股东应当具有经营金融业务或者管理金融机构的良好业绩、良好的财务状况和社会信誉，资产规模达到国务院规定的标准，最近三年没有违法记录；

（4）取得基金从业资格的人员达到法定人数；

（5）董事、监事、高级管理人员具备相应的任职条件；

（6）有符合要求的营业场所、安全防范设施和与基金管理业务有关的其他设施；

（7）有良好的内部治理结构、完善的内部稽核监控制度、风险控制制度；

（8）法律、行政法规规定的和经国务院批准的国务院证券监督管理机构规定的其他条件。

3. 基金托管人

基金托管人是为基金资产提供安全保管、清算及交割等服务的机构，它是基金资产的名义持有人与受托保管人。为了保证基金资产的安全，基金应按照资产管理和保管分开的原则进行运作，并由专门的基金托管人保管基金资产。从某种程度来说，基金托管人和基金管理人是一种既相互合作，又相互制衡、相互监督的关系。

由于基金托管人在基金运作中扮演着非常重要的角色，境外对基金托管人的任职资格都有严格的规定，一般都要求由商业银行及信托投资公司等金融机构担任，并有严格的审批程序。依据《证券投资基金法》，基金托管人必须具备以下条件：

（1）净资产和风险控制指标符合有关规定；

（2）设有专门的基金托管部门；

（3）取得基金从业资格的专职人员达到法定人数；

（4）有安全保管基金财产的条件；

（5）有安全高效的清算、交割系统；

（6）有符合要求的营业场所、安全防范设施和与基金托管业务有关的其他设施；

（7）有完善的内部稽核监控制度和风险控制制度；

（8）法律、行政法规规定的和经国务院批准的国务院证券监督管理机构、国务院银行业监督管理机构规定的其他条件。

（二）基金的费用

基金在运作过程中产生的费用支出就是基金费用，部分费用构成了基金管理人、托管人、销售机构以及其他当事人的收入来源。基金的费用由直接费用和间接费用两部分组成。直接费用包括开放式基金交易时产生的认购费、申购费和赎回费或者封闭式基金的交易佣金，这部分费用由投资者直接承担；间接费用是从基金净值中扣除的法律法规及基金契约所规定的费用，包括管理费、托管费、运作费、红利再投资费、基金清算费用、税费以及其他非交易费等费用。下面主要讨论直接费用。

1. 封闭式基金的交易佣金是支付给券商的作为提供买卖服务的代价的费用

目前法规规定的基金佣金上限为每笔交易金额的0.3%，佣金下限为每笔人民币5元，券商可以在这个范围内自行确定费用比率。以目前大多数券商对封闭式基金的买卖收取交易金额0.25%的手续费为例，手续费不足5元按5元算。如果只买进1 000元基金，手续费为5元；如果买进3 000元基金，手续费则为3 000×0.25%=7.5元。

2. 开放式基金的直接费用则为交易时产生的认购费、申购费和赎回费

认购费，指投资者在基金发行募集期内购买基金单位时所交纳的手续费；申购费是指投资者在基金存续期间向基金管理人购买基金单位时所支付的手续费；赎回费是指在开放式基金存续期间，已持有基金单位的投资者向基金管理人卖出基金单位时所支付的手续费。

一般在计算基金认购费、申购费时有内扣法和外扣法两种。

内扣法的具体计算公式如下：

净认(申)购金额＝认(申)购金额×(1－费用率)

认(申)购费用＝认(申)购金额－净认(申)购金额＝认(申)购金额×费用率

认(申)购份额＝净认(申)购金额/认(申)购当日基金份额净值

外扣法的具体计算公式如下：

净认(申)购金额＝认(申)购金额 /(1＋费用率)

认(申)购费用＝认(申)购金额－净认(申)购金额

认(申)购份额＝净认(申)购金额/认(申)购当日基金份额净值

其中，认（申）购当日基金份额净值是给定的，只要算出净认（申）购金额，就可以算出认（申）购份额了。

根据《关于统一规范证券投资基金认（申）购费用及认（申）购份额计算方法有关问题的通知》，2007 年 3 月中国证监会给所有基金管理公司和基金托管银行下发通知，要求修改有关基金认购、申购费用的计算方法，统一从原来的内扣法调整为外扣法，因此，目前我国在计算基金认购费、申购费时采用外扣法。

赎回费的计算公式如下：

赎回费＝赎回份额×赎回当日基金单位净值×赎回费率

　　　＝赎回金额×赎回费率

案 例

汇添富蓝筹稳健基金的费率如表 2－1 所示。

表 2－1　　汇添富蓝筹稳健费率表

基金名称：汇添富蓝筹稳健			基金代码：519066	
序号	费率（%）	费率类型	费率金额（元）	持有期限
1	1.2	认购	＜100 万	
2	0.8	认购	100 万≤X＜500 万	
3	0.2	认购	500 万≤X＜1 000 万	
4	1 000 元/笔	认购	≥1 000 万	
5	1.5	申购前端	＜100 万	
6	1	申购前端	100 万≤X＜500 万	
7	0.3	申购前端	500 万≤X＜1 000 万	
8	1 000 元/笔	申购前端	≥1 000 万	
9	0.5	赎回		＜1 年
10	0.25	赎回		1 年≤Y＜2 年
11	0	赎回		≥2 年

假设我国投资者 A 认购该基金 300 万元，B 申购该基金 700 万元，C 持有 400 万元该基金 3 年准备全部赎回，分别计算 A、B、C 的认购费、申购费以及赎回费。

A 的净认购金额＝300 万元/(1＋0.8％)＝297.619 05(万元)

A 的认购费＝300 万元－297.619 05 万元＝2.380 95(万元)

B 的净申购金额＝700 万元/(1＋0.3％)＝697.906 28(万元)

B 的申购费＝700 万元－697.906 28 万元＝2.093 72(万元)

C 的赎回费＝0(元)

（三）证券投资基金的估值

投资者投资于基金的目的是获取比较稳定的收益。基金管理人作为基金的受托人，必须采取一定的方式向投资者表明基金的运行情况，其主要方法是对基金资产进行估值，计算和公布基金的净资产值。

1. 基金资产的估值

基金资产的估值是指计算、评估基金资产和负债的价值，以确定基金资产净值和基金份额净值的过程。首先明确估值的目的。基金资产估值的目的是客观、准确地反映基金资产的价值。基于经基金资产估值后确定的基金资产净值而计算出的基金份额净值，是计算基金份额转让价格尤其是计算开放式基金申购与赎回价格的基础。其次确定估值对象和估值日。估值对象为基金依法拥有的各类资产，如股票、债券、权证等。基金管理人应于每个交易日当天对基金资产进行估值。基金管理人虽然必须按规定对基金净资产进行估值，但遇到下列特殊情况，可以暂停估值：基金投资所涉及的证券交易所遇法定节假日或因其他原因暂停营业时；因不可抗力或其他情形致使基金管理人、基金托管人无法准确评估基金资产价值时；占基金相当比例的投资品种的估值出现重大转变，而基金管理人为保障投资人的利益，已决定延迟估值时；如出现基金管理人认为属于紧急事故的任何情况，会导致基金管理人不能出售或评估基金资产时；中国证监会和基金合同认定的其他情形。

2. 基金资产净值

基金资产净值，是指某一时点上某一投资基金每个基金单位实际代表的价值，是基金单位价格的内在价值。基金资产净值是衡量一个基金经营好坏的主要指标，也是基金单位交易价格的计算依据。一般情况下，基金单位价格与资产净值趋于一致，即资产净值增长，基金价格也随之提高。尤其是开放式基金，其基金单位的申购或赎回价格是直接按资产净值来计价的。但封闭式基金是在证券交易所上市的，其价格除取决于资产净值外，还受到市场供求状况、经济形势、政治环境等多种因素的影响，所以其价格与资产净值常发生偏离。

基金资产净值的计算包括基金资产净值总额的计算和基金单位资产净值的计算。

一般认为，基金资产净值总额＝基金资产总额－基金负债总额。

基金单位资产净值的计算主要有两种方法：已知价计算法和未知价计算法。已知价又叫历史价，是指上一个交易日的收盘价。已知价计算法就是基金管理人根据上一个交易日的收盘价来计算基金所拥有的金融资产，包括股票、债券、期货、认股权证等的总值，加上现金资产，然后除以已售出的基金单位总额，得出每个基金单位的资产净值。采用已知价计算法，投资者当天就可以知道单位基金的买卖价格，可以及时办理交割手续。未知价又称期货价，是指当日证券市场上各种金融资产的收盘价，即基金管理人根据当日收盘价来计算基金单位资产净值。在使用这种计算方法时，投资者当天并不知道其买卖的基金价格是多少，要在第二天才知道单位基金的价格。

四、证券投资基金的风险

证券投资基金是一种集中资金、专家管理、分散投资、降低风险的投资工具，但投资于基金仍有可能面临风险。证券投资基金存在的风险主要有如下几个方面：

（一）投资风险

1. 基金品种本身的风险

股票型基金全部或大部分投资于股票，在分享股票市场成长的成果时，同时也在分担着股票市场的巨大风险。基金虽然是由专业人士操盘，但在目前的市场状况下，任何专业人士都难以完全避免股票市场机制不完善所带来的系统性风险。债券型基金和货币市场基金一向被视为安全性极佳的投资品种，但2008年这两类基金的收益均乏善可陈，不少甚至出现亏损。

2. 市场风险

基金主要投资于证券市场，证券市场价格会因经济因素、政治因素、投资心理和交易制度等各种因素的影响而产生波动，导致基金的收益水平和净值发生变化，从而给基金投资者带来风险。证券市场风险主要包括政策风险、经济周期风险、利率风险、购买力风险、产业风险、信用风险、流动性风险、国际竞争风险等，这些风险会给基金投资带来不同程度的影响。

（二）管理风险

1. 管理决策风险

由于基金管理人的背景履历、实战经验不同，所以其投资决策也往往不同。这就可能导致个别基金在风险审慎性控制上出现较大的偏差，流动性准备不足；也可能导致个别基金重仓股估值过高；甚至造成货币市场基金高风险运行等。

2. 管理组织风险

尽管目前《证券投资基金管理公司治理准则（试行）》规定并明确了股东会、董事会、监事会或者执行监事、经理层、督察长的职责权限，完善了决策程序，但是现实中的基金公司的运作往往与之并不相符。股东越权任命高管甚至干涉公司产品投资、人员聘用的现象并不少见，其中隐含潜在利益输送的风险。

3. 管理技术风险

基金也可能因为管理技术手段而影响基金收益水平。当计算机、通信系统、交易网络等技术保障系统或信息网络支持出现异常情况时，可能产生基金日常的申购或赎回无法按正常时限完成、注册登记系统瘫痪、核算系统无法按正常时限显示基金净值、基金的投资交易指令无法及时传输等风险。

（三）道德风险

1. 操纵基金资产净值

管理费用作为基金经理人的报酬，其计提数一般与基金资产净值挂钩。基金管理人为谋求高额管理费用，完全可以凭借其庞大的资金实力、翔实的市场信息、高超的投资技巧，操纵股价和基金资产净值。例如，在即将公布基金净资产年报和中报时，由自营盘大幅拉高某些股票的价格，以抬高基金资产净值，多提管理费用。

2. 信息披露滞后或不足

基金经理人有责任和义务将基金运营中的重大事项，如基金经理人的背景履历、投资决策、经营绩效等及时明晰地向基金投资人发布。然而一些基金经理人只对股东单位负责，对中小投资者态度冷漠，信息披露敷衍了事，逃避基金投资人的监管，破坏了市场公开、公平、公正的原则。

3. 向关联企业输送利益

基金管理公司都是以大的证券公司为主设立的，并且均为契约型封闭式基金，其基金管理人没有赎回压力，所以不能排除有的基金管理公司与其控股股东在人事、关联交易等方面存在种种利益关系。因此，基金管理人很可能会动用基金资产为其控股股东在新股承销、配股过程中输送利益。这样，得益的将是基金管理人的控股股东和基金管理人，受损的是广大基金持有人。

4. 基金分红侵占投资者利益

根据相关基金管理要求，基金应以现金分配净收益的较大比例。这样就不可避免地导致基金净资产减少，影响管理费用计提。可以预见，理性的基金经理人为了使自己的收益最大化，将尽量推迟分配，有可能在允许分配截止期限前几天才分配，使基金投资人应得的红利遭受时间损失。

第四节　金融衍生工具

股票、债券等属于基础性的金融工具。在现代证券市场上，除了基础性的金融工具，还存在许多衍生工具。金融衍生工具又称“金融衍生产品”，是与基础金融产品相对应的一个概念，指建立在基础产品或基础变量之上，其价格取决于后者价格（或数值）变动的派生金融产品。金融衍生工具产生的最基本原因是避险。20 世纪 70 年代以来，西方各国经济滞胀，美国等大国不得不运用利率工具，这又使金融市场的利率波动剧烈。利率的升降引起证券价格的反方向变化，并直接影响投资者的收益。面对汇市、债市、股市发生的前所未有的波动，市场风险急剧放大，迫使商业银行、投资机构、企业寻找可以规避市场风险、进行套期保值的金融工具，期货、期权等金融衍生工具便应运而生，此后各种衍生工具便发展开来。本节主要讲解金融期货、金融期权、可转换证券、权证等金融衍生工具。

一、金融期货

（一）金融期货的概念

金融期货（financial futures）是交易所按照一定规则反复交易的标准化金融商品合约。这种合约在成交时双方对规定品种、数量的金融商品商定交易的价格，在一个约定的未来时间按商定的价格进行实际交割，承担着在若干天后买进或卖出该金融商品的义务和责任。金融期货具有期货的一般特征，但与商品期货相比，其合约标的不是实物商品，而是金融商品，如外汇、债券、股票、股价指数等。

金融期货交易产生于20世纪70年代的美国市场。1972年，美国芝加哥商品交易所的国际货币市场开始国际货币的期货交易，1975年芝加哥商品交易所开展房地产抵押券的期货交易，标志着金融期货交易的开始。在我国，2006年9月8日成立的中国金融期货交易所标志着中国的证券交易已经从基础性金融产品交易向金融衍生产品交易迈进。

（二）金融期货的特征

作为一种期货合约，金融期货交易有如下基本特征：

1. 交易的标的是金融商品

这种交易对象大多是无形的、虚拟化了的证券，它不包括实际存在的实物商品。

2. 金融期货是标准化合约的交易

作为交易对象的金融商品，其收益率和数量都具有同质性、不交性和标准性，如对货币币别、交易金额、清算日期、交易时间等都做了标准化规定，唯一不确定的是成交价格。

3. 金融期货交易采取公开竞价方式决定买卖价格

它不仅可以形成高效率的交易市场，而且透明度、可信度高。

4. 金融期货交易实行会员制度

非会员要参与金融期货的交易必须通过会员代理，由于直接交易限于会员之间，而会员同时又是结算会员，交纳了保证金，因而交易的信用风险较小，安全保障程度较高。

5. 交割期限的规格化

金融期货合约的交割期限大多是3个月、6个月、9个月或12个月，最长的是2年，交割期限内的交割时间随交易对象而定。

（三）金融期货的类型

金融期货基本上可分为三大类：外汇（汇率）期货、利率期货和股权类期货。

1. 外汇期货

外汇期货是指契约双方同意在未来某一时期，根据约定价格即汇率买卖一定标准数量的某种外汇的可转让的标准化协议。它是金融期货中最先产生的品种，主要用于规避外汇风险。所谓外汇风险，又称汇率风险，是指由于外汇市场汇率的不确定性而使人们遭受损失的可能性。从其产生的领域分析，外汇风险可分为商业性外汇风险和金融性外汇风险两大类。

商业性外汇风险主要是指人们在国际贸易中因汇率变动而遭受损失的可能性，是外汇风险中最常见且最重要的风险。金融性外汇风险包括债权债务风险和储备风险。所谓债权债务风险是指在国际借贷中因汇率变动而使其中一方遭受损失的可能性；所谓储备风险是指国家、银行、公司等持有的储备性外汇资产因汇率变动而使其实际价值减少的可能性。

外汇期货交易自 1972 年在芝加哥商品交易所（CME）所属的国际货币市场率先推出后得到了迅速发展。以芝加哥商品交易所为例，上市品种不仅包括以美元标价的外币期货合约（如欧元期货、日元期货、瑞士法郎期货、英镑期货等），还包括外币对外币的交叉汇率期货（如欧元对日元、欧元对英镑、欧元对瑞士法郎等）以及芝加哥商品交易所自行开发的美元指数期货。2005 年，芝加哥商品交易所推出了以美元、日元、欧元报价和以现金结算的人民币期货及期货期权交易。不过，由于人民币汇率并未完全实现市场化，这些产品的交易并不活跃。目前，我国正致力于实现人民币汇率形成机制的市场化改革，有关方面已经开始着手推动包括人民币期货在内的衍生产品开发。

2. 利率期货

利率期货是指契约双方同意在约定的将来某个日期按约定条件买卖一定数量的某种长、短期信用工具的可转让的标准化协议。它是继外汇期货之后产生的又一个金融期货类别，其基础资产是一定数量的与利率相关的某种金融工具，主要是各类固定收益金融工具。利率期货主要是为了规避利率风险而产生的。固定利率有价证券的价格受到现行利率和预期利率的影响，价格变化与利率变化一般呈反向关系。

1975 年 10 月，利率期货产生于美国芝加哥期货交易所（CBOT），虽然比外汇期货晚了 3 年，但其发展速度与应用范围都远较外汇期货来得迅速和广泛。利率期货品种主要包括：债券期货、主要参考利率期货等。

（1）债券期货。

债券期货是利率期货的一种，是一个标准化的买卖契约，买卖双方承诺以约定的价格，于未来特定日期，买卖一定数量的某种利率相关商品。这个“利率相关商品”通常是一个中长期的债券，具有以下特点：标准化的契约；保证金交易；在集中市场交易；违约风险由结算机构承担；交易信息通常透明且传播迅速。由于有这些特点，世界各国的债券期货交易主要在期货交易所中进行。

美国芝加哥期货交易所（CBOT）的债券期货商品结构最为完整，包含短、中、长期美国国债期货契约，短则 2 年，长则 30 年，其中 10 年期债券期货是成交量最大的商品。欧洲期货交易所（EUREX）的主要债券期货包括长期欧元债券期货、中期欧元债券期货以及短期欧元债券期货。日本东京证券交易所（TSE）的债券期货很早就推出了。1985 年，日本开放了 10 年期政府债券期货的交易，其后 1988 年及 1996 年又分别推出 20 年期及 5 年期的债券期货。日本的债券期货交易也很活跃，在 2002 年曾名列全球第十大债券期货交易商品。

（2）主要参考利率期货。

在国际金融市场上，存在着若干重要的参考利率，它们是市场利率水平的重要指标，同时也是金融机构制定利率政策和设计金融工具的主要依据。除国债利率外，常见的参考利率包括伦敦银行同业拆借利率（LIBOR）、香港银行同业拆借利率（HIBOR）、欧洲美元存款利率、联邦基金利率等。为方便金融机构进行利率风险管理，有关期货交易所推出了以采用这些利率的固定收益工具为基础资产的期货合约。

3. 股权类期货

股权类期货是以股票价格指数、单只股票或者股票组合为基础资产的期货合约。

（1）股票价格指数期货。

是以某种股票指数为基础资产的标准化的期货合约。买卖双方交易的是一定时期后的股票价格指数。

一般而言，股票价格指数期货合约中主要包括下列要素：

1）合约标的。即股票价格指数期货合约的基础资产，比如沪深 300 指数期货的合约标的即为沪深 300 股票价格指数。

2）合约价值。它等于股票价格指数期货合约市场价格的指数点与合约乘数的乘积，其中合约乘数是指每个指数点对应的人民币金额。目前沪深 300 指数期货合约的乘数暂定为 300 元/点。如果当时指数期货报价为 2 400 点，那么沪深 300 指数期货合约的价值为 2 400 点×300 元/点＝720 000 元。

3）报价单位及最小变动价位。股票价格指数期货合约的报价单位为指数点，最小变动价位为该指数点的最小变化刻度。

4）合约月份。指股票价格指数期货合约到期交割的月份。

5）交易时间。指股票价格指数期货合约在交易所交易的时间。投资者应注意最后交易日的交易时间可能有特别规定。

6）价格限制。是指期货合约在一个交易日中交易价格的波动不得高于或者低于规定的涨跌幅度。

7）合约交易保证金。它占合约总价值的一定比例。沪深 300 指数期货的交易所收取的保证金以 8%为例。按照这一比例，如果沪深 300 指数期货的结算价为 2 400 点，那么第二天交易所收取的每张合约的保证金为 2 400 点×300 元/点×8%＝57 600 元，这是初始保证金。由于交易者在持仓过程中会因市场行情的不断变化而产生盈亏，因而保证金账户中实际可用来弥补亏损和提供担保的资金就随时发生增减。盈利将增加保证金账户余额，亏损将减少保证金账户余额。当保证金账户余额低于维持保证金时，交易者必须在规定时间内补充保证金，这部分需要新补充的保证金就称追加保证金。

8）交割方式。采用现金交割。

9）最后交易日和最后结算日。股票价格指数期货合约在最后结算日进行现金交割结算，最后交易日与最后结算日的具体安排根据交易所的规定执行。

股票价格指数期货的基础变量特征决定了它独特的交易规则。股票价格指数期货的交易单位等于基础指数的数值与交易所规定的每点价值的乘积。股票价格指数期货报价时直接报出基础指数数值，最小变动价位通常也以一定的指数点来表示。由于股票价格指数本身并没有任何实物存在形式，因此股票价格指数是以现金结算方式来结束交易的。在现金结算方式下，持有至到期日仍未平仓的合约将于到期日自动冲销，买卖双方根据最后结算价与前一天结算价之差计算出盈亏金额，通过借记或贷记保证金账户而结清交易头寸。

股票价格指数期货是为适应人们控制股市风险，尤其是系统性风险的需要而产生的。股票价格指数期货之所以能规避股票交易中的风险，主要是因为股票价格指数的变动代表了整个股市价格变动的方向和水平，而大多数股票价格的变动是与股票价格指数同方向的。因此，在股票现货市场和股票价格指数期货市场进行相反的操作，并通过 p 系数进行调整，就可以在一定程度上抵消股票市场面临的系统性风险。

比较重要的股票价格指数期货有：芝加哥标准普尔股指期货系列、纽约综合指数期货系列、道琼斯指数期货系列、伦敦《金融时报》100股指期货系列、新加坡日经225指数期货、香港恒生指数期货等。我国以沪深300指数为基础资产的首只中国内地股票价格指数期货在中国金融期货交易所正式交易。

(2) 单只股票期货。

单只股票期货是以单只股票作为基础工具的期货，买卖双方约定，以约定的价格在合约到期日买卖规定数量的股票。事实上，股票期货均实行现金交割，买卖双方只需要按规定的合约乘数乘以价差，盈亏以现金方式进行交割。单只股票期货交易最早出现于20世纪80年代末。较早开设股票期货交易的有阿姆斯特丹交易所、布达佩斯证券交易所、香港期货交易所（现已合并为香港交易所）、斯德哥尔摩交易所以及悉尼期货交易所等5家交易所，但成交量不大，市场影响力较小。

(3) 股票组合期货。

股票组合期货是金融期货中最新的一类，是以标准化的股票组合为基础资产的金融期货，芝加哥商品交易所基于美国证券交易所的ETF的期货最具代表性。

（四）股指期货的盈亏分析

以沪深300指数期货合约为例：

合约标的	沪深300指数
合约乘数	每点300元
合约价值	沪深300指数点×300元/点
报价单位	指数点
最小变动价位	0.2点
合约月份	当月、下月及随后两个季月
交易时间	上午9:15—11:30，下午13:00—15:15
最后交易日交易时间	上午9:15—11:30，下午13:00—15:00
价格限制	上一个交易日结算价的正负10%
合约交易保证金	最低为合约价值的12%（有时有变动）
交割方式	现金交割
最后交易日	合约到期月份的第三个周五，遇法定节假日顺延
最后结算日	同最后交易日

以保证金为8%为例，如果在沪深300指数为2 400点时购入该类期货合约，则在约定日期内沪深300指数如果上涨300点，则买入者的盈利为90 000元；如果沪深300指数下跌，买方的保证金价值将逐渐降低，只要下跌超过2 400点×300元/点×8%÷300元/点=192点，原保证金即为零。

二、金融期权

（一）金融期权的概念

期权又称选择权，是指其持有人能在规定的期限内按交易双方商定的价格购买或出售一定数量的基础工具的权利。期权交易就是对这种选择权的买卖。金融期权（financial option）是指以金融工具或金融变量为基础工具的期权交易形式。具体地说，其购买者在向出售者支付一定费用后，就获得了能在规定期限内以某一特定价格向出售者买进或卖出一定数量的某种金融工具的权利。期权交易实际上是一种权利的单方面有偿让渡。期权的买方以支付一定数量的期权费为代价而拥有了这种权利，但不承担必须买进或卖出的义务；期权的卖方则在收取了一定数量的期权费后，在一定期限内必须无条件地服从买方的选择并履行成交时的允诺。

（二）金融期权与金融期货的区别

金融期权与金融期货的区别主要表现在以下几个方面：

1. 基础资产不同

金融期权与金融期货的基础资产不尽相同。一般来说，凡可进行期货交易的金融工具都可进行期权交易。然而，可进行期权交易的金融工具却未必可进行期货交易。在实践中，只有金融期货期权，而没有金融期权期货，即只有以金融期货合约为基础资产的金融期权交易，而没有以金融期权合约为基础资产的金融期货交易。一般而言，金融期权的基础资产多于金融期货的基础资产。

2. 交易者权利与义务的对称性不同

金融期货交易双方的权利与义务对称，即对任何一方而言，都既有要求对方履约的权利，又有自己对对方履约的义务。而金融期权交易双方的权利与义务存在着明显的不对称性，期权的买方只有权利没有义务，而期权的卖方只有义务没有权利。

3. 履约保证不同

金融期货交易双方均需开立保证金账户，并按规定缴纳履约保证金。而在金融期权交易中，只有期权出售者，尤其是无担保期权的出售者才需开立保证金账户，并按规定缴纳保证金，以保证其履约的义务。至于期权的购买者，因期权合约未规定其义务，无须开立保证金账户，也无须缴纳保证金。

4. 现金流转不同

金融期货交易双方在成交时不发生现金收付关系，但在成交后，由于实行逐日结算制度，交易双方将因价格的变动而发生现金流转，即盈利一方的保证金账户余额将增加，而亏损一方的保证金账户余额将减少。当亏损方保证金账户余额低于规定的维持保证金时，亏损方必须按规定及时缴纳追加保证金。而在金融期权交易中，在成交时，期权购买者为取得期权合约所赋予的权利，必须向期权出售者支付一定的期权费，但在成交后，除了到期履约外，交易双方将不发生任何现金流转。

5. 盈亏特点不同

金融期货的交易双方都无权违约，也无权要求提前交割或推迟交割，而只能在到期前的任一时间通过反向交易实现对冲或在到期时进行实物交割。而在对冲或到期交割前，价格的变动必然使其中一方盈利而另一方亏损，其盈利或亏损的程度取决于价格变动的幅度。因此，从理论上说，金融期货交易中双方潜在的盈利和亏损都是无限的。

相反，在金融期权交易中，由于期权购买者与出售者在权利和义务上的不对称性，他们在交易中的盈利和亏损也具有不对称性。从理论上说，期权购买者在交易中的潜在亏损是有限的，仅限于他所支付的期权费，而他可能取得的盈利却是无限的；相反，期权出售者在交易中所取得的盈利是有限的，仅限于他所收取的期权费，而他可能遭受的损失却是无限的。

6. 套期保值的作用与效果不同

人们利用金融期货进行套期保值，在避免价格发生不利变动造成损失的同时，也必须放弃若价格发生有利变动可能获得的利益。人们利用金融期权进行套期保值，若价格发生不利变动，套期保值者可通过执行期权来避免损失；若价格发生有利变动，套期保值者又可通过放弃期权来保护利益。这样，通过金融期权交易，既可避免价格发生不利变动造成的损失，又可在相当程度上保住价格发生有利变动而带来的利益。

（三）金融期权的类型

1. 按照履约时间分类

按照合约所规定的履约时间的不同，金融期权可以分为欧式期权、美式期权和修正的美式期权。

(1) 欧式期权是指买入期权的一方必须在期权到期日当天才能执行的期权。在亚洲区的金融市场，规定执行期权的时间是期权到期日的北京时间下午 14:00。过了这一时间，再有价值的期权都会自动失效作废。

(2) 美式期权则可在期权到期日或到期日之前的任何一个营业日执行，美式期权是指可以在成交后有效期内任何一天被执行的期权。通常期权持有人可以在期权到期日以前的任何一个工作日纽约时间上午 9:30 以前，选择执行或不执行期权合约。

(3) 修正的美式期权也称为百慕大式期权或大西洋期权，是介于美式及欧式期权之间的第三类期权，这种期权的履约条款介于美式和欧式之间（大西洋和百慕大的地理位置都在美欧大陆之间），可以在期权到期日之前的一系列规定日期执行。例如，某个期权合约的到期日在一年后，但在每一季的最后一个星期可以提前履约（也可在到期日履约），这就是最典型的百慕大式期权。

2. 按照基础资产性质分类

按照金融期权基础资产性质的不同，金融期权可以分为股权类期权、利率期权、货币期权、金融期货合约期权等。

(1) 与股权类期货类似，股权类期权也包括三种类型：单只股票期权、股票组合期权和股票价格指数期权。单只股票期权（简称“股票期权”）指买方在交付了期权费后，即取得在合约规定的到期日或到期日以前按协议价买入或卖出一定数量相关股票的权利。股票组合期权是以一篮子股票为基础资产的期权，代表性品种是交易所交易基金的期权。股票价格指数期权以股票价格指数为基础资产，买方在支付了期权费后，即取得在合约有效期内或到期时以协定指数与市场实际指数进行盈亏结算的权利。股票价格指数期权没有可进行实物交割的具体股票，只能采取现金轧差的方式结算。

(2) 利率期权指买方在支付了期权费后，即取得在合约有效期内或到期时以一定的利率（价格）买入或卖出一定面额的利率工具的权利。利率期权合约通常以政府短期、中期、长期债券，欧洲美元债券，大额可转让存单等利率工具为基础资产。

(3) 货币期权又称外币期权、外汇期权，指买方在支付了期权费后，即取得在合约有效期内或到期时以约定的汇率购买或出售一定数额某种外汇资产的权利。货币期权合约主要以美元、欧元、日元、英镑、瑞士法郎、加拿大元及澳大利亚元等为基础资产。

（4）金融期货合约期权是一种以金融期货合约为交易对象的期权，它赋予其持有人在规定时间内以协议价格买卖特定金融期货合约的权利。

3. 按照期权的性质划分

根据期权的性质划分，金融期权可以分为买入期权和卖出期权。

（1）买入期权又称看涨期权或认购期权，指期权的买方具有在约定期限内按协议价格买入一定数量金融工具的权利。交易者之所以买入看涨期权，是因为他预期这种金融工具的价格在合约期限内将会上涨。如果判断正确，按协议价格买入该项金融工具并以市价卖出，可赚取市价与协议价格之间的差额；如果判断失误，则损失期权费。

（2）卖出期权又称看跌期权或认沽期权，指期权的买方具有在约定期限内按协议价格卖出一定数量金融工具的权利。交易者买入看跌期权，是因为他预期该项金融工具的价格在近期内将会下跌。如果判断正确，可从市场上以较低的价格买入该项金融工具，再按协议价格卖给期权的卖方，将赚取协议价格与市价的差额；如果判断失误，将损失期权费。

（四）期权交易双方盈亏分析

在图 2-1 中，A 点代表看涨期权合约中的协议价格，E 点则代表买卖双方均不盈不亏的股票价格，即盈亏平衡点。

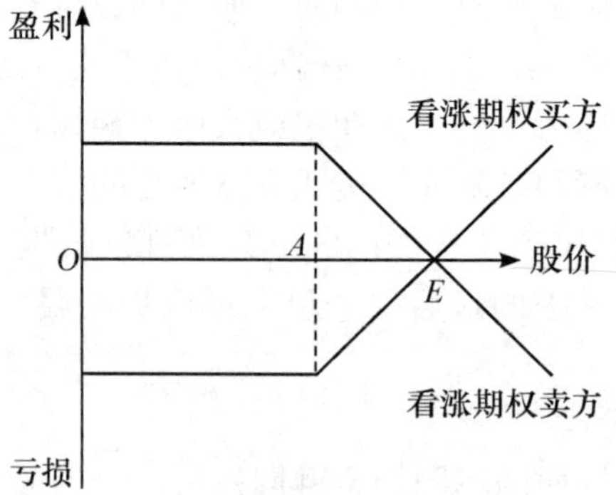

图 2-1　看涨期权买卖双方盈亏分析图

当股价≤A 点时，

买方：放弃权利，最大损失为期权费；

卖方：最大盈利为期权费。

当股价位于 A 点和 E 点之间时，

买方：盈利小于期权费，总体亏损；

卖方：盈利小于期权费。

当股价≥E 点时，

买方：盈利无限；

卖方：亏损无限。

在图 2-2 中，A 点代表看跌期权合约中的协议价格，E 点则代表买卖双方均不盈不亏的股票价格，即盈亏平衡点。

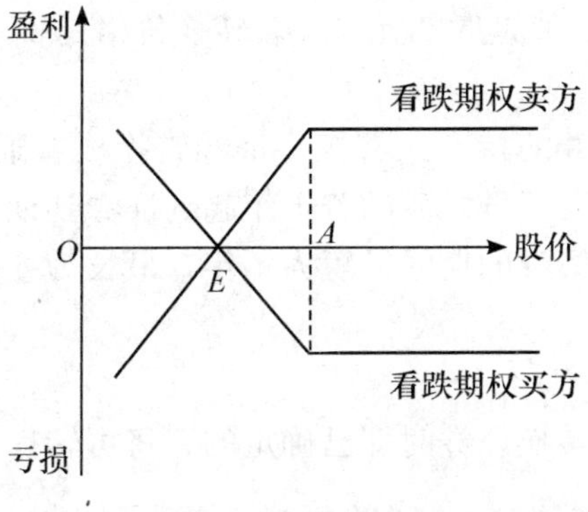

图 2-2 看跌期权买卖双方盈亏分析图

当股价≤E点时，

买方：盈利无限；

卖方：亏损无限。

当股价位于E点和A点之间时，

买方：盈利小于期权费，总体亏损；

卖方：盈利小于期权费。

当股价≥A点时，

买方：放弃权利，最大损失为期权费；

卖方：最大盈利为期权费。

综上所述，期权买方的最大损失为期权费，最大盈利无限，而期权卖方的最大损失无限，最大盈利为期权费。

三、可转换证券

（一）可转换证券的概念

可转换证券（convertible securities）是指其持有人可以在一定时期内按一定比例或价格将之转换成一定数量的另外一种证券的证券。可转换证券主要分为可转换债券和可转换优先股两类。可转换债券是可转换成本公司的普通股的信用债券；可转换优先股是可转换成本公司的普通股的优先股。从国内外的情况看，尤其是从我国近年来的经济实践看，可转换证券一般是指可转换公司债券，简称可转换债券。

可转换债券在发行时就明确规定，债券持有人可选择有利时机请求发行公司按照发行时规定的价格将债券转换为公司的普通股股票；若不想转换，则可继续持有，直至偿还期满时收回本金和利息。对于上市流通的可转换债券，在发行公司的股票价格上扬时，债券持有人可以通过在证券市场上抛售债券来实现收益，并不一定要转换成股票。

（二）可转换证券的要素

1. 转换比例

转换比例是指每一份可转换证券可以换取多少股普通股。

转换比例＝可转换证券面值/转换价格

例 1 当可转换证券的面值是 500 元时，若转换价格是 10 元，则转换比例为 50∶1。

2. 转换期限

转换期限是指可转换证券的持有人有权将证券转换成普通股的有效时间。从实际看，转换期限通常为可转换证券发行日之后的若干年起到证券到期日。我国《上市公司证券发行管理办法》规定，可转换债券的期限最短为 1 年，最长为 6 年，自发行结束之日起 6 个月后方可转换为公司股票。

3. 转换价格

转换价格是指在发行可转换证券时即已确定的、将可转换证券转换为股票的价格。

转换价格＝可转换证券面值/转换比例

例 2 当可转换证券的面值是 500 元时，若转换比例为 50∶1，则转换价格是 10 元。

转换价格一般不做任何调整，但是发生诸如发售新股、配股、送股、派息、股份的拆分与合并，以及公司兼并、收购等特殊情况时，转换价格就要做相应调整。

（三）可转换证券的价值和市场价格

1. 可转换证券的转换价值

转换价值是可转换证券实际转换时按转换成普通股的市场价格计算的理论价值，等于每股普通股的市价乘以转换比例。因为可转换证券在普通股价格上涨时转换较为有利，所以它的转换价值与所转换的股票价格有关，股票价格越高，转换价值越大。

例 3 根据例 1，当股票的市价为 26 元时，则该证券当前的转换价值为：

26 元×50＝1 300 元

2. 可转换证券的理论价值

（1）投资价值。将可转换证券视为一般的证券所具有的价值称为投资价值。这一价值相当于将未来一系列利息收入加上面值按一定市场利率折成的现值，即普通不可转换债券的理论价值。

下面以息票债券为例，研究普通债券的理论价值。

设息票债券的面值为 M，票面利率为 r，每年支付一次利息，利息为票面利率乘以面值：$I=rM$，债券期限是 n 年，到期偿还面值 M，市场利率为 k。则债券价值的基本公式为：

$$V=\sum_{t=1}^{n}\frac{I}{(1+k)^t}+\frac{M}{(1+k)^n}=I\times\frac{1-(1+k)^{-n}}{k}+\frac{M}{(1+k)^n}$$

（2）理论价值。购买可转换证券的投资者并不希望证券还本，而是希望实现与普通股的转换。因此，可转换证券的理论价值应为未来一系列利息收入与转换价值的现值。

3. 可转换证券的市场价格

可转换证券的市场价格以理论价值为基础并受供求关系的影响。在可转换证券到期以前，只要投资者对所转换普通股的价格看涨，可转换证券的市场价格就会高于它的转换价值。从理论上说，当市场价格与转换价值相同时，称为转换平价；当市场价格高于理论价值时，称为转换升水；当市场价格低于转换价值时，称为转换贴水。

四、权　证

（一）权证的概念

权证（warrant）是指发行人所发行的，持有人有权在特定期间以特定价格买进或卖出特定数量标的证券的凭证。权证本质上为权利契约，即投资人在支付权利金购得权证后，有权于某一特定期间或日期，按约定价格向发行人购买或出售标的证券，或以现金结算方式收取结算差价的有价证券。权证的内在价值就是这种权利的价值化。

1992 年 6 月，我国股市的第一个权证——大飞乐的配股权证推出。1996 年 6 月底，证监会终止了权证交易。2005 年 8 月 22 日，第一只股改权证——宝钢权证在上海证券交易所挂牌上市。权证实行 T+0 交易，当日买进的权证，当日可以卖出。

（二）权证的要素

权证的要素主要包括以下几个：

1. 权证类别

即标明该权证属认购权证或认沽权证。

2. 标　的

权证的标的种类涵盖股票、债券、外币、指数、商品或其他金融工具，其中股票权证的标的可以是单一股票或是一篮子股票。

3. 行权价格

发行人发行权证时所约定的，权证持有人向发行人购买或出售标的证券的价格。若标的证券在发行后有除息、除权等事项，通常要对认股权证的认股价格进行调整。

4. 存续时间

权证的存续时间即权证的有效期，超过有效期，认股权证自动失效。目前上海证券交易所、深圳证券交易所均规定，权证自上市之日起存续时间为 6 个月以上 24 个月以下。

5. 行权日期

即权证持有人有权行使权利的日期。

6. 行权方式

分为欧式行权、美式行权和百慕大式混合行权。

7. 结算方式

分为实物结算和现金结算两种。前者指权证持有人行权时，发行人有义务按照行权价格向权证持有人出售或购买标的证券；后者指权证持有人行权时，发行人有义务按照约定向权证持有人支付行权价格与标的证券结算价格之间的差额。

8. 行权比例

指单位权证可以购买或出售的标的证券数量。目前上海和深圳证券交易所均规定，标的证券发生除权的，行权比例应做相应调整，除息时则不做调整。我国有 25%、50%、70%、100%等多种行权比例，其中以 100%居多。

（三）权证的类型

1. 按照发行主体不同，权证可分为股本权证和备兑权证

股本权证是由权证标的资产的发行人（一般为上市公司）发行的一种认股权证，持有人有权在约定时间按照约定价格向上市公司认购股票，上市公司必须向股本权证持有人发行股票。

备兑权证是由权证标的资产的发行人之外的机构发行的一种认股权证，持有人有权在约定的时间内按照约定的价格购入发行人持有的股票。备兑权证以已经存在的股票为标的，所认购的股票不是新发行的股票，而是已经在市场上流通的股票。目前，我国市场上的权证主要是股本权证。

2. 按照履约时间不同，权证可分为欧式权证、美式权证和百慕大式权证

欧式权证是指权证持有人必须在权证到期日才可以提出买进或卖出标的资产的要求的权证。

美式权证是指权证持有人有权在权证到期日前的任何一个营业日执行买进或卖出标的资产的权利的权证。

百慕大式权证也称修正的美式权证，其可以在权证到期日之前的一系列规定的日期内执行买进或卖出标的资产的权利。过了到期日后，欧式权证、美式权证和百慕大式权证的持有人都会丧失要求执行的权利。

3. 按照权利内容不同，权证可分为认购权证和认沽权证

认购权证，又称看涨权证，是一种买进权利，权证持有人有权于约定的时间以约定的价格买进约定数量的标的资产。例如 6 月 1 日用 50 元买进 100 股 A 股票的认购权证，行权日是 8 月 1 日，行权价格是 5 元。就是说，到了 8 月 1 日，有权用 5 元/股的价格买入该股票 100 股。如果当天 A 股的市场价是 8 元，则这天权证持有人用 500 元就可买入 100 股，加上买入权证使用的 50 元，共花费 550 元，净赚 250（＝800－550）元。如果 8 月 1 日，市场价格低于 5 元，就没有必要行权了。2011 年 8 月 11 日，认购权证长虹 CWB1 交易的结束标志着两市最后一只权证退出资本市场。

认沽权证，又称看跌权证，是一种卖出权利，权证持有人有权于约定时间以约定价格卖出约定数量的标的资产。例如 6 月 1 日用 50 元买进 100 股 A 股票的认沽权证，行权日是 8 月 1 日，行权价格是 10 元。就是说，到了 8 月 1 日，有权用 10 元/股的价格卖出该股票 100 股。如果当天 A 股的市场价是 8 元，则这天权证持有人可用 800 元从市场买入 100 股，并有权再以 1 000 元卖出，减去买入权证使用的 50 元，净赚 150（＝1 000－800－50）元。2006 年 8 月，新钢钒发行了我国第一只认沽权证。2008 年 6 月 13 日，南航权证正式终结交易，截止到 2008 年 12 月认沽权证暂时从股市消失。

4. 按照执行价格不同，权证可分为价内权证、价外权证和价平权证

价内权证是标的资产价格高（低）于履约价格的认购（沽）权证。价外权证是标的资产价格低（高）于履约价格的认购（沽）权证。价平权证是标的资产价格等于履约价格的认购（沽）权证。

对于认沽权证，如果在快到期时权证为价内权证，即股价小于行权价，权证的持有人为了行权必然会买进正股，买盘压力有可能会使股价向行权价靠拢，从而使权证丧失价值；而对于认购权证，在快到期时，若为价内权证，持有人只需准备现金以便向大股东按行权价买进股票，而不会对流通A股的股价产生影响。只不过在行权后，市场上可流通的股票突然增加，投资者若想尽快获利了结，正股将遭遇短期抛压，股价必然又会下跌，从而使投资者遭受损失。如钢钒GFC1权证就属于价内权证。当权证为价外权证时，行权必然遭受损失，所以此时便失去行权价值。如南航JTP1权证则为价外权证。

5. 按结算方式不同，权证可分为现金结算权证和实物交割权证

现金结算权证是指在权证持有人行权时，发行人仅对标的证券的市场价格与行权价格的差额部分进行现金结算的权证。实物交割权证是指在权证持有人行权时，标的证券会发生实际转移，发行人要按约定的价格购入或售出约定数量的标的证券的权证。

第三章 证券市场运行

第一节 证券发行市场

一、证券发行市场的含义和构成

证券发行市场是证券发行人直接或通过中介机构间接向投资者出售证券以筹集资金的市场，又称一级市场或初级市场。它通常是一个无形市场，没有具体的固定场所。从理论上讲，证券发行人直接或通过中介人间接向社会进行招募，投资者购买其证券的交易行为即构成了证券发行市场。

由此可见，证券发行市场由证券发行人、证券投资者和证券中介机构等要素构成。证券发行人是资金的需求者和证券的供应者，证券投资者是资金的供应者和证券的需求者，证券中介机构则是联系发行人和投资者的专业性中介服务组织。

二、证券发行方式

（一）按发行对象不同，可分为公募发行和私募发行

1. 公募发行

公募发行又称公开发行，是指发行人向不特定的社会公众投资者发售证券。在公募发行的情况下，所有合法的投资者都可以参加认购。为了保障投资者的利益，各国对公募发行都有严格的要求，发行人只有具备较高的信用、经营状况良好、符合证券主管部门规定的各项发行条件并经批准后，方可发行证券。

2. 私募发行

私募发行又称不公开发行或内部发行，是指以特定的少数投资者为对象的发行。私募发行的对象有两类，一类是公司的老股东或发行人的员工，一类是投资基金、社会保障基金、保险公司、商业银行等金融机构和与发行人有密切往来关系的企业等机构投资者。私募发行的发行额一般比较小，事先不必提供财务资料，也不必向主管部门申请批准，发行手续比较简单。

公募发行和私募发行各有优劣。公募发行是证券发行中最常见、最基本的发行方式，适合于证券发行数量多、筹资额大、准备申请证券上市的发行人。而且，只有公开发行的证券才可以申请在证券交易所上市。私募发行适合于在成熟的证券市场开展。随着投资基金、养老基金、保险公司等机构投资者的增加，私募发行呈逐年增加的趋势。

（二）按有无发行中介分类，可分为直接发行和间接发行

1. 直接发行

直接发行又称自办发行，是指发行人直接向投资者推销出售证券的发行方式。直接发行的优点是可以节省向发行中介机构支付的手续费，降低发行成本；不足之处是发行风险由发行人独立承担，而过大的风险又可能影响资金的筹集。因此，这种发行方式只适用于有既定发行对象，或发行人知名度高、发行数量少、风险低的证券，如大银行的金融证券往往采取直接发行方式。

2. 间接发行

间接发行是指发行人委托投资银行、证券公司等证券中介机构代理出售证券的发行方式。采用间接发行方式可以使发行人在较短时间内筹集到所需资金，且风险较小，但需支付一定的手续费，并需按受托发行机构的要求，提供证券发行所需的有关资料。

直接发行和间接发行各有利弊。一般情况下，间接发行是最基本的、常见的发行方式，特别是公募发行，大多采用间接发行方式；而私募发行，则以直接发行方式为主。

此外，按证券种类不同，可分为股票发行、债券发行、基金发行；按招标标的不同，可分为价格招标发行和收益率招标发行等。但按发行对象不同和有无发行中介机构是最基本的分类方法，也是发行主体选择证券发行方式时首先要考虑的两种形式。

三、证券发行的监管

对证券发行进行监管，是加强证券市场管理的重要环节，对证券市场的健康发展具有重要意义。对证券发行的监管，首先是对证券发行资格的审核。只有具备了证券发行条件，才能进入证券市场发行证券。由于各国经济发展状况不平衡，尤其是证券市场的发育程度不同，对证券发行的审核方式也各不相同。概括起来，主要有注册制和核准制。

（一）注册制

注册制又称为登记制，实际上是一种发行公司的财务公布制度。它要求发行证券的公司提供关于证券发行本身以及同证券发行有关的一切信息。发行人对这些信息不但完全公开，不得有重大遗漏，而且对所提供信息的真实性、完整性和可靠性承担法律责任。发行人只需充分披露信息，在注册申报后的规定时间内，未被证券管理部门拒绝注册，即可进

行证券发行，无须政府批准。

证券发行注册的目的是向投资者提供证券投资的有关资料，以帮助投资者判断证券的投资价值，进行投资决策。它不保证发行的证券资质优良、价格适中等。

（二）核准制

证券发行核准制是指证券的发行不仅要以真实情况的充分公开为条件，而且必须符合证券管理机构制定的若干发行条件。只有符合发行条件的公司，经证券管理机构批准后方可取得发行资格，在证券市场发行证券。在这一过程中，证券管理机构有权否决不符合规定条件的证券发行申请。实行核准制的目的在于，尽管理部门之所能，保证发行的证券符合公众投资者的利益和社会安定的需要。

注册制比较适合证券市场发展历史较长、各项法律法规健全、行业自律较好、投资者素质较高的国家和地区；核准制则适合证券市场处于发展初期、法律法规尚需健全、投资者素质较低的国家和地区。从核准制向注册制过渡，是证券市场发展日益成熟的标志。

（三）我国证券发行监管的演变

我国证券发行管理属于政府主导型，即政府不仅管理证券发行实质性内容的审核，而且管理发行过程的实际操作，如确定发行方式和发行价。在不同时期，具体的监管方式又各不相同。

1. 审批制

我国早期的股票发行制度为行政审批制，其本质仍然属于计划经济。1998 年之前，我国的证券发行监管制度采取发行规模和发行企业数量双重控制的方法，即每年先由证券主管部门下达公开发行股票的总规模，然后将额度切分到各地方和部委，再由地方和部委确定预选企业，上报证监会批准。

2. 核准制

核准制是指发行人在发行股票时，不需要各级政府批准，只要符合《证券法》和《公司法》的要求即可申请上市。但是发行人要充分公开企业的真实状况，证券主管机关有权否决不符合规定条件的股票发行申请。

1999 年 7 月颁布实施的《证券法》明确提出要将股票发行由审批制转为核准制，国家不再确定发行额度，发行申请人需要由主承销商推荐，由发行审核委员会审核，由中国证监会核准。2000 年 3 月，中国证监会正式出台了股票发行核准程序，并于 2001 年 3 月 17 日正式实行核准制。创下 36.68 元发行天价的用友软件成为拉开核准制帷幕的第一只股票。证券发行制度由此从审批制向核准制过渡。由审批制转向核准制是中国证券市场的一场深刻变革，它大大加强了证券公司等各类中介机构的责任，为提高证券市场的透明度、维护“三公”原则、规范证券发行和上市行为、提高上市公司的质量提供了一个较合理的制度前提。

但问题接踵而至，根据核准制的相关规定，企业只要符合条件就可以上市。而成功推荐企业上市，对于投资银行来说，就意味着巨额承销费收入，所以从 2000 年开始，券商热情高涨地对企业进行上市辅导工作。结果是，这种热情使得具备上市条件的企业一下子增加了近千家。拟上市企业数量骤增使证监会顿时紧张起来，因为如果按照法规安排它们上市，市场将面临前所未有的扩容压力；此外还有一个最现实的问题是，面对可能汹涌而至的上市申请，负责审核工作的股票发行审核委员会的人手明显不够。这无疑给证监会带来了压力。在实行审批制时，控制上市企业的数量可以用额度的手段，但在核准制下，额度已经不复存在。于是，监管层推出核准制下的配套办法——通道制，希望通过对券商的限制实现对上市企业数量乃至扩容节奏的控制。

（1）通道制。

所谓通道制（又称推荐制），是指由证券监管部门确定各家综合类券商所拥有的发股通道数量，券商按照发行1家再上报1家的程序来推荐发股公司的制度。其具体运作程序是：由证券监管部门根据各家券商的实力和业绩，直接确定其拥有的发股通道数量（例如，规模较大的券商拥有8条通道，规模较小的券商拥有2条通道）；各家券商根据其拥有的通道数量遴选发股公司，协助拟发股公司进行改制、上市辅导和制作发股申报材料，然后，将发股申报材料上报券商内部设立的股票发行内部审核小组（简称内核组）审核，如果审核通过，则由该券商向中国证监会推荐该家拟发股公司；中国证监会收到拟发股公司的发股申请后，进行合规性审核，经股票发行审核委员会（简称发审会）审核通过，再由中国证监会根据股票市场的走势情况，下达股票发行通知书；拟发股公司在接到发股通知书后，与券商配合，实施股票发行工作。显然，通道制基本摆脱了股票发行在行政机制中运行的格局，是股票发行制度由计划机制向市场机制转变的一项重大改革。

2001年3月29日，中国证券业协会专门下发通知，对通道制的具体执行做出解释：通道制是在证券发行市场由行政审批制向核准制转变的过渡时期采用的一种行业自律办法，其核心是证券公司自行排队、限报家数。所谓自行排队、限报家数是指每家证券公司一次只能推荐一定数量的企业申请发行股票，由证券公司将拟推荐的企业逐一排队，按序推荐。所推荐企业每发行1家即可再报1家（2002年6月24日之前是所推荐企业每核准1家即可再报1家）。证券公司一次推荐的企业数量由中国证券业协会依据其上一年度的承销家数及发行质量具体确定。具有主承销商资格的券商拥有的通道数最多8条，最少1条。这就意味着，最大的券商同时推荐的企业数最多也不过8家。

虽然新制度使部分券商的投资银行业务受到一定制约，但是券商投行人员普遍反映，通道制客观上逼迫他们向证监会推荐企业时加强了对企业质量的考核。

（2）保荐人制度。

2003年1月，在中国证监会召开的全国证券期货监管工作会议上，逐步建立上市保荐人制度被列为当年的监管工作重点之一。自此，股票上市保荐人制度开始浮出水面。

所谓保荐制，简而言之，就是让券商和责任人对其承销发行的股票负有一定的持续性连带担保责任。具体来讲，就是由保荐人（券商）负责发行人的上市推荐和辅导，核实公司发行文件中所载资料的真实性、准确性和完整性，协助发行人建立严格的信息披露制度，承担上市后持续督导的责任，这种责任还将落实到个人。

在英国、中国香港等成熟的资本市场，保荐人制度多运用在创业板市场上。而各国创业板市场的实践已充分表明，这一制度在提高上市公司质量、保护投资者合法权益等方面效果相当明显。美国“安然”事件发生后，各国对于加强中介机构的作用特别是发挥保荐人的作用达成了一致意见。2003年5月底，香港交易所和香港证监会联合发布《关于保荐人和独立财务顾问监管规则》的咨询文件，也建议在主板和创业板实行统一的上市保荐制。中国将保荐人制度引入主板市场，这在世界上还是第一次，这必将给我国证券市场带来深远的影响。它将转变中国证券公司的经营理念和业务模式，有利于中国证券公司的健康发展。券商在新股发行过程中充当信息中介，必将以其信誉为发行人做出符合上市条件的保证。这将促使投资银行更好地履行尽职调查和辅导职责，大量高声誉的中介机构的存在必将提高金融市场信息的质量。

2003年7月1日，证监会向国内10余家大型券商发放了《公开发行和上市证券保荐管理暂行办法》征求业内意见稿；7月4日、7月16日，证监会先后召集券商主管投资银行业务的负责人，就实施保荐制广泛征求意见，商讨具体细节。到2004年5月20日，保荐机构（主承销商）的字样已经分别出现在6家公司的招股说明书中。汉唐证券、宏源证券、长城证券、华欧国际4家保荐机构共10名保荐代表人在洪城水业、山东博汇、开滦精煤、武汉春天、湖南新五丰和岳阳纸业的招股说明书中先后亮相。在这些IPO公司的招股说明书中已开始使用保荐机构（主承销商）替代过去沿用的“主承销”字样。此举表明我国证券市场的保荐人制度正式启动，各保荐机构也开始承担起相应的责任。

保荐制无论在理论上还是在实践中都被证明是一种较好的制度安排，但是如果不能建立起相应的配套措施，难保保荐制不会走样。推行保荐制，应保障落实违规处罚的具体措施。如果没有惩戒，再多再细致的连带风险责任和义务都不能杜绝违规事件的发生。

推行保荐制，将在业内形成保荐代表人（代表券商进行签字）阶层，保荐代表人在很大程度上决定着公司能否上市的命运，由此保荐代表人的身价将倍增。保荐代表人的出现将改变目前的投资银行业务流程，证券公司对“通道”的竞争，将转向对“保荐代表人”的竞争。因此，如何建立对保荐代表人的约束机制，也是推行保荐制所要考虑的一个重要内容。

四、证券发行价格

下面以股票为例来介绍证券发行价格。

（一）股票发行价格类型

股票的发行价格是指新股票有偿发售时投资者实际支付的价格。股票发行价格一般有以下几种：

1. 面额发行

又称平价发行、等价发行，是以股票面额为发行价格发行股票。一般来说，股票面额并不能代表股票的实际价值，也不能代表公司每股实际资产的价值。票面价值仅仅具有簿证方面的作用，表示每一股份占公司资本的份额。面额发行可以准确确定每一股份在公司中所占的比例，而且发行价格不受市场行情波动的影响。由于股票的市场价格往往高于股票的面额，因此，以面额发行能使投资者得到由价格差异带来的收益，对投资者有较大的吸引力，也保证了发行者顺利地募集到自己所需要的资金。面额发行简便、易行，但发行价格与流通价格不能联系在一起，不能反映股票的市场情况。一般在新公司成立及向老股东配股时采用这种方法。目前，面额发行多在证券市场不发达的国家和地区采用，在证券市场发达的国家和地区很少采用。

2. 市价发行

市价发行是以股票在流通市场上的价格为基础而确定的发行价格。市价发行的发行价格一般并不直接等于市价，而是接近于股票流通市场上该种已发行股票或同类股票的近期买卖价格。市价发行一般高于股票面额，两者的差价称为溢价，溢价带来的收益计入公司资本公积金。市价发行是成熟证券市场最基本、最常用的发行价格，通常在公募发行或第三者配售时采用。

3. 中间价发行

中间价发行是指以介于面额与市价之间的价格发行，常在股东配股时使用。它实际上是把发行溢价收入的一部分返还给老股东，因此可以增强对老股东的吸引力。

上述三种发行价格是最常见的股票发行价格，其中，市价发行是股票发行价格的主要形式，其他两种是次要的、辅助的形式。股票折价发行的很少，在美国，许多州都规定股票折价发行是非法的，《公司法》也规定，股票发行价格不得低于票面金额。

（二）股票定价方法

在市价发行方式下，发行价格的确定方法主要有以下几种：

1. 议价法

议价法是指发行人直接与承销商议定承销价格和公开发行价格。承销价格与公开发行价格的差额即为承销商的报酬。在美国，大多数股份公司发行新股时都采用这一方法来确定发行价格。

2. 竞价法

竞价法是指发行人将其股票发行计划和招标文件向社会公众或股票承销商公告，投资者或股票承销商根据各自的情况拟定标书，以投标方式相互竞争股票承销业务，中标标书中的价格就是股票的发行价格。参与竞价招标的既可以是公众投资者，也可以是股票承销商。在后一种情况下，中标的股票承销商再将股票发售给公众投资者。

3. 拟价法

拟价法是指在股票出售前，由发行人与承销商共同拟定一个发行价格并加以推销。拟价法与议价法的区别之一在于承销商的报酬形式不同。在拟价法下，承销商的报酬由发行人按发行总额的一定百分比支付；在议价法下，承销商的报酬是承销价格与发行价格的差价收入。我国台湾地区新上市公司股票发行价格的确定通常采用此法。

4. 定价法

定价法是指发行人与承销商协商后制定发行价格并向社会公众公开出售。定价法又有市盈率法和净资产倍率法。市盈率法是通过市盈率确定股票发行价格的方法；净资产倍率法又称资产现值法，是通过资产评估和相关会计手段确定发行人拟募股资产的净现值和每股净资产，然后根据证券市场的状况将每股资产净值乘以一定倍率或折扣，以此确定股票发行价格的方法。我国目前的股票发行价格以市盈率法定价，定价公式为：

$$\text{发行价格}=\frac{\text{发行当年预测利润}}{\text{发行前股本数}+\text{本次公开发行股数}\times(12-\text{发行月份})/12}\times\text{发行市盈率}$$

可见，目前我国新股的发行价格主要取决于每股税后利润和发行市盈率两个因素。其中，每股税后利润是衡量公司业绩和股票投资价值的重要指标，市盈率是股票市场价格与每股税后利润的比率，是确定发行价格的重要因素。发行人在确定市盈率时，应考虑所属行业的发展前景、同行业公司在股市上的表现以及近期二级市场的供求关系和总体走势等因素，以利于一、二级市场之间的衔接和平衡发展。

第二节　证券流通市场

证券流通市场，又称证券交易市场、二级市场或次级市场，是为已经公开发行的证券提供流通转让机会的市场。它体现了有价证券在不同交易主体之间流通、转让的市场关系。证券流通市场通常分为证券交易所市场（场内交易市场）和场外交易市场。

一、证券交易所市场（场内交易市场）

证券交易所是依据证券法律制度或交易所法设立的，以股票、债券或其他有价证券为交易对象，以提供集中、有形证券交易市场为目的的法人组织。它是买卖双方有组织地公开进行证券集中交易的场所，是最重要、最规范、最典型的证券流通市场。证券交易所自身并不参与证券交易，也不能决定证券交易价格，它只是提供一定的交易场所和交易设施，保证证券交易的顺利进行。

（一）证券交易所的产生与发展

证券从其诞生之日起就有流通和交易的需求，证券交易所随之就自发地或有组织地产生了。最初，证券交易所一般为自发的、不固定的、分散的、无序的场所，后来出现了证券交易商，设立了专门的证券交易柜台，从事证券买卖或接受客户的委托进行买卖，发展成为有组织的集中交易场所。

世界上最早成立的证券交易所，考证结论不一。有人认为，1531 年，比利时首创证券交易所；也有人认为，1726 年，法国巴黎证券交易所创建，成为世界上第一个比较完备的证券交易所。1773 年和 1792 年英国和美国相继成立了证券交易所，这就是今天的伦敦证券交易所和纽约证券交易所的前身。

世界各国证券交易所的蓬勃发展表明，证券交易所的集中竞价交易方式可以大大节约交易成本，加快成交节奏，提高交易效率。随着证券交易电子化、自由化和全球化的发展，传统的证券交易所也将会发生新的变化。

（二）证券交易所的特征

（1）有固定的交易场所和交易时间；

（2）交易的对象限于合乎一定标准的上市证券；

（3）通过公开竞价的方式决定交易价格；

（4）具有较高的成交速度和成交率；

（5）实行公开、公平、公正原则，并对证券交易加以严格管理；

（6）只为证券交易提供场所、设施和管理服务，自身并不直接参与证券管理。

（三）证券交易所的组织形式

证券交易所的组织形式大致可以分为两类，即公司制和会员制。

1. 公司制

公司制的证券交易所是以股份有限公司形式组织成立的并以营利为目的的法人团体，一般由金融机构及各类民营公司组建，其收益主要来自证券发行公司的上市费和证券交易成交的手续费以及其他一些服务费用。

2. 会员制

会员制的证券交易所是一个由会员自愿组成的，不以营利为目的的社会法人团体。其会员一般由券商组成，交易所设会员大会、理事会和监察委员会。

我国内地的两家证券交易所——上海证券交易所和深圳证券交易所均按会员制方式组成。

二、场外交易市场

除了证券交易所市场（场内交易市场）外，还有一些没有集中统一的交易制度和交易场所的交易市场，我们把这类市场统称为场外交易市场。

（一）场外交易市场的含义

场外交易市场是证券交易所以外的证券交易市场的总称。场外交易市场是证券流通市场不可缺少的重要组成部分，它又分为柜台交易市场或店头交易市场、第三市场、第四市场。

在证券市场发展初期，由于证券交易所尚未建立或完善，大部分有价证券的买卖都是直接在柜台上进行的，因此称为柜台交易市场或店头交易市场。随着证券交易所的产生和发展，证券市场上的交易方式有了一定程度的改进，但场外交易市场仍然能够存在和发展，这主要有以下几个原因：

(1) 证券交易所可以容纳的上市证券十分有限，很大一部分证券只能在场外进行交易。同时证券交易所规定的上市条件比较严格，不符合上市标准的证券不能进入证券交易所买卖，而这些证券也需要流通，所以为了规避较严格的法律条件只能在场外完成交易。

(2) 由于申请上市的手续比较复杂，而且上市后必须通过交易所的会员才能买卖，为此还要向经纪会员交付一定数额的佣金，而场外交易市场不必经过烦琐的上市程序，也不需要填写委托书，所以有些发行公司即使符合上市条件，也不愿申请上市，而只在场外进行交易。

(3) 随着科技、通信技术的发展，场外交易市场的交易方式、交易程序和交易设备都有了很大的改进，目前许多场外交易并不直接在证券经营机构的柜台前进行，而是由客户与证券经营机构通过电话、电传、计算机网络等进行交易，交易效率大大提高。

（二）场外交易市场的特征

场外交易市场有以下特征：

1. 场外交易市场是一个分散的无形市场

它没有固定集中的交易场所，也没有固定的交易时间，而是由许多各自独立经营的证券经营机构依靠电话、电报、电传和计算机网络分别进行交易。

2. 场外交易市场的组织方式采取做市商制

场外交易市场中的证券交易通常在证券经营机构之间或是在证券经营机构与投资者之间直接进行，不需要中介人。证券经营机构先行垫入资金买进若干证券作为库存，然后开始挂牌对外进行交易。它们以较低的价格买进，再以略高的价格卖出，从中赚取差价，但其加价幅度一般受到限制。券商既是交易的直接参加者，又是市场的组织者，它们制造出证券交易的机会并组织市场活动，因此被称为“做市商”（market maker）。

3. 场外交易市场的交易证券品种多

上市或不上市的证券都可在此进行交易，以未能或无须在证券交易所批准上市的股票和债券为主。

4. 场外交易市场是一个以议价方式进行证券交易的市场

在场外交易市场上，证券买卖采取一对一的交易方式，对同一种证券的买卖不可能同时出现众多的买方和卖方，也就不存在公开的竞价机制。场外交易市场的价格决定机制不是公开竞价，而是买卖双方协商议价。具体来说，是证券公司对自己所经营的证券同时挂出买入价和卖出价，并无条件地按买入价买入证券和按卖出价卖出证券，最终的成交价是在挂牌价基础上经双方协商决定的不含佣金的净价。券商可根据市场情况随时调整所挂的牌价。

5. 场外交易市场的交易规则灵活、手续简便、市场管理比证券交易所宽松

由于场外交易市场分散，缺乏统一的组织和章程，因此不易管理和监督，其交易效率也不及证券交易所。但美国的纳斯达克市场借助计算机将分散于全国的场外交易市场联成网络，在管理和效率上都有很大提高。

（三）第三市场和第四市场

1. 第三市场

严格地说，第三市场也是场外交易市场的一部分，指已在正式的证券交易所内上市却在证券交易所之外进行交易的证券买卖市场。第三市场的参与者主要为各类投资机构，如养老基金、互助基金、保险公司、投资公司等。

第三市场的出现是因为证券交易所不允许随意降低佣金，这样当每笔股票成交数额很大时，经纪人收取的佣金就会很高，加大了股票的交易成本。由于能够上市的股票往往信誉较好，所以，很多投资机构就和非证券交易所会员的券商在证券交易所之外买卖上市股票。通常，在第三市场的经纪人收取的佣金费用低于交易所的费用，这就使投资者的交易成本降低，而且投资机构和券商都彼此了解，可以节约其他费用，如市场分析、信息传递等费用。

第三市场的存在，不仅丰富了股票市场的形式，加强了证券业的竞争，而且满足了不同投资者的需求，使投资者的交易成本降低，减少了投资的总费用。

第三市场最早出现在20世纪60年代的美国，一度大受欢迎。但1975年美国取消固定佣金制后，佣金立即下浮，大宗交易还可以有更大下浮幅度，成交速度加快，第三市场的吸引力才有所下降。

2. 第四市场

第四市场是指投资者绕开通常的证券经纪人，彼此之间利用计算机网络直接进行大宗证券交易的市场。这种形式的市场最早出现在美国。第四市场主要是一个计算机网络，想要参加第四市场交易的客户可以租用或加入这个网络，各大公司把股票的买进价和卖出价都输入此计算机系统。客户在购买或出售股票时，可以通知该系统，计算机屏幕即可显示出各种股票的买卖价，并通过计算机终端设备进行交易。

第四市场的优点在于：一是成交迅速。它充分利用了先进的计算机技术，把分散在各个地区的交易行情通过一个全国性或地区性的证券交易自动报价系统集中起来，使客户能够及时、迅速地进行交易。二是交易成本低。第四市场绕开了证券经纪人，基本上是双方直接交易，所以不需要中介费用，即使通过第三方安排，佣金也较为便宜。三是减少了对证券市场的冲击。第四市场进行的都是大宗的买卖交易，如果在证券交易所交易，必然会对股价造成一定的冲击，而在第四市场交易，因为不是公开交易，因而避免了这种冲击。四是可以保守交易秘密。因为没有经纪人参与交易，有利于机构投资者匿名交易，从而可以保守交易秘密。正是第四市场的这些优越性，使得其成为一个颇具竞争性和发展潜力的市场。

第三节　证券价格指数

一、股票价格指数的含义

股票价格指数，简称股价指数，是衡量股票市场上股票总体价格水平及其变动趋势的一种动态相对数量指标，也是反映一个国家或地区经济发展状态的灵敏信号。在股票市场上，很多种股票进行着交易，股票价格瞬息万变，对于单只股票的价格变化，投资者可以在股市交易行情表中看到，而要真正掌握多种股票的价格变化或整个股市的价格变动趋势，就必须借助于能反映股票市场总体价格变动方向与幅度的综合性分析指标——股票价格指数。股价指数是反映不同时期的股价变动情况的相对指标，可以比较准确地反映股票市场的行情变化和发展趋势，从而有利于投资者进行投资选择。

股票价格指数一般由证券交易所、金融服务机构、研究咨询机构或财经媒体等编制和发布。例如，我国的上证综合指数是由上海证券交易所编制的；香港恒生指数是由香港恒生银行编制发布的；标准普尔指数是由美国最大的证券研究机构——标准普尔公司编制的；伦敦《金融时报》指数是由英国的《金融时报》编制发表的。

二、股票价格指数的编制方法

在编制股价指数时，一般将股价平均数和股价指数分别进行计算，这主要是因为两者对股市的实际作用不同：股价平均数反映的是多种股票价格变动的一般水平，通过对不同时期股价平均数的比较，可以认识多种股票的价格变动水平；而股价指数反映的是不同时期股价变动情况的相对指标，通过它人们可以了解计算期的股价相对于基期的股价变动的百分比。从一个较长的时期来说，股价指数比股价平均数更能精确地衡量股价的变动。

股票价格指数的编制一般分为四步：

（一）选取样本股

由于上市股票种类繁多，计算全部上市股票的价格平均数或股价指数的工作烦琐而复杂，因此，人们常常是从所有上市股票中选择一定数量的、富有代表性的上市公司股票作为编制股价指数的样本股。选择样本股时主要应考虑以下几个因素：一是样本股必须具有典型性、普遍性，为此，选择样本应综合考虑其行业分布、市场影响力、股票等级、适当数量等因素；二是样本股的市价总值要占在交易所上市的全部股票市价总值的大部分；三是样本股的价格变动趋势必须能反映股票市场价格变动的总趋势。

（二）选定基期，并以一定方法计算基期的平均股价或市值

选定的基期应有较好的均衡性和代表性，基期只有定得合适，才具有可比性，才能使股价指数如实反映股市的变动情况。通常选择某一有代表性或股价相对稳定的日期为基期，并按选定的某种方法计算样本股的平均价格或总市值，计算方法同下面的计算期平均股价的计算方法。

（三）计算计算期的平均股价或市值，并做必要的修正

搜集样本股在计算期的价格，并按选定的方法计算平均价格或市值。

在计算平均股价的时候必须考虑如下因素：一是计算方法应具有高度的适应性，能对不断变化的股市行情做出相应的调整或修正，使股票价格指数或平均股价有较好的敏感性；二是计算依据的口径必须统一，一般以交易所的收盘价为计算依据，但随着计算频率的增加，有的以每小时价格甚至更短时间的价格计算。

平均股价又称股价平均数，它采用股价平均法来度量所有样本股价格的平均值。按计算方法的不同可分为三种，即简单算术股价平均数、修正股价平均数和加权股价平均数。

1. 简单算术股价平均数

将样本股每日收盘价格加总后除以样本股种数。

其计算公式为：

$$P=\frac{\sum_{i=1}^{n}P_i}{n}$$

式中，

P 代表简单算术股价平均数；

n 代表样本股的种数；

P_i 代表各样本股的收盘价。

例如，某股票市场某日采集了 A、B、C 三只股票作为样本股，其收盘价分别为 15 元、10 元、20 元，则当日该样本股的简单算术股价平均数为：

$$P=\frac{15+10+20}{3}=15(\text{元})$$

简单算术股价平均数的优点是计算简便，易懂易算，但也存在很大的缺点：一是容易受极端值（样本股中极大值或极小值）的影响。如上例中A股股价若为300元，则计算出的股价平均数为110元，远高于B、C的实际价格。二是未考虑样本股送配股、拆股和更换对股价变化的影响，从而会使股价平均数失去真实性、连续性和时间数列上的可比性。如上例中，当C股拆分为4股，股价从20元变为5元时，股价平均数变为 $P=\frac{15+10+5}{3}=10$ 元，而不是15元。三是计算时没有考虑不同股票的权重，即忽略了发行量和成交量不同的股票对股票市场有不同的影响这一重要因素。

简单算术股价平均数的这三点不足，可以通过修正股价平均数和加权股价平均数来弥补。

2. 修正股价平均数

又称调整股价平均数，它是在简单算术股价平均数的基础上，为了克服当发生送股、拆股、增发、配股时，股价平均数不合理下跌的缺点，通过采用适当的方法修正和调整，使股价平均数不受影响。修正和调整的方法有两种：一是修正股价法，二是修正除数法。

（1）修正股价法。先计算出样本股票的修正股价，即将股份变动后的股价修正为股份变动前的股价，然后依据修正股价计算出股价平均数。

计算公式为：

$$P=\frac{1}{n}(P_1+P_2+\cdots+P'_{n-1}+P_n)$$

式中，

P 为修正股价平均数；

P'_{n-1} 为股份发生变动的样本股的修正股价。

例如在前例中，C股拆分为4股，拆分后股价为5元，计算出其拆分前的修正股价为 $5\times4=20$ 元，则此样本股的修正股价平均数为 $P=\frac{15+10+20}{3}=15$ 元。

这样，经过修正股价的计算，取得了同拆分前以简单算术平均数计算时一样的结果，消除了由于拆股导致股价平均数的不合理下跌。

（2）修正除数法。即将原来的除数修正为新的除数，再按修正后的除数计算出股价平均数。

计算公式为：

$$P=\frac{\sum_{i=1}^{n}P_i}{n'}$$

式中，

P 为修正股价平均数；

P_i 为股价变动后各样本股的收盘价；

n' 为修正后的除数。

$$n'=\frac{\text{股价变动后的总价格}}{\text{股份变动前的平均价}}$$

例如在前例中，

$$n' = \frac{15+10+5}{15} = 2$$

$$P = \frac{15+10+5}{2} = 15(\text{元})$$

修正除数法与修正股价法所计算出的结果完全相同。

目前在国际上影响最大、历史最悠久的道琼斯股价平均数就是采用修正股价平均数来计算股价平均数的，每当股票分割、送股或增发、配股数超过原股份10%时，就对除数做相应的修正。

3. 加权股价平均数

指将各样本股的发行量或成交量作为权数计算出来的股价平均数。

其计算公式为：

$$P = \frac{\sum_{i=1}^{n} P_i W_i}{\sum_{i=1}^{n} W_i}$$

式中，W_i 为样本股的发行量或成交量。

例如，A、B、C三只样本股的价格分别为15元、10元、20元，发行量分别为30万股、30万股、40万股，则以发行量作为权数的加权股价平均数为：

$$P = \frac{15\times 30 + 10\times 30 + 20\times 40}{30+30+40} = 15.5(\text{元})$$

（四）计算股票价格指数

将基期平均股价或市值定为某一常数（通常为10、100或1 000），然后将计算期的平均股价或市值与基期的平均股价或市值相比较，计算出计算期平均股价或市值的指数值。

股价指数的编制方法有两种：简单算术股价指数和加权股价指数。

1. 简单算术股价指数

简单算术股价指数的计算方法分为两种：相对法和综合法。

（1）相对法。

相对法是先计算出各样本股票的个别价格指数，然后加总求算术平均数。

其计算公式为：

$$I = \frac{1}{n}\sum_{i=1}^{n}\frac{P_{1i}}{P_{0i}} \times \text{固定乘数}$$

式中，

I 为股价指数；

P_{0i} 为基期第 i 只股票的价格；

P_{1i} 为计算期第 i 只股票的价格；

n 为样本股数量。

例如，某股票市场 A、B、C、D 四只样本股的基期价格分别为 5 元、8 元、10 元、15 元；计算期价格分别为 8 元、12 元、14 元、18 元，则此样本股的股价指数为：

$$I=\frac{1}{4}\times\left(\frac{8}{5}+\frac{12}{8}+\frac{14}{10}+\frac{18}{15}\right)\times 100=142.5\text{(假设固定乘数为 100)}$$

（2）综合法。

综合法是将样本股的基期价格和计算期价格分别加总后，用计算期股价总额与基期股价总额互相比较求出股价指数。

其计算公式为：

$$I=\frac{\sum_{i=1}^{n}P_{1i}}{\sum_{i=1}^{n}P_{0i}}\times\text{固定乘数}$$

公式中各字母含义与相对法中各字母含义相同。

如前例，用综合法计算出的股价指数为：

$$I=\frac{8+12+14+18}{5+8+10+15}\times 100=\frac{52}{38}\times 100\approx 136.8$$

这两种计算股价指数的方法的优点在于：一是计算简便易行；二是所得的股价指数对于股市短期价格变动的反映比较灵敏。缺点是不能反映不同公司的股票在市场交易中的地位及对股价总水平的影响程度，因为公式中每一种股票的地位都是平等的，未考虑股票发行量和交易量等的不同。

2. 加权股价指数

以各样本股的发行量、成交量或其他可以反映股票地位的数字作为权数，将各样本股的计算期和基期价格与其权数分别相乘后求和，加以比较求出股价指数。在采用此方法计算股价指数时，权数的选择是关键。权数选择得准确，则股票价格指数的准确率和科学性大大提高；权数选择不当，则将使股票价格指数失真扭曲，给人以不实的市场信号。在实践中，人们一般选择成交量或发行量作为权数来计算加权股价指数。

加权股价指数又分为基期加权股价指数、计算期加权股价指数和几何加权股价指数。

（1）基期加权股价指数。

又称拉斯贝尔加权指数或拉氏指数，系采用基期发行量或成交量作为权数来计算股价指数。

其计算公式为：

$$I=\frac{\sum_{i=1}^{n}P_{1i}Q_{0i}}{\sum_{i=1}^{n}P_{0i}Q_{0i}}\times\text{固定乘数}$$

式中，Q_{0i} 表示基期第 i 只股票的发行量或成交量。

（2）计算期加权股价指数。

又称派许加权指数或派氏指数，系采用计算期发行量或成交量作为权数来计算股价指数。其适用性较强，使用较为广泛，很多著名股价指数都使用这一方法，如标准普尔指数。我国证券价格指数的编制也大都采用这一方法。

其计算公式为：

$$I=\frac{\sum_{i=1}^{n}P_{1i}Q_{1i}}{\sum_{i=1}^{n}P_{0i}Q_{1i}}\times 固定乘数$$

式中，Q_{1i}为计算期第 i 只股票的发行量或成交量。

（3）几何加权股价指数。

又称费雪理想式，是对基期加权股价指数和计算期加权股价指数两种指数做几何平均。由于计算复杂，很少被实际应用。

其计算公式为：

$$I=\sqrt{\frac{\sum_{i=1}^{n}P_{1i}Q_{0i}}{\sum_{i=1}^{n}P_{0i}Q_{0i}}\times\frac{\sum_{i=1}^{n}P_{1i}Q_{1i}}{\sum_{i=1}^{n}P_{0i}Q_{1i}}}\times 固定乘数$$

下面，我们举例说明上述 3 种加权股价指数的计算。

假设有样本股 A、B、C、D 四种，其基期、计算期的股价和交易量见表 3－1，固定乘数为 100。

表 3－1

项目 / 股票种类	股价（元）		交易量（股）	
	基期（P_{0i}）	计算期（P_{1i}）	基期（Q_{0i}）	计算期（Q_{1i}）
A	15	30	100	120
B	20	18	150	150
C	30	45	200	300
D	35	35	120	100

基期加权股价指数：

$$\begin{aligned}I&=\frac{30\times100+18\times150+45\times200+35\times120}{15\times100+20\times150+30\times200+35\times120}\times100\\&=\frac{18\,900}{14\,700}\times100\\&=128.6\end{aligned}$$

计算期加权股价指数：

$$I=\frac{30\times120+18\times150+45\times300+35\times100}{15\times120+20\times150+30\times300+35\times100}\times100$$

$$=\frac{23\,300}{17\,300}\times 100$$
$$=134.7$$

几何加权股价指数：

$$I=\sqrt{1.286\times 1.347}\times 100$$
$$=131.6$$

三、我国主要的证券价格指数

我国的证券价格指数按证券类别分，可分为股票价格指数、债券价格指数和基金价格指数；按编制机构分，可分为中证系列指数、上海证券交易所证券指数、深圳证券交易所证券指数。其中中证系列指数可能很多人并不熟悉。它是指由中证指数有限公司编制和发布的一系列指数。它包括：中证流通指数、沪深 300 指数、中证规模指数、中证全债指数、中证基金指数系列等。中证指数有限公司是由上海证券交易所和深圳证券交易所共同发起设立，于 2005 年 9 月 23 日在上海成立的。下面，我们分别介绍几种主要的证券价格指数。

（一）上证综合指数

上证综合指数是上海证券交易所股票价格综合指数的简称，其前身为上海静安指数，是由中国工商银行上海分行信托投资公司静安证券业务部于 1987 年 11 月 2 日开始编制的。上证综合指数由上海证券交易所从 1991 年 7 月 15 日起开始编制和发布，它以 1990 年 12 月 19 日为基期，基期值为 100，以在上海证券交易所挂牌上市的全部股票为样本，以股票发行量为权数，按派许加权平均法计算。如遇新股上市、退市或上市公司增资扩股，则采用“修正除数法”修正原固定除数，以保证指数的连续性。原来，新上市的股票在挂牌的第二天就被纳入股票指数的计算范围，2007 年 1 月上海证券交易所宣布，新股于上市第 11 个交易日开始计入上证综指等指数的编制，从而进一步完善了指数编制规则，使指数能更真实地反映市场的平均收益水平。

由于上证综合指数把所有股票都包含在内，因此它具有广泛的代表性。随着上市品种的不断丰富，上海证券交易所在这一综合指数的基础上，从 1992 年 2 月起又分别公布 A 股指数和 B 股指数；1993 年 5 月 3 日起又正式公布工业、商业、地产业、公用事业和综合五大类分类股价指数。上证 A 股指数以 1990 年 12 月 19 日为基期，上证 B 股指数以 1992 年 2 月 21 日为基期，分别以全部上市的 A 股和 B 股为样本，以发行量为权数进行加权计算；上证分类指数以 1993 年 5 月 1 日为基期，按同样的方法计算。

（二）深圳成分股指数

深圳成分股指数是由深圳证券交易所于 1995 年 1 月开始编制并公布的。它通过对所有在深圳证券交易所上市的公司进行考察，按一定标准选出有代表性的 40 家 A 股和 60 家 B 股的上市公司作为样本股，以样本股的可流通股数作为权数，采用派许加权平均法编制而成。它以 1994 年 7 月 20 日为基期，基期指数为 1 000 点。

样本股不搞终身制，深圳证券交易所将定期考虑成分股的代表性，及时更换代表性降低的公司，加入更有代表性的公司。深圳证券交易所选取成分股的一般原则是：有一定的上市交易时间；有一定的上市规模，以每家公司一段时期内的平均可流通股市值和平均总市值作为衡量标准；交易活跃，以每家公司一段时期内的总成交金额和换手率作为衡量标准。根据以上标准，再结合下列各项因素评选出成分股：公司股票在一段时间内的平均市盈率；公司的行业代表性及所属行业的发展前景；公司近年来的财务状况、盈利记录、发展前景及管理素质等；公司的地区、板块代表性等。

（三）沪深 300 指数

沪深 300 指数是中证指数有限公司为反映中国证券市场股票价格变动的概貌和运行状况，并能够作为投资业绩的评价标准，为指数化投资及指数衍生产品创新提供基础条件而编制和发布的。它以 2004 年 12 月 31 日为基期，基期指数为 1 000 点。它通过对所有在上海、深圳证券交易所上市的公司进行考察，按一定标准选出 300 种有代表性的股票作为样本股，以调整股本为权数采用派许加权平均法编制而成。

沪深 300 指数样本股的选取标准是：上市交易时间超过 1 个季度（流通市值排名前 30 的除外）；非 ST、*ST 股票，非暂停上市股票；公司经营状况良好，最近 1 年无重大违法违规事件，财务报告无重大问题；股票价格无明显的异常波动或市场操纵；剔除其他经专家委员会认定的不能进入指数的股票。然后计算出符合条件的股票最近 1 年（新股为上市以来）的日均总市值、日均流通市值、日均流通股份数、日均成交金额和日均成交股份数 5 个指标，再将上述指标的比重按 2∶2∶2∶1∶1 进行加权平均，最后将计算结果从高到低排序，选取排名前 300 的股票作为样本股。样本股原则上每半年调整一次，一般为 1 月初和 7 月初实施调整，调整方案提前 2 周公布。每次调整的比例定为不超过 10%，样本调整设置缓冲区，排名在 240 名内的新样本优先进入，排名在 360 名之前的老样本优先保留。最近一次财务报告亏损的股票原则上不进入新选样本，除非该股票能影响到指数的代表性。

（四）香港恒生指数

恒生指数是由中国香港恒生银行于 1969 年 11 月 24 日开始编制和发布的，它是香港股票市场上历史最悠久、影响最大、能系统反映香港股票市场行情变动的最具代表性的指数。它以 1964 年 7 月 31 日为基期，基期值为 100，后来因为恒生指数按行业增设了 4 个分类指数，将基期改为 1984 年 1 月 13 日，并将该日收市指数 975.47 点定为新基期指数。

恒生指数是从上市公司中挑选出 33 种有代表性的股票作为样本股，采用加权平均法计算出来的。33 种样本股中包括金融业 4 种、公用事业 6 种、地产业 9 种、其他工商业（包括航空及酒店）14 种，这些股票分布在香港主要行业，都是最具代表性和实力雄厚的大公司，其市价总值要占香港所有上市股票市价总值的 70%左右。恒生指数样本股的选择标准是：一是股票在市场上重要程度高；二是股票成交额的大小能对投资者的行为造成重要影响；三是股票发行数量足以应付市场旺盛、交投活跃时的需求；四是公司的业务应以香港为基地。样本股票不是固定不变的，自 1969 年以来，已经做了十几次调整，从而使样本股更具代表性，使恒生指数能更准确地反映市场变动情况。

2006 年 2 月恒生指数服务公司提出对沿用了 37 年的香港恒生指数编制规则进行改制，

首次将H股纳入恒生指数样本股。截至2007年3月底，中国工商银行、中国人寿、中国建设银行、中国石化、中国银行已入选恒生指数样本股，至此，恒生指数样本股已增加至38只。除首度将H股纳入恒生指数样本股外，恒生指数的编制方法也将出现变动：由总市值加权法改为以流通市值调整计算，并为样本股设定15%的比重上限。近年来，国企股占港股总市值和成交额的比重不断上升，变动后的恒生指数更能全面反映市况，更具市场代表性。

（五）上证国债指数

上证国债指数是上海证券交易所自2003年1月2日起编制和发布的。它是以在上海证券交易所上市的、剩余期限在1年以上的固定利率国债和一次还本付息国债为样本，以样本国债发行量为权数，采用派许加权平均法计算出来的指数，其基期为2002年12月31日，基期值为100。

当样本国债的市值出现非交易因素引致的变动时，采用“修正除数法”修正原固定除数，以保证指数的连续性。当出现以下情况时，需修正国债指数：新上市国债自第2个交易日起计入指数；国债付息时在除息日前修正指数；当某一样本国债暂停交易时，不做调整，用该国债暂停交易的前一交易日的收盘价计算指数；凡有样本国债发生发行量变动，在样本国债的发行量变动日前修正指数。在每月的最后一个交易日，将剩余期限不到1年的国债从指数样本中剔除，指数做相应调整。

（六）上证基金指数

上证基金指数是上海证券交易所于2000年5月9日开始正式编制和发布的。它是以在上海证券交易所上市的所有证券投资基金为样本计算出来的指数。上证基金指数以2000年5月8日为基期，以该日所有证券投资基金的市价总值为基期值，设基期指数为1 000点。

基金指数的计算方法、修正方法与股票指数大致相同，只是基金指数不纳入上证综合指数等任何一个股价指数的编制范围。

四、国外主要的证券价格指数

（一）道琼斯股票价格指数

道琼斯股票价格指数是世界上历史最悠久、最具影响力、使用最广泛的股票价格指数，由美国道琼斯公司编制，并在《华尔街日报》上公布。1884年7月3日，由美国道琼斯公司的创始人查尔斯·亨利·道和爱德华·琼斯根据当时美国有代表性的11种铁路公司的股票计算而得，并发表于该公司出版的《每日通讯》上。以后，道琼斯股价指数的样本股逐渐扩大至65只，并一直延续至今，编制方法也在不断改进，《每日通讯》也于1889年改名为《华尔街日报》。

道琼斯股价指数以1928年10月1日为基期，基期指数为100。其最初是用简单算术平均法进行编制的，其实质是股票价格平均数。由于这一方法的不足，从1928年起，采用了新的计算方法即“修正除数法”，使平均数能连续、真实地反映股价变动情况。

现在人们所说的道琼斯指数实际上是一组股价平均数，它包括5组指标。

1. 工业股价平均数

平时我们所说的道琼斯指数就是指道琼斯工业股价平均数。它以美国埃克森石油公司、通用汽车公司、美国钢铁公司等 30 家有代表性的著名大工商业公司的股票为编制对象，大致上反映了美国整个工商业股票的价格水平，能灵敏地反映经济发展水平和变化趋势，是道琼斯股价指数中最重要的一种。

2. 运输业股价平均数

它是最早产生的股价指数，刚开始发布时只有 11 只铁路公司的股票，称为铁路业股价平均数。1897 年发展为以 20 只有代表性的运输业公司的股票，即 8 家铁路运输公司、8 家航空公司和 4 家公路货运公司的股票为编制对象。如泛美航空公司、环球航空公司、国际航运公司的股票等均包含在内。

3. 公用事业股价平均数

它是以代表美国公用事业的 15 家天然气公司和电力公司的股票为编制对象而计算出来的平均数。

4. 股价综合平均数

它是综合前三种指数所选用的 65 只股票而计算得出的综合指数。

5. 道琼斯公正市价指数

于 1988 年 10 月首次发布，它以 700 只具有不同规模或实力的公司的股票作为编制对象。由于其所选的样本股票不但考虑了广泛的行业分布，而且兼顾了公司的不同规模和实力，因而具有相当大的代表性。

道琼斯股价指数一直以来被视为世界上最具权威性的股价指数，被认为是反映美国政治、经济和社会状况的最灵敏的指标，究其原因，主要是由于该指数历史悠久，选用的样本股都是世界上在本行业中具有重要影响的第一流大公司的股票，而且不断地以新生的更有代表性的股票取代那些已失去活力的股票，使其更具有代表性。但是，它也存在着不足之处。由于该指数是一种成分股指数，它包括的公司仅占所有上市公司的极少部分，且未将近年来发展迅速的服务行业和金融业的公司包括在内，同时其平均数的计算没有加权，因而使少数几只股票价格的大幅变动对指数会产生较大的影响。

（二）标准普尔股票价格指数

该指数由美国最大的证券研究机构——标准普尔公司编制和发布。它是以 1941—1943 年抽样股票的平均市价为基期值，以上市股票发行量为权数进行加权平均计算的。其样本股票最初有 233 只，1957 年扩大到 500 只。

（三）伦敦《金融时报》股票价格指数

伦敦《金融时报》股票价格指数是英国最权威的股价指数，原来由《金融时报》编制和发布，现由《金融时报》和伦敦证券交易所共同拥有的富时集团编制，所以也译为“富时指数”。该指数包括三种：一是《金融时报》工业股票指数，又称《金融时报》30 指数。该指数包括了含烟草、食油、电子、化学药品、金属机械、原油等行业在内的 30 只最优良的工业股票。由于这 30 家公司的股票市值在整个股市中所占的比重很大，具有一定的代表性，因此该指数是反映伦敦证券市场股票行情变化的重要尺度。通常所说的《金融时报》股价指数即指工业股票指数。它以 1935 年 7 月 1 日为基期，基期指数为 100。二是 100 只股票交易指数，又称“FT－100指数”。该指数自 1984 年 1 月 3 日起编制和发布，挑选了 100 只有代表性的大公司股票，通过伦敦证券市场自动报价系统随时得出股票市价，并每分钟计算一次，因此能迅速反映股市行情的变动。为便于期货交易和期权交易，该指数的基期值为 1 000。三是综合精算股票指数。该指数精选 700 多只股票作为样本股。它自 1962 年 4 月 10 日起编制和公布，并以这一天为基期，令基数为 100。这一指数统计面宽、范围广，能较全面地反映整个股市状况。

第四章 证券交易

第一节 证券交易概述

一、证券交易的定义

证券交易是指已发行的证券在证券市场上买卖的活动。证券交易与证券发行有着密切的联系，两者相互促进、相互制约。一方面，证券发行为证券交易提供了对象，决定了证券交易的规模，是证券交易的前提；另一方面，证券交易使证券的流动性特征显示出来，从而有利于证券发行的顺利进行。

二、证券交易的特征

证券交易的特征主要表现在三个方面，分别为证券的流动性、收益性和风险性。同时，这些特征又相互联系、相互影响。证券需要流动机制，因为只有通过流动，证券才具有较强的变现能力。而证券之所以能够流动，就是因为它可能为持有人带来一定收益。同时，经济发展过程中存在许多不确定因素，所以证券在流动中也存在因其价格的变化给持有人带来损失的风险。

三、证券交易的原则

证券交易的原则是反映证券交易宗旨的一般法则，它应该贯穿于证券交易的全过程。为了保障证券交易功能的发挥，以利于证券交易的正常运行，证券交易必须遵循“公开、公平、公正”三个原则。

(一) 公开原则

公开原则又称"信息公开原则"，指证券交易是一种面向社会的、公开的交易活动，其核心要求是实现市场信息的公开化。根据这一原则的要求，证券交易参与各方应依法及时、真实、准确、完整地向社会发布有关信息。从国际上来看，1934 年美国《证券交易法》确定公开原则后，它就一直为许多国家的证券交易活动所借鉴。在我国，强调公开原则有许多具体的内容，例如，上市的股份公司财务报表、经营状况等资料必须依法及时向社会公开，股份公司的一些重大事项也必须及时向社会公布等。按照这个原则，投资者对于所购买的证券，能够有更充分、真实、准确、完整的了解。

(二) 公平原则

公平原则是指参与交易的各方应当获得平等的机会。它要求证券交易活动中的所有参与者都有平等的法律地位，各自的合法权益都能得到公平保护。在证券交易活动中，有各种各样的交易主体。这些交易主体的资金数量、交易能力等可能各不相同，但不能因此而给予不公平的待遇或者使其受到某些方面的歧视。

(三) 公正原则

公正原则是指应当公正地对待证券交易的参与各方，并公正地处理证券交易事务。在实践中，公正原则也体现为公正地办理证券交易中的各项手续，公正地处理证券交易中的违法违规行为等。

第二节 证券交易方式

随着经济的发展，证券市场的功能不断完善，交易方式也在不断地变化创新。目前，证券市场根据交易地点、合约内容、交易形式、交割方式、交割期限、交易目的、参与者身份等的区别，可大致分为现货交易、信用交易、远期交易和期货交易等种类。

一、现货交易

所谓现货交易，是指证券买卖双方在成交后即办理交收手续，买入者付出资金并得到证券，卖出者交付证券并得到资金。所以，现货交易的特征是"一手交钱，一手交货"，即以现款买现货方式进行交易。

随着证券市场的飞速发展，实物交易最终变成象征性的。证券买卖双方都不一定对所交易的证券有实际需要，他们只是想拥有一种能带来收益的工具，证券本身变成了一种单纯的象征符号，于是证券交易出现了无纸化倾向。

各券商将广大投资者的手持证券集中起来，分别开立"证券专户"或签发"代保管单"，然后将这些证券与券商的自营库存证券一并寄存在中国证券登记结算有限责任公司的集中保管库和它分布在各地的代保管库内，由公司分别建立证券库存分户账，在办理交割时则通过有关库存账目的划转来完成。

集中代保管制度简化了证券流通的烦琐手续，提高了市场效率，但在发行市场和流通市场之间产生了很大的资源浪费，即在发行市场中，发行人尽力把证券分销给广大投资者，而在流通市场中，券商又尽力把投资者手中持有的证券收回集中代保管。这促使人们意识到应在证券发行时就将认购数量直接记载在投资者的证券账户上，不必发行实物券，在流通市场上交易后就直接通过账面划转完成证券交割。这就是证券无纸化。

二、信用交易

所谓信用交易，又称保证金交易或垫头交易，是投资者通过交付一定的保证金从证券经纪人那里取得信用，借入资金或证券入市操作，并在规定时间里返还所借资金或证券并支付利息的一种交易方式。投资者只要支付一定的保证金，就可从证券经纪商那里借到几倍于保证金的资金或自己并不曾购入过的证券。通过这种方式，投资者可以扩大其投资规模，同时还可进行原本不能进行的反向操作。保证金交易可从两个方向进行，即保证金买空交易和保证金卖空交易。

我国过去是禁止信用交易的。2005 年 10 月，第十届全国人大常委会第十八次会议审议通过了《证券法》修正案，取消了证券公司不得为客户交易融资融券的规定。随后，中国证券监督管理委员会发布了《证券公司融资融券业务试点管理办法》，上海证券交易所和深圳证券交易所也公布了融资融券交易试点的实施细则，因此，信用交易在我国已可以合法开展。根据《证券公司融资融券业务试点管理办法》的规定，融资融券业务是指证券公司向客户出借资金供其买入上市证券或者出借上市证券供其卖出，并收取担保物的经营活动。

（一）融资融券交易的一般规则

（1）证券公司接受客户的融资融券交易委托，应当按照交易所规定的格式申报。申报指令应包括客户的信用证券账户号码、席位代码、标的证券代码、买卖方向、价格、数量、融资融券标志等内容。

（2）融资买入、融券卖出的申报数量应当为 100 股（份）或其整数倍。

（3）融券卖出的申报价格不得低于该证券的最新成交价；当天没有产生成交的，申报价格不得低于其前收盘价。低于上述价格的申报为无效申报。融券期间，客户通过其所有或控制的证券账户持有与融券卖出标的相同的证券的，卖出该证券的价格应遵守相关规定，但超出融券数量的部分除外。不得以违反规定卖出该证券的方式操纵市场。客户应当在与证券公司签订融资融券合同时，向证券公司申报其本人及关联人持有的全部证券账户。客户融券期间，其本人或关联人卖出与所融入证券相同的证券的，客户应当自该事实发生之日起 3 个交易日内向证券公司申报。证券公司应当将客户申报的情况按月报送相关证券交易所。

（4）客户融资买入证券后，可通过卖券还款或直接还款的方式向证券公司偿还融入资金。卖券还款是指客户通过其信用证券账户申报卖券，结算时卖出证券所得资金直接划转至证券公司融资专用账户的一种还款方式。以直接还款方式偿还融入资金的，具体操作按照证券公司与客户之间的约定办理。

（5）客户融券卖出后，可通过买券还券或直接还券的方式向证券公司偿还融入证券。买券还券是指客户通过其信用证券账户申报买券，结算时买入证券直接划转至证券公司融券专用证券账户的一种还券方式。以直接还券方式偿还融入证券的，按照证券公司与客户之间的约定以及交易所指定登记结算机构的有关规定办理。

（6）客户卖出信用证券账户内证券所得价款，需先偿还其融资欠款。

（7）了结相关融券交易前，客户融券卖出所得价款除买券还券外不得挪作他用。

（8）客户信用证券账户不得买入或转入除担保物和交易所规定的标的证券范围以外的证券，不得用于从事交易所债券回购交易。

（9）客户未能按期交足担保物或者到期未偿还融资融券债务的，证券公司应当根据约定采取强制平仓措施，处分客户担保物，不足部分可以向客户追索。

（10）证券公司根据与客户的约定采取强制平仓措施的，应按照交易所规定的格式申报强制平仓指令。申报指令应包括客户的信用证券账户号码、席位代码、标的证券代码、买卖方向、价格、数量、平仓标志等内容。

（二）融资融券对标的证券的要求

客户融资买入、融券卖出的证券，不得超出证券交易所规定的范围。可作为融资买入或融券卖出的标的证券，一般是在交易所上市交易并经交易所认可的下列四大类证券：符合交易所规定的股票、证券投资基金、债券、其他证券。

标的证券为股票的应符合下列条件：

（1）在交易所上市交易满3个月。

（2）融资买入标的股票的流通股本不少于1亿股或流通市值不低于5亿元，融券卖出标的股票的流通股本不少于2亿股或流通市值不低于8亿元。

（3）股东人数不少于4 000人。

（4）近3个月内日均换手率不低于基准指数日均换手率的20%，日均涨跌幅的平均值与基准指数涨跌幅的平均值的偏离值不超过4个百分点，且波动幅度不超过基准指数波动幅度500%。日均换手率是指过去3个月内标的证券或基准指数每日换手率的平均值。日均涨跌幅是指过去3个月内标的证券或基准指数每日涨跌幅绝对值的平均值。波动幅度是指过去3个月内标的证券或基准指数最高价与最低价之差对最高价和最低价的平均值之比。对于基准指数，在上海证券交易所是指上证综合指数，在深圳证券交易所是指深证综合指数和中小板指数。

（5）股票发行公司已完成股权分置改革。

（6）股票交易未被交易所实行特别处理。

（7）交易所规定的其他条件。

三、远期交易和期货交易

远期交易是双方约定在未来某时刻（或时间段内）按照现在确定的价格进行交易。期货交易是在交易所进行的标准化的远期交易，即交易双方在集中性的市场以公开竞价方式所进行的期货合约的交易。而期货合约则是由交易双方订立的、约定在未来某日期按成交时约定的价格交割一定数量的某种商品的标准化协议。

第三节　证券交易程序及相关事项

所谓证券交易程序，是指投资者在二级市场上买进或卖出已上市证券所应遵循的规定过程，包括开立账户、委托买卖、竞价成交、结算等几个阶段。

一、开立账户

（一）证券账户

1. 证券账户的种类

按照投资对象的不同，证券账户分为股票账户、债券账户和基金账户三类。

2. 开立证券账户的基本原则

（1）合法性。

合法性是指只有国家法律法规允许进行证券交易的自然人和法人才能到指定机构开立证券账户。对国家法律法规不准许开户的对象，证券经营机构和中介机构不得予以开户。

（2）真实性。

真实性是指投资者开立证券账户时所提供的资料必须真实有效，不得有虚假隐匿。真实性的要求不仅关系到证券经纪人的利益，也关系到投资者自身的利益。

（3）不准开户的人员。

根据有关规定，下列人员不得办理证券账户：

证券机关工作人员（不得开立股票账户）；

证券交易所管理人员（不得开立股票账户）；

证券业从业人员（不得开立股票账户）；

未成年人未经法定监护人的代理或允许者；

未经授权代理法人开户者；

因违反证券法规，经有关机关认定为市场禁入者且期限未满者；

其他法规规定不得拥有证券或参加证券交易的自然人。

根据规定，一个自然人、法人可以开立不同类型和用途的证券账户。但是，对于同一类型和用途的证券账户，一个自然人、法人只能开立一个。

3. 开立证券账户的要求

自然人及一般机构开立证券账户，由开户代理机构受理；证券公司和基金管理公司等机构开立证券账户，由中国证券登记结算有限责任公司受理。

（1）境内自然人的开户要求。

境内自然人申请开立证券账户时，必须由本人前往开户代办点填写自然人证券账户注册申请表，并提交本人有效身份证明文件及复印件。委托他人代办的，还需提供经公证的委托代办书、代办人的有效身份证明文件及复印件。通常情况下，有效身份证明文件为居民身份证。在自然人证券账户注册申请表中，应准确填写个人的姓名、有效身份证明文件及号码、联系地址、职业、账户类别等内容并签名。如果委托代办，还需填写代办人的有效身份证明文件及号码，并需代办人签名。

境内居民个人从事B股交易前，根据现行有关规定，先要开立B股资金账户，再开立B股账户。也就是说，境内居民个人凭本人有效身份证明文件到其原外汇存款银行，将其可投资B股的外汇资金转入本人欲委托买卖B股的证券公司的B股保证金账户，然后凭本人有效身份证明文件和本人进账凭证到该证券公司开立B股资金账户，最后凭B股资金账户开户证明开立B股账户。

(2) 境内法人的开户要求。

境内法人申请开立证券账户时，必须填写机构证券账户注册申请表，并提交有效的法人身份证明文件及复印件或加盖发证机关确认章的复印件、经办人有效身份证明文件及复印件、法定代表人证明书、法定代表人授权委托书、法定代表人的有效身份证明文件复印件。

证券公司和基金管理公司开户，还需提供中国证监会颁发的证券经营机构营业许可证和《证券账户自律管理承诺书》。

(3) 境外投资者的开户要求。

一是一般境外投资者的开户要求。一般境外投资者欲进入中国证券市场进行B股交易，必须开立B股账户。

目前，可以买卖B股的投资者除了境内居民个人外，还包括外国法人、自然人和其他组织，中国香港、澳门和台湾地区的法人、自然人和其他组织，定居在国外的中国公民及符合有关规定的境内上市外资股其他投资者。

境外从事B股交易的个人投资者申请开立B股账户时，必须填写和提供其姓名、身份证或护照、国籍、通信地址、联系电话等内容和资料；境外从事B股交易的机构投资者必须填写和提供其机构名称，商业注册登记证明文件（法人有效身份证明文件），经办人有效身份证明文件，境外法人董事会或董事、主要股东授权委托书，以及授权人的有效身份证明文件复印件。

境外投资者申请开立B股账户，必须通过具有B股代理开户资格的境内外名册登记代理机构，向中国证券登记结算有限责任公司办理登记手续。投资者首先要填写开户登记表。名册登记代理机构对投资者开户登记表审核并盖章后，将客户填制的开户登记表、有效证件和文件的复印件等送达中国证券登记结算有限责任公司，并由中国证券登记结算有限责任公司向投资者提供登记号，完成开户手续。

境外投资者在办理名册登记时，还必须选择一个结算会员为其办理股票结算交收。与此同时，境外投资者须在选择的证券公司处办理开设外汇资金账户——在上海为美元账户，在深圳为港币账户。

二是合格境外机构投资者的开户要求。合格投资者应当在选定为其进行证券交易的境内证券公司后，委托托管人为其申请开立证券账户；托管人应当依照中国证券登记结算有限责任公司的业务规则直接向其上海、深圳分公司提出申请。托管人首次接受合格投资者委托申请开立证券账户时，必须提交以下材料：

1) 中国证监会、中国人民银行和国家外汇管理局关于批准托管人资格的批复的复印件（加盖公章）。

2) 托管人营业执照复印件（加盖公章）。

3) 预留印鉴卡（一式两份）。印鉴卡正面加盖托管人专用章和证券账户业务负责人名章，反面加盖托管人公章一枚。

4) 托管人出具的授权委托书。

5) 经办人的有效身份证明文件及复印件。

6) 证券账户注册申请表。

7）合格投资者的委托书原件及复印件。

8）中国证监会颁发的证券投资业务许可证原件及复印件。

9）国家外汇管理局颁发的外汇登记证原件及复印件。

10）合格投资者与境内证券公司签订的协议委托书原件及复印件。

11）境内证券公司的营业执照复印件（加盖公章）。

12）中国证券登记结算有限责任公司要求提供的其他材料。

托管人再次受托为其他合格投资者申请开立证券账户时，只需提供以上 6）～11）项材料。中国证券登记结算有限责任公司凭预留印鉴确认其受托办理证券账户业务的资格。

证券账户中的“持有人名称”一项应为境内证券公司、托管人及合格投资者的全称。其中，境内证券公司及托管人的全称以营业执照记载的名称为准，合格投资者的全称以证券投资业务许可证记载的名称为准，身份证明文件号码以证券投资业务许可证号码为准。合格投资者对该证券账户的证券资产享有权利。

（4）特殊法人机构的开户要求。

根据 2004 年 12 月 1 日发布的《中国证券登记结算有限责任公司特殊法人机构证券账户开立业务实施细则》的规定，证券公司、信托公司、保险公司、基金公司、社会保障类公司、合格境外机构投资者和外国战略投资者等国家法律法规和行政规章规定需要实行资产分户管理的特殊法人机构的证券账户开立，必须直接到中国证券登记结算有限责任公司办理。

证券公司申请开立多个自营账户的，不得超过按照证券公司每 500 万元注册资本开立 1 个证券账户的标准计算的证券账户数量。证券公司申请开立自营证券账户时必须提供加盖公章的经营证券业务许可证及营业执照复印件等材料。

证券公司开展集合资产管理业务的，每设立 1 项集合资产管理计划开立 1 个专用证券账户。集合资产管理计划的托管人受证券公司委托申请开立证券账户时，必须提供中国证券监督管理委员会出具的证券公司取得客户资产管理业务资格的证明文件和集合资产管理计划通过中国证监会审核的书面文件等材料。

信托公司每设立 1 个信托产品开立 1 个专用证券账户。信托公司申请开立信托专用证券账户时，必须提供加盖公章的金融许可证复印件和设立信托的证明文件（合同或其他书面文件）及复印件等材料。只有经中国银行保险监督管理委员会认可的、可以开立信托专用证券账户的信托公司方可申请办理。

保险机构投资者按照每一保险产品开立 1 个证券账户。保险机构投资者，或者按规定由其委托的保险资金托管人申请开立证券账户时，必须提供中国银行保险监督管理委员会保险资金运用监管部门出具的保险机构投资者开立证券账户确认函原件及复印件等材料。

证券投资基金每租用 1 个基金专用交易席位开立 1 个证券账户。证券投资基金的托管人申请开立证券投资基金证券账户时，必须提供中国证监会关于同意设立证券投资基金的批复原件和复印件、证券交易所出具的该证券投资基金已租用席位的证明文件等材料。

经有关部门批准，基金管理公司开展特定客户证券投资资产管理业务需要开立专门账户的，每一特定客户证券投资产品开立 1 个专用证券账户。资产托管人受基金管理公司的委托申请开立证券账户时，必须提供中国证监会出具的基金管理公司取得特定客户证券投资资产管理业务资格的证明文件、特定客户证券投资产品设立的证明文件等材料。

全国社会保障基金每设立1个投资组合开立1个证券账户。全国社会保障基金托管人受全国社会保障基金理事会的委托申请开立证券账户时，必须提供全国社会保障基金理事会确定管理人及相应投资组合的确认函等材料。

企业年金基金按照企业年金计划开立证券账户，单个企业年金计划最多可开立10个证券账户，经中国证监会与人力资源和社会保障部另行批准的除外。企业年金计划的托管人申请开立证券账户时，必须提供人力资源和社会保障部企业年金基金监管机构出具的企业年金计划确认函（含登记号）原件及复印件等材料。其他社会保障基金证券账户的开立参照企业年金基金办理。

外国投资者以及我国香港特别行政区、澳门特别行政区、台湾地区的投资者对上市公司进行战略投资取得A股股份，可以持商务部和中国证监会出具的同意投资者对上市公司进行战略投资的相关批准文件及复印件或者上市公司出具的持股证明，以及证券登记结算机构要求的其他文件，向中国证券登记结算有限责任公司申请开立A股证券账户。该账户内持有的A股股份在限售期内由中国证券登记结算有限责任公司进行限售处理。在限售期满前，因破产、清算、质押等特殊原因需转让其股份的，必须提供商务部等有权机关出具的批准文件。

（二）资金账户

客户在开立股票账户后，还要开立资金账户。资金账户一般在证券经纪商处开立，投资者委托买入证券时，必须事先在证券账户中存入交易所需资金。投资者存入的资金、证券交易后的资金交收及资金余额等情况，全部存储在证券经纪商独立的计算机系统内，并反映在投资者的资金账户中。投资者在资金账户中的存款可随时提取，证券经纪商按活期存款利率定期给付利息并自动转入投资者的资金账户。

投资者在证券营业部的资金存取主要有三种方式：

1. 证券营业部自办资金存取

这一方式就是证券营业部自设资金柜台来办理客户的资金存取。这是证券市场发展初期证券经纪商最常用的一种方式。

2. 委托银行代理资金存取

这一方式是将证券营业部的资金柜台或资金存取业务委托给银行代理，由银行负责办理投资者的现金收付、登记客户明细账和证券营业部在银行开立的客户交易结算资金总账。证券营业部每日与代理银行对账并进行相应账务核算。

3. 银证联网转账存取

这一方式是将证券营业部的资金核算计算机系统与银行储蓄账户实现联网，投资者可在银行开立储蓄账户，申领借记卡，并在向证券营业部和银行申请开通银证转账功能后，可以通过银行的POS机或电话银行功能，实现证券交易结算资金账户和银行储蓄账户之间的转账。

客户证券交易结算资金目前实行第三方存管。

（1）第三方存管的含义。客户证券交易结算资金第三方存管是指按照"券商托管证券，银行存管资金"的原则，将客户证券交易结算资金由过去的券商管理，转为现在由银行管理。证券公司将客户证券交易结算资金交由银行等独立的第三方存管，证券公司将不再接触客户证券交易结算资金，而由存管银行负责投资者交易清算与资金交收。

（2）我国证券市场是在体制转轨过程中建立和发展起来的新兴市场。由于证券市场法律体系不完善、交易管理制度设计存在缺陷、证券公司法人治理结构不健全和自我守法合规意识不强等因素，一些证券公司出现了挪用、质押客户证券交易结算资金，占用客户资产等违法违规现象，给客户造成了巨大经济损失。因此证监会推行“第三方存管”制度，旨在从源头上切断证券公司挪用客户证券交易结算资金的通道，从制度上杜绝证券公司挪用客户证券交易结算资金现象的发生，从根本上建立起确保客户证券交易结算资金安全运作的制度，达到控制行业风险、防范道德风险、保护投资者利益、维护金融体系稳定的目的。

（3）操作程序。实施客户证券交易结算资金第三方存管制度后，客户可以在存管银行网点或证券公司的营业网点办理开户业务，在存管银行的系统中生成客户证券交易结算资金账号，在证券公司的系统中生成客户号。遵循“证券公司管交易、商业银行管资金、证券登记结算公司管证券”的原则，由证券公司负责客户证券交易买卖，由证券登记结算公司负责交易结算并托管股票，由商业银行负责客户证券交易结算资金账户的转账、现金存取以及其他相关业务。

资　料

南方证券挪用客户保证金

南方证券股份有限公司（以下简称“南方证券”）不是上市公司，其财务状况的详情长期未见披露。直至中国人民银行发文规定，证券公司如果要在银行间同业拆借市场上融资，必须通过同业拆借中心的电子信息系统定期披露信息，基于此，南方证券近年的财务状况才第一次在小范围内得以公开。南方证券通过同业拆借中心的电子信息系统公布了其2001年和2002年的资产负债表（未经审计）。

南方证券此次资产负债表所披露的数据，暴露了其严峻的财务困局。

证券公司挪用客户保证金，是中国证监会最为关注的行业性问题之一。为测度证券公司挪用客户保证金的情况，中国证监会发布的自2002年1月1日起施行的《客户交易结算资金管理办法》，给出了计算证券公司挪用客户交易结算资金金额的公式：

$$\text{挪用金额}=(\text{代买卖证券款}+\text{受托资金})-\left(\begin{matrix}\text{客户资金}\\\text{银行存款}\end{matrix}+\begin{matrix}\text{客户清算}\\\text{备付金存款}\end{matrix}+\begin{matrix}\text{交易}\\\text{保证金}\end{matrix}+\begin{matrix}\text{受托}\\\text{资产}\end{matrix}\right)$$

公式中所指客户包括经纪业务客户和受托投资管理客户。

当公式计算值≤0时，表明证券公司未挪用客户交易结算资金。

当公式计算值>0时，表明证券公司已挪用客户交易结算资金，其挪用金额为公式的计算值。

将南方证券在银行间同业拆借市场上所公布的2001年度及2002年度资产负债表上的相应数据逐条代入，可得如下结果：

南方证券2001年资产负债表显示，（代买卖证券款138.32亿元＋受托资金46.20亿元）－（客户资金银行存款136.95亿元＋客户清算备付金存款1.75亿元＋交易保证金0.61

亿元＋受托资产 45.92 亿元)＝－0.71 亿元。

南方证券 2002 年资产负债表显示，(代买卖证券款 89.88 亿元＋受托资金 35.87 亿元)－(客户资金银行存款 70.01 亿元＋客户清算备付金存款 4.51 亿元＋交易保证金 0.55 亿元＋受托资产 31.51 亿元)＝19.17 亿元。

根据上述《客户交易结算资金管理办法》所列的判断公式可知，南方证券 2002 年度的资产负债表显示其挪用客户保证金 19.17 亿元。

更可怕的是，19.17 亿元很可能只是南方证券实际挪用客户保证金的下限。

南方证券将正式宣布破产　挪用客户保证金达 80 亿元

于 2005 年 4 月 29 日关闭清算的南方证券将正式对外宣布破产。消息人士称："法院方面已批准了南方证券的破产申请。"这是迄今中国最大的证券公司破产案。

在进入破产的司法程序后，南方证券清算组进行清算的遗留资产将转由人民法院进行司法拍卖，通过市场化的方式，按照个人债务优先于机构债务的原则，处置债务问题。南方证券的个人债务部分包括客户保证金挪用和员工补偿，而前者已经由央行再贷款填补。其机构债务则主要包括银行贷款和企业委托理财，数额在 120 亿元左右。

南方证券由于严重违规经营，挪用客户保证金余额达 80 亿元，于 2004 年 1 月被中国证监会宣布行政接管。此后南方证券的各项业务在行政接管组的领导下继续运行，央行提供的 80 亿元再贷款陆续到位。但是央行再贷款必须有人承接，南方证券另外 120 亿元的机构债务也需要有着落，而南方证券已经严重资不抵债。2005 年 4 月 29 日，南方证券宣布关闭，其经纪业务独立运行，同时清算组入驻开始收尾工作。

南方证券的证券类资产的处置采取了招标这一市场化方式，并最终确定中国建银投资有限责任公司为重组方。2005 年 8 月 1 日，中国建银投资有限责任公司在承接央行 80 亿元再贷款的前提下，接手南方证券 74 个营业部以及经纪业务、投行业务等证券牌照。在这些证券类资产的基础之上，建银投资将成立一家新的证券公司中国建银投资证券有限责任公司。另外，南方证券清算组将继续存在，以处置南方证券未剥离的资产和债务。

资料来源：谁填南方证券窟窿. 财经，2003-11-05；蒋飞，田宇. 南方证券将正式宣布破产　挪用客户保证金达 80 亿. 第一财经日报，2006-07-12.

二、委托买卖

投资者开立了股票账户和资金账户后就可以在证券营业部办理委托买卖了。委托买卖，从券商的角度来看，是指券商接受投资者的买卖委托后，按投资者的指令以本公司的名义在证券交易所进行的买卖。

委托买卖的整个过程是：投资者报单给券商；券商通过其场内交易员将委托人的买卖指令输入计算机终端；各券商的场内交易员发出的指令被一并输入交易所计算机主机，由主机撮合成交；成交后由券商代理投资人办理清算、交割和过户手续。

（一）委托指令的基本要素

委托指令是委托人与受托人之间的委托合同，是保护双方权益的法律依据，因此，投资者必须认真填写委托指令，经纪商必须按规定提供交易所认可的空白委托单。委托指令主要包括下列基本要素：

1. 日期和时间

填写委托单的年、月、日，当时填单的时点。

2. 证券名称和代码

这是指客户委托买卖证券的品种，而证券代码是与证券名称对应的一组数字。

3. 交易数量

这是指客户委托买入或卖出证券的数量。在证券交易所的交易规则中，交易数量必须满足交易单位的要求。100 元面值股票为一手，1 000 元面值债券为一手。

4. 交易价格

这是指客户委托买入或卖出证券的价格。客户委托价格可分为市价委托和限价委托。市价委托是指客户发出的要求券商按交易所内当时的价格买入或卖出证券的委托。限价委托则是指客户要求券商按限定的价格买入或卖出证券的委托。对限价委托，券商必须按限价或低于限价买进证券，按限价或高于限价卖出证券。

5. 委托有效期

委托有效期一般可分为当日有效和约定日有效两种。当日有效是指委托的当天在交易所交易的时间内有效；约定日有效是在委托执行的期限内每天都有效。

6. 签　名

投资者为了对所做的委托负责，必须签名。

7. 其　他

主要包括：买卖区分，即是买进还是卖出；委托人的身份证号码、股东账号以及资金账号。

（二）委托形式

投资者发出委托指令的形式主要有柜台委托、电话委托、自助委托和网上委托等形式。

1. 柜台委托

柜台委托是指委托人亲自或由其代理人来到证券营业部的交易柜台前，根据委托程序和必需的证件采用书面形式表达委托意向，由本人填写委托单并签章的形式。

2. 电话委托

电话委托是指把计算机系统与普通电话联结起来，构成一个电话自助委托系统，投资者通过普通双音频电话，按照该系统发出的指示输入委托指令，以完成证券买卖的一种委托形式。

3. 自助委托

随着计算机技术和通信技术的发展及日趋成熟，证券交易条件不断得到改善，各种方便投资者高效率地下达委托指令的自动化系统被开发出来，如条形码、磁卡、触摸屏、计算机终端等。自助委托就是指投资者自己使用这些系统，按照系统提示或操作程式，输入委托指令来完成证券交易的委托形式。证券经纪商的委托系统应对自助终端委托过程有详细记录，并在代理协议中充分说明自主终端委托的风险，以确定券商与投资者各自的责任。

4. 网上委托

网上委托是指证券公司通过互联网，向在本机构开户的投资者下达证券交易指令，获取成交结果的一种服务方式。

1995年年底，美国Lombard公司首先推出了网上证券交易系统，掀开了证券经纪历史新的一页。1997年3月，华融信托和闽发证券在我国率先推出了网上证券委托系统，标志着网上证券经纪业务在我国诞生。2000年4月，中国证监会正式颁布了《网上证券委托系统管理暂行办法》，我国网上证券经纪业务取得了快速发展。2007年8月网上委托交易量占总交易量的60%。

网上证券经纪业务之所以获得突飞猛进的发展，是因为它突破了时空的限制，与传统经纪业务相比，具有便捷、快速、安全等诸多优点。

（1）便捷。网上证券经纪业务不受地域限制，不论投资者身处何处，只要能够登录互联网，在任何地方都可以浏览证券行情、发送委托指令买卖证券；而且查询资料方便直观，可以随时查询股票、资金、成交等资料。

（2）快速。据统计，互联网传输证券委托指令的速度比其他方式要快得多。

（3）安全。由于网上证券委托使用基于公共和私人密钥的国际标准加密协议，利用网关和并口技术，在未来还可采用数字签名技术等进行身份认证，因此网上证券委托的安全性得到极大提高，比普通电话委托的安全性要高得多。

此外，网上证券委托系统不仅可以从事网上委托业务，还可以开展银证通业务、网上委托证券投资服务等，发展前景广阔。

（三）委托执行

券商将客户委托传达至证券交易所交易撮合主机的过程被称为申报或报盘。

申报时应遵循“时间优先、客户优先”的申报原则。时间优先是指券商应按受托时间的先后次序为委托人申报。客户优先是指券商自营买卖申报与客户委托买卖申报在时间上相冲突时，应让客户委托买卖优先申报。

此外，应注意：当券商同时接受2个以上委托人的买进委托与卖出委托且种类、数量、价格相同时，不得自行对冲完成交易，仍应向证券交易所申报竞价。

在委托成交之前，委托人有权变更或撤销委托。券商申报竞价成交后，买卖即告成交，成交部分不得撤销。

三、竞价成交

证券市场的市场属性集中体现在竞价成交环节上，特别是在高度组织化的证券交易所内，会员经纪商代表众多的买方和卖方按照一定规则和程序公开竞价，达成交易。正是这种竞价成交机制使证券市场成为公开、公平、公正的市场，也使市场成交价成为合理公正的价格。

（一）竞价机制

证券交易所实行证券交易的集中竞价成交方式，竞价原则是：价格优先、时间优先。

1. 价格优先

在买入申报时，买价高的申报优先于买价低的申报；在卖出申报时，则卖价低的申报优先于卖价高的申报。

2. 时间优先

在以相同价位进行买卖申报时，依照申报的时间顺序进行“排队”，这里的关键是申报时间的确定：采用计算机申报竞价时按计算机主机接受的时间顺序排列；采用书面形式申报竞价时按中介经纪人接到的书面凭证顺序排列；采用口头形式申报竞价时按经纪人听到的顺序排列。

在申报价格、时间都相同时，一般按申报的交易股份的规模排序，规模越大，其次序就越靠前。之所以如此，是因为大额交易所面临的风险较大而且给市场提供的流动性也较高。有时人们把这种现象归结为竞价交易方式的第三个原则：规模优先原则。

（二）竞价方式

证券交易所的竞价方式有两种，即集合竞价和连续竞价，这两种方式在不同的交易时段上采用。集合竞价在每个交易日开盘前一段时间用于产生开盘价。产生开盘价之后，则以后的正常交易就采用连续竞价方式进行。

1. 集合竞价

所谓集合竞价，是在每个交易日上午 9:25，证券交易所计算机主机对9:15 至 9:25接受的全部有效委托进行一次集中撮合处理，得出开盘价的过程。集合竞价确定开盘价的原则是：

（1）高于此价格的买入申报和低于此价格的卖出申报必须能全部成交。

（2）与参考价格相同的一方（卖方或买方）必须能全部成交。

（3）参考价格还必须使按前两条能实现的成交量最大（见表 4－1）。

（4）如有两个或多个价位满足以上条件，则上海证券交易所取其中间价为开盘价，深圳证券交易所选取离上日收盘价最近的价位为成交价。

表 4－1　证券委托盘面表

价格	买入申报数量	累计买入量	最大成交量	累计卖出量	卖出申报数量
P_1	B_1	$\sum b_1=B_1$	$\min(\sum b_1, \sum S_n)$	$\sum S_n=\sum S_{n-1}+S_n$	S_n
P_2	B_2	$\sum b_2=B_2+\sum b_1$	$\min(\sum b_2, \sum S_{n-1})$	$\sum S_{n-1}=\sum S_{n-2}+S_{n-1}$	S_{n-1}
⋮	⋮	⋮	⋮	⋮	⋮
P_{n-1}	B_{n-1}	$\sum b_{n-1}=B_{n-1}+\sum b_{n-2}$	$\min(\sum b_{n-1}, \sum S_2)$	$\sum S_2=\sum S_1+S_2$	S_2
P_n	B_n	$\sum b_n=B_n+\sum b_{n-1}$	$\min(\sum b_n, \sum S_1)$	$\sum S_1=S_1$	S_1

按照集合竞价过程中信息披露的不同可以把集合竞价分为封闭式集合竞价和开放式集合竞价。

（1）封闭式集合竞价指在竞价过程中，不披露任何信息，仅在竞价结束后披露价格和成交情况。这种集合竞价方式的优点是简单明了，但其缺点也是显著的。首先，集合竞价过程是“黑箱性”的，即交易者既不能看到其他交易者的指令，也不能看到指示性的集合竞价价格，参与开盘竞价的投资者往往无所适从，因而集合竞价过程并不能十分有效地反映各方面的交易需求。其次，由于集合竞价时间是固定的，因此有可能被某些投资者利用，在集合竞价结束前下达大额指令，从而操纵开盘价格。所以我国当前采用的这种集合竞价过程被认为具有不确定性强、流动性差及易被操控等特点。

(2) 开放式集合竞价是指在竞价过程中，即时显示买卖盘信息和指示性集合竞价价格。其优点是增加了透明度；使中小投资者对证券的价值有更好的判断；加大了操纵成本，减少了操纵行为。目前英国、法国、德国、澳大利亚等国家和中国香港等地区的证券交易所采用的就是这种方式。美国纽约证券交易所在开盘阶段有专家参与，及时披露较大的买卖不平衡信息，这种方式接近于开放式集合竞价。

另外需注意的是，深圳证券交易所的收盘价也需集合竞价，14:57 至 15:00 为收盘集合竞价时间。

2. 连续竞价

在集合竞价结束后，正式开始当天的交易，即开始连续竞价，直到收市。在连续竞价过程中，成交价格的决定原则是：

(1) 若最高买进申报价格等于最低卖出申报价格，则以此价格为成交价格。

(2) 在买入（卖出）申报价格高（低）于市场即时的最低（高）卖出（买入）申报价格时，以即时揭示的最低（高）卖出（买入）申报价格为成交价格。

连续竞价除了上述的时点型以外，还有时段型。所谓时段型连续竞价，是指每隔若干时间竞价一次，时间一般为几十秒至几分钟，成交价的确定原则和集合竞价一样。中国台湾地区的证券交易就采用这种方式。其优点是竞价更充分，控制价格较难，可防止股价的人为拔高和打压，价格的连续性较好。

四、结 算

证券结算是指证券交易完成后，对买卖双方应收应付的证券和价款进行核定计算，并完成证券由卖方向买方的转移和相对应的资金由买方向卖方的转移全过程。证券结算包括证券的清算和资金的清算两个方面，它是证券交易的最后一个环节。更为重要的是，由于结算是进行下一轮交易的前提，结算能否顺利进行，直接关系到交易后买卖双方权责关系的了结，从而直接影响交易的正常进行和市场的正常运转。

证券交易成交后，首先需要对买方在资金方面的应付额以及在证券方面的应收种类和数量进行计算，同时也要对卖方在资金方面的应收额以及在证券方面的应付种类和数量进行计算。这一过程属于清算，包括资金清算和证券清算。清算结束后，需要完成证券由卖方向买方转移和对应的资金由买方向卖方转移。这一过程属于交收。清算和交收是证券结算的两个方面。

证券结算的方式一般分为逐笔交收和净额交收两种。逐笔交收是指买卖双方在每一笔交易成交后对应收应付的证券和资金进行一次交收，它可以通过结算机构进行，也可以由买卖双方直接进行，比较适合以大宗交易为主、成交笔数较少的证券市场和交易方式。欧美一些证券结算机构如著名的世达（CEDEL）国际结算系统就主要采用这种结算方式。净额交收是指买卖双方在约定的交收期限内，以买卖双方进行证券交易后计算出的证券和资金的净额进行交收，它必须通过结算机构进行，比较适合于投资者较为分散、成交笔数较多、每笔成交的数量较小的证券市场和交易方式。净额交收通常需要经过两级结算完成，即首先由交易所与券商之间进行结算（一级结算），然后由券商与投资者之间进行结算（二级结算）。我国上海、深圳证券交易所的证券结算采用净额交收方式，但又有着各自不同的特点。在上海，两级结算实际上是由中国证券登记结算有限责任公司上海分公司集中一次性进行的，由该结算公司直接完成证券在投资者之间的转移；而在深圳，在由中国证券登记结算有限责任公司深圳分公司集中进行证券结算的同时，由券商进行与投资者之间的结算，而不是通过两级结算来完成证券在投资者之间的转移。

对于不记名证券而言，完成了清算和交收，证券交易过程即告结束。对于记名证券而言，完成了清算和交收，还有一个登记过户的环节。完成了登记过户，证券交易过程才告结束。

五、交易费用

投资者在委托买卖证券时，应支付各种费用和税收，通常包括委托手续费、佣金、过户费、印花税等。

（一）委托手续费

委托手续费是投资者在办理委托买卖证券时所缴纳的一项费用，一般是用于单据、通信方面的开支，按委托买卖的笔数计算。

委托手续费的收费标准主要是由交易所和证券经纪商共同制定并征得主管机关认可，所以委托手续费的收费标准不固定，一般交易所所在地较低，异地则较高，原因是异地通信费用较高。如上海本地每笔手续费为1元，而异地为每笔5元。现在出于应对竞争的考虑，许多证券公司不再收取此项费用。

（二）佣　金

佣金是证券经纪商的业务收入，是投资者在委托买卖成交以后按规定向证券经纪商支付的费用。

佣金是按实际成交金额的规定比例收取的，而且不同的交易品种、交易场所，佣金比例不同。根据国家的有关规定，从2002年5月1日开始，A股、B股、证券投资基金的交易佣金实行最高上限向下浮动制度，证券公司向客户收取的佣金不得高于证券交易所金额的3‰。A股、证券投资基金每笔交易佣金不足5元的，按5元收取；B股每笔交易佣金不足1美元或5港元的，按1美元或5港元收取。

此外，从实际业务角度来看，证券公司出于竞争的考虑，对于采用不同委托方式、不同资金量或不同交易量的客户征收不同比例的佣金。例如对于证券公司来说，不同的委托方式，成本不同，柜台委托成本最高，网上委托成本最低，佣金水平也最低。

（三）过户费

过户费是委托买卖的股票、基金成交以后，买卖双方为变更股权登记所支付的费用。

这笔收入属于结算公司的收入，由证券公司在同投资者结算交割时代为扣收。

在上海证券交易所，A 股的过户费为成交金额的 1‰，起点为 1 元；在深圳证券交易所，免收 A 股的过户费。对于 B 股，这项费用被称为结算费用。在上海证券交易所，B 股的结算费用为成交金额的 0.5‰；在深圳证券交易所，B 股的结算费用亦为成交金额的 0.5‰，但最高不超过 500 港元。基金交易目前不收过户费。

（四）印花税

印花税是国家税法规定的一个税种。现行印花税法规定，印花税是指，股份制企业公开发行的股票，因购买、继承、赠与等方式发生股权转让行为的，均以股权转让时的实际成交价格，由买卖股票的双方当事人分别依规定税率缴纳的一项税金。印花税一般由证券经纪商在同证券投资者的交割中代为扣收，然后，经纪商在同证券交易所或所属中央结算公司的清算交割中进行结算，之后，由结算公司统一向国家税务机关缴纳。

截至目前，A 股交易和 B 股交易的印花税都按成交金额的 1‰计取，单向征收（只向卖方征收）。

第五章

证券投资基本分析

第一节　基本分析概述

科学的证券投资分析是投资者投资成功的关键。证券投资分析分为基本分析和技术分析两大类，在投资分析过程中，只有将证券投资的基本分析和技术分析方法有机结合起来，才能提高分析的准确性。本节将简单介绍证券投资分析的基本分析。

一、基本分析的概念

证券投资的基本分析又称“基本面分析”，是指证券分析师根据经济学、金融学、财务管理学及投资学等基本原理，对决定证券价值及价格的基本要素，如宏观经济指标、经济政策走势、行业发展状况、产品市场状况、公司销售和财务状况等进行分析，评价证券的投资价值，判断证券的合理价位，提出相应的投资建议的一种分析方法。

基本分析方法的产生可以追溯到20世纪30年代。其标志是1934年本杰明·格雷厄姆和戴维·多德的《证券分析》一书的出版。在这之前，证券投资缺少能够形成体系的推理分析方法，市场上弥漫着投机气氛，投资大众常常因受骗和听信谣言而购买股票，股价几乎没有任何业绩支持。该书的出版使投资者得以对市场上的各种证券采用逻辑系统的方法进行价值评估。

基本分析注重证券价值的发现，力图用经济要素的相互关系和变化趋势来解释证券市场上的价格变动。基本分析人员需要研究影响证券发行公司经营状况的经济与行业背景，并据此预测公司未来的收益。西方经济学家认为，基本分析方法是科学客观的、最主要的证券分析方法。

基本分析包括宏观经济分析、行业与区域分析和公司分析三大内容。宏观经济分析主要探讨各经济指标和经济政策对证券价格的影响。行业与区域分析是介于宏观经济分析与公司分析之间的中观层次的分析。行业分析主要分析行业所属的不同市场类型、所处的不同生命周期以及行业的业绩对证券价格的影响。区域分析主要分析区域经济因素对证券价格的影响。在我国各地区经济发展不平衡造成证券市场“板块效应”的情况下，区域分析具有非常重要的意义。公司分析侧重于对公司的竞争能力、盈利能力、经营管理能力、发展潜力、财务状况、经营业绩及潜在风险等进行分析，借此评估和预测证券的投资价值、价格及其未来变化的趋势。公司分析是基本分析的重点，如果没有对发行证券的公司的状况进行分析，就不可能准确地预测其证券的价格走势。

多数基本分析遵循自上而下的程序，分析人员首先要对整个国民经济做出预测，然后是行业，最后是公司。行业预测是以整个经济的预测为基础的，公司预测是以它所处的行业和整个经济预测为基础的。少数基本分析法采取自下而上的程序，从对公司前景的估计开始，然后建立对行业和最终整个经济前景的估计。在实践中，人们常将两种方法结合使用。例如，按自上而下方法对经济进行预测，然后把这种预测结果又提供给为个别公司进行自下而上预测的分析师做参考。

二、证券投资基本分析的优点和不足

（一）基本分析的优点

1. 信息数据的稳定性

基本分析几乎涵盖整个国民经济，如此浩瀚复杂的数据信息，其搜集难度较大，只要杜绝小道消息和传言，就能清晰地反映出规律性的东西，其分析结果也就更具有说服力和科学性。

2. 资料分析的综合性

所谓综合性，是指不偏离某一领域的数据，不放过其他看似平淡但能对市场产生长久且温和的影响的因素，以促成某种程度均衡的合力，这种结果必然有相对稳定性和较明确的倾向，显示出价格最终回归于价值的趋势。这是信息综合处理的效果，也是基本分析特有的效应。人们只有严格按要求搜集信息，认真分析，才能获得相对全面有效的结论以指导投资实践。

（二）基本分析的局限性

1. 信息成本相对较高

信息搜集难度不高，但是其获取、整理、归类和分析的成本不低。投资者需要对大量无用、虚假甚至有害的信息进行剔除，信息使用边际效应的递减也会提高信息的成本。

2. 信息的时滞效应

人们需要对搜集的信息进行筛选、整理和加工，这都需要时间，即内部时滞效应，其长短随着分析人员的数量、素质和分析方法的不同而相应变化，这种内部时滞效应越小，投资者得到帮助的效果就越大。从采用分析结果到投资获利，又称外部时滞效应，其长短受众多不确定因素的制约，投资者是无法加以改变的。信息的时滞会影响投资者入市的时间和投资的效果。

3. 对投资者素质要求较高

基本分析要求分析人员具有较高的文化素养以及对政治经济的全面关心和了解，并掌握相当的基础理论知识和社会经验，这就使得相当部分投资者无法对所有公开信息进行有效的分析。他们要么完全听从他人的投资建议，人云亦云，要么干脆凭感觉行事，投资随意性较大，投资质量不高，风险性较大。

第二节 证券投资的宏观经济分析

证券投资的宏观经济分析是进行基本分析的基础，良好的宏观投资环境是证券市场正常和顺利运行的保证，通过对宏观经济的分析可以对证券市场的价格走势做出基本的判断。

一、宏观经济分析的基本方法

（一）总量分析法

总量分析法是指对影响宏观经济运行总量指标的因素及其变动规律进行分析，如对国民生产总值、消费额、投资额、银行贷款总额及物价水平变动规律的分析等，进而说明整个经济的状态和全貌。总量是反映整个社会经济活动状态的经济变量，包括量的总和以及平均量或比例量两类。前者如国民生产总值、总投资额、总消费额等，后者包括物价水平等。总量分析法侧重于研究总量指标的变动规律，主要是一种动态分析。

（二）结构分析法

结构分析法是指对经济系统中各组成部分及其对比关系变动规律的分析。如国民生产总值中三次产业的结构分析、消费和投资的结构分析、经济增长中各因素作用的结构分析等。结构分析侧重于对一定时期内经济系统中各组成部分的变动规律进行研究，主要是一种静态分析。

二、宏观经济分析的主要指标

（一）国内生产总值

国内生产总值（GDP）是指一个国家（或地区）所有常住居民在一定时期内（一般按年统计）生产活动的最终成果。在宏观经济分析中，国内生产总值指标具有非常重要的地位，具有十分广泛的用途。国内生产总值的持续、稳定增长是政府着意追求的目标。

（二）失业率

失业率是指劳动力人口中失业人数所占的百分比，劳动力人口是指年龄在 16 周岁以上具有劳动能力的人的全体。当失业率很高时，资源被浪费，人们收入减少，在这种时期经济上的困难还会影响人们的情绪和家庭生活，进而引发一系列社会问题。在我国引用失业率指标时，还要考虑到下岗工人以及待业问题。

（三）通货膨胀

通货膨胀是指一般物价水平的持续、普遍、明显的上涨。通货膨胀率是指物价指数总水平与国民生产总值实际增长率之差，即通货膨胀率＝物价指数总水平－国民生产总值实际增长率。

（四）固定资产投资规模

固定资产投资规模是指一定时期在国民经济各部门、各行业固定资产再生产中投入的资金数量。投资规模是否适度是影响经济稳定与增长的一个决定因素。投资规模过小，不利于为经济的进一步发展奠定物质技术基础；投资规模过大，超出了一定时期人力、物力和财力的可能，又会造成国民经济比例的失调，导致经济大起大落。

（五）国际收支

国际收支一般是一国居民在一定时期内与非本国居民在政治、经济、军事、文化及其他往来中所产生的全部交易的系统记录。这里的居民是指在国内居住一年以上的自然人和法人。

国际收支中包括经常项目和资本项目。经常项目主要反映我国的贸易和劳务往来状况；资本项目则集中反映我国同国外资金往来的情况，反映着我国利用外资和偿还本金的情况。全面了解和掌握国际收支状况，有利于从宏观上对国家的开放规模和开放速度进行预测。

（六）利　率

利率是指在借贷期内所形成的利息额与所贷资金额的比率。利率直接反映的是信用关系中债务人支付给债权人的使用资金的代价，也是债权人出让资金使用权的报酬。

从宏观经济分析的角度看，利率的波动反映出市场对资金需求的变动状况。在经济发展的不同阶段，市场利率有不同的表现。在经济持续增长时期，资金需求增加，利率上升；当经济疲软时，利率也会随着资金需求的减少而下降。除了与整体经济状况密切相关外，利率还受到物价上涨幅度的限制。随着市场经济的不断发展和政府宏观调控能力的不断加强，利率特别是基准利率已成为一项重要的货币政策工具。

（七）汇　率

汇率是外汇市场上一国货币与他国货币相互交换的比率。实质上，可以将汇率看作是以本国货币表示的外国货币的价格。

（八）财政收支

财政收支包括财政收入和财政支出两个方面。财政收入是国家参与社会产品分配所取得的收入，是实现国家职能的财力保证。财政支出则是国家财政对筹集起来的资金进行分配使用，以满足经济建设和各项事业的需要。

三、宏观经济分析的主要内容

证券市场是国民经济的重要组成部分，国民经济的宏观走势对证券市场有着非常重要的影响。因此有必要将证券投资活动放到整个宏观经济运行的过程中去考察，从全局的高度找出影响证券市场价格的因素，提示宏观经济变动与证券投资间的关系。证券投资的宏观经济分析主要有宏观经济运行分析和宏观经济政策分析两个方面的内容。

（一）宏观经济运行对证券市场的影响

1. 国内生产总值（GDP）变动对证券市场的影响

GDP 变动是一国经济成就的根本反映，在探讨证券市场作为经济的“晴雨表”如何对 GDP 的变动做出反应这一问题上，我们必须将 GDP 与经济形势结合起来进行考察，不能简单地认为只要 GDP 增长，证券市场就将随之呈现上升走势，关键是看 GDP 的变动将导致各种经济因素如何变化。

（1）持续、稳定、高速的 GDP 增长。在这种情况下，社会总需求与总供给协调增长，经济结构逐步趋于合理和平衡，经济增长来源于需求刺激并使得闲置的或利用率不高的资源得到更充分利用，从而表明经济发展的良好势头。这时证券市场将基于下述原因而呈现上升走势：一是伴随总体经济成长，上市公司的利润持续上升，股息和红利不断增长，企业经营环境不断改善，产销两旺，投资风险也越来越小，从而公司的股票和债券得到全面升值，促使价格上扬。二是人们对经济形势形成了良好的预期，投资积极性得以提高，从而增加了证券的需求，促使证券价格上涨。三是随着 GDP 的持续增长，国民收入和个人收入都不断得到提高，收入的增加也将增加证券投资的需求，从而促使证券价格上涨。

（2）高通货膨胀下的 GDP 增长。当经济处于严重失衡下的高速增长时，总需求大大超过总供给，这将表现为高的通货膨胀率，这是经济形势恶化的征兆，如不采取调控措施，必将导致未来的“滞胀”（通货膨胀与增长停滞并存）。这时经济中的矛盾会突出地表现出来，企业经营将面临困境，居民的实际收入也将减少，因而失衡的经济增长必将导致证券市场下跌。

（3）宏观调控下的 GDP 减速增长。当 GDP 呈失衡的高速增长时，政府可能采用宏观调控措施以维持经济的稳定增长，这样必然会减缓 GDP 的增长速度。如果调控目标得以顺利实现，GDP 仍旧以适当的速度增长，而未导致 GDP 的负增长或低增长，则说明宏观调控措施十分有效，经济矛盾逐步得以缓解，为进一步增长创造了有利条件，这时证券市场亦将反映这种好的形势而呈平衡渐升的态势。

（4）转折性的 GDP 变动。如果 GDP 一定时期以来呈负增长，当负增长速度逐渐减缓并呈现向正增长转变的趋势时，表明恶化的经济环境逐步得到改善，证券市场的走势也将由下跌转为上升。当 GDP 由低速增长转向高速增长时，表明在低速增长中，经济结构得到调整，经济的瓶颈制约得以改善，新一轮经济高速增长已经来临，证券市场亦将伴之以快速上涨之势。

在上面的分析中，我们只沿着一个方向进行，每一点都可沿着相反的方向导出相反的后果。也就是说，它是反映预期的 GDP 变动的，而 GDP 的实际变动被公布时，证券市场只反映实际变动与预期变动的差别，因而在证券投资中进行 GDP 变动分析时必须着眼于未来，这是最基本的原则。

2. 经济周期对证券市场的影响

在影响证券价格变动的市场因素中，宏观经济周期的变动是最重要的因素之一，它对企业运营及证券价格的影响极大，因此投资者必须重视经济周期与证券价格的关联性。经济周期是一个连续不断的过程，表现为扩张和收缩的交替出现，每个周期都表现为衰退、萧条、复苏和繁荣四个阶段。经济运行的周期性变动对公司盈利进而对证券价格的变动有直接的影响。一般来说，当经济繁荣时，股价会表现出坚挺的上升趋势；当经济衰退时，股市行情会随之下跌或处于疲软状态。

由于经济活动的周期性，因此许多国家都设有一些机构来对经济周期进行检测和分析。在这些机构中，NBER（美国较权威的经济研究机构，美国经济研究局，英文全称是 National Bureau of Economic Research）建立了一套比较成熟的方法。通过多年的经验数据搜集和研究，NBER 的研究人员以纳斯达克综合指数作为股票市场周期的衡量标准，发现股票价格和整体经济之间存在着密切的联系，而且股票价格总是在总体经济变化之前变化。但是，尽管这种总体上的领先关系是正确的，股票市场还是发出了几次错误的信号，如表 5－1 所示。

表 5－1　　股票市场走势与宏观经济波动

股票市场周期		经济周期		领先时间	
峰	谷	峰	谷	峰	谷
1953 年 1 月	1953 年 9 月	1953 年 7 月	1954 年 5 月	6 个月	8 个月
1956 年 8 月	1957 年 10 月	1957 年 8 月	1958 年 4 月	12 个月	6 个月
1959 年 8 月	1960 年 10 月	1960 年 4 月	1961 年 2 月	8 个月	4 个月
1968 年 11 月	1970 年 3 月	1969 年 12 月	1970 年 11 月	13 个月	8 个月
1973 年 1 月	1974 年 10 月	1973 年 11 月	1975 年 3 月	10 个月	5 个月
1980 年 2 月	1982 年 8 月	1980 年 1 月	1982 年 11 月	－1 个月	3 个月
			平均	8 个月	5.7 个月
发出错误信号的时间			股市下降后经济增长率下降		
1961 年 2 月	1962 年 1 月	1971 年 4 月	1966 年 2 月	1968 年 3 月	
1971 年 11 月	1976 年 9 月	1978 年 3 月			

资料来源：Jason Benderly and Edward McKelvey, "The Pocket Chartbook," *Economic Research*, Goldman, Sachs & Co., December 1987.

NBER 检验了众多与过去的经济周期相关的经济时间序列形态，并根据这种分析，把不同的经济序列按其与经济周期的关系分成三种主要类型：领先指标、同步指标和滞后指标。可以用于预测经济走势的最早经济序列是 1938 年编制的。在以后的使用期间曾经多次进行调整修订，最近的一次大修订是在 1983 年，随后在 1987 年、1993 年和 1997 年又进行了修订。目前三类指标体系的构成如表 5－2 所示。

表 5－2　　NBER 经济周期检测分析指标体系

领先指标体系
1. 制造业工人每周工作平均小时数
2. 平均每周初次申请失业保险的人数（反向指标）
3. 以 1992 年价格水平计算的制造业新订单，包括消费品及原材料
4. 地方建设部门批准建造的私人住房单位数
5. 标准普尔 500 指数
6. 以 1992 年价格水平计算的货币供应量

7. 卖方状况（未按时发出货物的公司所占的百分比）
8. 未偿付的商业信贷和消费者信贷的变化情况
9. 利率差，即10年期国债收益率减去联邦基金利率
10. 消费者信心指数
同步指标体系
1. 工资册上的非农业雇员数
2. 个人收入减转移支付（以1992年价格水平计算）
3. 工业产量指数
4. 制造业和商业销售额（以1992年价格水平计算）
滞后指标体系
1. 以周计算的平均失业持续时间
2. 制造业和商业存货/销售额比率（以1992年价格水平计算）
3. 银行收取的平均优惠利率
4. 未偿付的商业和工业贷款（以1992年价格水平计算）
5. 消费者未偿付的分期付款与个人收入比率
6. 制造业中单位劳动产量的劳动成本（以百分比表示）

资料来源：Marie P. Hertzberg and Barry A. Beckman，"Business Cycle Indicators：Revised Composite Indexes，" *Business Conditions Digest*，17（1）（January 1989）.

虽然经济周期对股市周期的决定作用是内在的、长久的和根本的，但在实际分析中我们应把握以下几个规律：

（1）经济总是处在周期性运动中，股价变动总是比实际的经济周期变动要领先一步，即在经济衰退以前，股价已开始下跌，而在经济复苏之前，股价已开始回升；经济周期未步入高峰阶段时，股价已经见顶；经济仍处于衰退期间，股价已开始从谷底回升。这是因为股价的涨落包含着投资者对经济走势变动的预期和投资者的心理反应等因素，因而股价能够灵敏地反映经济周期的变动。

（2）在经济周期的不同阶段，不同行业的表现是不同的。例如在波谷时，即当经济开始走出衰退时，人们会预期那些周期性行业（即对经济状况更敏感的行业）的表现应该好于其他行业。周期性行业包括耐用消费品行业，如房地产业、汽车业和家用电器行业等，由于在衰退时人们推迟了对这些行业所生产商品的消费，其销售状况对宏观经济特别敏感。其他周期性行业还包括生产资料行业等，它们生产的商品被其他行业用于生产商品，如钢铁业、建筑材料业等。当需求疲软时，很少有公司会扩张从而增加购买生产资料。因此，生产资料行业在经济衰退时举步维艰，而在经济扩张时处境较好。相反，防御性行业对经济周期的敏感度较低。防御性行业包括食品生产和加工业、制药业和公共事业等。在经济进入衰退期时，这些行业的表现要优于其他行业。

3. 通货变动对证券市场的影响

通货是指一个国家流通中的法定货币。它的国内购买力水平是以可比物价变动情况来衡量的。通货变动包括通货膨胀与通货紧缩。一般而言，通货膨胀与通货紧缩都会对经济的长期发展带来不良影响。在分析通货膨胀和通货紧缩对证券市场的影响时一定要具体情况具体分析，比较该时期通货膨胀和通货紧缩的产生原因、程度、经济背景及政府可能采取的干预措施等。

对通货膨胀问题的分析包括不同阶段和不同程度通货膨胀的影响。

(1) 不同阶段的通货膨胀对证券市场的影响。

通货膨胀的发展阶段有早期、中期、晚期之分。早期的通货膨胀还处于经济较为繁荣时期，物价虽有上涨，但仍处于市场可以接受的范围，这种涨幅还不至于影响市场的各种交易。在这个阶段，企业订单不断，购销两旺，就业状况也令人满意，收入呈上涨趋势，所以证券市场的交易势头十分旺盛，各种证券的价格能够上扬。当通货膨胀进入中期以后，随着供需比例的严重失调以及企业效益的减少和收入的降低，处于头部的证券价格立即呈下跌形态，有些证券甚至下跌破位，投资者再也没有信心去涉足证券市场，而逐步将资金撤离。经过急剧下挫，证券市场交易清淡，其价格也一蹶不振，这是因为通货膨胀已经处于晚期，市场的经济恢复仍需要经过一个较长时期的休整，投资者才会对前景持乐观态度，证券价格因此也十分低迷。

不同阶段的通货膨胀对证券市场的影响
- 早期通货膨胀导致证券市场价格上扬
- 中期通货膨胀导致证券市场价格下跌
- 晚期通货膨胀导致证券市场价格低迷

我们来看看不同程度的通货膨胀对证券市场的影响。一般情况下，温和、稳定的通货膨胀对证券价格上扬有推动作用。这种类型的通货膨胀，通常被理解成一种积极的经济政策结果，旨在调整某些商品的价格并以此推动经济的增长。以温和、稳定的通货膨胀来刺激经济，其初始阶段将会导致证券市场各品种之间的结构性调整。如果通货膨胀在一定范围内存在，经济又处于比较景气阶段，证券价格也会稳步向上攀升。但是严重的通货膨胀则是非常危险的，因为此时的价格被严重扭曲，货币不断大幅度贬值，人们为实现资金保值而囤积商品，购买房产，资金相应流出资本市场，证券价格随之下跌；同时，政府不能长期容忍通货膨胀的存在，又必然会运用宏观经济政策抑制通货膨胀，其结果是置企业于紧缩的宏观形势中，这又势必在短期中导致企业利润的下降，资金进一步离开资本市场，证券市场的价格又会形成新一轮下跌。

不同程度的通货膨胀对证券市场的影响
- 温和、稳定的通货膨胀导致证券市场价格上扬
- 严重的通货膨胀导致证券市场价格下跌

比如，石油危机导致世界性的通货膨胀，工业原料、生产物资价格普遍上扬，最初拥有这些原料的厂商极度兴奋，因为库存的原料原以低价购进，商品价格忽然上扬，意外地提高了它们的利润。待一季盈余增加公布后，自会促使买气增加，估价上扬。待一段急速行情之后，通货膨胀现象未减轻，反而加重，低价原料库存有限，等到事实证明此次通货膨胀并不是景气复苏时，有识之士先行卖出股票，又因为股价本已偏高，买气弱，因而卖压逐渐加重。当通货膨胀恶化，直接影响产品成本和销售量时，股价已下跌一段距离。

总之，万事皆有度，过之则无益。在适度的通货膨胀下，人们为避免损失，将资金投向股市。而在通货膨胀初期，物价上涨，生产受到刺激，企业利润增加，股价因此看涨。但在持续增长的通货膨胀下，企业成本增加，而在高价格下需求下降，企业经营恶化。特

别是，政府此时不得已采取严厉的紧缩政策，则犹如雪上加霜，企业资金周转失灵，一些企业甚至破产倒闭，股市在恐慌中狂跌。

（2）通货紧缩对证券市场的影响。

通货紧缩是指物价水平持续普遍连续下降的经济现象。通货紧缩将损害消费者和投资者的积极性，造成经济萧条。从消费者的角度来看，持续的通货紧缩将使消费者对物价的预期下降，更多地推迟购买；对投资者来说，通货紧缩将使投资产出的产品的未来价格低于当前预期，这会促使消费者更加谨慎。消费和投资的下降减少了总需求，使物价持续下降，从而步入恶性循环，使证券市场进入长期低迷。从利率的角度分析，通货紧缩形成了对利率下调的稳定预期，由于真实利率等于名义利率减去通货膨胀率，下调的名义利率降低了社会的投资预期收益，导致有效需求和投资支出的进一步减少，引起物价进一步下降。可见，通货紧缩会带来经济的负增长，使得证券市场价格下降。

（二）宏观经济政策对证券市场的影响

在当代市场经济下，政府对经济的干预主要是通过货币政策和财政政策来实现的。根据宏观经济运行情况，政府可采取扩张的和紧缩的货币政策和财政政策，以实现经济的增长和物价总水平的稳定，实现充分就业的目标。宏观经济政策一旦形成，就会对证券市场产生重大的决定性影响。

1. 货币政策对证券市场的影响

所谓货币政策，是指政府为了实现一定的宏观经济目标而制定的有关货币供应量和货币流通组织管理的基本方针和基本准则。货币政策是国家经济政策的一个重要构成部分，它为贯彻宏观经济政策服务。从总体来说，宽松的货币政策将使得证券市场价格上扬，紧缩的货币政策将使得证券市场价格下跌。货币政策对证券市场的影响，可以从以下几个方面考虑：

（1）利率政策对证券市场的影响。利率对证券市场的影响是十分直接的。一般来说，利率下降，股票价格就上升；利率上升，股票价格就下跌。原因有如下方面：

1）利率上升，不仅会增加公司的借款成本，而且会使公司难以获得必需的资金，难以扩大生产规模，从而影响公司未来的利润，股票价格就会下降。反之，利率下降，股票价格就上升。

2）利率上升，一部分资金会从股市转向储蓄和债券，从而减少市场上的股票需求，使股价下跌。反之，利率下降，股票价格就上升。

3）利率上升，投资者据以评估股票价值的折现率也会上升，股票价值因此会下降，从而也会使股票价格下降。反之，当利率下降时，储蓄的获利能力降低，资金就可能回流股市，从而扩大对股票的需求，使股票价格上涨。

上述利率与股价运动呈反方向变化是一般情况，但我们不能将此绝对化，有时会存在一些相对特殊的情形。当形势看好、股票行情暴涨时，即使利率下降，对股价的控制作用也不会很大。同样，当股市暴跌时，即使出现利率下降的调整政策，也会使股价回升乏力。

（2）调节货币供应量对证券市场的影响。中央银行可以通过存款准备金率、再贴现政策及公开市场业务调节货币供应量，从而影响货币市场和资本市场的资金供求，进而影响证券市场。货币供应量增加有利于上市公司业绩提高，有利于社会游资的增加。银根的放松和货币流通量的相应增加，可以缓解各个层面投资主体资金紧张的矛盾，从而使得那些参与证券市场投资的企业和个人扩大进入证券市场的游资规模，证券市场资金量的迅速扩大和交易量的上升，将推动证券价格的上扬。同时，市场上的货币供应量增加也会推动利率下调，资金成本降低，企业和个人的投资及消费需求上升，生产扩张，利润增加，这又会推动股票价格的上升；反之，股票价格将下跌。

(3) 选择性货币政策工具对证券市场的影响。为实现国家产业政策和区域经济政策，我国对不同行业和区域采取区别对待的方针。当降低贷款限额、压缩贷款规模时，从紧的货币政策会使股价下跌。因此，可以采用区别对待的产业政策和区域政策，通过对直接信用控制和间接信用指导区别对待，紧中有松，在一些优先发展的产业和重点发展的地区，证券价格不仅不会受到影响，还会逆势而上。

2. 财政政策对证券市场的影响

财政政策是政府依据客观经济规律制定的指导财政工作和处理财政关系的一系列方针、准则和措施的总称。财政政策手段主要包括国家预算、税收、国债、财政补贴、财政管理体制、转移支付制度等。这些手段可以单独使用，也可以配合协调使用。当经济增长持续放慢、失业增加时，政府就实行扩张性财政政策，提高政府的购买水平，提高转移支付水平，降低税率，以增加总需求，刺激经济增长，解决经济衰退与就业问题；当经济持续增长、价格水平持续上涨时，政府就要实行紧缩性的财政政策，降低政府的购买水平，降低转移支付水平，提高税率，从而降低总需求，抑制通货膨胀。财政政策主要通过以下几个途径对证券市场产生影响：

(1) 减少税收，降低税率，扩大减免范围，将增加微观经济主体的收入，刺激经济主体的投资需求，从而扩大社会供给。其对证券市场的影响为：增加人们的收入，并同时增加他们的投资需求和消费支出。前者直接引起证券市场价格上涨；后者则使得社会总需求增加。同时，企业税后利润增加，也将刺激企业扩大生产规模的积极性，进一步增加利润总额，从而促进股票价格上涨。再者，因市场需求活跃，企业经营环境得到改善，盈利能力增强，进而降低了还本付息风险，债券价格也将上扬。

(2) 扩大财政支出，加大财政赤字，将扩大社会总需求，从而刺激投资，扩大就业。政府通过政府购买和公共支出增加商品和劳务需求，激励企业增加投入，提高产出水平，于是企业利润增加，经营风险降低，从而使得股票价格和债券价格上升；同时居民在经济复苏中增加了收入，持有的货币增加，景气的趋势进一步增加了投资者的信心，买气增强，股市和债市趋于活跃，价格自然上扬。特别是与政府购买和支出相关的企业将最先、最直接地从财政政策中获益，因而有关企业的股票和债券价格率先上涨。

(3) 提高政府转移支付的水平，如增加社会福利费用、增加为维持农产品价格而对农民的拨款等，会使部分人的收入水平提高，也间接地促进了公司利润的增长，从而也能促进证券市场价格的增长。反之，降低政府转移支付水平将使证券价格下跌。

（三）国际金融市场环境对证券市场的影响

1. 汇率波动对证券市场的影响

在开放经济条件下，汇率政策对经济的影响十分显著。如果以单位本币的外币标值来表示汇率，那么汇率上浮，即本币升值，不利于出口而有利于进口；汇率下浮，即本币贬值，不利于进口而有利于出口。汇率变化对股价的影响要看对整个经济的影响而定，若汇率变化趋势对本国经济发展的影响较为有利，股价会上升，反之，股价会下降。

投资者在具体分析时要区别对待货币升、贬值对不同企业的影响。具体来说，汇率变动对那些从事进出口贸易的公司影响较大，它首先影响公司的进出口额及利润，进而反映在股价上，其主要表现是：

（1）若公司的产品相当部分向海外市场销售，当汇率提高时，则产品在海外市场的竞争力受到削弱，公司盈利就会下降，从而导致股票价格下跌。

（2）若公司的某些原料依赖进口，产品主要在国内销售，那么汇率提高，公司进口的原料成本就会降低，盈利上升，从而使公司的股价趋于上涨。

（3）如果预测到某国汇率将要上涨，那么货币资金就会向这个国家转移，而其中部分资金将直接进入股市，从而汇率上升，该国的股市行情也可能因此而上涨。

案例

美元指数强劲上扬对中国股市有何种影响

美元指数，是综合反映美元在国际外汇市场的汇率情况的指标，用来衡量美元对一篮子货币的汇率变化程度。在美元指数的“货币篮子”里，欧元的占比为57.6%，日元的占比为13.6%，英镑的占比为11.9%，加拿大元的占比为9.1%，瑞典克朗的占比为4.2%，瑞士法郎的占比为3.6%。近段时间美元指数走势非常强劲，引发各国高度关注，对中国股市会产生何种影响？

美元指数上涨对中国股市的影响还来自资金外逃。苏格兰皇家银行首席中国经济学家高路易（Louis Kuijs）估计，2015年年初的6个月约有3 000亿美元资金流出中国。而投资公司Deltec International认为这一数字可能会更高。2015年以来，人民币贬值预期加浓，热钱流出有进一步加快迹象，央行也开始阻击热钱离开。随着本币贬值导致经济下行压力较大，新兴国家股市吸引力下降，全球投资者从新兴市场中的撤资规模创下2008年全球金融危机达到顶峰以来的最高水平。就中国市场而言，作为市场最聪明的资金之一的沪港通也是呈现净流出，但力度较小。

人民币汇率相对于美元而言，存在巨大的贬值压力，但人民币汇率主要与美元指数挂钩。如果保持人民币对美元汇率相对稳定，相对其他货币而言，存在巨大升值压力，这对中国商品向非美元国家出口是一个重大压力，尤其是向欧盟、东盟、东亚等地区的出口将面临巨大挑战。实际上现在中国出口形势就很不乐观，我国对主要发达地区的出口出现明显下滑。对美国的出口回到负增长；对日本和欧盟的出口增速也大幅下滑。

经济复苏进程减缓，上市公司盈利能力恢复速度自然减缓，股市上扬的宏观经济基础也就不复存在，股市上扬的公司业绩成长也就不复存在，高估值也就难以缓解。

经济复苏难度的加大，只会逼迫央行不断实施宽松货币政策来刺激经济，但一方面中国池子里的货币已经很多，高层和央行都不愿意再加杠杆刺激经济，因为再加杠杆无疑将导致金融风险加大，另一方面如果央行不断降息降准实施宽松政策，而美国持续加息导致两者之间利差消失，人民币的贬值压力将大大增加，央行可能不得不加大汇率以维稳，资本外逃也就难以遏制，央行释放的流动性可能还不一定能够对冲热钱流出导致的基础货币总量减少，会直接使得国内流动性进一步趋紧。这就有点麻烦：货币政策紧也不行，松也不行，同时也会激化欧盟等实施贸易反制措施，中国的贸易争端也会增多，反而不利于出口。因此来年中国央行货币政策会陷入两难。

本轮牛市就是一轮基于央行货币宽松下的无风险资产价格下跌的风险资产重估。一旦来年美元指数上行，导致中国热钱流出加剧，央行货币政策左右为难，经济复苏的难度必将加大，中国股市将面临严峻考验。

资料来源：杜坤维. 美元指数强劲上扬对中国股市有何种影响. 新浪博客，2015-11-24.

2. 国际收支状况对证券市场的影响

首先是贸易顺差的影响。当一国出口增加时，提供出口产品的行业和产业相应比较景气，与其配套的相关企业的产出和效益也相对比较兴旺。如果一个国家在某一时期能保持较好的贸易顺差水平，则该国的国民生产总值往往能有比较明显的增长，公众的收入相应有较大的提高，证券市场的价格也能稳步上扬。

其次是贸易逆差的影响。当一国商品出口受阻、出现国际收支逆差时，提供这些产品的企业效益必然受到影响，其经营活动也随之低迷。如果上市公司处于这种境地，其发行的证券在市场上必将遭到投资者的冷遇，与这些企业有关联的上市公司也难以有良好表现。贸易逆差会导致证券市场的价格下跌。如前几年由于受到出口限额的不公正待遇，我国棉纺织品严重积压，该行业企业的产出和效益明显低于其他行业，属于棉纺织板块的上市公司的产品价格与其效益相应下降，有的甚至陷入被摘牌的困境。如果一个国家长时期处于贸易赤字，外汇储备必然会逐渐减少，用外汇购买进口原料、设备和技术的能力也逐渐降低，从而造成经济增长速度的下降。整个国民经济状况都会因受贸易逆差的影响而不景气，证券市场的表现也相应令人失望。

（四）其他变动因素分析

1. 全球经济对证券市场的影响

中国经济正在逐步全面地融入经济全球化的潮流。国际经济状况不仅影响一家公司的出口前景，而且影响其与国外同行的竞争，以及它在海外投资的收益。即使不考虑大多数国家的经济发展与全球经济相关联这一事实，各国经济自身的波动也会对股市产生影响，在一个经济收缩的国家要取得投资成功比在一个经济扩张的国家困难得多。1997 年东南亚金融风暴使得泰国、韩国、新加坡、印度尼西亚等国家和中国香港等地区的股市受到重挫，投资者遭遇了重大的市场风险。2008 年的华尔街金融风暴不仅导致欧洲、日本等地区及国家的股市受到重挫，更是通过进出口等途径影响到了全球经济的发展。

2. 政治因素对证券市场的影响

政治因素就是指那些对股票价格具有一定影响力的国际政治活动、发展计划以及政府的法令、政治措施等。政治形势尤其是国际政治关系的变化，对证券市场产生越来越敏感的影响，使得全球投资环境存在很大的风险和机遇。如 1992—1993 年期间，由于受到美国国会可能通过《北美自由贸易协定》的鼓舞，墨西哥股市反应强烈。同时，我们也应该注意到政治因素的良性发展对经济的促进作用。例如，南非种族隔离和经济封锁的终结预示着该国经济将有巨大增长。同样，中东和平进程往良好方向发展也会使中东地区的经济有快速增长。这些情况都提供了引人注目的赚钱机会。反之，某一地区的政治局势动荡不安将使得该地区经济发展受到影响，也将增加投资者亏损的机会。例如，由于 1992 年 4 月土耳其总统图尔古特·厄扎尔（Turgut Özal）去世，伊斯坦布尔的股市一天下跌了 10.5%。

对经济增长和投资回报有重要影响的因素还有：贸易保护问题、资本自由流动和一个国家劳动力的就业等问题。当然，这些问题不像上面的情况那么敏感。

第三节 证券投资的中观分析：行业与区域分析

证券投资的行业与区域分析是基本分析中的一个非常重要的组成部分，是公司分析的前提。如果行业或区域前景光明，那么属于该行业的公司就具有良好的发展潜力；如果行业或区域前景暗淡，该行业或区域内的公司经营将会面临较大的困难。

一、行业分析及其意义

所谓行业，是指由从事国民经济中相同性质的生产或其他经济社会活动的经营单位和个体等构成的组织结构体系，如林业、汽车业、银行业、房地产业等。行业分析的目的是分析行业本身所处的发展阶段及其在国民经济中的地位，分析影响行业发展的各种因素，判断行业的投资价值，揭示行业的投资风险，从而为各种机构及其他投资者提供决策依据。

分析上市公司所属的行业与股票价格变化的关系意义非常重大。首先，它是国民经济形势分析的具体化。我们在分析国民经济形势时，根据国民生产总值等指标可以知道或预测某个时期整个国民经济的状况。但是整个经济的状况与各个行业的状况并非完全吻合。整个经济形势好，只能说明大部分行业的形势较好，而不是每个行业都好；反之，经济整体形势恶化，则可能意味着大多数行业面临困境，而某些行业的发展仍然较好。只有进行行业分析，我们才能更加明确地知道某个行业的发展状况，以及它所处的行业生命周期的位置，并据此做出正确的投资决策。如果只进行国民经济形势分析，那么我们顶多只能了解某个行业的笼统的、模糊的轮廓。

其次，进行行业分析可以为更好地进行企业分析奠定基础。前面已经说过，行业是由许多同类企业构成的群体。如果我们只进行企业分析，则虽然我们可以知道某个企业的经营和财务状况，但不能知道其他同类企业的状况，无法通过横向比较明确目前企业在同行业中的位置。而这在充满着高度竞争的现代经济中是非常重要的。另外，行业所处生命周期的位置制约或决定着企业的生存和发展。如果某个行业已处于衰退期，则属于这个行业中的企业，不管其资产多么雄厚，经营管理能力多么强，都不能摆脱其暗淡的前景。

二、行业的分类

（一）道琼斯行业分类法

道琼斯行业分类法是通过选取在纽约证券交易所上市的有代表性的股票而对公司进行的分类，是证券指数统计中最常用的分类法之一。

道琼斯行业分类法将大多数股票分为工业、运输业和公用事业三类，然后选取有代表性的股票。虽然入选的股票并不包括这类产业中的全部股票，但所选择的这些股票足以表明产业的趋势。在道琼斯指数中，工业类股票选取了工业部门的30家公司，例如包括了采掘业、制造业和商业。这些产业有些扩张，有些则下降；有些的增长率超过国民生产总值的增长率，还有一些的增长率低于国民生产总值的增长率。运输业包括了航空、铁路、汽车运输和航运业。作为计算道琼斯股价指数的股票类别，公用事业的增长率一般是稳定的，公用事业类公司主要包括电话公司、天然气公司和电力公司。

（二）我国的行业分类

2012年10月26日修订的《上市公司行业分类指引》将上市公司的经济活动分为门类、大类两级，中类作为支持性分类参考。以上市公司营业收入为分类标准，若上市公司某类业务的营业收入比重大于或等于50%，则将其划入该业务相对应的行业。若上市公司没有一类业务的营业收入比重大于或等于50%，但某类业务的收入和利润均在所有业务中最高，而且均占到公司总收入和总利润的30%以上（包含本数），则该公司归属该业务对应的行业类别。不能按照上述分类方法确定行业归属的，由上市公司行业分类专家委员会根据公司实际经营状况判断公司行业归属；归属不明确的，划为综合类。

简化的分类结构为：（A）农、林、牧、渔业；（B）采矿业；（C）制造业；（D）电力、热力、燃气及水生产和供应业；（E）建筑业；（F）批发和零售业；（G）交通运输、仓储和邮政业；（H）住宿和餐饮业；（I）信息传输、软件和信息技术服务业；（J）金融业；（K）房地产业；（L）租赁和商务服务业；（M）科学研究和技术服务业；（N）水利、环境和公共设施管理业；（O）居民服务、修理和其他服务业；（P）教育；（Q）卫生和社会工作；（R）文化、体育和娱乐业；（S）综合。

2007年5月上海证券交易所公布了新的沪市上市公司的行业分类，该行业分类是参照摩根士丹利和标准普尔共同发布的全球行业分类标准化技术（GICS），结合我国上市公司的实际情况而确定的（见表5-3）。

表5-3　　沪市行业分类标准

行业名称	行业主要类别
能源	能源设备与服务，石油、天然气与消费用燃料
原材料	化学制品，建筑材料，容器与包装，金属与采矿，纸类与林业产品
工业	航空航天与国防，建筑产品，建筑与工程，电气设备，工业集团企业，贸易公司与经销商，商业服务与商业用品，航空货运与物流，航空、公路与铁路，交通基本设施
可选消费	汽车零配件，汽车，家庭耐用消费品，休闲设备与用品，纺织品，酒店、餐馆与休闲，综合消费者服务，媒体，经销商，互联网与售货目录零售，专营零售
主要消费	食品与主要用品零售，饮料，食品，烟草，家常用品，个人用品
医药卫生	医疗保健设备与用品，医疗保健提供商与服务，医疗保健技术，生物，生命科学工具和服务
金融地产	商业银行，互助储蓄银行与抵押信贷，综合金融服务，消费信贷，资本，房地产投资信托，房地产管理和开发
信息技术	互联网软件与服务，信息科技服务，软件，通信设备，计算机与外围设备，电子设备与仪器，办公电子设备，半导体产品与半导体设备
电信业务	综合电信业务，无线电信业务
公用事业	电力公用事业，燃气公用事业，复合型公用事业，水公用事业，独立电力生产商与能源贸易商

（三）标准行业分类法

为了便于汇总各国的统计资料，进行对比，联合国经济和社会事务统计局曾制定了一个《所有经济活动的国际标准行业分类》，建议各国使用。标准行业分类体系是根据企业所从事的主要活动来进行行业分类的。它把国民经济划分为十个门类：

（1）农业、畜牧狩猎业、林业和渔业；

（2）采矿业及土石采掘业；

（3）制造业；

（4）电、煤气和水；

（5）建筑业；

（6）批发和零售业、饮食和旅馆业；

（7）运输、仓储和邮电通信业；

（8）金融、保险、房地产和工商服务业；

（9）政府、社会和个人服务业；

（10）其他。

每个门类再划分大类、中类、小类。各类目都进行编码：第一位数字表示该小类所属部门，第一位和第二位数字合起来表示所属大类，前三位数字表示所属中类（食品业因有11个小类，其中类占了两个代码），全部四个数字表示某小类本身。

（四）我国国民经济的行业分类

1985年，我国国家统计局明确划分三大产业，如下所示：

第一产业：农业（包括林业、牧业、渔业等）；

第二产业：工业（包括采掘业、制造业、自来水、电力、煤气）和建筑业；

第三产业：第一、二产业外的各行业，主要是服务性行业（包括交通运输业、邮电通信业、仓储业、金融保险业、餐饮业、房地产业、社会服务业等）。

三、行业分析及投资选择

（一）行业的市场结构分析

根据行业的市场结构的概念，可分为以下四种市场类型：

1. 完全竞争市场

完全竞争市场是指许多生产者生产同质的产品的市场情形，如初级产品市场。这种市场中生产者众多，生产的产品基本无差别，价格由市场需求决定，生产者和消费者对市场均非常了解并可自由进出市场。

2. 垄断竞争（不完全竞争）市场

垄断竞争（不完全竞争）市场是指许多生产者生产同种但不同质产品的市场情形，如制成品市场。这种市场中的生产者众多，产品之间存在差异，因此生产者可以借以树立自己产品的信誉，从而对其产品的价格有一定的控制能力。

3. 寡头垄断市场

寡头垄断市场是指相对少量生产者在差别很少或没有差别的某些产品的生产中以及具

有某些差别的产品的生产中占据很大市场份额的市场情形。一些资本密集型、技术密集型行业，如钢铁业、汽车业等，以及少数储量集中的矿产品，如石油等的市场类型多属于此，因为生产这些产品所必需的巨额投资、复杂的技术或产品储量的分布限制了新企业对这些市场的侵入。

4. 完全垄断市场

完全垄断市场是指单一生产者生产某种特质产品的市场情形，如公用事业。这种市场分为政府垄断和私人垄断两种。由于市场被垄断，产品又没有合适的替代品，因此垄断者可以制定理想的价格和产量，以获取最大利润。但垄断者也受到反垄断法和政府管制的约束。在现实经济生活中，一些公用事业公司如煤气公司、自来水公司等公司以及某些资本、技术高度密集型或稀有资源的开采等行业属于这种完全垄断的市场类型。以上四种情形可用表 5-4 表示。

表 5-4　　行业的市场结构特征

行业的市场结构	厂商数量	产品差异度	个别厂商对价格的控制程度	行业进入难易程度	现实中接近的行业
完全竞争	很多	无差别	没有	完全自由	农业
垄断竞争	较多	有点差别	有一些	比较自由	零售业
寡头垄断	几个	有或没有差别	相当大	有限	汽车制造业
完全垄断	一个	唯一产品	非常大，但常受到政府管制	不能	公用事业

实际上，大多数行业处于完全竞争和完全垄断这两种极端情况之间，往往既有垄断竞争的特征，又有寡头垄断的特征，而且很多行业的商品都有替代品，当一种商品的价格过高时，消费者就会转向价格较低的商品。通常，竞争程度越高的行业，其商品价格和企业利润受供求关系的影响越大，因此该行业的证券投资风险越大。而垄断程度越高的行业，其商品价格和企业利润的受控制程度越大，证券投资风险相对较小。

（二）经济周期与行业分析

不同的行业在经济周期中具有不同的特征，从而呈现出不同的表现形式。根据行业的变动状态与国民经济总体周期变化的关联度，可将行业分为如下三类（见表 5-5）。

表 5-5　　行业在经济周期中的行为模式及特征

行为模式	特征
增长型	销售和利润独立于经济周期而超常增长
周期型	收益随着经济周期的变化而变化，往往会夸大经济的周期性
防守型	在经济周期的各阶段经营状况都很稳定

1. 增长型行业

增长型行业是指发展速度快于平均速度的行业，较快的发展速度主要依靠技术的进步、新产品的开发和优质的服务取得。增长型行业的运动状态与经济活动总水平的周期及其振幅无关，行业的股票价格不会随着经济周期的变化而变化，因此也使得投资者难以把握精确的购买时机。在过去的几十年内，计算机和打印机行业就体现了这种状态。

2. 周期型行业

周期型行业的运动状态直接与经济周期相关。当经济处于上升时期时，这些行业会紧随其扩张；当经济处于衰退时期时，这些行业也相应收缩。产生这种现象的原因是，当经济上升时，对这些行业相关产品的购买被延迟到经济改善之后。例如珠宝行业、耐用品制造业及其他依赖于需求的收入弹性的行业，就属于典型的周期型行业。

3. 防守型行业

防守型行业与周期型行业刚好相反，其特征是受经济周期的影响小。也就是说，不论宏观经济处在经济周期的哪个阶段，该行业的销售收入和利润均呈缓慢增长的态势或变化不大。正是因为这个原因，对其投资便属于收入来源，而非资本利得投资。例如，食品业和公益事业就属于防守型行业，因为需求对其产品的收入弹性较小，所以这些公司的收入相对稳定。

了解经济周期与行业的关系，有助于投资者根据不同行业在不同经济阶段的表现顺势选择。经济周期与行业投资策略如表 5－6 所示。

表 5－6　　经济周期与行业投资策略

经济周期	投资策略
复苏	周期型行业/增长型行业
繁荣	周期型行业/增长型行业
衰退	防守型行业/增长型行业
萧条	防守型行业/增长型行业

（三）行业的生命周期分析

通常，每个行业都要经历一个从成长到衰退的发展演变过程，这个过程便称为行业的生命周期。行业生命周期会直接影响到该行业企业的利润水平和发展前景，因此对上市公司所属行业进行生命周期分析，是公司经营外部环境分析的重要内容之一。行业的生命周期可以分为幼稚期、成长期、成熟期和衰退期。

1. 幼稚期

市场规模小制约了销售收入的增长，市场认同度低封杀了产品价格的上扬空间，成本较高，使业绩不佳。这一时期是风险大、收益小的时期，其主要风险为技术风险和市场风险。幼稚期行业在证券市场上的表现为：收益少甚至亏损，但人们的预期较高，股价有的也有可能会很高。由于这种价格的大幅上升没有业绩基础，而幼稚期的风险较大，因而必然是投机性的，所以价格波动不可避免。例如，太阳能、某些遗传工程等行业正处于行业生命周期的幼稚期。如果计划在这些行业进行投资，可能只有为数不多的几家企业可供选择，同时投资于该行业的风险较大。当然，也存在获得很高收益的可能。投资者可以通过风险和收益的权衡来决定是否投资于该行业。

2. 成长期

该时期是行业发展的黄金时期，产品受到普遍认同，技术成熟化、产品多元化和标准化使成本降低，销售收入增加，行业业绩优良，高速增长。这一时期的主要风险是管理和市场风险。由于产业利润快速增长，股价呈上涨趋势。由于有业绩基础，所以上涨具有长期性。电子信息、生物医药等行业处于行业生命周期的成长期。其中，生物医药行业处于成长阶段的初期，无线通信行业处于成长阶段的中期，大规模计算机行业处于成长阶段的后期。由此便可初步判断生物医药行业将会以很快的速度增长，但企业所面临的竞争风险也将不断增长；而大规模计算机行业在增长速度上要低于生物医药行业及无线通信行业，竞争风险则相对较小。

3. 成熟期

市场规模增速减弱，产品价格、业绩、利润稳定，风险较小，收益较高，分红派息较多。成熟期是蓝筹股的集中地，行业快速增长可能性较小，但利润稳定，股价一般不会大幅度升降，但会稳步攀升。石油冶炼、超级市场和电力等行业已进入成熟期。这些行业将会继续增长，但速度要比处于前面各阶段的行业慢。处于成熟期的行业通常是盈利的，而且盈利水平比较稳定，投资的风险相对较小。

4. 衰退期

市场被新产品替代，产品销量小，利润少，风险主要是生存风险。由于行业已丧失发展空间，所以在市场上无优势，股价呈下跌趋势，但一旦上市公司有重组题材或借壳上市等，股价就会大幅度上涨，如许多 ST、PT 股票的价格超过蓝筹股，即“乌鸦变凤凰”的现象频出。煤炭开采、自行车、钟表等行业已经进入衰退期。如果是长期投资，这种投资可能存在比较大的不安全性，对这些行业的投资应当谨慎。当然，随着技术进步、经济全球化等因素的变化，某些处于衰退期的行业还会重新焕发成长的生机。

一些典型的行业所处的生命周期阶段和行业生命周期特征分析分别如图 5－1 和表 5－7 所示。

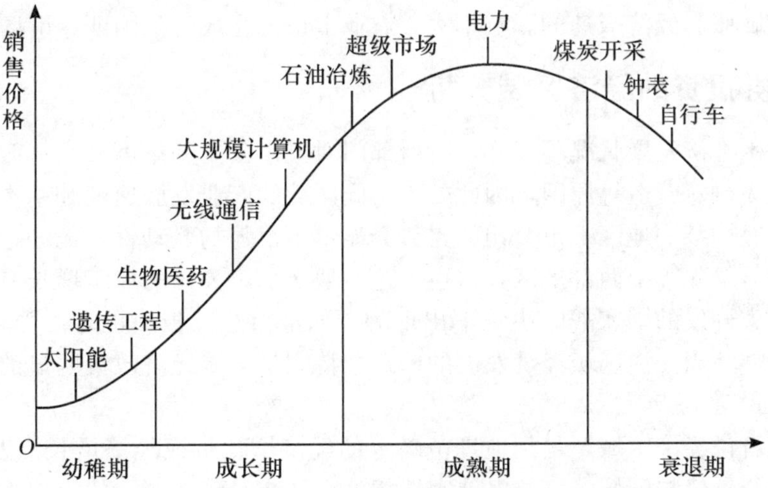

图 5－1　典型行业生命周期图

表 5－7　　行业生命周期特征分析

	幼稚期	成长期	成熟期	衰退期
公司数量	少	增加	减少	少
利润	亏损	增加	高	由减少至亏损
风险	高	高	降低	增大
产品价格	高	上涨	稳定	下降

从上述分析我们可以看到，行业生命周期理论揭示了处于不同阶段的企业具有不同的

风险收益组合特征，行业生命周期与投资策略组合如表 5-8 所示。

表 5-8　　行业生命周期与投资策略

行业生命周期	风险与收益特征	投资策略选择
幼稚期	风险大/收益小	风险投资者/投机者
成长期	风险大/收益小，技术风险基本消除	投资于经营管理水平/市场开拓能力强的公司
成熟期	风险小/收益大	适合价值投资者/中长线投资
衰退期	风险大/收益小	敬而远之，除非有迹象表明行业的复苏在即

对于证券投资者来说，要预测企业今后的发展趋势，必须首先了解公司所处行业的生命周期。但是，具体到某一行业由于受行业性质、政府干预等许多因素影响，实际周期的变化要复杂得多。行业生命周期分析并非适用于所有行业，有的行业的产品是生活和生产不可缺少的必需品，有漫长的生命周期，有的行业则由于科技含量高，需要高额成本、专利权和高深的知识而阻碍其他公司参与竞争，但行业生命周期分析仍适用于大部分行业。同时，投资者还要正确理解国家的产业政策，把握投资机会。国家对某一产业的扶持或限制，常常意味着这一产业有更多更快的发展机会，或者被封杀了发展的空间。在把握产业结构演进趋势的基础上正确理解国家的产业政策，能够更好地提高投资效益。例如，“科教兴国”方针的提出，表明国家向科技产业进行重点倾斜，我国的科技股行情就有了不错的表现。2008 年以来，政府对农业的重点关注以及支持农业发展的政策不断推出，使得农业板块与其他行业相比，受通货膨胀与经济减速的影响不大，农业上市公司成为我国证券市场上的新主题。

四、证券投资的经济区域分析

由于各地区经济发展状况不一样，政府部门对上市公司的态度及具体政策有差别，以及有时市场主力刻意营造等原因，因此处于不同区域的产业发展速度和基本特点就会有所不同，在一定时期某一地区上市公司的走势会显示出很强的联动性。例如，沿海经济带的发展速度要明显领先于中西部地区，这也令这些地区上市公司的业绩增长有稳定的基本面支撑。在西部大开发的国家战略决策下出现的“西部概念”板块也时常受到投资者关注。因此，投资者应适当关注区域经济发展的差别，特别是区域经济政策明显的新变化，从中把握市场热点。

区位，或者说经济区域，是指地理范畴上的经济增长带或经济增长点及其辐射范围。上市公司的投资价值与区域经济的发展密切相关，处在经济区域内的上市公司，一般具有较高的投资价值。我们对上市公司进行区域分析，就是将上市公司的投资价值与区域经济的发展联系起来，通过分析上市公司所在区域的自然条件、资源状况、产业政策、政府扶持力度等方面来考察上市公司发展的优势和后劲，确定上市公司未来的发展前景，以鉴定上市公司的投资价值。具体来讲，我们可以从以下几个方面进行上市公司的区域分析。

（一）区域内的自然和基础条件

自然和基础条件包括矿产资源、水资源、能源、交通、通信设施等，它们在区域经济发展中起着重要作用，也对区域内的上市公司的发展起着重要的限制或促进作用。分析区域内的自然条件和基础条件，有利于分析本区域内上市公司的发展前景。如果上市公司所从事的行业与当地的自然和基础条件不符，公司的发展就可能受到很大的制约。如果在水资源稀缺的内陆地区从事大量耗水的工业项目，其项目的前景就难以乐观。

（二）区域内政府的产业政策和相关的其他经济支持

为了进一步促进区域经济的发展，当地政府一般都相应地制定了经济发展的战略规划，提出了相应的产业政策，确定了区域优先发展和扶持的产业，并给予了相应的财政、信贷及税收等诸多方面的优惠措施。这些措施有利于引导和推动相应产业的发展，相关产业内的公司将因此受益。如果区域内的上市公司的主营业务符合当地政府的产业政策，一般会获得诸多政策支持，对上市公司本身的进一步发展有利。

（三）区域内的比较优势和特色

所谓特色是区域间比较的结果，指本区域经济在与区域外经济的联系和互补性、龙头作用、发展活力与潜力方面的比较优势。它包括区域的经济发展环境、条件与水平、经济发展现状等方面有别于其他区域的特色。特色在某种意义上意味着优势，利用自身的优势发展本区域的经济，无疑在经济发展中找到了很好的切入点。如果某区域在计算机软件或硬件方面，或在汽车工业方面已经形成了优势和特色，那么该区域内的相关上市公司，在同等条件下，就会比其他区域主营业务相同的上市公司具有更大的竞争优势和发展空间，因为该区域的配套服务齐全、相关人才集聚、信息流和物流都更为顺畅和便捷。

第四节　证券投资的微观分析：公司分析

在进行了行业与区域分析之后，投资者对投资于哪个行业或区域做出了选择，但每一行业和区域内又有很多企业，这些企业在规模、实力、经营状况等方面存在着很多差别，因此还需要从整体上多角度地了解企业，才能适当地确定公司的合理定价，进而通过比较市场与合理定价的差异进行投资。证券投资的微观分析即公司分析，主要是利用公司的历年资料对它的资本结构、财务状况、经营管理水平、盈利能力、竞争实力等进行具体细致的分析，同时还要将该公司的状况与其他同类型的公司进行比较、与本行业的平均水平进行比较、与本公司的历史情况进行比较，才能得出较为客观的结论。对公司的分析可以分为公司基本素质分析和公司财务分析两大部分。

一、公司基本素质分析

公司竞争实力的强弱和公司的生存能力、盈利能力有着十分密切的关系，投资者一般都乐意投资于具有强大竞争实力的公司。下面从以下几个方面对公司进行竞争地位分析：

（一）行业地位分析

行业地位分析的目的是判断公司在所处行业中的竞争地位，如是否为领导企业，在价格上是否具有影响力，是否有竞争优势等。在大多数行业中，无论其行业平均盈利能力如何，总有一些企业比其他企业具有更强的获利能力。企业的行业地位决定了其盈利能力是高于还是低于行业平均水平，决定了其在行业内的竞争地位。衡量公司行业竞争地位的主要指标是行业综合排序和产品的市场占有率。

（二）公司产品分析

提供的产品或服务是公司盈利的来源。产品竞争能力、市场份额、品牌战略等的不同，通常对其盈利能力产生较大的影响。一般而言，如果公司的产品在成本、技术、质量方面具有相对优势，公司更有可能获取高于行业平均盈利水平的超额利润；产品市场占有率越高，公司的实力越强，其盈利水平也越稳定；品牌已成为产品质量、性能、可靠性等方面的综合体现，拥有品牌优势的公司产品往往能获取相应的品牌溢价，盈利能力也高于那些品牌优势不突出的产品。分析并预测公司主要产品的市场前景和盈利水平，也能够帮助投资者更好地预测公司未来的成长性和盈利能力。

（三）公司经营管理能力分析

在现代企业里，管理人员不仅担负着对企业生产经营活动进行计划、组织、指挥、控制等管理职能，而且从不同角度和方面负责或参与对各类非管理人员的选择、使用与培训工作。因此，管理人员素质的高低是企业能否取得成功的一个重要因素。在现代市场经济条件下，企业面临的内外环境日益复杂，对公司管理人员的要求也不断提高。在一定意义上，是否有卓越的企业管理人员和管理人员集团，直接决定着企业的经营成败。

投资者要寻找的优秀公司，必然拥有可长期持续的竞争优势，具有良好的长期发展前景。这也正是最著名的投资家巴菲特所确定的选股原则。以巴菲特投资可口可乐公司股票为例，他所看重的是软饮料产业发展的美好前景、可口可乐的品牌价值、长期稳定并能够持续增长的业务、产品的高盈利能力以及领导公司的天才经理人。1988—2004 年，可口可乐公司的股票为巴菲特带来了 541%的投资收益率。

（四）公司成长性分析

成长性分析包括公司经营战略分析和公司规模变动特征及扩张潜力分析两方面。经营战略是企业面对激烈的变化与严峻挑战的环境，为求得长期生存和不断发展而进行的总体性谋划。经营战略具有全局性、长远性和纲领性，它从宏观上规定了公司的成长方向、成长速度及其实现方式。对于公司的战略分析一般可以从以下几个方面进行：公司是否有明确、统一的经营战略；公司高级管理层的稳定性及其对公司经营战略的可能影响；公司的投资项目、财力资源、研究创新、人力资源等是否适应公司经营战略的要求；公司行业地位是否与其经营战略相适应；等等。

公司规模变动特征和扩张潜力一般与其所处的行业发展阶段、市场结构、经营战略密切相关。公司规模变动特征及扩张潜力分析是从微观层面具体考察公司的成长性。可以从以下几个方面进行分析：(1) 公司规模的扩张是由供给推动还是由市场需求拉动，是通过公司的产品创造市场需求还是生产产品去满足市场需求，是依靠技术进步还是依靠其他生产要素等，以此找出企业发展的内在规律。(2) 纵向比较公司历年的销售、利润、资产规模等数据，弄清公司的发展趋势是加速发展、稳步扩张还是停滞不前。(3) 将公司销售、利润、资产规模等数据及其增长率与行业平均水平及主要竞争对手的数据进行比较，了解其行业地位的变化。(4) 分析并预测公司主要产品的市场前景及公司未来的市场份额。对公司的投资项目进行分析，并预测其销售和利润水平。(5) 分析公司的财务状况以及公司的投资和筹资潜力。

二、公司财务分析

财务分析是证券投资分析的主要内容，财务分析的对象是上市公司定期公布的财务报表。财务报表能综合地反映企业在一定会计期间内资金流转、财务状况和盈利水平的全貌，是企业向有关方面传递经济信息的主要手段。投资者通过阅读财务报表，对账面会计数据间的相互关系、在一定时期内的变动趋势和量值进行分析比较，以判断公司的财务状况和经营状况是否良好，并以此为依据预测公司的未来发展以及做出投资决策。

（一）公司主要的财务报表

财务报表是公司按照统一规定的财务制度或有关法律要求，根据日常核算资料定期编制的一整套报表的总称。一般上市公司向公众提供的主要财务报表是资产负债表、利润表和现金流量表三种。

1. 资产负债表

资产负债表是反映公司在某一特定日期的财务状况的会计报表，它表明公司在某一特定日期所拥有或控制的经济资源、所承担的义务和所有者对净资产的要求权。资产、负债和股东权益的关系用公式表示如下：资产＝负债＋净资产（资本、股东权益）。该表能向投资者提供这样一些信息：第一，公司所掌握的经济资源及这些资源的分布与结构；第二，公司资金的来源构成，包括公司所承担的债务，以及所有者在企业中所拥有的权益；第三，通过对资产负债表的分析，可以了解公司的财务实力、短期偿债能力和支付能力；第四，通过对各期资产负债表的对比分析，可以看出企业资本结构的变化情况及财务状况的发展趋势。

2. 利润表

公司的利润表或损益表是公司一定时期内经营成果的反映，表明公司运用所拥有的资产进行获利的能力。利润表把一定期间的营业收入与其同一会计期间相关的营业费用进行配比，以计算企业一定时期的净利润或净亏损。我国一般采取多步式利润表格式，利润表一般由主营业务收入、主营业务利润、营业利润及利润总额等几个部分组成。

3. 现金流量表

现金流量表反映的是企业一定时期内现金的流入和流出，表明企业获得现金和现金等价物的能力，为投资者分析上市公司财务报表提供了新的视角。现金流量表主要分经营活动、投资活动和筹资活动的现金流量三部分。其中，经营活动是指投资活动和筹资活动以外的所有交易和事项。投资活动是指公司长期资产的构建和不包括在现金等价物范围内的投资及其处置。筹资活动是指导致公司资本及其债务规模和构成发生变动的活动。

（二）财务报表分析的意义与方法

1. 主要目标和功能

进行财务报表分析的目的是为有关各方提供可以用来做决策的信息。财务报表分析的功能有三点：

（1）通过分析资产负债表，可以了解公司的财务状况，对公司的偿债能力大小、资本结构是否合理、流动资金是否充足做出判断。

（2）通过分析利润表，可以了解、分析公司的盈利能力、盈利状况、经营效率，对公司在行业中的竞争地位、持续发展能力做出判断。

（3）通过分析现金流量表，可以了解公司的运营资金管理能力，判断公司合理运用资金的能力以及支持日常周转的资金来源是否充分、是否有可持续性。

2. 方法和原则

财务报表分析的方法主要有单个年度的财务比率分析、不同时期的比较分析、与同行业其他公司之间的比较分析三种。

财务比率分析是指对本公司一个财政年度的财务报表各项目之间进行比较，通过计算比率，衡量年度内偿债能力、资本结构、经营效率、盈利能力情况。

对本公司不同时期的财务报表进行比较分析，可以对公司的持续经营能力、财务状况变动趋势、盈利能力进行判断，从一个较长时期来动态地分析公司状况。

与同行业其他公司进行比较分析可以了解公司各种指标的优劣，在群体中判断个体。使用本方法时常常选用行业平均水平或标准行业水平，通过比较得出公司在行业中的地位，认识到优势与不足，真正确定公司的价值。

财务报表分析的原则主要有：

（1）坚持全面原则。财务分析可以得出很多比率、指标，每个比率、指标都从某个方面提示了公司的状况，但任何一个比率都不足以为评价公司提供全面的信息；同时，某个指标的不足可以由其他方面得到补充，因此，分析财务报表要坚持全面原则，将所有指标、比率综合在一起得出对公司的全面客观的评价。

（2）坚持考虑个性原则。一个行业的财务平均状况是行业内各公司的共性，但一个行业的各公司在具体经营管理活动上会采用不同的方式，这会在财务报表数据中体现出来。比如某公司的销售方式以分期付款为主，就会使其应收账款周转率表现出差异。又比如某公司本年度后期进行增资扩股，就会使本公司的资产收益率、股权收益率指标下降，但这并不表示公司经营真正滑坡，而只是由资本变动而非经营带来的。所以在对公司进行财务分析时，要考虑公司的特殊性，不能简单地与同行业公司直接比较。

（三）财务比率分析

财务比率分析涉及企业管理的各个方面，比率指标也特别多，大致可分为以下六大类：变现能力分析、营运能力分析、长期偿债能力分析、盈利能力分析、投资收益分析、现金流量分析。

1. 变现能力分析

变现能力是公司产生现金的能力，主要取决于可以在近期转变为现金的流动资产有多少，主要用来考察公司的短期偿债能力。反映公司短期变现能力的指标主要有流动比率和速动比率。

（1）流动比率。流动比率是公司流动资产总额和流动负债总额之比，其计算公式为：

$$流动比率=\frac{流动资产}{流动负债}$$

流动比率是衡量公司短期偿债能力的最通用的比率，要求公司的流动资产在偿付流动负债后还有余额以满足日常活动的其他资金需要。一般认为这一比率应大于1，但也并非绝对的标准。不同的公司，经营的性质不同，营业周期不同，对资产的流动性要求也不同，应该有不同的衡量标准；如果流动比率过大，有可能是公司库存商品积压或滞销所致，也有可能是流动资产中其他项目过大，也必然会影响到公司资金的高效运转，从而影响公司的获利能力。

（2）速动比率。速动比率又称酸性比率，是公司速动资产与流动负债的比率。所谓速动资产是指几乎可以立即用来偿付流动负债的资产，即流动资产减去存货。速动比率是一个比流动比率更严格的用以衡量公司流动性状况的指标，它可以更确切地反映公司快速偿付短期债务的能力。计算公式如下：

$$速动比率=\frac{流动资产-存货}{流动负债}$$

速动资产没有将存货包括在内，是因为公司的存货包括原材料、在产品和产成品，它们并非都能立即变成现金。可见，作为衡量公司偿付短期债务能力的指标，速动比率比流动比率更科学、更可靠。为了保证偿债能力，这一比率至少应大于1，但与流动比率一样，不同的行业应有所不同。应该指出的是，速动比率虽然剔除了存货，但应收账款本身也有不确定性。有的应收期可能在信用期限内，有的则可能超出该期限很长时间，甚至发生坏账，这些都影响了速动比率的代表性，所以还要对应收账款做进一步的分析。

2. 营运能力分析

营运能力是公司经营管理中利用资金运营的能力，主要表现为资产管理及资产利用的效率。资产的管理水平低，使用效率不高，必然会降低公司的偿债能力和盈利能力。有关资产管理水平的比率有：存货周转率、应收账款周转率、流动资产周转率、总资产周转率等。

（1）存货周转率和存货周转天数。存货周转率反映公司的存货由销售转为应收账款的速度，是分析公司销售能力强弱和存货是否过量的重要指标，也是衡量公司产供销效率和流动资产运转效率的参考依据。一般而言，存货周转率高，说明公司销售能力强，营运资本中闲置在存货中的数额小，商品库存周转快，公司利润额多，公司的存货管理效率显著。若存货周转率低，说明存货销售很慢，这可能是因为存货数量超过了市场需要，也可能是因为存货有质量问题，需要冲销处理，这都影响了存货变现的流动性。存货周转率的计算公式如下：

$$存货周转率=\frac{主营业务成本}{平均存货}$$

存货周转天数又称存货供应天数，反映产品销售后应收账款收妥所需要的天数。平均收款期一般越短越好，但也与信用发达程度有关。存货周转天数的计算公式如下：

$$存货周转天数=\frac{360天}{存货周转率}$$

（2）应收账款周转率和应收账款周转天数。应收账款周转率是公司主营业务收入与平均应收账款之比。它可以用来反映应收账款的变现速度和管理的效率。一般认为，该比率越高越好。该比率越高，说明公司应收账款回收越快，坏账损失与坏账费用越少，公司的资产流动性越高，偿债能力越强。应收账款的变现速度也可用应收账款周转天数来表示。这一指标反映的是应收账款的流动程度。天数越少，说明公司应收账款变现速度越快，流动程度越高。应收账款周转率和应收账款周转天数的计算公式分别列示如下：

$$\text{应收账款周转率}=\frac{\text{主营业务收入}}{\text{平均应收账款}}$$

$$\text{应收账款周转天数}=\frac{360\text{ 天}}{\text{应收账款周转率}}$$

（3）流动资产周转率。流动资产周转率反映流动资产周转的速度，周转速度快，会相对节约流动资产，等于相对扩大了资产投入，增强了公司的盈利能力。流动资产周转率的计算公式如下：

$$\text{流动资产周转率}=\frac{\text{主营业务收入}}{\text{平均流动资产}}$$

（4）总资产周转率。该项指标是主营业务收入与平均资产总额的比率。这一比率表明公司投资的每一元资产在一年之内可产生多少销售额，从总体上反映了公司利用资产创造收入的效率。显然，这一比率越高，表明公司投资发挥的效率越大，公司利润率也越高；反之，则说明资产利用程度低，投资效益差。但是总资产周转率在不同行业之间几乎没有可比性，因此一般不对总资产周转率进行跨行业的比较。总资产周转率的计算公式如下：

$$\text{总资产周转率}=\frac{\text{主营业务收入}}{\text{平均资产总额}}$$

3. 长期偿债能力分析

长期偿债能力是指公司偿付到期长期债务的能力，通常以反映债务与资产、净资产的关系的负债比率来衡量。主要包括以下指标：

（1）资产负债率。该指标反映在总资产中有多大比例是通过借债来筹资的，也可以衡量公司在清算时保护债权人利益的程度。对一个公司来说，负债比率越高，公司经营的风险就越大，但同时，赚取较多利润的可能性也越大；另一方面，该比率越低，公司经营的风险越小，但获利水平也就很可能越低。对债权人来说，其总是要求较低的债务比率。因为这一比率越高，资产对债权人的保障程度就越低，提供借款的风险就越大。资产负债率的计算公式如下：

$$\text{资产负债率}=\frac{\text{负债总额}}{\text{资产总额}}\times 100\%$$

（2）产权比率。该项指标反映由债权人提供的资本与股东提供的资本的相对关系，反映公司基本财务结构是否稳定。产权比率高，是高风险、高报酬的财务结构；产权比率低，是低风险、低报酬的财务结构。资产负债率与产权比率具有相同的经济意义，两个指标可以相互补充。产权比率的计算公式如下：

$$\text{产权比率}=\frac{\text{负债总额}}{\text{股东权益}}\times 100\%$$

(3) 有形资产净值债务率。有形资产净值债务率指标实质上是产权比率指标的延伸，其更为谨慎、保守地反映了公司清算时债权人投入的资本受到股东权益保障的程度。从长期偿债能力来讲，有形资产净值债务率越低越好。有形资产净值债务率的计算公式如下：

$$有形资产净值债务率=\frac{负债总额}{股东权益-无形资产净值}\times 100\%$$

(4) 已获利息倍数。也叫利息保障倍数，反映的是每一元利息所能得到的公司盈利保障倍数。由于公司一般从营业收入中直接支付当期的利息费用，所以利息倍数说明公司当期收益能在多大程度上满足当期利息费用支出的需要，也可反映公司使用财务杠杆的安全情况。一般认为利息倍数越大，公司的偿债能力越强，持有公司中长期债券的投资者的安全系数越大，收益越有保证。如果利息倍数较小，说明其利息负担较重，很可能过多地使用了债权人资金，财务风险也相应增大。不同行业对利息倍数的要求也不同，工业的利息倍数一般应为5～6倍，而公用事业的利息倍数要求较低，但也不应低于3倍。将公司的利息倍数与本行业的平均水平相比，可以看出公司债务的安全程度。已获利息倍数的计算公式如下：

$$已获利息倍数=\frac{息税前利润}{利息费用}$$

(5) 影响长期偿债能力的其他因素包括长期租赁、担保责任、或有项目。

1) 长期租赁。在融资租赁的情况下，企业租入的固定资产并不作为固定资产入账，相应的租赁费作为当期费用处理。当公司的经营租赁量比较大、期限比较长或具有经常性时，则构成一种长期性筹资，这种长期性筹资虽然不包括在长期负债之内，但到期时必须支付租金，会对公司的偿债能力产生影响。

2) 担保责任。担保项目基于担保时间的长短，会分别影响公司的长期负债和短期负债，投资者应根据有关资料判断担保责任带来的潜在长期负债问题。

3) 或有项目。或有项目的特点是现存条件的最终结果不确定，对它的处理方法要根据未来的发展。因为或有项目一旦发生，就会影响公司的财务状况，因此投资者在评价公司的长期偿债能力时也要考虑到或有项目的影响。

4. 盈利能力分析

盈利能力就是公司赚取利润的能力。一般来说，公司的盈利能力只涉及正常的营业状况。分析公司盈利能力时应当排除的因素包括证券买卖等非主营业务、已经或将要停止的营业项目、重大事故或法律更改等特别项目、会计准则和财务制度变更带来的累计影响等。盈利能力指标主要包括：

(1) 主营业务净利率。主营业务净利率表示每一元主营业务收入所带来的净利润，反映了公司主营业务收入的收益水平。一般而言，主营业务净利率越高，公司的盈利能力越强。主营业务净利率的计算公式如下：

$$主营业务净利率=\frac{净利润}{主营业务收入}\times 100\%$$

(2) 主营业务毛利率。主营业务毛利率表示每一元主营业务收入扣除主营业务成本后所带来的利润额。可以通过与行业平均毛利率的比较，在一定程度上揭示公司的成本控制及定价策略。不同行业间的毛利率相差很大，而在同一行业中，各企业的毛利率差距不大，通过比较还是可以发现它们的区别。主营业务毛利率的计算公式如下：

$$主营业务毛利率=\frac{主营业务收入-主营业务成本}{主营业务收入}\times 100\%$$

（3）资产净利率。资产净利率反映公司资产的综合利用效率，比率越高，表明公司资产的利用效率越高，利用资产获利的能力越强。资产净利率的计算公式如下：

$$资产净利率=\frac{净利润}{平均资产总额}\times 100\%$$

（4）净资产收益率 。净资产收益率反映公司所有者的投资收益率，具有很强的综合性。净资产收益率的计算公式如下：

$$净资产收益率=\frac{净利润}{年末净资产}\times 100\%$$

5. 投资收益分析

投资收益指标包括每股收益、市盈率、股利支付率、每股净资产和市净率。

（1）每股收益。该指标是衡量上市公司盈利能力的最重要的财务指标，它反映普通股的获利水平。每股收益的计算公式如下：

$$每股收益=\frac{净利润}{发行在外的年末普通股股数}$$

每股收益基本上是不分行业的，任何一个行业或公司都有可能提高自己的每股收益，这主要取决于公司的经营管理。投资者在投资前不仅应比较不同公司的每股收益水平，还应比较同一公司在不同年度的每股收益情况，以此来分析该公司在未来年度的发展趋势。

（2）市盈率。该指标反映投资者对每 1 元净利润所愿意支付的价格。该指标可用来估计公司股票的投资报酬和风险，是市场对公司的共同期望指标。一般来说，市盈率越高，表明市场对公司的未来越看好。在市价确定的情况下，每股收益越高，市盈率越低，投资风险越小；反之亦然。在每股收益确定的情况下，市价越高，市盈率越高，投资风险越大；反之亦然。通常认为正常的市盈率为 5～20 倍。市盈率的计算公式如下：

$$市盈率=\frac{每股市价}{每股收益}$$

（3）股利支付率。该指标反映公司股利分配政策和股利支付能力。股利支付率的计算公式如下：

$$股利支付率=\frac{每股股利}{每股收益}\times 100\%$$

（4）每股净资产。该指标反映发行在外的每股普通股所代表的净资产成本即账面权益。每股净资产的计算公式如下：

$$每股净资产=\frac{年末净资产}{发行在外的年末普通股股数}$$

（5）市净率。该指标表明股价以每股净资产的若干倍流通转让，评价股价相对于每股净资产是否被高估。市净率越小，说明股票的投资价值越高，股价的支撑越有保证；反之则投资价值越低。市净率的计算公式如下：

$$市净率=\frac{每股市价}{每股净资产}$$

6. 现金流量分析

现金流量分析包括流动性分析、获取现金能力分析、财务弹性分析和收益质量分析。

（1）流动性分析。具体采用的指标有：

$$现金到期债务比=\frac{经营现金净流量}{本期到期的债务}$$

式中，本期到期的债务是指本期到期的长期债务和本期应付的应付票据。

$$现金流动负债比=\frac{经营现金净流量}{流动负债}$$

$$现金债务总额比=\frac{经营现金净流量}{债务总额}$$

（2）获取现金能力分析。获取现金能力是指经营现金净流量和投入资源的比值，投入资源可以是主营业务收入、总资产、营运资金、净资产或普通股股数等。主要指标有：

$$主营业务现金比率=\frac{经营现金净流量}{主营业务收入}$$

$$每股营业现金净流量=\frac{经营现金净流量}{普通股股数}$$

$$全部资产现金回收率=\frac{经营现金净流量}{资产总额}$$

（3）财务弹性分析。财务弹性是公司适应经济环境变化和利用投资机会的能力。财务弹性是用经营现金流量与支付要求（投资需求或承诺支付等）进行比较。现金流量超过需要，有剩余的现金，适应性就强。主要指标有：

$$现金满足投资比率=\frac{近5年经营活动现金净流量}{近5年资本支出、存货增加、现金股利之和}$$

该比率越大，说明资金自给率越高。达到1时，说明公司可以用经营活动获取的现金满足扩充所需资金；若小于1，则说明公司是靠外部融资来补充的。

$$现金股利保障倍数=\frac{每股经营现金净流量}{每股现金股利}$$

现金股利保障倍数越大，说明公司支付现金股利的能力越强。

（4）收益质量分析。收益质量是指报告收益与公司业绩之间的关系，如果收益能如实反映公司业绩，则认为收益的质量好，反之，则不好。

$$\text{营运指数}=\frac{\text{经营现金净流量}}{\text{经营所得现金}}$$

$$\begin{matrix}\text{经营}\\\text{所得现金}\end{matrix}=\begin{matrix}\text{经营净}\\\text{收益}\end{matrix}+\begin{matrix}\text{非付现}\\\text{费用}\end{matrix}=\text{净利润}-\begin{matrix}\text{非经营}\\\text{收益}\end{matrix}+\begin{matrix}\text{非付现}\\\text{费用}\end{matrix}$$

收益质量的信息，列示在现金流量表的补充资料中。非经营收益涉及“处置固定资产、无形资产和其他资产的损失”“固定资产报废损失”“财务费用”“投资损失”等项目；非付现费用涉及“计提的资产减值准备”“固定资产折旧”“无形资产摊销”“长期待摊费用摊销”“待摊费用的减少”“预提费用的增加”等项目。

案 例

美的集团 2014 年度财务分析

（一）公司简介

美的集团（SZ. 000333）是以家电制造业为主的大型综合性企业集团，2013 年 9 月 18 日在深交所上市，旗下拥有小天鹅、威灵控股两家子上市公司。2013 年，美的集团整体实现销售收入 1 210 亿元，外销销售收入 74 亿美元。2013 年“中国最有价值品牌”评价中，美的品牌价值达到 653.36 亿元，名列全国最有价值品牌第 5 位。

（二）公司所属行业特征分析

业界预测，到 2020 年，我国智能家电的整体产值将突破万亿元，其中智能硬件产值将达 6 000 亿元。但是至今中国还没有一套由政府公布的统一的关于智能家电行业的标准，所以大家看到不同品牌的智能家电，采用的是不同的 APP 来控制，甚至同一品牌不同种类的产品也采用不同的 APP 控制，这会导致消费者使用上的不便，也违背了智能家电是为了减轻用户的家庭负担而存在的本质。

也就是因为没有统一的行业标准，消费者在选购的时候出现了困难。“现在去买家电，无论是大件的电视机、洗衣机、冰箱、空调，还是小件的热水器、扫地机器人甚至是电饭煲，基本都是智能的。到底买哪个才好?”

在缺乏行业标准的情况下，消费者在选择智能家电的时候，还是以选购大品牌的产品为主，大品牌的智能产品在产品的设计上会更加完善，即使撇开智能不说，大品牌产品的功能设置也更为人性化，更值得大家信任。

（三）公司经营战略分析

2014 年，面临家电行业增速整体下滑的不利局面，美的集团坚定“产品领先、效率驱动、全球运营”战略，持续深化转型。美的集团站在了一个新的起点，营收规模突破 1 400 亿元，净利润突破 100 亿元，美的产品的竞争力与经营效率有效提升，经营质量全面改善，海外布局进一步优化，自有品牌高速增长。同时，公司组建“中央研究院”与“智慧家居研究院”，建立四级研发体系，启动“全球创新中心”，为重新增长寻求技术支撑；成立电商公司，运营官方商城，大力拓展线上业务；发布 M-SMART 智慧家居战略，积极进行开放合作，推动互联网家居布局与生态链打造，全力为消费者提供整体解决方案；推出股权激励计划，构建长期激励机制，推动公司治理再上台阶。2014年，有赖于美的全体投资者的关注与支持，美的集团市值首次突破1 000亿元。

回顾过去，美的集团的历史是一部不断变革发展的历史，没有2011年以来所推动的经营转型，坚定追求有质量的经营与成长，聚焦产业、做好产品、回归经营根本，就没有美的的今天。然而，时代的变化超出美的集团领导者的想象，丝毫不容其停留与回味，不变革求生，美的集团所面临的必是被时代所淘汰的命运。

互联网已将用户和企业直接联系起来，产品和用户的关系发生着巨大变化，用户已成为核心。互联网的思维和技术已经植入家电产品，原本相对孤立和静态的家电产品都将发生巨大改变，移动互联不但重新解构了行业，重塑了公司的竞争能力，更扩展和模糊了整个产业的边界，各个行业都将会因为移动互联的思维发生颠覆性的改变。家电企业的未来要么在系统之中，要么在平台之上，任何只靠自身力量去搭建平台和系统的企业都将会举步维艰。

这样的时代要求我们重新审视所有的业务流程和管理流程，重新思考和定位我们过去的增长方式、经营方法。美的集团并非要变成一家互联网公司，而是要用移动互联的技术、工具和思维来重新创造一个空间维度，去完成对美的集团自身商业模式和运营模式的重构，这是美的集团当前面临的真正挑战。

（四）盈利能力分析

盈利能力就是公司赚取利润的能力。反映公司盈利能力的指标有很多，通常使用的主要有净资产收益率、总资产收益率、销售利润率、每股收益等。

1. 盈利能力指标分析

（1）净资产收益率。

2014年美的集团的净资产收益率为29.49%，其2013年的净资产收益率为24.87%，相比较而言，2014年比2013年增长4.62%。对比行业而言，美的集团的净资产收益率较高，其中空调行业的净资产收益率排名第一。

（2）总资产收益率。

2014年美的集团的总资产收益率为10.72%。与净资产收益率相比，二者差值较大，说明公司的营业风险较小。

（3）销售利润率。

2014年美的集团的销售利润率为9.88%。与其毛利率相差较大，说明其管理费用、财务费用等销售成本较高。

（4）每股收益。

美的集团2014年基本每股收益为2.49元，相比较2013年（4.33元）而言下降幅度巨大。通过数据分析得出，其指标变动的主要原因是其股本结构的巨幅变化。虽然美的集团的营业收入及利润有大幅提高，但是其股本结构的增长程度（增长幅度为150%）远远大于其利润的增长程度，因此导致其每股收益大幅下降。

2. 盈利质量分析

美的集团2014年的总收入为14 231 096.70万元，其中主营业务收入为14 166 817.52万元，占比99.55%。说明其收入的来源几乎全部为主营业务收入。其主营业务相对于2013年（12 097 500.31万元）增长17.11%。而其增长的主要原因是销售量的巨幅增加。

（五）偿债能力分析

1. 流动比率

通过计算得出：2014 年美的集团的流动比率为 1.18，低于公认标准 2。

2. 速动比率

美的集团 2014 年的速动比率为 0.98，与公认标准 1 相差极小。比较流动比率和速动比率可以发现，美的集团的存货价值较小。而存货的流动性次于现金、银行存款、应收账款等项目，因此其速动比率更加具有代表性。可以认为美的集团的短期偿债能力较强。

3. 现金比率

美的集团 2014 年的现金比率为 0.087。其数值较低，可以认为其流动资产得到了合理运用，其机会成本较低。

4. 资产负债率

美的集团 2014 年的资产负债率为 0.62。从债权人的立场看：他们最关心的是贷给企业的款项的安全程度，也就是能否按期收回本金和利息。如果股东提供的资本与企业资本总额相比，只占较小的比例，则企业的风险将主要由债权人负担，这对债权人来讲是不利的。因此，他们希望债务比例越低越好，企业偿债有保证，则贷款给企业不会有太大的风险。而美的集团的资产负债率为 0.62，大于 0.5，可以认为在较大程度上债权人的权益缺乏保障。从股东的角度看：由于企业通过举债筹措的资金与股东提供的资金在经营中发挥同样的作用，所以，股东所关心的是全部资本利润率是否超过借入款项的利率，即借入资本的代价。在企业所得的全部资本利润率超过因借款而支付的利率时，股东所得到的利润就会加大。如果相反，运用全部资本所得的利润率低于借款利率，则对股东不利，因为借入资本的多余的利息要用股东所得的利润份额来弥补。因此，从股东的立场看，在全部资本利润率高于借款利率时，负债比例越大越好，否则反之。

美的集团的资产负债率为 0.62，大于 0.5。其企业所得的全部资本利润率超过因借款而支付的利率，对股东有好处。

从经营者的立场看：如果举债很大，超出债权人的心理承受程度，企业就借不到钱。如果企业不举债，或负债比例很小，说明企业畏缩不前，对前途信心不足，利用债权人资本进行经营活动的能力很差。从财务管理的角度来看，企业应当审时度势，全面考虑，在利用资产负债率制定借入资本决策时，必须充分估计预期的利润和增加的风险，在二者之间权衡利害得失，做出正确决策。

美的集团的资产负债率为 0.62，大于 0.5。国际国内的经济大环境是见底回升期，这一比率有利于公司发展，相对比较合适。

5. 利息保障倍数

美的集团 2014 年的利息保障倍数＝(13 990 684.59＋22 912.17)/22 912.17＝611.62。其数值远远超过 1 的水平。其原因是公司的利润总额很大。此项指标说明企业长期偿债能力很强。

（六）营运能力分析

1. 总资产周转率

美的集团 2014 年的总资产周转率为 1.31。通过美的集团市场占有率的数据可以看出，美的集团的销售能力比较强。通过和总资产周转率的结合分析可以看出，美的集团的资产使用效率较低。

2. 流动资产周转率

美的集团2014年的流动资产周转率为1.88。

3. 存货周转率

美的集团2014年的存货周转率为7。通过粗略计算可得，美的集团的存货周转天数为52天。此项指标说明：存货占用水平低，流动性强，存货转化为现金或应收账款的速度就快，企业的短期偿债能力及获利能力较强。

4. 应收账款周转率

美的集团2014年的应收账款周转率为16.64。此项指标说明：应收账款周转率较高，公司收账速度快，平均收账期短，坏账损失少，资产流动快，偿债能力强。与之相对应，应收账款周转天数则较短。

（七）增长能力分析

1. 总资产增长率

美的集团于2013年上市，所以无法取得2011年年末的总资产数据，只能算出两年加权平均增长率。两年加权平均增长率为17.09%。该项指标数据说明美的集团近几年资产经营规模扩张的速度较快。

2. 主营业务增长率

美的集团的主营业务收入在过去几年内以每年17%～18%的速度进行扩张。美的集团的主营业务收入的增长率虽然没有达到具备“成长性”的要求，但可以较为肯定地预测：在未来几年，其主营业务收入将依旧保持相似的增长率。其2014年的主营业务增长率略低于2013年的主营业务增长率，因此不排除其公司的主营业务增长率在未来几年会有下降的可能。

3. 主营业务利润增长率

美的集团2014年的主营业务利润增长率为26.22%，而其营业收入的增长率高于营业成本的增长率。这说明美的集团的资产管理较为合理，但也可能是随着业务的增长，固定成本摊销后数值变小，导致其营业成本降低。

4. 净利润增长率

美的集团2014年的净利润为11 646 328.66千元，2013年美的集团的净利润为8 297 496.43千元。其差值为3 348 832.23千元，其增长比率为40.36%。

美的集团净利润增长率高的主要原因是其主营业务的增长。说明美的集团的经营业绩突出，市场竞争能力较强。

5. 每股净资产及每股收益

美的集团的每股净资产及每股收益发生了巨大变化，其下降比例巨大，而其公司净利润的增长率是40.40%。造成这一现象的主要原因是美的集团在2013年上市，上市后其股本结构发生了巨大变化，其股本数量由上市前的168 632.34万股增加到上市后的421 580.85万股，增长比率为150%。因此造成了每股净利润和每股收益的巨幅变化。而每股收益的变动比例小于每股净资产的变动比例的主要原因是公司分红。除去分红的影响，其变动比例基本一致。因为其变动原因是公司的股本结构发生了重大变化，所以不能简单地通过其指标的变化程度来判断公司的相关情况。

6. 净资产增长率

美的集团近两年的净资产以17%～18%的速度稳定增长。因此，可以较为简单地预测：在未来几年内美的集团的净资产仍可能保持稳定的增长速度。

（八）公司经营管理中存在的问题及建议

通过财务分析，我们可以看出，美的集团的总体指标较好，但还是有许多问题及进一步成长的空间。

第一，美的集团2014年的主营业务收入以1 416.68亿元的成绩在其行业内排名第一，略微领先于格力电器的1 377.5亿元的主营业务收入，两者相差39.18亿元。但是在净利润方面，格力电器以141.55亿元的成绩领先美的集团的105.02亿元，两者相差36.53亿元。

虽然美的集团的主营业务收入高于格力电器，但是其净利润低于格力电器，其主要原因是销售毛利率的差距。美的集团的销售毛利率为25.41%，而格力电器的销售毛利率为36.1%。在上市公司中，美的集团的销售毛利率在"家用电器——白色家电——空调"中的排名为第4名，而参与排名的公司一共只有四家；其销售毛利率在"家用电器——白色家电"中的排名为第24名，参与排名的公司共46家，同时，格力电器的排名为第6名。美的集团的销售毛利率连排在第1名的老板电器（其销售毛利率为56.55%）的一半都不到。当然，二者主营业务不同。

通过对比美的集团和格力电器的销售毛利率，就不难解释其收入高于格力电器但是其净利润低于格力电器的现象了。因此，美的集团应该降低生产成本，以此来提高自己的市场竞争力及公司的盈利能力。

第二，美的集团的主营业务收入在过去几年以每年17%～18%的速度增长，其背后的原因是市场占有率的增长。虽然美的集团的市场占有率在不断扩大，甚至有些电器的占有率超过50%，但是其公司主要销售的电器——空调、冰箱、洗衣机的市场占有率偏低。虽然这三者的市场占有率单独数据都很高，超过了20%，但如今三者的市场基本被几家寡头占领，因此，这样一看，占有率其实并不高。而美的集团市场的主要对手是格力电器。如何提高市场占有率、扩大市场份额，是美的集团需要思考和解决的一个重要问题。在提供优质产品和服务的同时，以更加低廉的价格吸引消费者，可以达到提高市场占有率、扩大市场份额的目的。但是在降低价格的同时，其销售毛利率也会下降，导致公司的净利润下降，出现高收入、低利润的局面。因此，最关键的问题又绕回到第一个问题——降低成本上。通过降低成本，可以调高销售毛利率，这样对于商品的价格的制定就更加具有优势，在降低成本后，可以通过保持销售毛利率不变，降低商品价格，吸引消费者，提高市场占有率，从而再达到提高主营业务收入、利润增长的目的。

最后，美的集团的总资产周转率和流动资产周转率偏低，说明其对于资产的使用不是很充分，管理不是很到位。提高公司的资产使用率也是公司需要解决的一个问题。

第六章 证券投资技术分析

第一节　证券投资技术分析概述

证券投资分析的方法可概括为两大类：基本分析与技术分析。由于技术分析方法可量化并且直观，在实践中更受短期投资者青睐。另外，从证券投资市场发展、实践过程中的经验来看，借助于数据和图表的技术分析方法，对长期投资者和短期投资者都展现出了它的积极意义和魅力。

一、技术分析的含义与功能

（一）技术分析的含义

所谓技术分析，是以证券市场过去和现在的市场行为为分析对象，应用数学和逻辑的方法，探索出一些典型变化规律，并据此预测证券市场未来变化趋势的方法。由于技术分析运用了广泛的数据资料，并采用了各种不同的数据处理方法，因此受到了投资者的高度重视。另外，由于技术分析方法基本上忽略了证券的内在价值，而侧重于证券的价格分析，所以，可以把技术分析方法看作纯证券行情的分析。

虽然技术分析与基本分析这两种方法目的相同，都是为了预测价格变动的方向，但两种方法研究的内容与方法却不尽相同，基本分析方法研究市场价格变动的动因，技术分析方法研究市场价格变动的行为规律。所以，基本分析重点揭示证券投资的方向，而技术分析重点揭示证券投资的买卖时机。

由于技术分析方法具有直观性和有效性，因此它不但可被应用于证券市场，还可被广泛应用于外汇、期货和其他金融市场的价格分析和行情预测。

（二）技术分析的功能

（1）技术分析可以反映与市场相关的任何力量。包括基本的供求因素、政治因素、心理因素等各种因素，最终都会反映在市场价格与成交量的变动上。凡是不能直接反映在价格与成交量变动上的因素均为非重要因素，而要了解哪些因素与价量联系密切和相关，则必须通过技术分析。

（2）技术分析可以反映价格变动的历史轨迹。技术分析中描述价格运行的图表，能够将市场价格运行的过去和现在清晰、直观地展示在投资者的面前。证券投资者运用技术分析可以了解和把握市场价格所处的历史地位和运行状况。

（3）技术分析能够反映价格的未来走向。证券投资者借助于技术分析中的图表，不仅能知晓价格运行的轨迹，还能够通过运用不同的分析方法，分析、判断、概括和总结市场价格运行的规律及特点，来预测市场价格的未来走向。

（4）技术分析可以发现和寻找买卖机会。技术分析方法能够反映和预测市场走向，通过技术分析方法研究和预测市场价格所揭示的机会及可能给出的进出场点，能够把握买卖时机。

（5）技术分析可以协助制订交易计划和评估风险。技术分析可以有效地协助证券投资者制订长短期交易计划，评估投资风险与利润。

二、技术分析的基本假设

技术分析的理论依据是以三个假设为前提的。这三个假设是：市场行为涵盖一切信息；证券价格沿趋势移动；历史会重演。技术分析正是基于上述假设才成为分析行情和预测价格走势的有效方法。

（一）假设一：市场行为涵盖一切信息

技术分析者认为任何影响和改变证券市场的因素最终都会反映在股票价格的变动上。市场的投资者在决定交易行为时，不需要关心那些股票价格影响因素的形成原因，只需要关注这些影响因素对市场行为的影响效果即可。事实上，任何对证券市场的影响都必然体现在价格的变动上，所以，这一假设的一定合理性使其成为技术分析的基础。

（二）假设二：证券价格沿趋势移动

技术分析者认为证券价格的运动是由一定时期内供求关系的变化所决定的，而供求关系一旦确定，证券价格的变化趋势就会一直持续下去。只要供求关系不发生根本改变，证券价格的走势就不会发生反转。技术分析者将这一假设视为进行技术分析的核心条件。事实上，作为市场经济中的规律之一——供求关系决定股票价格，这一规律是显著和普遍的。所以，这一假设具备的一定合理性，使得技术分析方法更为投资者所信赖，以其来指导和决策投资者的交易行为。

（三）假设三：历史会重演

这个假设是从人的心理因素方面考虑的。技术分析方法的大部分主体以及其中市场行为的研究，与心理学和其他人文科学密切相关，不可分割。技术分析者认为证券价格的波动，每时每刻都是由投资者共同参与、作用的结果，因此投资者的某些心理定式、心理状态、行为动机、认知习惯等，始终在间接地左右和影响着证券市场价格的波动。比如，股票价格的历史图表经过辨别和分类，往往就会反映出一些显示在价格上的心理状况：当股票价格上升到前期高点附近时，自然就有投资者获利回吐，或暂时选择离场与观望；当股票价格多次探底无果后，自然也有投资者大胆进场吸纳。这些现象明显反映出投资者心理行为倾向对市场价格的变化与波动的支配作用。抄底和摸顶是投资者交易行为的一种趋于一致和较为固定的心理行为模式，一旦投资者在心理上形成这种倾向和认知，历史就会不可避免地重演。基于这种“历史会重演”的假设，技术分析者就能通过研究过去来了解未来，从而达到预测市场未来走势的目的。

技术分析将上述三个基本假设作为理论构造的主要依据，使得技术分析的方法不失为证券市场中行之有效的主要方法。但是在实际运用过程中，对三大假设的合理性也一直存在着争论，不同的人有着不同的看法。分歧主要表现在技术分析方法的逻辑性、说服力的严谨性和力度上。例如，假设一认为市场行为包括了一切信息，但市场行为反映的信息只体现在价格的变动中，同原始的信息毕竟存在差异，信息损失是必然的。故不能将技术分析的作用绝对化，在进行技术分析的同时，还应该适当结合一些基本分析加以佐证来弥补不足。又如，假设二认为一些基本因素的确是通过供求关系来影响证券价格和成交量的，但证券价格最终要受到其内在价值的影响。假设三认为历史会重演，但证券市场的市场行为是千变万化的，不可能有完全相同的情况重复出现，总是或多或少地存在着一定的差异。

三、技术分析的要素

在证券投资市场中，价格、成交量、时间和空间是进行技术分析的要素。这四个要素的具体情况和相互关系是进行正确分析的基础。

（一）价和量是市场行为最基本的表现

市场行为最基本的表现就是成交价和成交量。过去和现在的价格、成交量涵盖了过去和现在的市场行为。技术分析就是利用过去和现在的价格、成交量方面的资料，以图形和指标分析工具来分析、预测未来的市场走势。在某一时点上的价和量，反映的是买卖双方在这一时点上共同作用于市场的行为和结果，是双方的暂时均势点。随着时间的变化，均势会不断发生变化，这就是价量关系的变化。通常买卖双方对价格的认同程度，通过成交量的大小即可得到确认。认同程度小，分歧大，成交量就小；认同程度大，分歧小，成交量就大。双方的这种市场行为反映在价、量上就往往呈现出这样一种趋势规律：价升量增，价跌量减。根据这一趋势规律，当价格上升时，成交量不再增加，意味着价格得不到买方确认，价格的上升趋势就将会改变；反之，当价格下跌时，成交量萎缩到一定程度就不再萎缩，意味着卖方不再认同价格继续下降了，价格下跌趋势就会改变。价格与成交量的这种规律关系是技术分析的合理性所在，因此，价、量是技术分析的基本要素，一切技术分析方法都是以价、量关系为研究对象的。目的就是分析、预测未来的价格趋势，为投资决策提供服务。

（二）时间和空间体现价格的广度和深度

时间是证券市场股票（或指数）价格变动的时间因素和分析周期。一个已经形成的趋势在短时间内不会发生根本改变，中途出现的反方向波动，对原有趋势不会产生大的影响。一个已形成的趋势又不可能永远不变，经过一定时间又会有新的趋势出现。空间是证券市场股票价格波动的空间范围。从理论上讲，股票价格的波动是“上不封顶、下不保底”的。但是，市场是以趋势运行的，在某个特定的阶段股票价格由于受到上升趋势通道或下跌趋势通道的约束而在一定的幅度内振荡运行，空间因素考虑的是趋势运行中价格的幅度。

四、技术分析的理论基础——道氏理论

（一）道氏理论的基本思想和形成过程

道氏理论是投资市场技术研究的开创性理论。这一理论的创始者是美国人查尔斯·亨利·道（1851—1902），他是纽约道琼斯金融新闻服务公司的创始人，也是《华尔街日报》的创始人和首位编辑。查尔斯·亨利·道本人声称，其理论并不是用于预测股市，甚至不是用于指导投资者的，而是一种反映市场总体趋势的“晴雨表”。大多数人将道氏理论当作一种技术分析手段——这是非常遗憾的一种观点。其实，道氏理论的最伟大之处在于其宝贵的哲学思想，这是它全部的精髓。罗伯特·雷亚在所有相关著述中都强调，道氏理论在设计上是一种提升投机者或投资者知识的配备或工具，并不是可以脱离经济基本条件与市场现况的一种全方位的严格技术理论。根据定义，道氏理论是一种技术理论。换言之，它是根据价格模式的研究，推测未来价格行为的一种方法。

我们一般所称的“道氏理论”，是查尔斯·亨利·道、威廉·彼得·汉密尔顿与罗伯特·雷亚三人共同的研究结果。道氏理论的形成经历了几十年，1902 年，在道去世以后，威廉·彼得·汉密尔顿和罗伯特·雷亚继承了道氏理论，并在其后有关股市评论的写作过程中，加以组织与归纳从而形成今天我们所看到的理论。他们所著的《股市晴雨表》《道氏理论》成为后人研究道氏理论的经典著作。

（二）道氏理论的主要原理

1. 市场价格平均指数可以解释和反映市场的大部分行为

这是道氏理论对证券市场的重大贡献。当今世界上所有的证券交易所计算价格指数的方法大同小异，其基本原理都来源于道氏理论提出的平均价格涵盖一切信息的假设，这一原理目前仍作为技术分析的基本假设之一被广泛应用。

2. 市场的波动最终可以分为三种趋势

道氏理论认为，虽然价格的波动表现形式不同，但是最终可以将它们分为三种趋势：主要趋势、次要趋势和短暂趋势。主要趋势是那些持续 1 年或 1 年以上的趋势，看起来像大潮；次要趋势是那些持续 3 周到 3 个月的趋势，看起来像波浪，是对主要趋势的调整；短暂趋势持续的时间不超过 3 周，看起来像波纹，其波动幅度更小。三种趋势的划分为其后出现的波浪理论打下了基础。

3. 成交量在确定趋势中的作用

在确定趋势时，成交量能更加客观地反映趋势的持续和反转的有效性与可靠性。成交

量所提供的信息，帮助技术分析者解决了那些令人困惑的市场行为。

4. 收盘价是最重要的价格

道氏理论认为，在所有的价格中，无论是开盘价、最高价还是最低价都没有收盘价重要，甚至认为在判断市场趋势时不需要考虑其他价格，只关注收盘价即可。

（三）道氏理论的应用与需注意的问题

道氏理论作为技术分析理论的基础，正如查尔斯·亨利·道本人所言，其理论并不是用于预测股市，甚至也不是用来指导投资者的，所以在人们分析市场行为时存在着较大的分歧。毕竟道氏理论是早期的和传统的理论之一，历史原因暴露出了该理论存在着明显的缺陷。比如，信号迟缓、并非万能、趋势越小作用越弱、常常令分析者和使用者困惑不解等。

特别是由于该理论过于注重收盘价的价值和意义，因而对于判断较大的趋势作用显著，而对于判断和分析中小级别的趋势就显得捉襟见肘、无能为力。另外，道氏理论的可操作性较差，多种分析方法并用时，道氏理论的分析结果经常与其他分析方法得出的结果截然不同，导致使用者疑惑和无奈，大大地降低了道氏理论的可操作性，甚至令那些专业分析师对由此得到的一些市场信号也无所适从。

作为存在了上百年的一种传统理论，存在一定缺陷和不足在所难免。所以当代证券市场的分析者和投资者在运用该理论时，不应盲目照搬。在技术分析方法的研究和发展过程中，许多技术分析的方法是在修正和发展道氏理论的基础上形成的新理论和新方法。这些新理论和新方法在一定程度上弥补了道氏理论的不足，推动了道氏理论的进一步完善，并提高了道氏理论的可操作性。

五、技术分析方法的分类

我们已经知道，证券市场中的价格、成交量、时间和空间是进行技术分析的基本要素，因此基于价、量历史资料的统计、数学计算、图表绘制方法，就成为技术分析方法的主要手段。技术分析方法种类繁多、形式多样。通常可将技术分析方法分为六类：K 线类、切线类、形态类、波浪类、量价理论、指标类。

（一）K 线类

K 线类的研究手法是侧重若干天 K 线的组合情况，推测股票市场多空双方力量的对比，进而判断股票市场多空双方谁占优势，是暂时的，还是决定性的。

（二）切线类

切线类是按一定方法和原则，在依股票价格的数据所绘制的图表中画出一些直线，再根据这些直线的情况推测股票价格的未来趋势。这些直线就叫切线。切线主要是起支撑和压力的作用。

（三）形态类

形态类是根据价格在过去一段时间中走过的轨迹所构成的形态，来预测股票价格未来趋势的方法。

（四）波浪类

波浪理论把股价的上下变动和不同时期的持续上涨及下降看成是波浪的上下起伏。波浪的起伏遵循自然界的规律，按一定之规进行，股票的价格也就遵循波浪起伏所遵循的规律。

（五）量价理论

市场中的量价关系是技术分析要素的主要内容之一。成交量是推动股价上涨的原动力，市场价格的有效变动必须有成交量配合，量是价的先行指标，是测量证券市场行情变化的温度计，通过其增加或减少的速度可以推断多空战争的规模大小和指数股价涨跌的幅度。

（六）指标类

指标类通过建立数学模型，得到一个体现股票市场某方面内在实质的数字。这个数字叫指标值，指标值的具体数值和相互关系，直接反映股市所处的状态，为我们的操作行为提供指导方向。

上述六类分析方法和流派基本涵盖了全部的技术分析方法。虽然各种方法解读和分析市场的角度不同，但揭示和预测市场未来走势的目的是一致的。在实践中，既有注重长线操作的，也有注重短线操作的；既有注重价格的，也有注重时间的。但它们之间仅仅表现为方法上的不同，其目的是相同的，彼此之间还存在着互补和借鉴的关系。

六、技术分析方法应用时应注意的问题

（一）辩证、统一地使用技术分析方法与基本分析方法

技术分析和基本分析作为投资者分析和预测市场走势的主要方法，两者的研究视角和依据截然不同，但其出发点和目的却是相同的，都是为投资者提供准确和可靠的分析与判断。由此可见，技术分析和基本分析并不相互矛盾。由于基本分析方法的基点是事前分析，在很大程度上依赖于经验判断，所以基本因素的变化对证券市场产生的影响难以程式化和数量化，带有很大的主观色彩；而由于技术分析的基点是事后分析，以历史和现在的数据预测未来，用数据、图形、数理统计方法等分析和预测市场趋势，所以其结论过于绝对化，也未必是有效和可靠的。因此，作为投资者，不应孤立、单独使用技术分析和基本分析中的任何一种来判断和分析市场趋势，这样的结果必然存在着片面性，容易使投资者的分析和判断结论的准确性和可靠性打折扣。建议投资者为保障分析和预测证券市场未来走势的准确性和可靠性，不可过分强调某种方法的有效性，将其绝对化、神秘化。应该将技术分析和基本分析结合起来使用，在充分发挥、有效利用各分析方法的优势的同时，辩证地对待各自的优势。如能做到统一完善、相互补充和相互佐证，则可能效果更好。

（二）利用多种技术分析方法综合研判市场趋势

技术分析的方法有很多，由于各种方法分析市场的依据不同，导致每种方法都有其独特的优势和功能，同时使得各种方法又存在着一定的不足和缺陷，所以，没有任何一种方法可以准确无误地概括证券市场走势。单独一种技术分析方法在实践中极可能存在着局限

性和片面性，也可能得出的判断结果与事实相反。若要在证券投资市场中更好地通过技术分析方法得到较为全面和较为准确的分析结果，就需要在充分发挥、有效利用各种方法的优势的同时，注重它们之间的相互结合与相互验证。

（三）理论与实践相结合

在证券市场的历史发展进程中，前人在特定的历史环境中总结出了大量的技术分析理论和方法。现代市场中的投资者，应从历史的角度有借鉴地使用传统的技术理论和方法，毕竟各种技术分析方法经过历史变迁后，有待在新的市场环境和特性中检验和升华。实践证明，很多技术分析方法确实已经在人们长期的实践运用中得到了完善和提升。所以，我们在使用技术分析的理论和方法时，不能照葫芦画瓢，应结合证券市场的新环境和新特点，将理论与实践结合起来，使我们的技术分析方法和理论，更加符合当代证券市场运行的新规律和新特点。

第二节　证券投资技术分析主要理论

一、K 线理论

（一）K 线的画法及主要形状

1. K 线的画法

最早起源于日本的 K 线，已有 200 多年的历史。K 线在日本起初用于米市的交易，出现证券市场后，经投资者多年的应用与演化，现已成为证券市场分析的理论体系之一。K 线理论不仅在证券市场的投资实践中应用甚广，而且得到了外汇市场和期货市场等各类市场投资者的喜爱。

K 线是一条柱状的线条，由实体和影线组成。实体表示的是一日的开盘价和收盘价。超出开盘价和收盘价的部分则用影线表示，实体上方部分叫上影线，下方部分叫下影线。上影线的上端顶点表示一日的最高价，下影线的下端低点表示一日的最低价。根据开盘价和收盘价的关系，K 线又分为阳（白或红）线和阴（黑或绿）线两种。收盘价高于开盘价的 K 线称为阳线；收盘价低于开盘价的 K 线称为阴线（见图 6－1）。

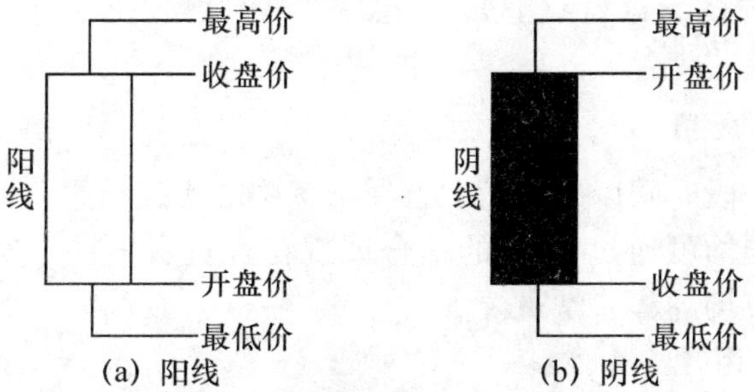

图 6－1　K 线的两种常见形状

K 线标示出四个重要的价格：开盘价、收盘价、最高价和最低价。日开盘价是指每个交易日的第一笔成交价格，日收盘价是指每个交易日的最后一笔成交价格，日最高价和日最低价是每个交易日的最高成交价格和最低成交价格。在K线的四个价格中，收盘价最为重要，一些技术分析方法比较侧重和关心收盘价，而不太重视其余三个价格。实践中我们常常提到某只股票的价格，指的都是这只股票的收盘价。

一条K线若记录的是某只股票一天的价格变动情况，则通常被称为日K线。以天为时间单位的K线按时间顺序排列组合在一起构筑的图形，就叫日K线图。人们为了以不同的时间周期展示和记录证券市场的走势，除了日K线外，还可以画周K线、月K线、季K线和年K线等不同时间周期的K线。其画法与日K线几乎完全一样，所反映的某只股票上市以来的价格变动情况也基本一致，其区别仅在四个价格时间参数的选择上。

2. K线的主要形状

在绘制K线图时，由于四个价格的取值不同，因此会产生多种形状的K线（见图6－2）。

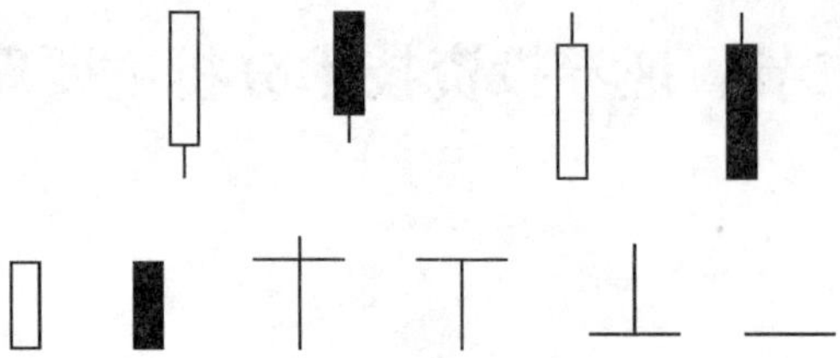

图6－2　K线的其他几种形状

（1）光头光脚阳线和光头光脚阴线。即那些没有上下影线的K线。当收盘价、开盘价分别与最高价、最低价相等时，这种K线叫光头光脚阳线；反之，当收盘价、开盘价分别与最低价、最高价相等时，这种K线叫光头光脚阴线。光头阳线和光头阴线，是指那些没有上影线的K线；光脚阳线和光脚阴线，是指那些没有下影线的K线。

（2）十字形。即收盘价与开盘价相同的K线，其特点是没有实体。

（3）T字形和倒T字形。当收盘价、开盘价和最高价三价相等时，就会出现T字形K线图，其特点是没有实体和上影线；当收盘价、开盘价和最低价三价相等时，就会出现倒T字形K线图，其特点是没有实体，也没有下影线。

（4）一字形。当收盘价、开盘价、最高价、最低价四价相等时，就会出现这种K线图。在存在涨跌停板制度时，当一只股票一开盘就封死在涨跌停板上，而且一天都打不开时，就会出现这种K线图。其特点非常突出，即同十字形和T字形K线一样没有实体，并且没有上下影线。

（二）K线的组合应用

K线图反映的是一段时间以来买卖双方在市场中的实战结果。买卖双方争斗中力量的增减、优势的转换问题均可通过K线的组合展现在投资者面前，所以熟悉并掌握这些K线组合对分析和判断市场趋势非常重要。

1. 单根K线的应用

应用单根K线研判行情，主要从实体的大小与阴阳、实体的大小与上下影线的长短之间的关系等几个方面进行。K线的类型有很多，我们仅分析三种具有典型意义的单根

K 线。

(1) 大阳线实体和大阴线实体。

1) 大阳线实体，如图 6－3（左）所示。即大幅低开高收的阳线，实体很长以至可以忽略上下影线的存在。大阳线实体的 K 线说明，多方在当前的市场中占据绝对优势地位，取得了决定性胜利，表示的是一种上涨趋势信号。如果这类长阳线出现在一段盘局的末端，其反映的上升趋势则极具说服力。

2) 大阴线实体，如图 6－3（右）所示。含义正好同大阳线实体相反。大阴线实体的 K 线说明空方已取得优势地位，表示的是一种下跌趋势信号。如果这条长阴线出现在一段上涨行情的末端，行情下跌的可能性将更大。

(2) 有上下影线的阳线和阴线。

这类 K 线的形状如图 6－4 所示。这类 K 线在市场中占有较大比重，说明市场中多空双方争斗很激烈。双方在争斗中的优势时起时落，不断转化，一方把价格抬到最高价或压到最低价之后，往往又都被对方顽强地拉回。有上下影线的阳 K 线说明，到了收尾时多方的优势地位才显现出来；而有上下影线的阴 K 线则说明，到收尾时空方的优势地位才得到巩固。

图 6－3 大阳线与大阴线实体

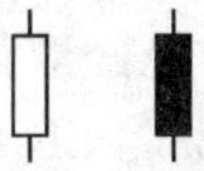

图 6－4 有上下影线的阳线和阴线

在实践中对多方与空方优势的衡量与判断，通常依靠上下影线和实体的长度来判断。上影线越长，下影线越短，阳线实体越短或阴线实体越长，空方的优势地位越加突出；上影线越短，下影线越长，阴线实体越短或阳线实体越长，则多方的优势地位更加突出。通过比较上影线和下影线的长度，可以判断出多方与空方在实战中的实力对比。上影线长于下影线，利于空方；下影线长于上影线，利于多方。

(3) 十字星。

在市场中出现十字星 K 线后，有两方面可能性。一方面表明多空双方力量暂时处于平衡状态，而使趋势一时失去方向；另一方面则表明市场趋势可能由此发生改变，是一种具有警示意义的 K 线图。十字星有两种：大十字星和小十字星（见图 6－5）。大十字星有很长的上下影线，表明多空双方争斗激烈，最后收盘时又回到原处，往往预示着后市有较大变化。小十字星的上下影线较短，表明窄幅盘整，交易清淡，预示后市可能还将处于暂时的无方向状态。

在应用单根 K 线分析和判断市场趋势时，多空双方力量的对比取决于影线的长短与实体的大小。在一般情况下，单方向的影线越长越不利于股价今后朝这个方向变动。阴线实体越长越有利于下跌；阳线实体越长越有利于上涨。上下影线相对于实体较短时的作用甚微，可以忽略不计。

2. 多根 K 线的组合应用

在证券市场分析中，利用单根 K 线分析预测行情趋势的机会显然不多，更多的则是运用多根 K 线的组合整体，来判断其对未来趋势的影响和意义。故在实践中必须综合考虑各根K线的阴阳、大小、上下影线的长短等。无论是两根K线、三根K线还是多根K线，都是以各根K线的相对位置和阴阳来判断和分析行情的。前一天的K线画出后，将这根K线按数字划分成五个区域（见图6－6），即：高于最高价的为第一区域；在最高价与开盘价或者收盘价之间的为第二区域；实体部分为第三区域；在最低价与收盘价或开盘价之间的为第四区域；低于最低价的为第五区域。

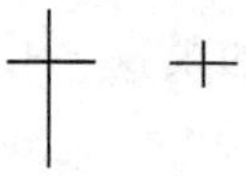

图6－5　十字星

图6－6　K线区域划分

对于两根K线的组合来说，第二天的K线是进行行情判断的关键。第二天多空双方争斗的区域越高，越有利于上涨；越低，越有利于下跌。也就是说，股票价格从区域1向区域5方向运行，是多方力量减弱、空方力量增强的过程；股票价格从区域5向区域1方向运行，则是空方力量减弱、多方力量增强的过程。

假如股票价格出现连续两阴两阳的情况（见图6－7），则说明多空双方的一方已经取得决定性胜利，今后将以取胜的一方为主要运动方向；第二根K线的实体越长，超出前一根K线越多，则取胜的一方优势越大。

图6－7　连续两阴两阳

无论K线的组合复杂程度如何，其分析和判断的方式是相同的，都是由最后一根K线相对于前面K线的位置来判断多空双方的实力大小。由于三根K线的组合比两根K线的组合多了一根K线，从中获得的信息就多些，得出的结论相对于两根K线的组合来讲要准确些，可信度更大。K线多的组合要比K线少的组合得出的结论更准确和可靠。

（三）应用K线组合应注意的问题

证券投资市场中股票价格的上涨或下跌，都是由多空双方对决而产生的表现形式。在运用技术分析中的K线来分析及判断市场趋势时，无论是一根K线、两根K线、三根K线还是更多根K线，都仅仅是对多空双方争斗做出的一个描述，由它们的组合得到的结论也只能是相对的，而不是绝对的。对投资者而言，依据K线理论分析市场行为所得到的结论只起一种建议作用。

在实践中，常常会出现运用不同种类的组合得到不同的结论的情况。有时应用一种组合得到次日股价会下跌的结论，但是次日股价并没有下跌，反而上涨。遇到这种情况，应尽量使用根数多的K线组合所得出的结论，并将新的K线加进来重新进行分析，这是一个很重要的原则。一般来说，多根K线组合得到的结果很少与事实相反。当市场出现重大消息刺激或基本面突然发生变化，对市场的运行趋势产生反作用时，实际情况才有可能与多根K线分析得出的结论相反。即便是这样，也仅仅是特例，在多数情况下，多根K线得出的分析结论还是相对准确和可靠的。

二、切线理论

在证券市场中，顺从和追随市场价格运行基本趋势，是投资者在证券市场中进行证券投资的基本原则。因此，如何把握市场未来的运行趋势，成为投资者关注的重要问题。虽然对 K 线的分析在一定程度上能给投资者提供帮助，但毕竟 K 线理论是最为简单的技术分析工具，它不可能概括和总结出价格在一定时间和一定区域内运行的周期和范围，也更不能揭示市场价格运行的节奏和规律。故切线理论成为证券市场中分析市场价格未来趋势比较有效的方法之一。

（一）趋势分析

证券市场的价格变化是按照一定的时间周期和一定的方向运行的，或者说股票价格通常都处在一定的趋势中，要么处在长期的上升趋势中，要么处在长期的下跌趋势中。在长期上涨或下跌的趋势中，会有短暂的盘旋或调整，投资者应把握长期趋势，不为暂时的回调和反弹所迷惑，同时也应及时把握大势的反转。切线理论就是帮助证券投资者识别较大趋势的运行和变动方向的有效和适宜的方法。

1. 趋势的含义

趋势是指股票价格的波动方向。假设一段上升或下降的趋势确定了，则股价的波动基本上必然朝着这个方向运行。在上升趋势中，虽然也时有下降，但并不因暂时的下降而影响上升的大方向；同样，在下降行情中也可能出现短暂的上升，但不断出现的新低使下降趋势不变。在实践中，市场价格的变动不是按部就班地朝着一个方向直来直去，中间肯定要有曲折。从各个股价波动的长期图形来看，价格的运行就是一条曲折蜿蜒的折线，每个折点处就形成一个峰或谷。技术分析者就是利用这些峰和谷的相对高度，来分析和判断价格在一定时间和范围内运行的基本方向，即趋势，以及这些峰和谷的相对高度与低度的逆转，从而得出趋势发生转折，市场可能要改变原来的运行趋势并形成新的趋势的结论。趋势在技术分析中具有重要的地位和作用。

2. 趋势的方向

趋势的方向有三类：

（1）上升方向。如果图形中每个后面的峰和谷都高于前面的峰和谷，则趋势就处于上升方向。通俗说法中的一底比一底高或底部抬高，即上升趋势。

（2）下降方向。如果图形中每个后面的峰和谷都低于前面的峰和谷，则趋势就处于下降方向。通俗说法中的一顶比一顶低或顶部降低，即下降趋势。

（3）水平方向（无趋势方向）。如果图形中后面的峰和谷与前面的峰和谷相比没有明显的高低之分，几乎呈水平延伸，这时的趋势就处于水平方向。水平方向的趋势有时又被称为盘整趋势或振荡趋势。水平方向的趋势是容易被忽视的一种方向，但在市场上出现的机会较多，因而也是极为重要的。多数技术分析方法在对处于水平方向的市场进行分析时，分析结果容易出错，也有人将这种现象形容为技术分析失灵等。这是因为这时的市场正处在供需平衡的状态，股价下一步朝哪个方向走暂时没有规律可循，既可能向上，也可能向下，分析和预测它朝何方运动是极为困难的，也是不明智的。在实践中，当市场运行在水平方向时，其价格运动的规律性不甚明朗，很多投资者一般都采取离场观望的态度，等待盘整振荡趋势结束、趋势方向明确后，择机选择新的进场机会，或做出阶段性离场的决定（如果水平方向转变为下降趋势）。

3. 趋势的类型

趋势可以划分为三个类型：

（1）主要趋势。主要趋势是趋势的主要方向，这是投资者参与市场必须明确的一个基本问题。只有了解了主要趋势，才能做到顺势而为；只有把握住市场当前或某一个时期内的主要趋势，才能在证券市场中游刃有余。主要趋势反映的是股价波动的大方向，时间周期一般持续较长。

（2）次要趋势。次要趋势是在主要趋势过程中出现的调整或反弹，仍隶属于主要趋势运行的范围。由于趋势不会是直来直去，总要有局部的调整和反弹，次要趋势完成的正是这一使命。

（3）短暂趋势。短暂趋势是在次要趋势中进行的调整。短暂趋势与次要趋势的关系就如同次要趋势和主要趋势的关系一样。

这三种类型的趋势的主要区别，体现在时间的长短和波动幅度的大小上。主要趋势持续时间最长，波动幅度最大；次要趋势次之；短暂趋势持续时间最短，波动幅度最小。

（二）支撑线和压力线

1. 支撑线和压力线的含义

支撑线又被称为抵抗线，是指当股价下跌到某个价位附近时，出现买方增加、卖方减少的情况，从而导致股价停止下跌，甚至回升。支撑线起阻止股价继续下跌的作用。通常能够明显阻止股价继续下跌的价格就是支撑线所在的位置。

压力线又称为阻力线。是指当股价上涨到某个价位附近时，会出现卖方增加、买方减少的情况，股价会停止上涨，甚至回落。压力线起阻止股价继续上升的作用。通常能够明显阻止股价继续上升的价位就是压力线所在的位置。

2. 支撑线和压力线的作用

主要作用体现在对价格运行趋势方向上的控制和维持上，支撑线和压力线的控制和维持作用具有暂时性的特点。我们知道股价的变动是有趋势的，要维持这种趋势，保持原来的变动方向，就必须冲破阻止其继续向前的障碍。比如，要维持下跌行情，就必须突破支撑线的阻力和干扰，创造出新的低点；要维持上升行情，就必须突破上升压力线的阻力和干扰，创造出新的高点。从这个角度来说，支撑线和压力线有被突破的可能，它们不足以长久地阻止股价保持原来的变动方向，只不过是暂时的停顿或缓冲，如图 6－8 所示。

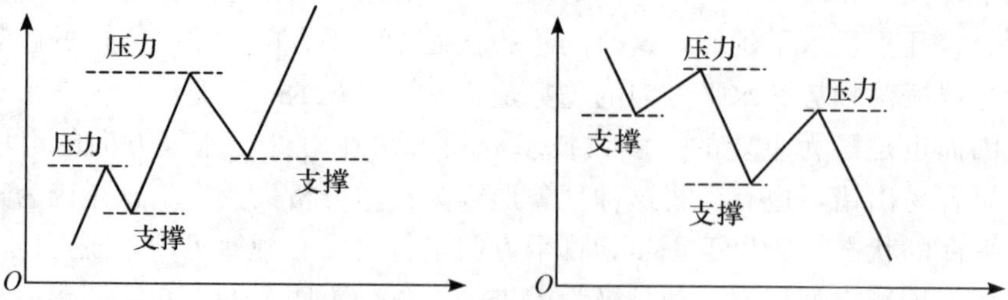

图 6－8　支撑线和压力线

同时，支撑线和压力线又有彻底阻止股价按原方向变动的可能。当一个趋势终结后，它就不可能创造出新的低价或新的高价，这时的支撑线和压力线就显得异常重要了。

在上升趋势中，如果下一次未创新高，即未突破压力线，这个上升趋势就已经处在很关键的位置；如果下一步股价向下突破了这个上升趋势的支撑线，这就产生了一个很强烈的趋势有变的警告信号。这通常意味着这一轮上升趋势已经结束，下一步的走向是下跌。

同样，在下降趋势中，如果下一次未创新低，即未突破支撑线，这个下降趋势就已经处于很关键的位置；如果下一步股价向上突破了这次下降趋势的压力线，这就发出了这个下降趋势将要结束的强烈信号，股价的下一步将是上升的趋势（见图 6－9）。

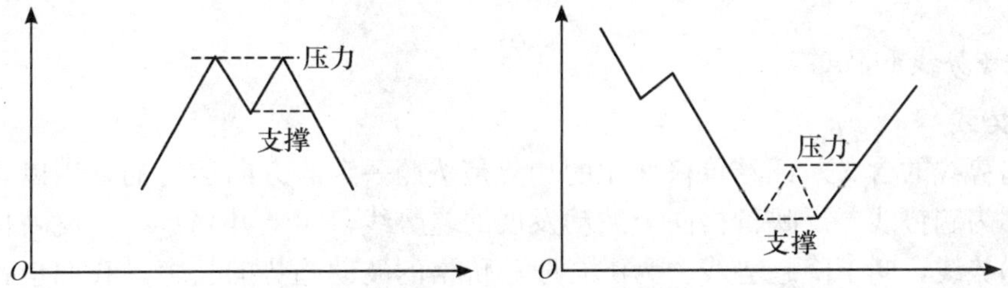

图 6－9　支撑线和压力线

3. 支撑线和压力线的相互转化

支撑线和压力线还有一个重要的特点就是它的可变性。支撑线和压力线有彻底阻止股价按原方向变动的可能。当一个趋势结束后，它就不可能再创造出新的低价或新的高价，这时的支撑线和压力线的作用就可能发生本质的改变。要么原来的支撑变阻力；要么原来的阻力变支撑，如图 6－10 所示。支撑线和压力线之所以能起支撑和压力作用，两者之间之所以能相互转化，在很大程度上是由于心理因素方面的原因，这也是支撑线和压力线理论上的依据。

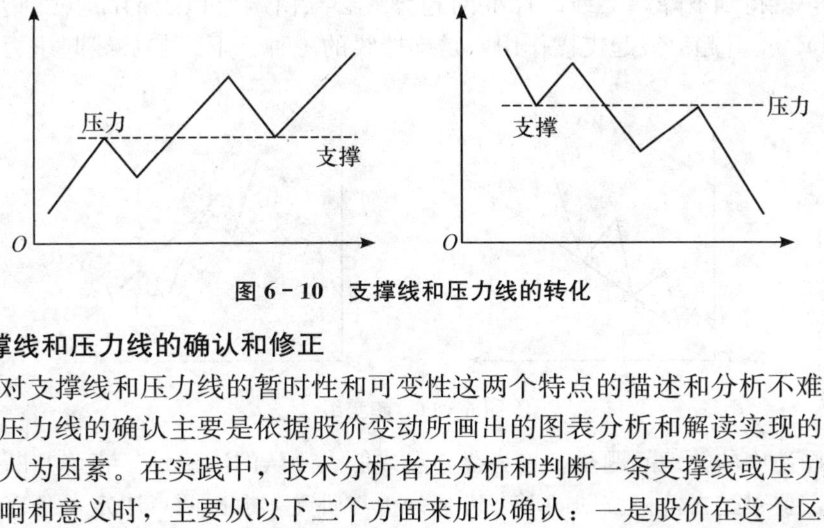

图 6－10　支撑线和压力线的转化

4. 支撑线和压力线的确认和修正

从我们对支撑线和压力线的暂时性和可变性这两个特点的描述和分析不难看出，每一条支撑线和压力线的确认主要是依据股价变动所画出的图表分析和解读实现的，应该说存在着很大的人为因素。在实践中，技术分析者在分析和判断一条支撑线或压力线对当前趋势运行的影响和意义时，主要从以下三个方面来加以确认：一是股价在这个区域停留时间的长短；二是股价在这个区域伴随的成交量大小；三是这个支撑区域或压力区域发生的时间距离当前这个时期的远近。股价停留的时间越长，伴随的成交量越大，离现在越近，则这个支撑或压力区域对当前的影响就越大，反之就越小。

上述三个方面是确认一条支撑线或压力线的重要手段。由于在确认中存在人为因素，以及市场本身也不可能完全按照分析者的意志丝毫不差地在原有趋势中运行，所以，我们就会发现原来确认的支撑线或压力线可能没有有效地起到支撑与压力的作用或者出现了一定的偏差。比如不完全符合上面所述的三个条件，这时，就有一个对支撑线和压力线进行调整的问题，这就是支撑线和压力线的修正。对支撑线和压力线的修正过程，同时也是对现有各条支撑线和压力线重要性的重新确认。每条支撑线和压力线在人们心目中的地位是不同的。股价到了这个区域，投资者心里清楚，它很有可能被突破，也有可能不被突破。投资者在实战中应该具备确认和修正支撑线和压力线的分析与判断能力，避免掉入假突破的陷阱。

（三）趋势线和轨道线

1. 趋势线

（1）趋势线的含义。证券价格变化的趋势是按照一定的方向运行的，用以表达趋势的直线就被称为趋势线。反映价格向上波动发展的趋势线，叫上升趋势线；反映价格向下波动发展的趋势线，叫下降趋势线。为配合股票价格的波动趋势的长短，我们也将描述价格变动的趋势线分为长期趋势线、中期趋势线与短期趋势线三种。

由于价格波动经常发生，可能由升转跌，也可能由跌转升，甚至在上升或下跌途中转换方向，因此，反映价格变动的趋势线不可能一成不变，而是要随着价格波动的实际情况进行调整。价格不论是上升还是下跌，在任一发展方向上的趋势线都不是只有一条，而是若干条。不同的趋势线反映了不同时期价格波动的实际走向，研究趋势线的变化规律和特点，就能把握住价格波动的方向和特征。

（2）趋势线的画法。连接一段时间内价格波动的高点或低点可画出一条趋势线。在上升趋势中，将两个低点连成一条直线，就得到上升趋势线；在下降趋势中，将两个高点连成一条直线，就得到下降趋势线。标准的趋势线必须由两个以上的高点或低点连接而成（见图 6 - 11）。上升趋势线起支撑作用，是支撑线的一种；下降趋势线起压力作用，是压力线的一种。

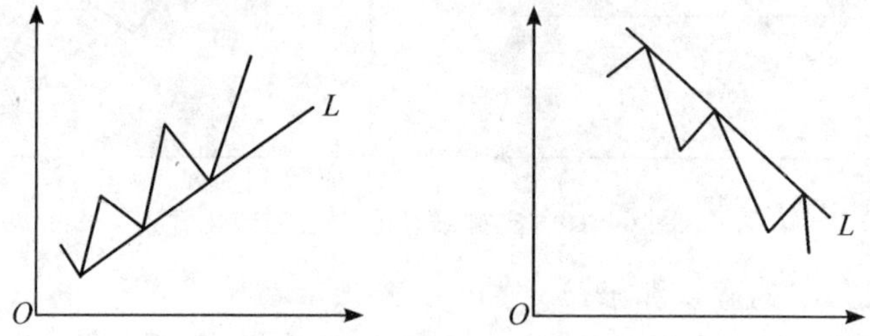

图 6 - 11　趋势线

趋势线画法中的关键问题是，趋势线高点或低点确认的准确性。正确判断趋势线的高点或低点，需要对过去价格波动的形态进行分析与研究。根据两点决定一条直线的基本原理，画任何趋势线都必然要选择两个有决定意义的高点或低点。上升趋势线的两个低点，应是两个反转低点，即下跌至某一低点开始回升，再下跌没有跌破前一低点又开始上升，则这两个低点就是两个反转低点；反之，决定下跌趋势线也需要两个反转高点，即上升至某一高点后开始下跌，回升未达前一高点又开始回跌，则这两个高点就是反转高点。

在多条上升趋势线和下跌趋势线中，最重要的是原始上升趋势线或原始下跌趋势线。

它决定了价格波动的基本发展趋势，有着极其重要的意义。

(3) 趋势线的确认及其作用。借助价格运行图表找到一条真正起作用的趋势线，要经过多方面的验证才能予以确认，对于不符合条件的趋势线应该予以删除，以免影响分析和判断。

趋势线的确认有三个办法：首先，必须确实有趋势存在。在上升趋势中，必须确认出两个依次上升的低点，在下降趋势中，必须确认出两个依次下降的高点，才能确认趋势的存在。其次，画出直线后，还应得到第三个点的验证才能确认这条趋势线的可靠性。所画出的直线被触及的次数越多，其作为趋势线的有效性越能得到确认，用它进行预测越准确有效。最后，这条直线延续的时间越长，其反映趋势的有效性和准确性就越强。

趋势线有如下两个作用：

第一，对价格今后的变动起约束作用，能使价格基本保持在这条趋势线的上方（上升趋势线）或下方（下降趋势线）波动运行，实质上是起到支撑或压力的作用。

第二，趋势线被突破后，就说明股价下一步的走势将要反转。越重要、越有效的趋势线被突破，其转势的信号越强烈。实质上是指被突破的趋势线原来所起的支撑和压力作用发生转换，导致起到了与原来的支撑或压力相反的作用，如图 6－12 所示。

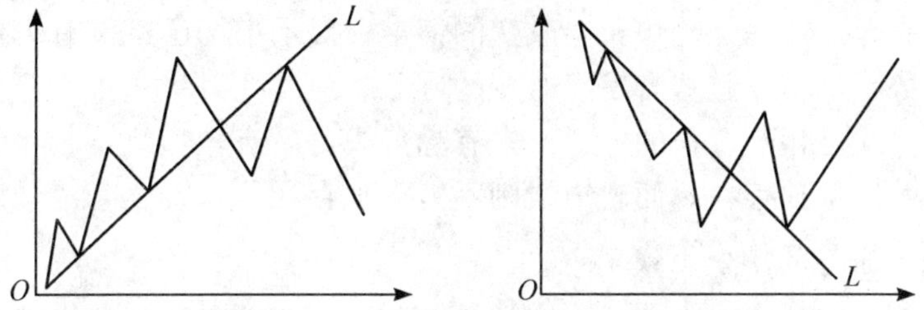

图 6－12 趋势突破后起相反作用

2. 轨道线

轨道线又称通道线或管道线，是依托已经形成趋势线的另一侧画出的相应趋势的平行线。比如，已经得到了趋势线后，通过另一侧的第一个峰和谷，可以画出这条趋势线的平行线，这条平行线出现后就与已有趋势线形成了轨道线，如图 6－13 中的虚线所示。两条平行线就组成了一个轨道，即上升和下降轨道。

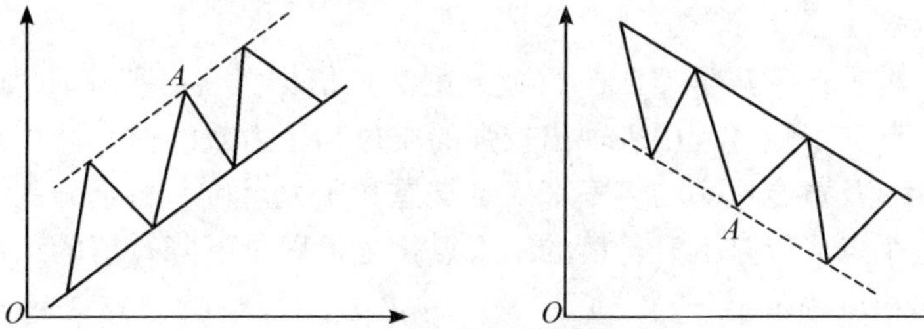

图 6－13 轨道线

轨道线的第一个作用在于限制和约束股价的变动范围。一个轨道一旦得到确认，那么价格将在这个轨道里变动。对上面或下面的直线（两侧的直线）的突破意味着行情将要发生量变。轨道线的突破与趋势线的突破不同，对轨道线的突破并不是趋势反转的开始，而是趋势加速的开始，即原来的趋势线的斜率将会增加，趋势线的方向将会更加陡峭，如图6－14所示。

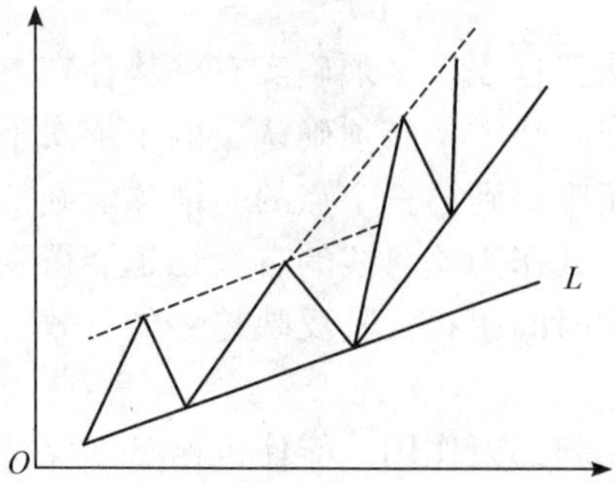

图6－14　趋势的加速

轨道线也有一个被确认的问题。一般而言，轨道线被触及的次数越多，延续的时间越长，其被认可的程度和重要性越高。

轨道线的第二个作用是发出趋势转向警报。如果股价在一次波动中未触及轨道线，离得很远就开始掉头，这往往是趋势将要改变的信号，提示市场已经没有力量继续维持原有的上升或下降趋势了，市场趋势有发生改变的迹象。

轨道线和趋势线是相互合作的一对。先有趋势线，后有轨道线，趋势线的重要性大于轨道线，趋势线可以单独存在，而轨道线则不能单独存在。

（四）黄金分割线和百分比线

在证券市场中应用较为广泛的黄金分割线和百分比线亦属于切线类技术分析方法。这两条线的共同特点是：它们都是水平的直线（其他的切线多为斜线）。黄金分割线和百分比线这两种技术分析方法，对支撑线和压力线的价位较为重视，而对什么时间达到这个价位不过多关心。就水平切线而言，每个支撑位或压力位相对而言是固定的。为弥补黄金分割线和百分比线因忽视时间因素而导致的不足，应用时往往在找出多条支撑线或压力线后，再经过分析过滤，最终确定、保留一条支撑线或压力线。这条切线具有一般支撑线或压力线的全部特征和作用，对今后的股价预测有一定的帮助。

1. 黄金分割线

黄金分割是一种古典的数学方法。黄金分割法是依据黄金分割率原理计算得出点位，这些点位在价格上升和下跌过程中表现出较强的支撑和压力效能。其计算方法是依据上升或下跌幅度的0.618及黄金比率的倍率来确定支撑和压力点位。黄金分割线极其简单，只需找出一个点，这个点可以是上升行情的结束点，也可以是下降行情的结束点。这个点一经确定，就可画出相应的黄金分割线了。

黄金分割线是证券市场中最常见、最受欢迎的切线分析工具之一，在实际操作中黄金分割线主要被用来揭示上涨行情的调整支撑位或下跌行情的反弹压力位。由于黄金分割线没有考虑到时间变化对股价的影响，所揭示出来的支撑位与压力位较为固定，因此投资者不知道什么时候会到达支撑位与压力位。

证券市场中价格发生转势后，无论是止跌转升还是止升转跌，应用黄金分割率以近期走势中重要的高点和低点之间的涨跌额作为计量的基数，将原涨跌幅按 0.191、0.382、0.5、0.618、0.809 分割为 5 个黄金点，股价在反转后的走势将可能在这些黄金分割点位上遇到暂时的阻力或支撑。这就给投资者提供了有力的参考依据。

2. 百分比线

百分比线考虑问题的出发点是人们的心理因素和一些整数位的分界点。

当股价持续向上涨到一定程度时，肯定会遇到压力；遇到压力后，就要向下回撤，回撤的位置很重要。黄金分割线提供了几个价位，百分比线也提供了几个价位。

以价格上涨开始的最低点和开始向下回撤的最高点两者之间的差，分别乘以几个特殊的百分比数，就可以得到未来支撑位可能出现的位置。

以 10 个百分比数字来使股价获得支撑，主要是依据人们的心理猜测。如果股价回撤达不到 1/3，人们往往认为股价回调的力度还不够；如果股价回撤达到了 1/2，则人们会认为股价回调得差不多了；如果股价回撤达到 2/3，则人们会觉得股价已是深度回调了。人们就是在这样的认识和预测下展开了行动，带动了股价的调整变化。也就是说，股价因人们的猜测，会在 1/8、1/4、1/3、3/8、1/2、5/8、2/3、3/4、7/8、1 这 10 个地方受到关注。当然，这里的支撑位和压力位也是相互转换的。

百分比回撤线还有另一重含义：在股价上升行情中，如果股价回调到 1/4 的地方即开始重新攀升，那么说明该档回调属于强势整理，是股价上升行情中出现的正常整理过程，短线交易者可以积极跟进；如果股价回调到了 1/2 的地方，则说明该回调比较有力，也说明跌幅较深，而 1/2 的回撤线是该波上升行情继续或夭折的分水岭，中线交易者应该在此处提高警惕；当股价继续下探到 3/4 的地方时，已经是积弱难返了，但也有少许行情可以在此站稳后继续向上攀升，由此证明该档调整属于深度调整而不属于反转行情，此处是长线交易者积极关注的买入部位。在股价下降行情中，股价反弹时的百分比用法与此相反。

可见，黄金分割线源自自然界的一组神秘基因，而百分比回撤线则来自交易者的习惯性心理，且将两个最重要的黄金分割率包含其中，从而更具科学性和包容性。但是这两种趋势判定工具均没有考虑到时间变化对股价的影响，所揭示出来的支撑位和压力位较为固定，仍有其局限性。

（五）应用切线理论应注意的问题

切线为我们提供了很多价格移动可能存在的支撑线和压力线，这些直线有很重要的作用。但是，支撑线和压力线有被突破的可能，它们的价位只是一种参考，不能把它们当成万能的工具。

三、形态理论

形态理论也是以价格运行所形成的 K 线为基础的技术分析理论。所不同的是，形态理论是通过加大 K 线组合的数量，改变 K 线及 K 线组合对价格波动的简单描述，变成一条由多条 K 线组成的、上下波动的曲线（这条曲线就是股价在这段时间移动的轨迹），把价格移动的复杂轨迹综合为各种形态加以研究，用几何图形揭示价格波动规律和特点的理论。简单来说，形态理论通过研究股价曲线的各种形态，发现股价的运行方向。

形态理论正是通过研究股价的轨迹，分析和挖掘出曲线告诉投资者的一些多空双方力量的对比结果，从而更加有效地帮助投资者分析和预测价格的趋势。

（一）股价移动规律和两种形态类型

1. 股价移动规律

由于股价的移动是由多空双方力量大小决定的，所以在一个时期内，若多方处于优势，股价将向上移动；在另一个时期内，若空方处于优势，则股价将向下移动。我们在介绍K线理论时已经提及这些现象，形态理论研究这些现象，有着更为广泛和深刻的含义。多空中的一方占据优势的情况是多种多样的，有的只是稍强一点，股价向上（下）走不了多远就会遇到阻力或支撑；有的强势大一些，可以把股价向上（下）拉得多一些；有的优势是决定性的，这种优势完全占据主动，对方几乎没有什么力量与之抗衡，股价的向上（下）移动势如破竹。所以说，股价移动的规律始终处在多空双方力量的平衡与变换中，脱离了多空双方力量长期抗衡的股价移动规律是原始的和简单的。

根据多空双方力量对比可能发生的变化，可以知道股价的移动应该遵循这样的规律：第一，股价应在多空双方取得平衡的位置上下波动；第二，原有的平衡被打破后，股价将寻找新的平衡位置。这种股价移动的规律可用下式描述：

持续整理、保持平衡→打破平衡→新的平衡→再打破平衡→再寻找新的平衡→……股价的移动就是按这一规律循环往复、不断地运行的。

2. 股价移动的两种形态类型

根据股价移动的规律，股价曲线的形态可分成两大类型：持续整理形态和反转突破形态。持续整理形态在于保持平衡，反转突破形态在于打破平衡。平衡的概念是相对的，股价只要在一个范围内变动，都属于保持了平衡，这样，这个范围的选择就成为判断平衡是否被打破的关键。

持续整理形态和反转突破形态同支撑线、压力线的突破一样，平衡被打破也存在被认可的问题。刚打破一点，不能算真正打破。特别是由于反转突破形态存在种种假突破的情况，往往假突破能够给麻木的投资者带来巨大损失。在近年的实践中，对股价移动形态的分析越来越引起广大投资者的关注。

（二）反转突破形态

反转突破形态是专门描述趋势方向反转的形态理论。反转突破形态主要有头肩形态、双重顶（底）形态、三重顶（底）形态、圆弧形态、喇叭形态以及V形反转形态等多种形态。

1. 头肩形态

头肩形态作为最著名和最可靠的反转突破形态，在证券市场中出现较多。它一般可分为头肩顶形态、头肩底形态以及复合头肩形态三种类型。

（1）头肩顶形态。一般通过连续的三次起落构成该形态的三个部分，即出现三个局部的高点。中间的高点比另外两个都高，称为“头”；左右两个相对较低的高点称为“肩”（见图6-15）。头肩顶形态是一个长期趋势的转向形态，一般出现在一段升势的尽头，向投资者提供的是最佳的卖出机会。

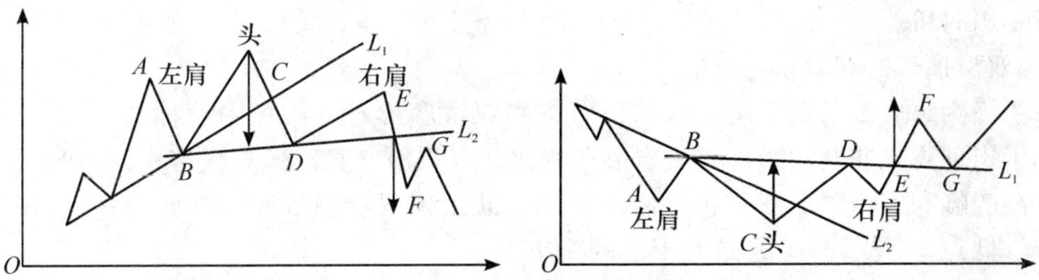

图 6-15　头肩顶形态和头肩底形态

头肩顶形态的形成过程大体如下：

第一步，形成左肩。股价长期上升后，成交量大增，获利回吐压力亦增加，导致股价回落，成交量较大幅度下降，左肩形成。第二步，形成头部。股价回升，突破左肩的顶点，成交量亦可能因换手而创纪录，但价位过高使持股者产生恐慌心理，竞相抛售，股价回跌到前一低点水准附近，头部完成。第三步，形成右肩。股价第三次上升，但前段的巨额成交量将不再重现，涨势亦不再凶猛，价位到达头部顶点之前即告回落，形成右肩。这一次下跌时，股价急速穿过颈线，再回升时，股价也仅能达到颈线附近，然后变为下跌趋势，头肩顶形态宣告完成。

这种头肩顶反转向下的道理与支撑线和压力线的内容有密切关系。图 6-15 左图中的直线 L_1 和直线 L_2 是两条明显的支撑线。左图中的直线 L_2 是头肩顶形态中极为重要的直线——颈线。在头肩顶形态中，它是支撑线，起支撑作用。头肩顶形态里的颈线的突破也存在被认可的问题，百分比原则和时间原则均适用于此。

头肩顶形态的基本特征有三个：第一，左肩与右肩的高点大致相等，有时右肩较左肩低即颈线向下倾斜；第二，在成交量上，左肩最大，头部次之，而右肩成交量最小，即成梯状递减；第三，颈线被突破时不一定需要大成交量配合，但日后继续下跌时，成交量相应放大。

当颈线被突破、反转被确认以后，大势将下跌。下跌的深度，可以借助头肩顶形态的测算功能进行。从突破点算起，股价将至少要跌到与形态高度相等的距离。头肩顶形态向投资者提供了最佳的卖出时机。

(2) 头肩底形态。头肩底是头肩顶的倒转形态，其构成和分析方法，除了在成交量方面与头肩顶有所区别外，其他方面与头肩顶类似，只是方向相反而已：上升改成下降，高点改成低点，支撑改为压力。

头肩顶形态与头肩底形态的最大区别在于颈线被突破时成交量的配合有所不同。头肩顶形态完成后，向下突破颈线时，成交量不一定放大；而头肩底形态向上突破颈线，若没有较大的成交量出现，可靠性将大为降低，甚至可能出现假的头肩底形态。头肩底形态向投资者提供了最佳的买入时机。

(3) 复合头肩形态。价格变化经过复杂而长期的波动所形成的形态可能不只是标准的头肩形态，而会形成所谓的复合头肩形态。这种形态与头肩形态基本相似，只是左肩、右肩或头部的出现多于一次。但形成过程也与头肩形态类似，分析意义也和普通的头肩形态一样，往往出现在长期趋势的底部或顶部。复合头肩形态一旦完成，即构成可靠性较大的买进或卖出时机。

2. 双重顶形态和双重底形态

作为极为重要的反转形态，双重顶形态和双重底形态（市场中简称的M头和W底）在实际中出现得也非常频繁。与头肩形态相比，双重顶（底）形态没有头部，只是由两个基本等高的峰和谷组成。双重顶（底）形态一共出现两个顶（底），也就是两个相同高度的高点（低点）。图6-16是这种形态的简单图形。

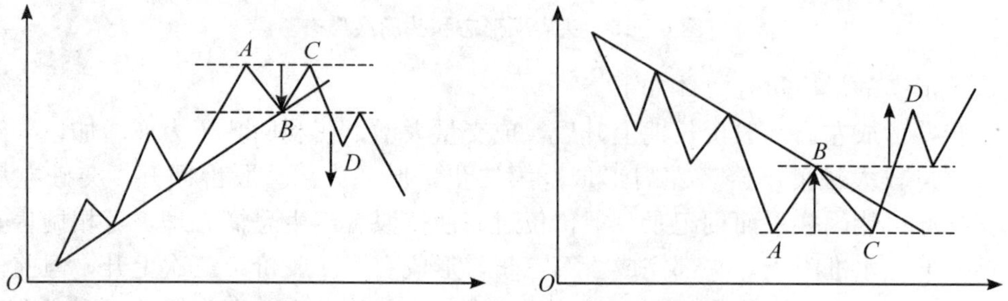

图6-16 双重顶形态和双重底形态

以M头为例，双重顶形成的过程分为两大步：第一步，在上升趋势过程的末期，股价急速上升到第一个高点A，在建立了新高点之后受阻回跌，在峰顶处留下大成交量。受上升趋势线的支撑，这次回档将在B点附近停止，成交量随股价下跌而萎缩。第二步，股价继续上升，又回到之前的峰顶附近C点（与A点几乎等高），成交量再度增大，但不能达到前面的成交水准，上升遇到阻力，接着股价掉头向下，这样就形成A和C两个顶的形状。

双重顶反转突破形态的出现，除了必要的两个相同高度的高点以外，还应该向下突破B点的支撑，即对颈线的突破，也有突破被认可的问题。双重顶反转突破形态一旦得到确认，同样具有测算功能，即从突破点算起，股价将至少跌到与形态高度相等的距离。形态的高度是从顶点到颈线的垂直距离，即从A或C到B的垂直距离。右边箭头所指的将是股价至少要跌到的位置。

双重顶反转突破形态的基本特征也有三个：第一，双重顶的两个高点不一定在同一水平，两者相差3%就不会影响形态的分析意义；第二，向下突破颈线时，不一定有大成交量伴随，但日后继续下跌时，成交量会相应扩大；第三，双重顶形态完成后的最小跌幅的量度方法，是由颈线开始，至少会下跌从双头最高点到颈线之间差价的距离。

双重底形态与双重顶反转突破形态几乎完全相似，只需将双重顶反过来即可。向上说成向下，高点说成低点，支撑说成压力。与双重顶反转唯一不同的是双重底的颈线被突破时，必须有大成交量的配合，否则就可能为无效突破。

3. 三重顶形态和三重底形态

三重顶（底）形态由三个一样高的顶或一样低的底组成。三重顶（底）形态既可以被看作双重顶（底）形态的扩展形式，也可被看作头肩顶（底）形态的变形。与头肩形的区别是头的价位回缩到与肩部差不多相等的位置，有时甚至低于或高于肩部一点。从这个意义来讲，三重顶（底）形态与双重顶（底）形态也有相似的地方，只是前者比后者多“折腾”了一次（见图6-17）。

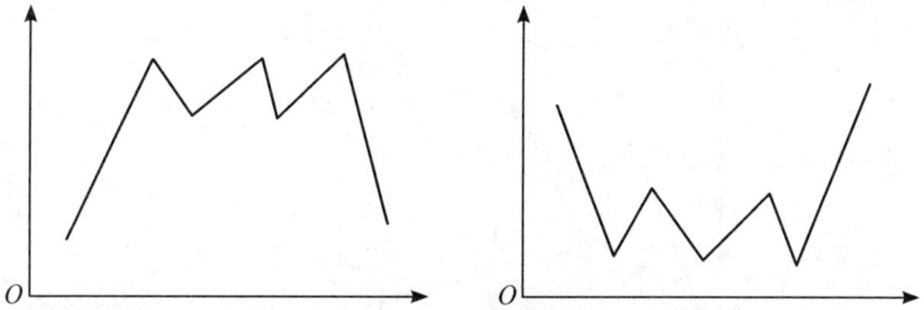

图 6-17　三重顶形态和三重底形态

对三重顶（底）反转形态的应用和识别，主要用识别头肩形态的方法。头肩形态适用的方法，三重顶（底）形态都适用，这是因为三重顶（底）形态从本质上说就是头肩形态。在实践中，应该注意三重顶（底）形态。如果颈线不能被突破，三重顶（底）形态有演化成矩形形态的可能；如果从左到右的高点或低点依次上升或下降，三重顶（底）形态有演化成直角三角形形态的可能。对此我们应予以高度重视。

4. 圆弧形态

圆弧形态还可以被形象地称为"碟形形态"、"圆形形态"或"碗形形态"等（见图 6-18）。圆弧形态可分为圆弧顶形态和圆弧底形态。

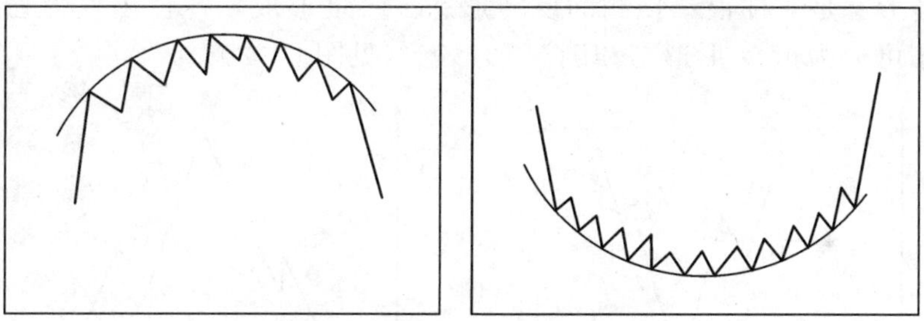

图 6-18　圆弧顶形态和圆弧底形态

圆弧反转形态在市场中出现的机会较少，但一旦出现则是绝好的买卖机会，因为它的反转深度和高度是不可测的，这一点同前面几种形态有一定区别。就圆弧的形成过程来说，与头肩形态中的复合头肩形态有相似之处，只是圆弧形态的各种顶或底没有明显的头肩的感觉。

圆弧形态的基本特征有三个：第一，形态完成反转后，多出现爆发性行情，涨跌急速，由于持续时间也较短，大都一口气走完，其间很少出现回档或反弹。第二，在圆弧顶形态或圆弧底形态的形成过程中，成交量呈现两头大中间小，越靠近顶或底区域成交量越少。第三，圆弧形态形成所花的时间越长，反转的力度就越强，越值得人们去相信圆弧形的反转作用。

5. 喇叭形态

喇叭多出现在市场顶部，是一种较可靠的看跌形态。其突出的特点是，在喇叭形态完成后股价总是下跌，几乎不需要对突破有效性进行验证认可。作为一种重要的反转形态，喇叭形态在实际中出现的次数并不多（见图 6-19）。

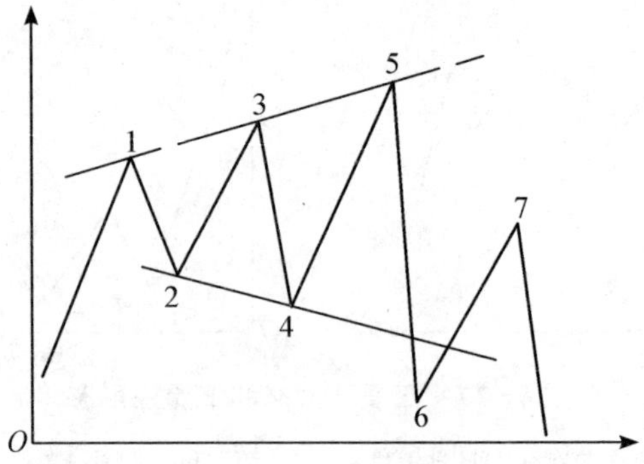

图 6－19　喇叭形态

喇叭形态的基本特征有三个：第一，喇叭形态对即将来临的下跌趋势暗示性非常强；第二，在成交量方面较为独特，在形态形成期间都会保持不规则的大成交量；第三，喇叭形走势的下跌幅度不具测量性，跌幅一般很大。

从喇叭形态的特征中我们看到，这种形态一旦形成，趋势明显，跌幅巨大，其杀伤力不可估量。

6. V 形反转形态

V 形反转形态是一种很难预测的反转形态，一旦形成，往往爆发力强、波动剧烈。V 形反转形态可分为正 V 形形态和倒 V 形形态（见图 6－20）。

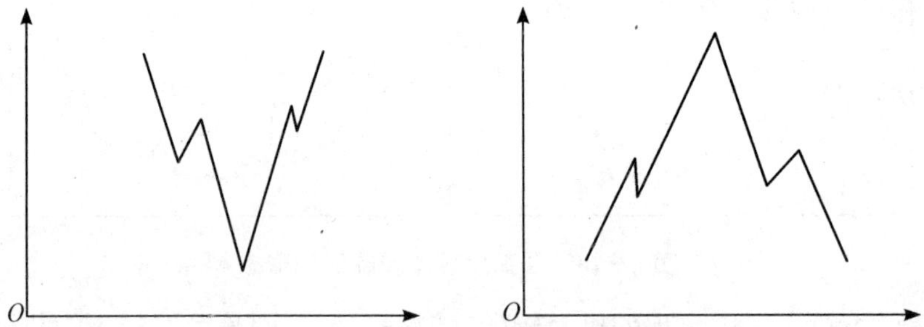

图 6－20　正 V 形形态和倒 V 形形态

无论是 V 形顶还是 V 形底的出现，通常在 2～3 个交易日内即可完成，有时在一个交易日内也可完成趋势的反转过程。V 形反转形态没有一个明显的形成过程，这一点同其他反转形态有较大的区别，因此往往让投资者感到突如其来甚至难以置信。在一般情况下，V 形反转形态同市场突发消息的出现有密切关系，但从技术分析角度来看，V 形走势的一个重要特征是在转势点必须有大成交量配合，若没有大成交量，则 V 形走势可能不成立。

（三）持续整理形态

持续整理形态是指股价经过一段时间的单方向运行后，不再继续原趋势，停顿在一定区域内上下窄幅波动振荡，等到时机成熟后再继续前进。比较典型的整理形态有三角形整理形态、矩形整理形态、旗形整理形态和楔形整理形态等。

1. 三角形整理形态

三角形整理形态分为对称三角形形态、上升三角形形态和下降三角形形态三种。

（1）对称三角形形态。

对称三角形作为整理形态，一般发生在趋势运行途中，它表示原有的趋势暂时处于休整阶段，之后还要随着原趋势的方向继续运动。对称三角形形态在构造上表现为两条聚拢的直线，上面的向下倾斜，起压力作用；下面的向上倾斜，起支撑作用。两条直线的交点称为“顶点”（见图 6－21）。

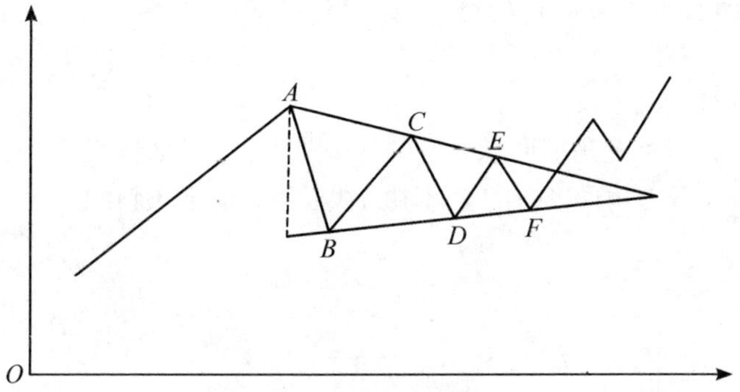

图 6－21　对称三角形形态

对称三角形形态的基本特征如下：第一，持续时间比较短暂。因对称三角形形态只是原有趋势运行途中的休整状态，持续的时间一般不会太长。如果持续时间过长，保持原有趋势的能力就会下降。第二，突破上下两条直线的时间越早越好。突破上下两条直线的包围，继续原有既定方向的时间应尽量早点，越靠近三角形的顶点，三角形的各种功能就越不明确。第三，突破的位置一般应在三角形横向宽度（指三角形的顶点到底的高度）的 1/2～3/4 区域。第四，对称三角形形态在形成过程中的成交量，随着价格波动收窄而越来越小。第五，如果对称三角形形态被突破的时间接近顶点位置，则三角形形态易变形失效，有演化成其他形态的可能。

对称三角形形态被突破后，也有测算功能。这里以原有的趋势上升为例介绍两种测算价位的方法。

方法一：如图 6－22 所示，从 C 点向上带箭头直线的高度，是未来股价至少要达到的高度。箭头直线长度与 AB 连线长度相等。AB 连线的长度被称为对称三角形的高度。从突破点算起，股价至少要运动到与形态高度相等的距离。

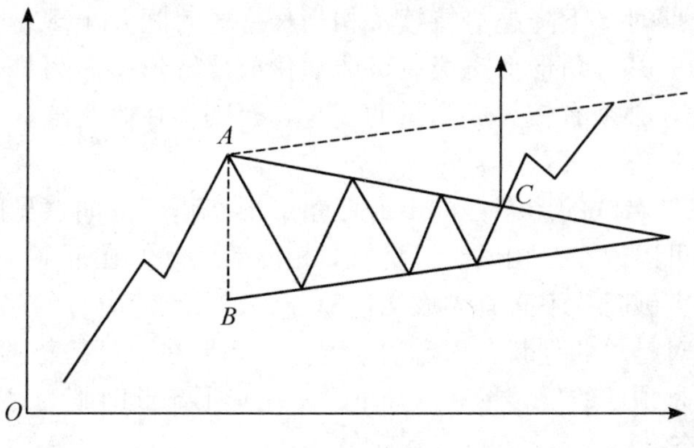

图 6－22　三角形形态的测算功能

方法二：如图 6－22 所示，过 A 点作平行于下边直线的平行线，即图中的斜虚线，它是股价今后至少要达到的位置。

应用时应注意如下一些问题：对称三角形形态的突破也有确认的问题。对称三角形形态下的成交量虽呈递减态势，但向下突破是不需要成交量配合的，而向上突破则需要大成交量配合，没有成交量的配合，就难以判断突破的可靠性。另外，虽然对称三角形形态下一般是整理形态，但有时也可能在顶部或底部出现而导致大势反转，这是在三角形形态的实际应用中要注意的问题。

（2）上升三角形形态。

上升三角形形态是对称三角形形态的变形（见图 6－23）。两类三角形形态的下方支撑线都向上发展，不同的是上升三角形形态的上方阻力线并不是向下倾斜的，而是一条水平直线。

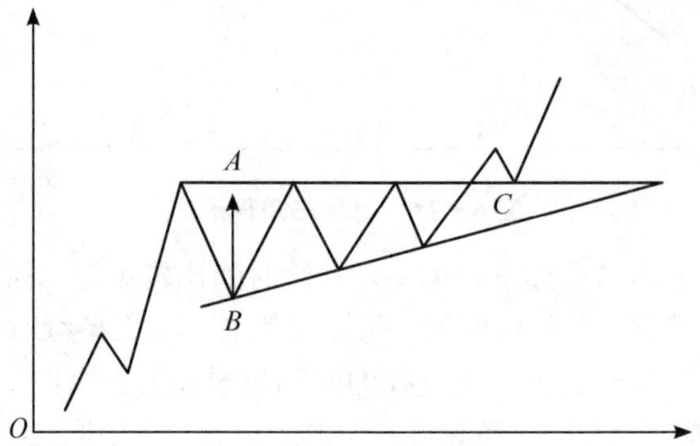

图 6－23　上升三角形形态

上升三角形形态的基本特点如下：第一，在上升三角形形态中，压力呈水平线，始终不变；而支撑呈上升斜线，越撑越高。由此可见，上升三角形形态的上升意愿强烈，一旦三角形形态向上突破，则持续过程结束。第二，股价原有的趋势在向上过程中出现上升三角形形态后，几乎可以肯定今后会向上突破。第三，如果原有的趋势向下，出现上升三角形形态后，则未来的方向具有双重性，其突破既可以向下，也可以向上。

在应用时需要注意如下问题：原趋势为上升态势时，上升三角形形态的突破方向明确向上，但原趋势是下降态势时的方向需要进行选择。在这种情况下，提醒投资者注意，如果在下降趋势处于末期时（下降趋势持续了相当长一段时间）出现上升三角形形态，应该以看涨为主，此时的上升三角形形态极有可能演化成反转形态。另外，上升三角形形态在突破顶部的阻力线时，必须有较大成交量的配合，否则存在假突破。

（3）下降三角形形态。

下降三角形形态是看跌的形态，同上升三角形形态正好反向（见图 6－24）。内容和特征同上升三角形形态可以说完全相似，只是方向相反而已。但在下降三角形形态形成过程中成交量一直非常小，突破时并不必有大成交量配合。如果股价原有的趋势是向上的，则遇到下降三角形形态后，对趋势的判断有一定的难度；但如果在上升趋势的末期出现下降三角形形态，同样可以看成是顶部的反转形态（而上升三角形形态此时则为底部的反转形态）。

2. 矩形整理形态

矩形形态是一种典型的整理形态，也叫“箱形形态”。矩形形态所描述的股票价格进

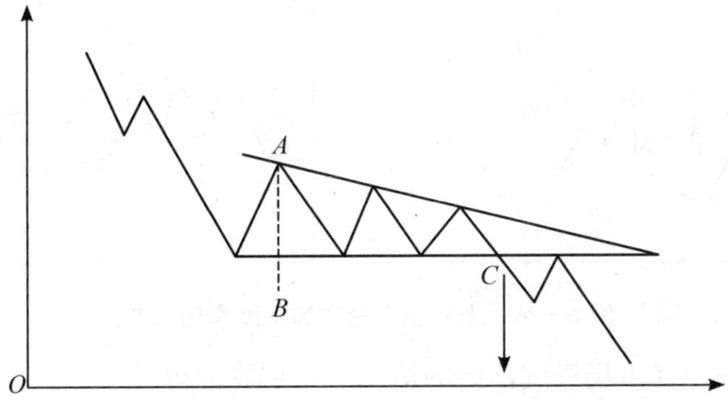

图 6-24 下降三角形形态

入整理状态后，始终在两条横向的水平直线之间上下波动，直至箱体被打破才结束整理。

矩形形态作为典型的持续整理形态，在分析和判断上比较容易，不像三角形形态那么复杂。虽然矩形形态在形成初期，多空双方的争斗较为激烈，但随着时间的推移，双方的热情会逐步减弱，成交量减少，市场趋于平淡和平静，过后一般都要延续原有趋势的势态运行（见图 6-25）。

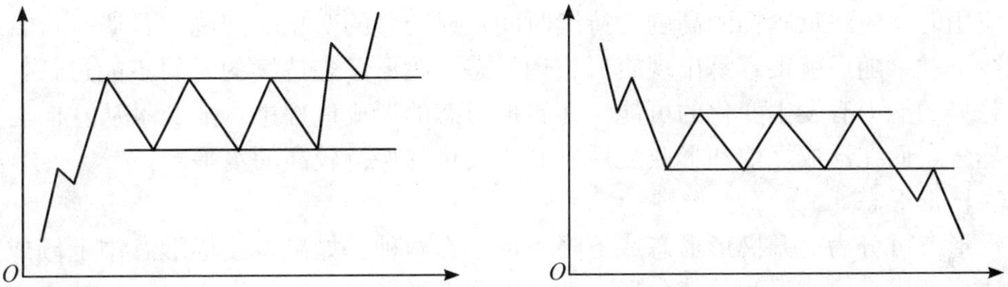

图 6-25 矩形形态

矩形形态的突破也有一个确认的问题。当股价向上突破时，必须有大成交量的配合方可确认，而向下突破则不必有成交量的增加来配合。矩形形态的一个突出特点是，其整理过程向短线投资者提供了炒作的契机，也向中长线投资者提供了逢低买入补仓或逢高减磅的机会，因为在矩形形态整理结束后基本仍持续原有趋势这一点是非常明朗、清晰的。

实践中，矩形形态由于在形成的过程中存在演变成三重顶（底）形态的可能，所以在应用时应引起我们的注意。

3. 旗形和楔形整理形态

旗形形态和楔形形态是两种著名的持续整理形态。

这两种形态具有共同的特征：第一，出现频率都极高。在原有趋势的上升或下跌行情的途中，一般都要出现几次。第二，都在休整之后，保持原来的趋势方向。第三，都有明确的形态方向，不是向上就是向下。第四，形态方向都与原有的趋势方向相反。如果原有的趋势方向是上升，则这两种形态的方向就是下降，反之亦然。

（1）旗形形态。

旗形形态在形状上是一个上倾或下倾的平行四边形，所以该形态也被称为平行四边形形态（见图 6-26）。

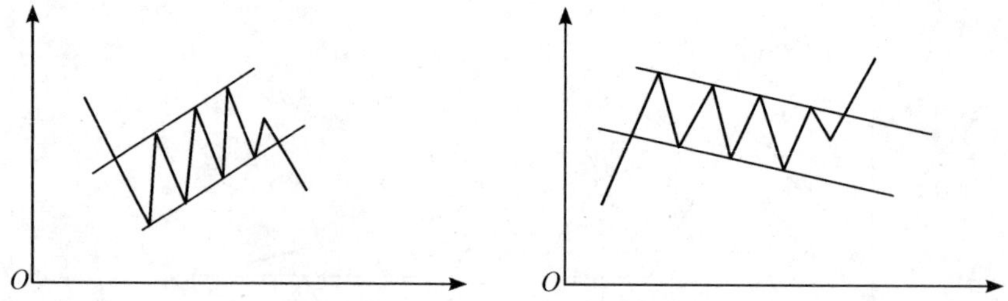

图 6－26　上升旗形形态和下降旗形形态

旗形形态大多发生在市场极度活跃的情况下，在股价运动近乎直线上升或下降时最容易出现和形成旗形整理形态。在市场急速而又大幅波动时，股价经过一连串紧密的短期波动后，形成一个稍微与原来趋势呈相反方向倾斜的长方形，这就是旗形走势。旗形形态可分为上升旗形形态和下降旗形形态两种。

旗形形态的上下两条平行线类似轨道线，起着压力和支撑作用。两条平行线中任意一条的有效突破，都标志着旗形整理形态的结束。旗形形态的高度是平行四边形左右两条边的长度。旗形形态被突破后，股价将至少要走出形态高度的距离，大多数情况是走出旗杆高度的距离。

在应用时，应注意旗杆的高度、持续时间及成交量的变化等问题。若遇股价直线拉升或者直线下跌，随后就很容易出现旗形整理形态。旗形形态持续的时间不能过长，否则维持原来趋势的能力有发生变化的可能。在旗形形态的形成过程中，成交量从左向右呈逐渐减少的趋势，而在形成之前和形成之后，其成交量都保持较高的水平。

（2）楔形形态。

楔形形态可分为上升楔形形态或下降楔形形态两种。如果将旗形形态中上倾或下倾的平行四边形变成上倾或下倾的三角形，就会得到楔形形态。楔形形态也有保持原有趋势方向的功能。一段上升或下跌趋势的途中会经常遇到这种形态。上升楔形形态一般在跌势中的回升阶段出现；下降楔形形态常出现于中期升势的回落调整阶段（见图 6－27）。

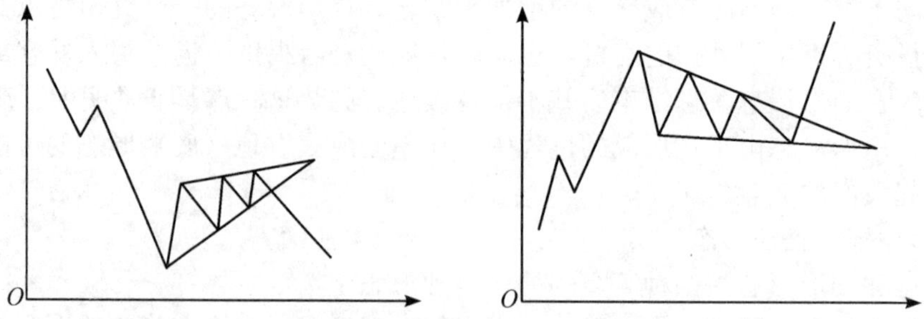

图 6－27　上升楔形形态和下降楔形形态

作为调整形态的楔形形态，与相近的三角形形态和旗形形态有不同之处。比如，楔形形态的三角形上下两条边都是朝着同一个方向倾斜，具有明显的倾向，显然与三角形整理形态是不同的。另外，楔形形态出现在顶部或底部时，充当反转角色的可能性大于旗形形态和三角形形态。在楔形形态形成过程中，成交量渐次减少；在楔形形态形成之前和被突破之后，成交量一般都很大，在这一点上与旗形形态相似。在应用时，我们应注意上述提及的这些差别，以免发生判断错误。

（四）缺口形态

缺口形态是指某股票当天的开盘价高于（或低于）前一天的最高价（或最低价），然后股价继续上升（或下跌），从而形成一段真空区域，通常被称为跳空形态。缺口形态可分为普通缺口形态、突破缺口形态、持续性缺口形态和消耗性缺口形态四种。

由于缺口形态的出现往往伴随着向某个方向运动的一种较强动力，因而缺口的宽度往往表明这种运动的强弱。不论是向何种方向运动所形成的缺口形态，都将成为日后较强的支撑或阻力区域，因此缺口理论在实践中已成为预测后市的重要技术分析工具。

1. 普通缺口形态

普通缺口是指没有特殊形态或特殊功能的缺口，它可以出现在任何走势形态之中，但在更多的情况下出现在整理形态之中。它具有一个比较明显的特征，即缺口很快就会被回补，因此给投资者的短线操作提供了机会。当向上方向的普通缺口出现之后，在缺口上方的相对高点寻找卖出机会，然后待普通缺口封闭之后再买入；而当向下方向的普通缺口出现之后，在缺口下方的相对低点寻找买入机会，然后待普通缺口封闭之后再卖出。这种操作方法的前提是，只有判明该缺口形态为普通缺口形态时，且股票价格的涨跌必须有一定的幅度，才能采取这种高抛低吸的策略。

2. 突破缺口形态

突破缺口是指股票价格向某一方向急速运动，远离原有形态所形成的缺口。突破缺口的分析意义极大，一旦出现突破缺口，常常表现为激烈的价格运动，预示行情走势将要发生重大的变化，而且趋势将沿着突破方向继续运行。比如，向上的突破缺口，若突破时成交量明显增大，且缺口未被封闭，则这种突破形成的缺口是真突破缺口。突破缺口形态被确认以后，无论价位的升跌情况如何，都是投资者大胆买入的机会；反之，向下的突破缺口形态被确认后，应是卖出信号，因为行情走势将向突破方向纵深发展。

通常突破缺口形态具有以下特点：突破缺口打破了原有的平衡格局，使行情走势有了明显的发展方向；突破缺口形态的股价变动剧烈，成交量明显增大；突破缺口形态出现之后，一般都会再出现持续性缺口形态和消耗性缺口形态；突破缺口一旦形成，较长时间内不会被封闭。

3. 持续性缺口形态

持续性缺口是在股票价格向某一方向有效突破之后，由于运动急速而在途中出现的缺口，又称为“中途缺口”。持续性缺口形态的市场含义非常明确，它表明股票价格的变动将沿着既定的方向发展变化，并且这种变动距离大致等于突破缺口至持续性缺口之间的距离。由于持续性缺口在短期内不会封闭，因此，投资者可在向上运动的持续性缺口附近买入，或者在向下运动的持续性缺口附近卖出，而不必担心是否会被套牢或者踏空。

通常持续性缺口形态具有以下特点：持续性缺口是一种二次形态的缺口，它只能伴随突破缺口的出现而出现。换言之，若股票价格未发生突破，则不存在持续性缺口形态，因此，持续性缺口形态比较容易辨别；持续性缺口形态能衡量股票价格未来的变动方向和变动距离；持续性缺口一般都不会被封闭；持续性缺口形态具有较强的支撑或阻力效能，而且这种支撑或阻力效能在日后仍旧能够得到体现。

4. 消耗性缺口形态

消耗性缺口一般发生在行情趋势的末端，若一轮行情走势中已出现突破缺口与持续性缺口，那么随后出现的缺口很可能会是消耗性缺口。判断消耗性缺口最简单的方法就是考察缺口是否会在短期内封闭，若缺口封闭，则消耗性缺口形态可以确立。由于消耗性缺口形态表明行情走势已接近尾声，因此，投资者在上升行情出现消耗性缺口时应及时卖出，而在下跌趋势中出现消耗性缺口时应买入。

（五）应用形态理论应该注意的问题

形态分析是相对比较成熟的方法。虽然应用的人较多，应用的时间较长，但在使用时也会有分歧，不同使用者还会形成不同的认识或结论。在正常情况下，各种形态的形成原因不同，构造不同，但始终与成交量有着密切联系。基于这个前提，我们认为无论何种形态，其形成过程与突破过程都受到成交量的配合与支持，成交量的多寡是判断分析形态突破有效性的主要佐证条件。另外，技术分析方法自身的局限性告诉我们，任何技术分析方法都不是万能和绝对的。这就要求我们在使用形态理论时，也不能将其视为法宝。应该全面、综合运用各种技术分析方法，获取更加完善和更加可靠的分析结论。

四、波浪理论

关于波浪理论的研究与探索成为证券投资市场多年来意犹未尽的主题。迄今为止，市场各方人士对波浪理论在证券投资市场中的作用和价值，依然褒贬不一。

（一）波浪的划分规则

波浪理论是由艾略特在 1938 年提出的。他对证券市场上的价格趋势形态归纳出几个不断反复出现的形态。艾略特发现不论趋势的层级大小，均遵循着一种五浪上升三浪下降的基本节奏。五浪上升趋势可分为三个推动浪以及两个调整浪，三个推动浪为第 1、3 及 5 浪，而两个调整浪则为第 2 浪及第 4 浪；而三个下降趋势浪则为 a、b、c 三浪。上升及下降的八浪形成一个包括八个波动的完整周期，这样的周期将不断反复持续，并且这一完整周期现象普遍存在于各种时间刻度，而形成各种大小的波浪，每一个浪都可包含更小规模的波动，并且每一个浪也都为另一个更大刻度的浪所包含，如图 6－28 所示。

其基本划分规则为：

（1）任何一个级别中的第四浪与第一浪始终不得重叠。如图 6－28 中第四浪的位置高于第一浪的位置。

（2）第三浪通常是推动浪中最长的一浪（即主升段）。即使不是，也绝不会是推动浪中最短的一浪。

（3）调整浪的最大修正幅度为前一浪的次级调整浪的位置。例如，第四浪最大的修正幅度为第三浪中的第 4 浪的低点，这是第四浪的最大修正位置。

（4）交替出现原则。上升浪中简单形态与横向整理形态交替出现，调整浪中平台整理形态与三角形形态或锯齿形态交替出现，简单形态与复杂形态交替出现。

艾略特认为，不管是证券价格还是商品价格的波动，都与大自然的潮汐、波浪一样，一浪跟着一浪，周而复始，具有相当程度的规律性，展现出周期循环的特点，任何波动均

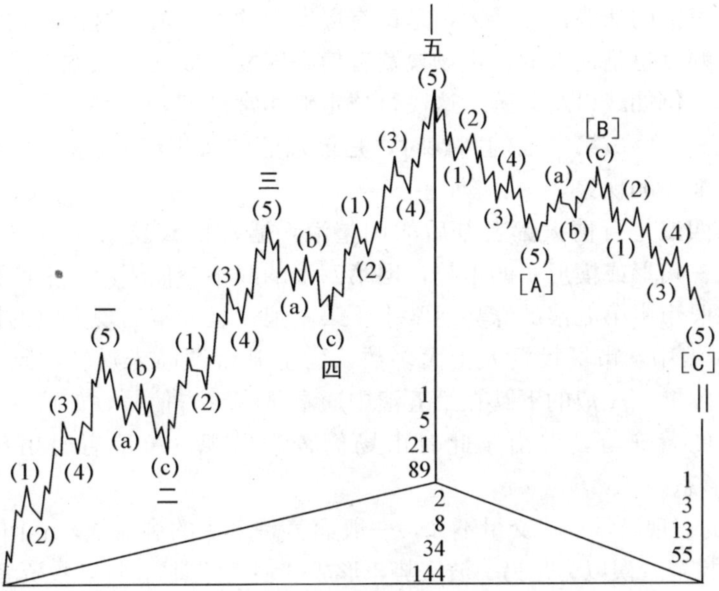

图 6-28 波浪结构形态图

有迹可循。因此，投资者可以根据这些规律性的波动预测价格的未来走势。

（二）波浪理论的基本特点

(1) 股价指数的上升和下跌将会交替进行。

(2) 推动浪和调整浪是价格波动的两个最基本形态，而推动浪（即与大市走向一致的波浪）可以再分割成五个小浪，一般用第一浪、第二浪、第三浪、第四浪、第五浪来表示，调整浪也可以划分成三个小浪，通常用A浪、B浪、C浪表示。

(3) 在上述八个波浪（五升三跌）完毕之后，一个循环即告完成，走势将进入下一个八浪循环。

(4) 时间的长短不会改变波浪的形态，因为市场仍会依照其基本形态发展。波浪可以拉长，也可以缩小，但其基本形态永恒不变。

总之，波浪理论可以用一句话来概括，即“八浪循环”。

（三）波浪的形态

八个浪各有不同的表现和特性：

第一浪：(1) 几乎半数以上的第一浪，是属于营造底部形态的第一部分，第一浪是循环的开始，由于这段行情的上升出现在空头市场跌势后的反弹和反转阶段，买方力量并不强大，加上空头继续存在卖压，因此，在此类第一浪上升之后出现第二浪调整回落时，其回档的幅度往往很深。(2) 另外半数的第一浪，出现在长期盘整完成之后，在这类第一浪中，其行情上升幅度较大。从经验来看，第一浪的涨幅通常是5浪中最短的行情。

第二浪：这一浪是下跌浪，由于市场人士误以为熊市尚未结束，其调整下跌的幅度相当大，几乎吃掉第一浪的升幅。当行情在此浪中跌至接近底部（第一浪的起点）时，市场出现惜售心理，抛售压力逐渐衰竭，成交量也逐渐缩小，这时第二浪的调整才会宣告结束。在此浪中经常出现图表中的转向形态，如头肩底、双重底等。

第三浪：第三浪的涨势往往最大，是最有爆发力的上升浪。这段行情持续的时间经常是最长的，上升幅度也是最大的。市场投资者信心恢复，成交量大幅上升，常出现传统图表中的突破信号，例如缺口跳升等。这段行情走势非常激烈，一些图形上的关卡，非常轻易地被突破，尤其在突破第一浪的高点时，是最强烈的买进信号。由于第三浪涨势激烈，经常出现“延长浪”的现象。

第四浪：第四浪是行情大幅上升后的调整浪，通常以较复杂的形态出现，经常出现“三角形”（收敛三角形或楔形）的走势，但第四浪的底不会低于第一浪的顶。

第五浪：在股市中第五浪的涨势通常小于第三浪，且经常出现失败的情况。

A浪：在A浪中，市场投资人士大多数认为上升行情尚未逆转，此时仅为一个暂时的回档现象。实际上，A浪的下跌在第五浪中通常已有警告信号，如成交量与价格走势背离或技术指标上的背离等，但由于此时市场仍较为乐观，A浪有时出现平势调整或者“之”字形运行形态。

B浪：B浪的表现经常是成交量不大，一般而言是多头的逃命线，然而由于是一段上升行情，很容易让投资者误以为是另一波涨势，形成“多头陷阱”，许多投资者在此惨遭套牢。

C浪：是一段破坏力较强的下跌浪，跌势较为强劲，跌幅大，持续的时间较长，而且出现全面性下跌。

从上面看来，波浪理论似乎颇为简单和容易运用，但实际上，由于每一个上升和下跌的完整过程均包含有一个八浪循环，大循环中有小循环，小循环中有更小的循环，即大浪中有小浪，小浪中有细浪，因此，投资者很难判断波浪所处阶段，加之推动浪和调整浪经常出现延长浪等变化形态和复杂形态，使得投资者对浪的准确划分更加难以界定，这构成了波浪理论实际运用的最大难点。

（四）波浪之间的比例

波浪理论在推测股市的升幅和跌幅时采取黄金分割率和神秘数字来计算。一个上升浪可以是上一次高点的1.618，另一个高点又再乘以1.618，依此类推。另外，一个下跌浪也是这样，一般常见的回吐幅度比率有0.236、0.382、0.5、0.618等。

（五）波浪理论内容的基本要点

（1）一个完整的循环包括八个波浪，五升三跌。

（2）波浪可合并为高一级的浪，亦可以再分割为低一级的小浪。

（3）跟随主流行走的波浪可以分割为低一级的五个小浪。

（4）在第一、三、五浪三个推动浪中，第三浪不可以是最短的一个波浪。

（5）假如三个推动浪中的任何一个浪成为延长浪，其余两个波浪的运行时间及幅度会趋于一致。

（6）调整浪通常以三个浪的形态运行。

（7）黄金分割率与奇异数字的组合是波浪理论的数据基础。

（8）常见的回吐比率为0.382、0.5及0.618。

（9）第四浪的底不可以低于第一浪的顶。

（10）波浪理论包括三部分：形态、比率及时间，其重要性依次降低。

（11）波浪理论主要反映群众心理。参与者越多的市场，其准确性越高。

（六）波浪理论的主要缺陷

（1）波浪理论分析家对波浪的看法并不统一。每位波浪理论分析家（包括艾略特本人）很多时候都会受到这个问题的困扰。比如，在对待一个浪是否已经完成而开始了另外一个浪的问题时，甲可能认为是第一浪，而乙则可能认为是第二浪。差之毫厘，谬以千里。看错的后果可能十分严重。将一套不能确定的理论用在风险极高的证券市场上，运作错误足以使人损失惨重。

（2）在怎样才算是一个完整的浪的问题上，也无明确定义。在证券市场中，升跌的次数绝大多数不按五升三跌这一机械模式出现。但波浪理论家却解释为，有些升跌不应该计入八浪里面。显然，这些数浪时的自圆其说，主观随意性较强。

（3）波浪理论有所谓伸展浪，有时五个浪可以伸展成九个浪。但在什么时候或者在什么准则之下波浪可以伸展，艾略特却没有明言。这使数浪者再次陷入迷茫，又把数浪推进了各抒己见、自由发挥、充分发挥自我想象的境地。

（4）波浪理论认为：浪中有浪，可以无限延伸，即在升势时，可以无限上升，任何一浪都在上升浪之中，一个巨型浪可以延续一百多年；下跌浪也可以持续数年，仍然处于下跌浪之中。也就是说，只要是升势未完就仍然是上升浪，跌势未完就仍然是下跌浪。这种无休止的延伸价值仍需接受历史的检验。

（七）应用波浪理论应注意的问题

从证券市场的历史发展和现实看，波浪理论对于长期投资者的作用和价值被人们所接受，这是波浪理论得以延续至今、经久不衰的原因之一。但波浪理论自身构造存在的局限性和不足之处，又是显而易见的。尤其是在学习掌握上的困难之大及波浪划分结果的人云亦云警示普通投资者：如果应用中过于教条化和机械化，肯定会招致失败。所以，建议普通投资者一般不要将波浪理论运用到个股的分析中去。实践证明，波浪理论在个股分析中的效果较差。但不妨作为爱好加以学习和研究，而实战应用则应谨慎为之。

五、量价关系理论

量价关系是市场行为最基本的表现形式。过去和现在的成交价与成交量涵盖了过去和现在的市场行为。一切技术分析方法都是以量和价为研究对象的，探讨与研究量和价之间的规律，对于预测和分析市场未来趋势至关重要。事实上市场中多数投资者失利，与掌握量价之间关系的准确度直接相关。我们仅介绍广为应用的成交量与股价趋势理论——葛兰碧（Granville）九大法则。

葛兰碧在对成交量与股价趋势关系进行研究之后，总结出下列九大法则：

（1）价格随着成交量的递增而上涨，为市场行情的正常特性，此种量增价升的关系，表示股价将继续上升。

（2）在一个波浪的涨势中，股价随着递增的成交量而上涨，突破前一波的高峰，创下新高价，继续上扬。然而，此段股价上涨的整个成交量水准却低于前一个波段的成交量水准。此时股价创出新高，但量却没有突破，则此段股价涨势令人怀疑，同时也是股价趋势的潜在反转信号。

（3）股价随着成交量的递减而回升，股价上涨，成交量却逐渐萎缩。成交量是股价上升的原动力，原动力不足显示出股价趋势潜在的反转信号。

（4）有时股价随着缓慢递增的成交量而逐渐上升，渐渐地，走势突然成为垂直上升的喷发行情，成交量急剧增加，股价跃升暴涨；紧随着次波走势而来的是成交量大幅萎缩，同时股价急速下跌。这种现象表明涨势已到末期，上升乏力，显示出趋势有反转的迹象。反转所具有的意义，将视前一波股价上涨幅度的大小及成交量增加的程度而言。

（5）股价走势因成交量的递增而上升，是十分正常的现象，并无特别暗示趋势反转的信号。

（6）在一波段的长期下跌形成谷底后，股价回升，成交量并没有随股价上升而递增，股价提振乏力，然后再度跌落至原先谷底附近，或高于谷底。当第二谷底的成交量低于第一谷底时，是股价将要上升的信号。

（7）股价往下跌落一段相当长的时间，市场出现恐慌性抛售，此时随着成交量日益放大，股价大幅度下跌；继恐慌性卖出之后，预期股价可能上涨，同时恐慌性卖出所创的低价将不可能在极短的时间内被突破。因此，随着恐慌性大量卖出之后，往往是（但并非一定是）空头市场的结束。

（8）股价下跌，向下突破股价形态、趋势线或移动平均线，同时出现了大成交量，是股价下跌的信号，明确表示出下跌的趋势。

（9）当市场行情持续上涨数月之后，出现急剧增加的成交量，而股价却上涨无力，在高位整理，无法再向上大幅攀升，显示了股价在高位大幅振荡，抛压沉重，上涨遇到了强大阻力，此为股价下跌的先兆，但股价并不是必然会下跌。股价连续下跌之后，在低位区域出现大成交量，而股价却没有进一步下跌，仅出现小幅波动，此即表示买入机会。

第三节　证券投资技术分析主要技术指标

一、技术指标方法简述

技术指标是技术分析中极为重要的分支。近年来，随着电子技术的快速发展，技术指标的创新和发展速度提升，也由此推动了技术指标的推广和应用。电子网络信息传播、网络化证券交易的普及等，使得技术指标分析方法在投资分析中的应用越来越广泛。

所谓技术指标法是应用一定的数学公式，对原始数据进行处理，得出指标值，将指标值绘成图表，从定量的角度对股市进行预测的方法。这里的原始数据指开盘价、最高价、最低价、收盘价、成交量和成交金额等。技术指标法的本质是通过数学公式产生技术指标。技术指标是一种定量分析方法，它克服了定性分析方法的不足，极大地提高了具体操作的精确度。技术指标从不同的角度来看有不同的分类。以技术指标的功能为划分依据，可将常用的技术指标分为趋势型指标、超买超卖型指标、人气型指标和大势型指标四类。

其他技术分析方法都有一个共同的特点，就是过分重视价格，而对成交量重视不够，这在一定程度上降低了分析结果的可信度。由于技术指标运用了涉及市场的各类相关信息，其分析结果更为系统、全面。这一点是其他技术分析方法无法比拟的。而且，在进行技术指标的分析与判断时，还经常用到别的技术分析方法的基本结论，提高了各种技术分析方法综合运用的有效性。

在应用技术指标时应该重点关注两个问题：第一，任何技术指标都有自己的适用范围和应用条件，得出的结论也都有成立的前提和可能发生的意外。所以，投资者也应辩证地看待技术指标的价值所在，盲目相信不可取，因指标信号滞后或出错而否定技术指标的作用也不可取。第二，当应用一种指标容易出错时，可考虑使用多个指标的组合来提高分析和预测的准确性和可靠性。实践证明，技术指标组合分析所得结果的互补和佐证效果备受投资者欢迎。

技术指标学派是技术分析中极为重要的分支。由于技术指标众多，这里仅按上述分类，介绍一些目前在中国证券市场常用的技术指标。

二、主要技术指标

（一）趋势型指标

1. 移动平均线

移动平均线（MA）是以道琼斯的平均成本概念为理论基础，采用统计学中移动平均的原理，将一段时期内的股票价格平均值连成曲线，用来显示股价的历史波动情况，进而反映股价指数未来发展趋势的技术分析方法。它是道氏理论的形象化表述。

移动平均线的含义为："平均"是指最近 N 天收市价格的算术平均线；"移动"是指我们在计算中，始终采用最近 N 天的价格数据。因此，被平均的数组（最近 N 天的收市价格）随着新的交易日的更迭逐日向前推移。在我们计算移动平均值时，通常采用最近 N 天的收市价格。我们把新的收市价格逐日地加入数组，而往前倒数的第 $N+1$ 个收市价格则被剔除。然后，再把新的总和除以 N，就得到了新的一天的平均值（N 天平均值）。

（1）移动平均线所表示的意义。

1）在上升行情初期，短期移动平均线从下向上突破中长期移动平均线形成的交叉叫黄金交叉，预示股价将上涨；短期移动平均线向下跌破中长期移动平均线形成的交叉叫作死亡交叉，预示股价将下跌（见图 6－29）。

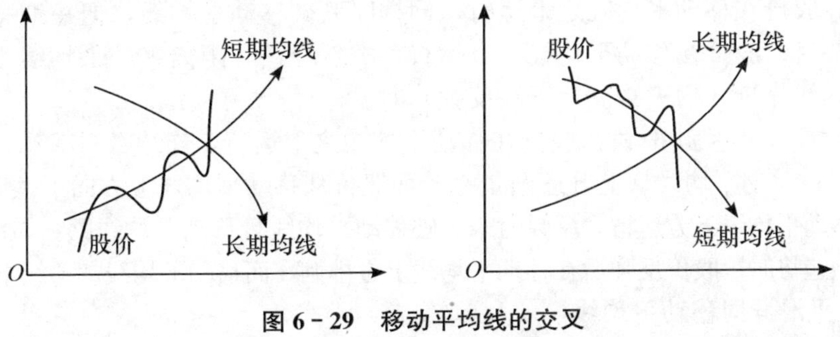

图 6－29　移动平均线的交叉

2）在上升行情进入稳定期后，5 日、10 日、30 日移动平均线从上而下依次顺序排列，向右上方移动，称为多头排列，预示股价将大幅上涨。在下跌行情中，5 日、10 日、

30 日移动平均线自下而上依次顺序排列，向右下方移动，称为空头排列，预示股价将大幅下跌。

3）在上升行情中股价位于移动平均线之上，呈多头排列的均线可被视为多方的防线，当股价回档至移动平均线附近时，各条移动平均线依次产生支撑力量，买盘入场推动股价再度上升，这就是移动平均线的助涨作用；在下跌行情中，股价在移动平均线的下方，呈空头排列的移动平均线可以被视为空方的防线，当股价反弹到移动平均线附近时，便会遇到阻力，卖盘涌出，促使股价进一步下跌，这就是移动平均线的助跌作用。

4）当移动平均线由上升转为下降出现最高点和由下降转为上升出现最低点时，是移动平均线的转折点，预示股价走势将发生反转。

（2）葛兰碧八大买卖法则（见图 6－30）。

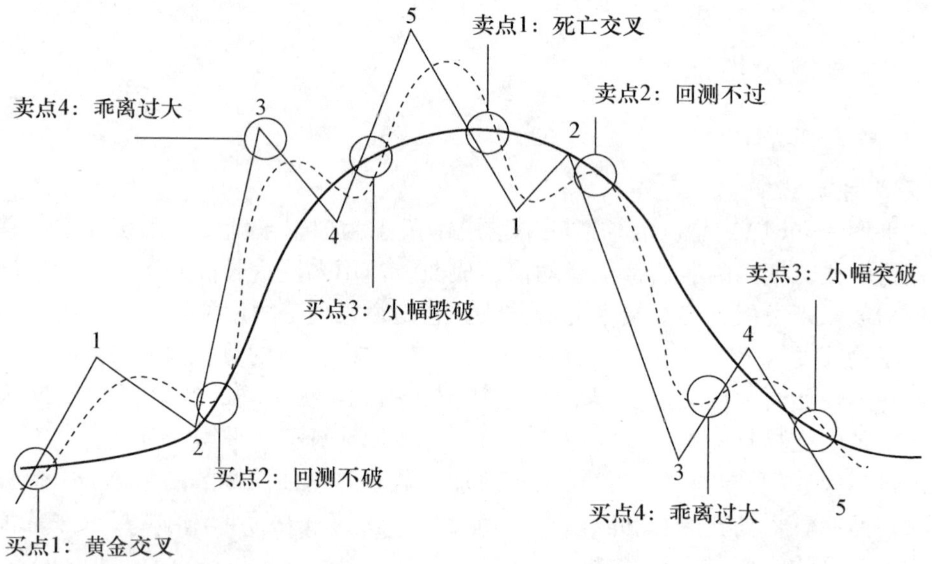

图 6－30　葛兰碧八大买卖法则

1）如下情形皆为买进时机：移动平均线从下降逐渐走平且略向上方抬头，而股价从移动平均线下方向上方突破时；股价在移动平均线之上运行，回档时未跌破移动平均线又再度上升时；股价在移动平均线之上运行，回档时跌破移动平均线，但短期移动平均线继续呈上升趋势时；股价在移动平均线下方运行，突然暴跌，距离移动平均线太远，极有可能向移动平均线靠近（物极必反，下跌反弹）时。

2）如下情形皆为卖出时机：股价在移动平均线之上运行，连续数日大涨，离移动平均线越来越远时；移动平均线从上升逐渐走平，而股价从移动平均线上方向下跌破移动平均线时；股价在移动平均线下方运行，反弹时未突破移动平均线且移动平均线跌势减缓，趋于水平后又出现下跌趋势时；股价反弹后在移动平均线上方徘徊，而移动平均线却继续下跌时。

2. 指数平滑异同移动平均线

指数平滑异同移动平均线（MACD）这一指标主要是通过移动平均值（EMA）、离差值（DIF）和离差平均值（DEA）这三个值之间关系的研判、DIF 和 DEA 连接起来的移动平均线的研判以及 DIF 减去 DEA 值而绘制成的柱状图（MACD）的研判等来分析判断行情，预测股价中短期趋势的主要股市技术分析指标。其中，DIF 是核心，DEA 是辅助。DIF 是快速平滑移动平均线和慢速平滑移动平均线的差。MACD 柱状图在股市技术软件中是用红柱和绿柱的收缩来研判行情。

（1）MACD 指标的计算方法。

在 MACD 的应用过程中，首先计算出快速移动平均线和慢速移动平均线的数值并作为测量两者（快、慢速线）间离差值（DIF）的依据，然后求 DIF 的 N 周期的平滑移动平均线 DEA 线。

$$\text{今日EMA}(12)=\frac{2}{12+1}\times\text{今日收盘价}+\frac{11}{12+1}\times\text{昨日 EMA}(12)$$

$$\text{今日EMA}(26)=\frac{2}{26+1}\times\text{今日收盘价}+\frac{25}{26+1}\times\text{昨日 EMA}(26)$$

$$\text{DIF}=\text{EMA}(12)-\text{EMA}(26)$$

$$\text{今日 DEA(MACD)}=\frac{2}{10}\times\text{今日 DIF}+\frac{8}{10}\times\text{昨日 DEA}$$

（2）MACD 指标的应用。

1）DIF 和 MACD 的值及线的位置。当 DIF 和 MACD 均大于 0（即在图形上表示为它们处于零线以上）并向上移动时，一般表示股市处于多头行情中，可以买入或持股，反之，则卖出；当 DIF 和 MACD 均大于 0（即在图形上表示为它们处于零线以上）但都向下移动时，一般表示股票处于退潮阶段，股价将下跌，可以卖出股票或观望，反之，可尝试买入。

2）DIF 和 MACD 的交叉情况。当 DIF 与 MACD 都在零线以上，而 DIF 向上突破 MACD 时，表明股市处于一种强势之中，股价将再次上涨，可以加码买进股票或持股待涨，这就是 MACD 指标“黄金交叉”的一种形式；当 DIF 和 MACD 都在零线以下而 DIF 向上突破 MACD 时，表明股市即将转强，股价跌势已尽并将止跌朝上，可以开始买进股票或持股，这是 MACD 指标“黄金交叉”的另一种形式。

当 DIF 与 MACD 都在零线以上而 DIF 却向下突破 MACD 时，表明股市即将由强势转为弱势，股价将大跌，这时应卖出大部分股票而不能买入股票，这就是 MACD 指标的“死亡交叉”的一种形式；当 DIF 和 MACD 都在零线以上而 DIF 向下突破 MACD 时，表明股市将再次进入极度弱市中，股价还将下跌，可以卖出股票或观望，这是 MACD 指标的“死亡交叉”的另一种形式。

（二）超买超卖型指标

1. 威廉斯指标

威廉斯指标（WR）是由拉里·威廉斯（Larry Williams）在 1973 年发明的，是目前股市技术分析中比较常用的短期研判指标。WR 主要是通过分析一段时间内股价最高价、最低价和收盘价之间的关系来判断股市的超买超卖现象，预测股价中短期的走势。

它主要是利用振荡点来反映市场的超买超卖行为，分析多空双方力量的对比，从而提出有效的信号来研判市场中短期行为的走势。

（1）WR 指标的计算方法。

WR 指标的计算主要是通过分析周期内的最高价、最低价及周期结束的收盘价三者之间的关系来展开的。以日威廉斯指标为例，其计算公式为：

$$\mathrm{WMS}_{(N)}=\frac{H_N-C_t}{H_N-L_N}\times 100$$

式中，

C_t为当天的收盘价；

H_N和L_N分别为最近N日内（包括当天）出现的最高价和最低价；

N为选定的时间参数，一般为14日或20日。

（2）WR指标的应用。

第一，WR数值的大小。WR的数值范围为0～100。以0为顶部，以100为底部。

1）当WR在0～20区间时，是WR指标的超买区，表明市场处于超买状态，股票价格已进入顶部，可考虑卖出。WR＝20这一横线一般被视为卖出线。

2）当WR在20～80区间时，表明市场上多空暂时取得平衡，股票价格处于横盘整理状态，可考虑持股或持币观望。

3）当WR进入80～100区间时，是WR指标的超卖区，表明市场处于超卖状态，股票价格已接近底部，可考虑买入。WR＝80这一横线一般被视为买入线。

4）在具体实战中，当WR曲线向上突破20超买线而进入超买区运行时，表明股价进入强势拉升行情，这是提醒投资者要密切关注行情的未来走势。只有当WR曲线再次向下突破20线时，才为投资者提出预警，为投资者买卖决策提供参考。同样，当WR曲线向下突破80超卖线而进入超卖区运行时，表明股价的强势下跌已经缓和，这也是提醒投资者可以为建仓做准备，而只有当WR曲线再次向上突破80线时，投资者才应短线买入。

第二，WR曲线的形状。

1）当WR曲线从超卖区开始向上爬升、超过80这条买入线时，说明行情可能向上突破，是开始买入的信号；当WR曲线从超买区开始向下回落，跌破20这条卖出线时，说明行情可能向下反转，是开始卖出的信号。

2）当WR曲线由超卖区向上突破50这条多空平衡线时，说明股价涨势较强，可考虑短线加码买入；当WR曲线由超买区向下突破50这条多空平衡线时，说明股价跌势较强，可考虑短线加码卖出。

2. 随机指标

随机指标（KDJ）起先被用于期货市场的分析，后被广泛应用于股市的中短期趋势分析，是期货和股票市场上最常用的技术分析工具。

（1）KDJ指标的计算方法。

KDJ一般是根据统计学的原理，通过一个特定周期（常为9日、9周等）内出现过的最高价、最低价、最后一个计算周期的收盘价及这三者之间的比例关系，来计算最后一个计算周期的未成熟随机值RSV，然后根据平滑移动平均线的方法来计算K值、D值与J值，并绘成曲线图来研判股票走势。

$$\mathrm{RSV}_N=\frac{C_t-L_N}{H_N-L_N}\times 100$$

式中，C_t、H_N、L_N的意义同 WMS 的计算公式，但要注意与 WMS 计算的不同之处。

对 RSV 进行 3 日指数平滑移动平均，得到 K 值：

今日 K 值=2/3×昨日 K 值+1/3×今日 RSV

对 K 值进行 3 日指数平滑移动平均，得到 D 值：

今日 D 值=2/3×昨日 D 值+1/3×今日 K 值

式中，1/3 是平滑因子，是可以人为选择的，不过目前已经约定俗成，固定为1/3了；初始的 K、D 值，可以用当日的 RSV 值或以 50 代替。

（2）KDJ 指标的应用。

1）从 KDJ 的取值方面考虑。在 KDJ 指标中，K 值和 D 值的取值范围都是 0～100，而 J 值的取值范围可以超过 100 和低于 0。通常就敏感性而言，J 值最强，K 值次之，D 值最差；而就安全性而言，J 值最差，K 值次之，D 值最稳。

根据 KDJ 的取值，可将其划分为几个区域，即超买区、超卖区和徘徊区。按一般划分标准，K、D、J 这三个值在 20 以下为超卖区，是买入信号；K、D、J 这三个值在 80 以上为超买区，是卖出信号；K、D、J 这三个值在 20～80 之间为徘徊区，宜观望。

2）KDJ 曲线的形态。当 KDJ 曲线图形成头肩顶（底）、双重顶（底）(即 M 头、W 底）及三重顶（底）等形态时，也可以按照形态理论的研判方法加以分析。KDJ 曲线出现的各种形态是判断行情走势、决定买卖时机的一种分析方法。另外，KDJ 曲线还可以被划分为趋势线、压力线和支撑线等。

3）KDJ 曲线的交叉。分为“黄金交叉”和“死亡交叉”两种形式。

当股价经过一段很长时间的低位盘整行情并且 K、D、J 三线都处于 50 线以下时，一旦 J 线和 K 线几乎同时向上突破 D 线，这是 KDJ 指标黄金交叉的一种形式；当股价经过一段时间的上升过程中的盘整行情，并且 K、D、J 线都在 50 线附近徘徊时，一旦 J 线和 K 线几乎同时再次向上突破 D 线，成交量再度放出，表明股市处于一种强势之中，股价将再次上涨。这就是 KDJ 指标“黄金交叉”的另一种形式。

当股价经过前期一段很长时间的上升行情后，在股价涨幅已经很大的情况下，一旦 J 线和 K 线在高位（80 以上）几乎同时向下突破 D 线，这就是 KDJ 指标“死亡交叉”的一种形式；当股价经过一段时间的下跌后，股价缺乏向上反弹的动力，各种均线对股价形成较强的压力时，KDJ 曲线在经过短暂的反弹到 80 线附近但未能重返 80 线以上时，一旦 J 线和 K 线再次向下突破 D 线，表明股市将再次进入极度弱市中，股价还将下跌，这是 KDJ 指标“死亡交叉”的另一种形式。

4）KDJ 曲线的背离。KDJ 曲线的背离就是指 KDJ 指标的曲线图的走势方向和 K 线图的走势方向正好相反。KDJ 曲线的背离有顶背离和底背离两种。

当股价 K 线图上的股票走势一峰比一峰高，股价一直上涨，而 KDJ 曲线图上的 KDJ 指标走势是在高位一峰比一峰低时，这叫顶背离现象。顶背离现象一般是股价将高位反转的信号，表明股价在短期内即将下跌，是卖出的信号。当股价 K 线图上的股票走势一峰比一峰低，股价在向下跌，而 KDJ 曲线图上的 KDJ 指标走势是在低位一底比一底高时，这叫底背离现象。底背离现象一般是股价将低位反转的信号，表明股价在短期内即将上涨，是买入的信号。

3. 相对强弱指标

相对强弱指标（RSI）又叫力度指标，它是根据股票市场上供求关系平衡的原理，通过比较一段时期内单只股票价格的涨跌幅度或整个市场的指数的涨跌大小来分析及判断市场上多空双方买卖力量的强弱程度，从而判断未来市场走势的一种技术指标，是目前股市技术分析中比较常用的中短线指标。

（1）RSI 指标的计算方法。

假设 A 为 N 日内收盘价的正数之和，B 为 N 日内收盘价的负数之和×(－1)，这样 A 和 B 均为正。将 A、B 代入 RSI 的计算公式，则得：

$$\mathrm{RSI}_{(N)}=\frac{A}{A+B}\times 100$$

（2）RSI 的应用。

1）根据取值的大小判断。一般而言，RSI 的数值在 80 以上和 20 以下为超买超卖区的分界线。

当 RSI 的值超过 80 时，则表示整个市场力度过强，多方力量远大于空方力量，双方力量对比悬殊，多方大胜，市场处于超买状态，后续行情有可能出现回调或转势，此时，投资者可卖出股票。

当 RSI 的值低于 20 时，则表示市场上卖盘多于买盘，空方力量强于多方力量，空方大举进攻后，市场下跌的幅度过大，已处于超卖状态，股价可能出现反弹或转势，投资者可适量建仓、买入股票。

当 RSI 的值处于 50 左右时，说明市场处于整理状态，投资者可观望。

2）长短期 RSI 线的交叉情况。短期 RSI 是指参数相对小的 RSI，长期 RSI 是指参数相对较大的 RSI。比如，6 日 RSI 和 12 日 RSI 中，6 日 RSI 即为短期 RSI，12 日 RSI 即为长期 RSI。长短期 RSI 线的交叉情况可以作为我们研判行情的方法。

当短期 RSI＞长期 RSI 时，市场则属于多头市场；当短期 RSI＜长期 RSI 时，市场则属于空头市场。

当短期 RSI 线在低位向上突破长期 RSI 线时，一般为 RSI 指标的“黄金交叉”，为买入信号；当短期 RSI 线在高位向下突破长期 RSI 线时，一般为 RSI 指标的“死亡交叉”，为卖出信号。

4. 乖离率指标

乖离率指标（BIAS）又叫 Y 值，是由移动平均原理派生出来的一种技术分析指标，是目前股市技术分析中一种短、中、长期皆可适用的技术分析工具。

BIAS 指标是依据葛兰碧八大买卖法则派生出来的一项技术分析指标，它通过一定的数学公式来计算和总结出价格偏离移动平均线的程度，指出买卖时机。

（1）BIAS 指标的计算方法。

$$\mathrm{BIAS}_{(N)}=\frac{C_t-\mathrm{MA}(N)}{\mathrm{MA}(N)}\times 100\%$$

式中，

C_t为 N 日中第 t 日的收盘价；

MA(N) 为 N 日的移动平均数；

N 为 BIAS 的参数。

（2）BIAS 指标的应用。

1）BIAS 的正负。若股价在移动平均线之上，则为正乖离率；若股价在移动平均线之下，则为负乖离率；当股价与移动平均线相交时，乖离率为零。正的乖离率越大，表明短期股价涨幅过大，随之而来的是多头的短线获利颇丰，因此，股价再度上涨的压力加大，股价受短线获利盘的打压而下跌的可能性就越高。反之，负的乖离率越大，空头回补而使股价反弹的可能性就越大。

2）乖离率的取值。乖离率的数值大小可以直接用来研究股价的超买超卖现象，判断买卖股票的时机。由于选用乖离率周期参数的不同，其对行情的研判标准也会随之变化，但大致的方法基本相似。以 5 日和 10 日乖离率为例，具体方法如下所述。

一般而言，在弱势市场上，股价的 5 日乖离率在－5 以上表示股价超卖现象出现，可以考虑开始买入股票；而股价的 5 日乖离率在 5 以上表示股价超买现象出现，可以考虑卖出股票。

在强势市场上，股价的 5 日乖离率在－10 以上表示股价超卖现象出现，为短线买入机会；股价的 5 日乖离率在 10 以上表示股价超买现象出现，为短线卖出股票的机会。

结合我国沪深股市的实际，在出现暴涨暴跌时，对于综合指数而言，10 日乖离率大于 10 预示股价指数已经出现超买现象，可开始逢高卖出股票，10 日乖离率小于－5 预示股价指数已经出现超卖现象，可开始逢低吸纳股票。而对个股而言，10 日乖离率大于 15 为短线卖出时机，10 日乖离率小于－10 为短线买入时机。

（三）人气型指标

1. 心理线指标

心理线指标（PSY）是研究投资者对股市涨跌产生心理波动的情绪指标。它将一定时期内投资者趋向买方或卖方的心理事实转化为数值，从而判断股价的未来趋势。

（1）PSY 指标的计算方法。

$$\mathrm{PSY}(N)=\frac{A}{N}\times 100$$

式中，N 为天数，是 PSY 的参数；A 为 N 天之中股价上涨的天数。在实际应用中，N 一般定为 12 日。这里的上涨和下跌的判断以收盘价为准。

（2）PSY 指标的应用。

1）一般情况下，PSY 值的变化都在 25～75 之间，反映股价处在正常的波动状态，投资者可以按照原有的思路买卖股票。在盘整阶段，PSY 指标的值应该在 50 附近，上下限一般定为 25 和 75（有的定为 30 和 70），说明多空双方基本处于平衡状态。如果 PSY 超出了这个平衡状态，就是 PSY 指标的超买超卖。

2）当 PSY 达到或超过 75 时，说明在 N 天内，上涨的天数远大于下跌的天数，多方的力量很强大而且持久。但从另一方面看，由于上涨天数多，股票累计的获利盘也多，市场显示出超买的迹象，特别是在涨幅较大的情况下，股价上升的压力就会很大，股价可能很快回落调整，投资者应多加注意；当 PSY 达到或低于 25 时，说明在 N 天内，下跌的天数远大于上涨的天数，空方力量比较强大，市场上悲观气氛比较浓，股价一路下跌。但从另一方面看，由于下跌的天数较多，市场上显示超卖的迹象，特别是在跌幅较大的情况下，市场抛盘稀少，抛压较轻，股价可能会反弹向上。

3）如果 PSY 值出现大于 90 或小于 10 这种极端超买超卖情况，投资者更要多加注意。在多头市场和空头市场开始初期，可将超买线、超卖线分别调整至 85 和 15，到行情发展中后期再分别调回至 75 和 25，这样更有利于 PSY 指标的研判。

2. 能量潮指标

能量潮指标（OBV）利用股价和股票成交量的指标来反映人气兴衰，人为地按照股价的涨跌将成交量分为正负两种，并进行累加运算，是一种重点研判股市成交量的短期技术分析工具。

（1）OBV 指标的计算方法。

OBV 指标的计算比较简单，主要是计算累积成交量。

假设已经知道了上一个交易日的 OBV，则其计算公式为：

$$\text{今日 OBV} = \text{昨日 OBV} + \text{sgn} \times \text{今天的成交量}$$

式中，sgn 是符号函数，其数值由下式决定：

$$\text{sgn} = +1 \quad \text{今日收盘价} \geqslant \text{昨日收盘价}$$
$$\text{sgn} = -1 \quad \text{今日收盘价} < \text{昨日收盘价}$$

这里的成交量指的是成交股票的手数，不是成交金额。当 sgn＝＋1 时，其成交量计入多方的能量；当 sgn＝－1 时，其成交量计入空方的能量。

计算 OBV 时的初始值可自行确定，一般用第一日的成交量代替。

（2）OBV 指标的应用。

1）当 OBV 线下降而股价却上升时，预示股价上升能量不足，股价可能随时下跌，是卖出股票的信号；当 OBV 线上升而股价却小幅下跌时，说明市场上人气旺盛，下档承接力较强，股价的下跌只是暂时的技术性回调，股价可能即将止跌回升。

2）当 OBV 线缓慢上升而股价也同步上涨时，表示行情稳步向上，股市中长期投资形势尚好，股价仍有上升空间，投资者应持股待涨；当 OBV 线缓慢下降而股价也同步下跌时，表示行情逐步盘跌，股市中长期投资形势不佳，股价仍有下跌空间，投资者应以卖出股票或持币观望为主。

3）在一般情况下，当 OBV 线出现急速上升的现象时，表明市场上大部分买盘已全力涌进，而买方能量的爆发不可能持续太久，行情可能将会出现回档，投资者应考虑逢高卖出。尤其在 OBV 线急速上升后不久，在盘面上出现锯齿状曲线并有掉头向下迹象时，表明行情已经涨升乏力，行情即将转势，为更明显的卖出信号。这一点对于短期急升并涨幅较大的股票的研判更为准确；在一般情况下，当 OBV 线出现急速下跌的现象时，表明市场上大量卖盘汹涌而出，股市行情已经转为跌势，股价将进入一段较长时期的下跌过程，此时，投资者还是应以持币观望为主，不要轻易抢反弹。只有当 OBV 线经过急跌后在底部开始形成锯齿状的曲线时，才可以考虑进场介入，抢短期反弹行情。

4）OBV 线经过长期累积后的大波段的高点（即累积高点），经常形成行情再度上升的大阻力区，股价常在这个区域附近遭受强大的上升压力而反转下跌。而一旦股价突破这个长期阻力区，其后续涨势将更加强劲有力；OBV 线经过长期累积后的大波段的低点（即累积低点），则常会形成行情下跌的大支撑区，股价会在这个区域附近遇到极强的下跌支撑而止跌企稳。而一旦股价向下跌破这个长期支撑区，其后续跌势将更猛。

（四）大势型指标

大多数技术指标都是既可被应用于个股，又可被应用于大盘指数。而大势型指标主要对整个证券市场的多空状况进行描述，它只能被应用于研判证券市场整体形势，而不能被应用于个股分析。

一般来说，描述股市整体状况的指标是综合指数，如道琼斯指数、上证指数等。但无论哪种指数都不可能面面俱到，总有不尽如人意的地方。以下介绍的腾落指标、涨跌比率指标和超买超卖指标三个指标从某个角度讲，能够弥补综合指数的不足，提前向投资者发出信号。

1. 腾落指标

腾落指标（ADL）又叫腾落指数或涨跌线指标，其英文全称是“Advance Decline Line”，它是专门研究股票指数走势的技术分析工具。

ADL 指标是以股票每天上涨和下跌的数量作为计算和观察对象，借此了解股市的人气兴衰，探测大势内在的动量是强势还是弱势，从而研判股市未来动向的技术指标。

（1）ADL 指标的计算方法。

$$今日\ ADL=昨日\ ADL+N_A-N_D$$

式中，N_A为当天所有股票中上涨的数量；N_D为当天下跌的股票数。

涨跌的判断标准是以今日收盘价与上一日收盘价相比较（无涨跌者不计）。ADL 的初始值可取为 0。

（2）ADL 指标的应用。

与其他技术指标不同的是，ADL 指标只能被应用于研究大盘走势，不能被应用于个股分析，而且 ADL 指标只能被应用于对大盘的日走势的分析。

1）在长期上涨的多头行情里，如果股市大势指数已经进入高位，而 ADL 曲线并没有同步上升，而是开始走平或下降，这是大势的向上趋势可能将结束的信号；在长期下跌的空头行情里，如果股市大势指数已经进入低位，而 ADL 曲线并没有同步下跌，而是开始走平或掉头上升，这是大势的向下趋势可能进入尾声的信号。

2）股市大势指数从高点回落，整理后再度上涨，并接近前期高点或创新高，而 ADL 曲线却盘桓不前或无法冲过前期高点，说明大势随时有向下反转的可能；股市大势指数从低点反弹，反弹后再度下跌，并接近前期低点或创新低，而 ADL 曲线却无法跌破前期低点并走平或向上掉头，说明股市的跌势可能已有转机，随时可能向上反弹。

2. 涨跌比率指标

涨跌比率指标（ADR）是通过一定时期内整个股票市场上的上涨和下跌数量的比率，

衡量多空双方的变化来判断未来股票市场的整体走势的技术指标。

（1）ADR 指标的计算方法。

$$\mathrm{ADR}(N)=\frac{P_1}{P_2}$$

式中，

$P_1=\sum N_A$，为 N 日内股票上涨数量之和；

$P_2=\sum N_D$，为 N 日内股票下跌数量之和；

N 为选择的天数，是 ADR 的参数。

目前，N 比较常用的参数为 10。ADR 的取值不小于 0。

（2）ADR 指标的应用。

1）当 ADR 的数值小于 0.5 时，表示大势经过长期下跌，已经出现超卖现象，很多股票价格可能会止跌企稳并出现一轮反弹行情，投资者可以短线少量买入超跌股以待反弹；当 ADR 的数值大于 1.5 时，表示大势经过长期上涨，已经出现超买现象，很多股票价格可能已经上涨过度，将会出现一轮幅度比较大的下跌行情，投资者应以及时卖出股票或持币观望为主。

2）当 ADR 的数值在 0.5～1.5 之间时，表示大势基本处于整理行情之中，没有出现特殊的超买和超卖现象，这时投资者更重要的在于研判个股行情。

3）当 ADR 的数值在 0.3 以下时，表示大势处在大空头市场的末期，市场上出现了严重的超卖现象，很多股票的价格已经跌无可跌，此时，投资者可以分批逢低吸纳股票，进行中长线的建仓投资；当 ADR 的数值在 1.5 以上时，表示大势处在大多头市场的末期，市场上出现了严重的超买现象，很多股票的价格已经涨幅过大，将面临一轮比较大的下跌行情，此时，投资者应及时卖出所持有的股票。

3. 超买超卖指标

超买超卖指标（OBOS）的英文全称是“Over Bought Over Sold”，和 ADR、ADL 一样是专门研究股票指数走势的中长期技术分析工具。

OBOS 指标和 ADR 指标一样，是用一段时间内上涨和下跌股票数量的差距来反映当前股市多空力量的对比和强弱。它的主要用途在于衡量大势涨跌气势，在某种程度上是一种加大 ADL 线振幅的分析方法。

（1）OBOS 指标的计算方法。

$$\mathrm{OBOS}(N)=\sum N_A-\sum N_D$$

式中，$\sum N_A$ 和 $\sum N_D$ 分别表示 N 日内每日上涨股票数量的总和与每日下跌股票数量的总和；天数 N 为 OBOS 的参数，一般选 $N=10$。

OBOS 的多空平衡位置是 0，也就是当 $\sum N_A=\sum N_D$ 的时候。当 OBOS$>$0 时，多方占优势；当 OBOS$<$0 时，空方占优势。

（2）OBOS 指标的应用。

1）OBOS 指标的多空平衡点是 0。当市场处于盘整阶段时，OBOS 的取值应该在 0 附近来回波动；当市场处于多头阶段时，OBOS 的取值应该是正数；当市场处于空头阶段时，OBOS 的取值应该是负数。

2）当 OBOS=0 时，说明在一段时期内，多空力量处于平衡状态，股价指数维持窄幅盘整局面；当 OBOS>0 时，说明市场中的多头力量大于空头力量，市场属于强势格局，股价指数处于上涨行情；当 OBOS<0 时，说明市场中的空头力量大于多头力量，市场属于弱势格局，股价指数处于下跌行情。

3）一般而言，OBOS 值距离 0 的远近说明市场上多空双方中的某一方力量比较强大。OBOS 的值为正值且距离 0 越远，说明市场上的多头力量越强大，多方占据的优势就越明显；OBOS 的值为负值且距离 0 越远，说明市场上的空头力量越强大，空方占据的优势就越明显。

4）当 OBOS 的走势与指数背离时，是采取行动的信号，大势可能会向相反的方向运动。

案 例

兖州煤业 2005—2007 年牛市走势的技术分析

A 股兖州煤业（600188）的全称为"兖州煤业股份有限公司"。该股 1998 年 7 月 1 日上市，发行价为 3.37 元/股，发行总量为 8 000 万股，隶属于煤炭采选业，是沪深 300 指数之一，亦是国内 A 股上市公司中含 N 股和 H 股的为数不多的股票之一。截至 2009 年 7 月 1 日，从对该股上市 11 年来的走势回顾来看，该股技术走势较为规范。倘若依据技术分析方法投资该股，无论是长线操作还是中短线操作均收益不菲。技术分析中的切线理论、形态理论、波浪理论以及定量化的技术指标等方法，在该股走势中都有它们的踪迹。

一、历史走势中的技术分析

该股上市后 7 年中，始终受制于上市首日高点 9.00 元和 2000 年 4 月 19 日高点 11.47 元形成的长期压力线的压制，虽然此间牛熊兼备，曾在 2004 年 4 月 9 日摸高到 15.82 元，但仍未摆脱前述压力线的制约，并导致了三重顶形态形成的大熊市，将股价打回历史低点 5 元附近（见图 6-31）。

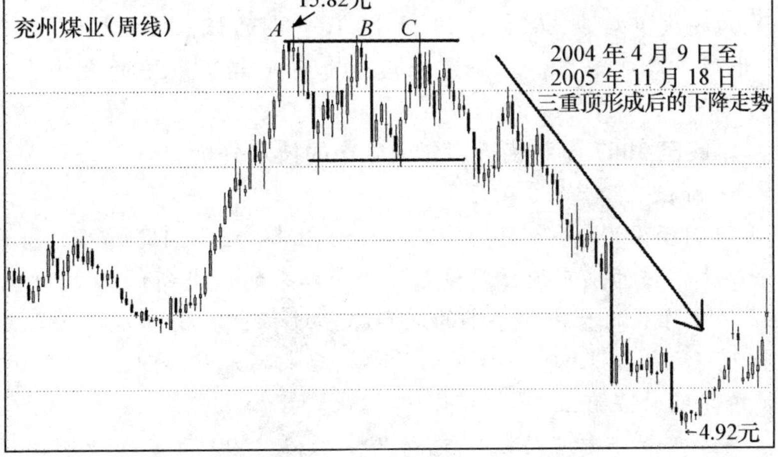

图 6-31

常用技术分析指标中的MACD（指数平滑异同平均线）和MA（移动平均线）的助涨和助跌功能，亦有效佐证了这波熊市的启动、运行过程。

在周线图中，股价见顶15.82元时MACD随之见顶（其中MACD的值为0.65，DIF的值为1.53，DEA的值为1.21）。三周后MACD快速回落到零轴附近，而DIF与DEA同时形成高位死亡交叉。之后在振荡构筑三重顶过程中，MACD始终处于零轴以下（直至股价跌到4.92元后才开始回归零轴以上运行），DIF和DEA同时处于下降运行趋势，其助跌功能非常显著。

另外，周线图显示，三重顶形成后MA也提供了下跌趋势形成的技术支持。比如，50周均线与60周均线在三重顶确认后双双告破，虽然股价曾予以反扑，但终因50周均线与60周均线的高位死亡交叉而开始加速下跌（见图6-32）。

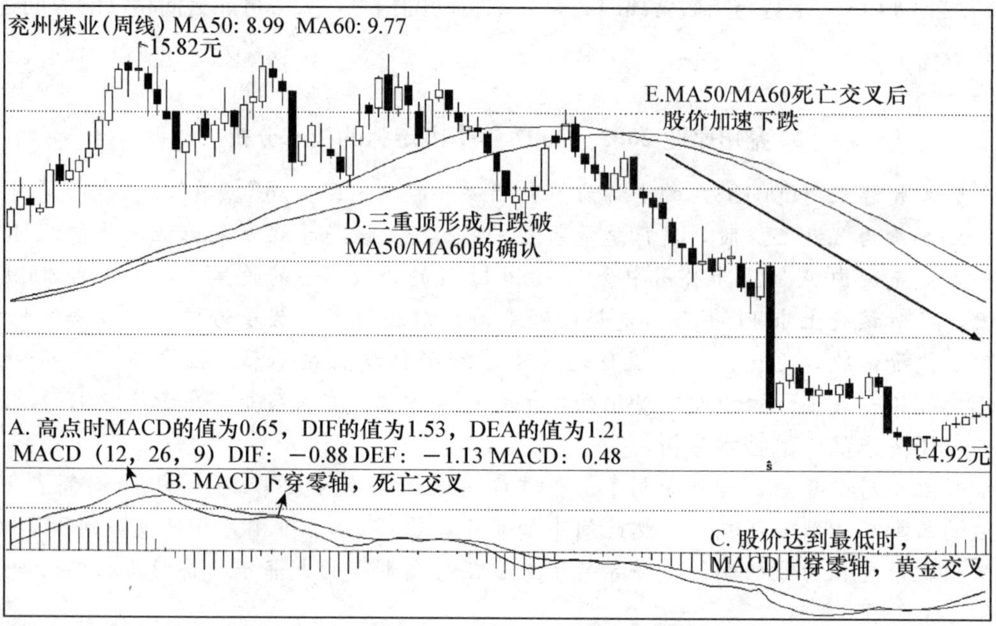

图6-32

当然，正是这波熊市后期2005年11月16日形成的低点4.92元与1999年5月17日的低点5.21元形成双底形态，在一定程度上奠定了翻了5倍的大牛市的技术基础和依据。

二、2005年年底至2007年年底近两年大牛市的技术分析

（一）底部构筑阶段

该股2004年4月至2005年4月，在11.00～15.80元之间宽幅振荡一年之久并向下突破后，一波杀伤力较强的熊市使该股创出了上市以来的历史新低4.92元。在从2005年7月开始至2007年2月底的长达一年半的底部振荡过程中，股价始终在5.00～9.00元间窄幅运行，多数时间运行在5.80～8.00元区间，后来的走势验证，股价已处于历史底部阶段。该股筑底阶段的特点有五个：

其一，股价始终在熊市起点15.82元和历史低点4.92元黄金分割率的61.8%之下运行。

其二，始终受制于1999年5月17日和2003年9月25日两个低点支撑线的反压。

其三，股价在2005年11月16日创出历史低点后，始终再未创新低（见图6－33）。

图6－33

其四，股价在下跌至4.92～5.50元区间时，MACD绿柱逐渐缩小，由2005年11月2日的－0.26回升至2005年11月16日的－0.05，两个交易日后MACD则回归到0轴以上。另外，此时DIF与DEA则出现低位黄金交叉（见图6－34）。

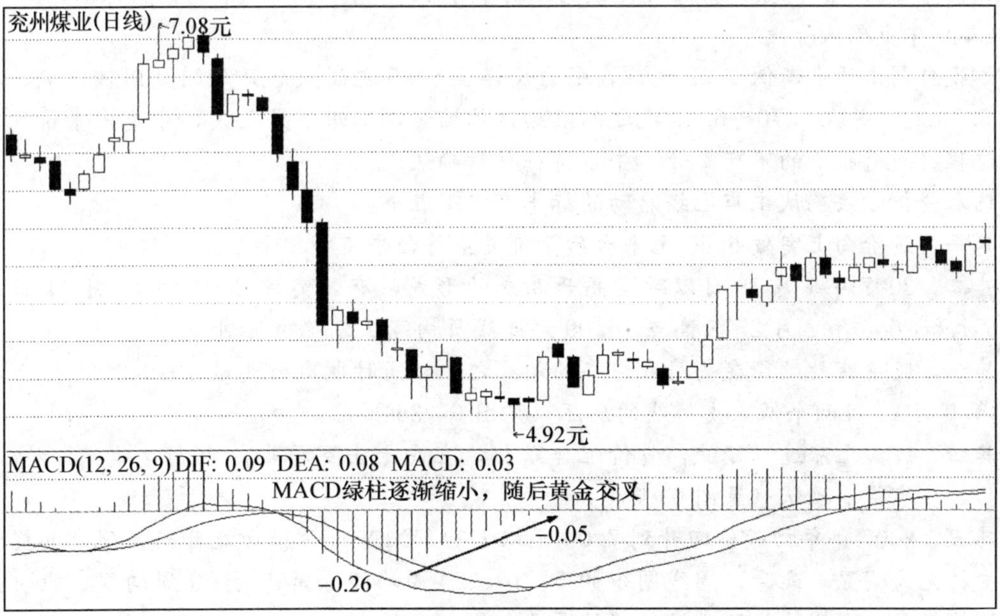

图6－34

其五，在月线图中，股价见底4.92元后的第二个月，技术指标KDJ即形成低位黄金交叉（见图6－35）。

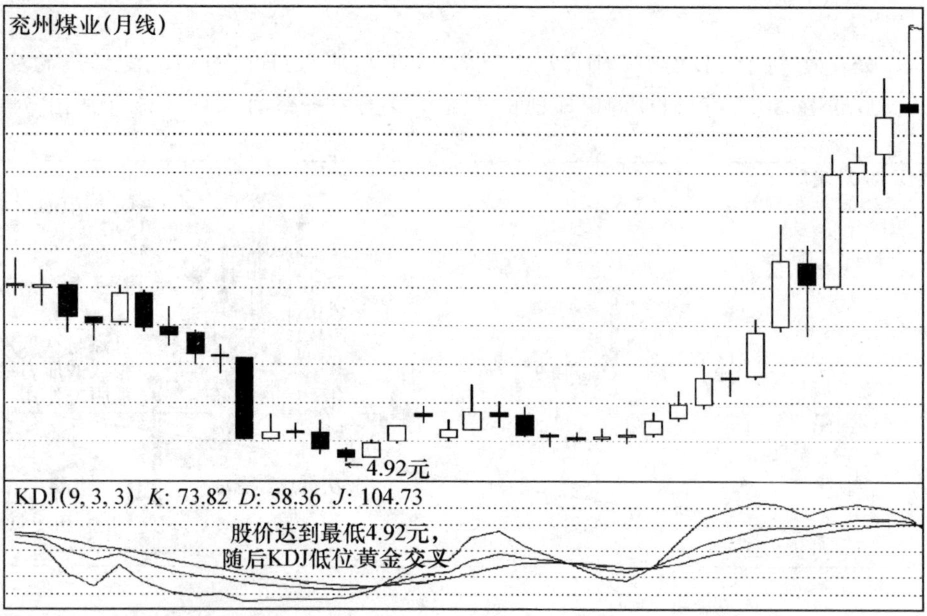

图 6-35

大牛市的一浪、二浪及三浪的前期部分是在底部构筑阶段运行的。从K线图形态组合看，当股价在2007年1月19日以跳空高开高走的形式有效突破2004年10月11日高点15.55元和2005年2月25日高点14.09元连线的压制作用后，一个头肩底反转形态初见端倪。

（二）牛市确认阶段

该股自创出历史新低4.92元后，强力反弹至8.90元高点后开始缩量阴跌回调，再次探低5.70元，并在5.70～6.60元之间继续低位缩量徘徊四个月之久，才走出量价配合的攀升过程。随着股价的不断攀升，牛市特征初步确认。

技术分析方法确认牛市已经启动的标志有以下五个：

其一，股价向上突破6.60元平台后量价关系符合牛市特征要求。

其二，2007年1月19日以跳空高开高走的形式，有效突破2004年10月11日高点15.55元和2005年2月25日高点14.09元连线所构筑压力线的压制。

其三，股价有效站稳在头肩底形态的颈线之上，同时也有效突破1999年5月17日和2003年9月25日两个低点支撑线的反压（见图6-36）。

其四，股价上涨过程稳健，量价配合默契，在向上击穿前期熊市50%与61.8%的压力位后，牛市得以确认（见图6-37）。

其五，2007年年初股价回升到7.00元以上后，MA的助涨功能开始显现，其提供的技术支持尤为明显。此时，周线图中的5、10、20周均线全部上穿60周均线；股价上涨中始终依托5、10周均线稳步运行（见图6-38）。

此牛市确认阶段与底部构筑阶段紧密相连。牛市一浪见高8.90元后，二浪回撤幅度达到一浪的80.42%，完全符合波浪理论中修正二浪幅度较大的基本特点。正是二浪的充分调整，才为牛市三浪奠定了雄厚的基础。牛市的二浪和三浪的50%部分处在牛市确认阶段。

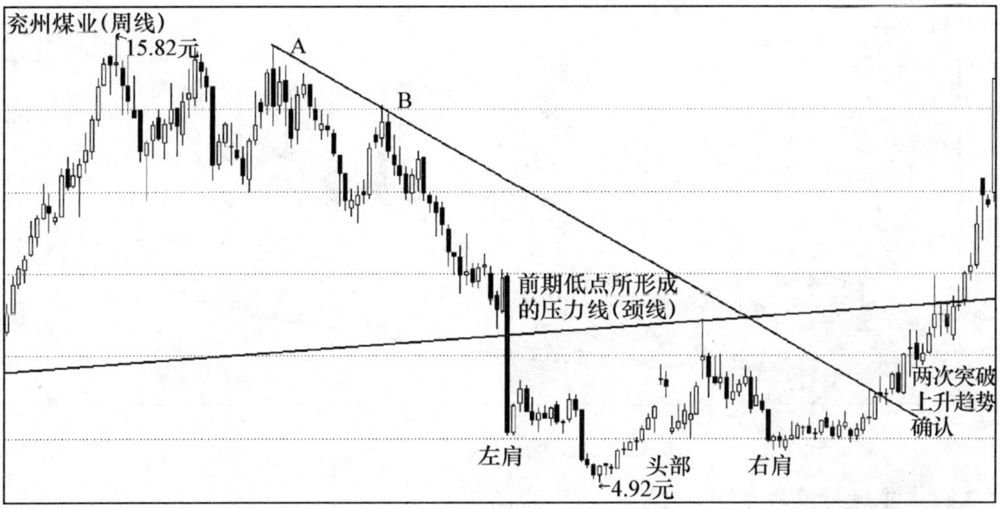

兖州煤业(周线)
15.82元
A
B
前期低点所形成
的压力线(颈线)
两次突破
上升趋势
确认
左肩
头部
右肩
4.92元

图 6-36

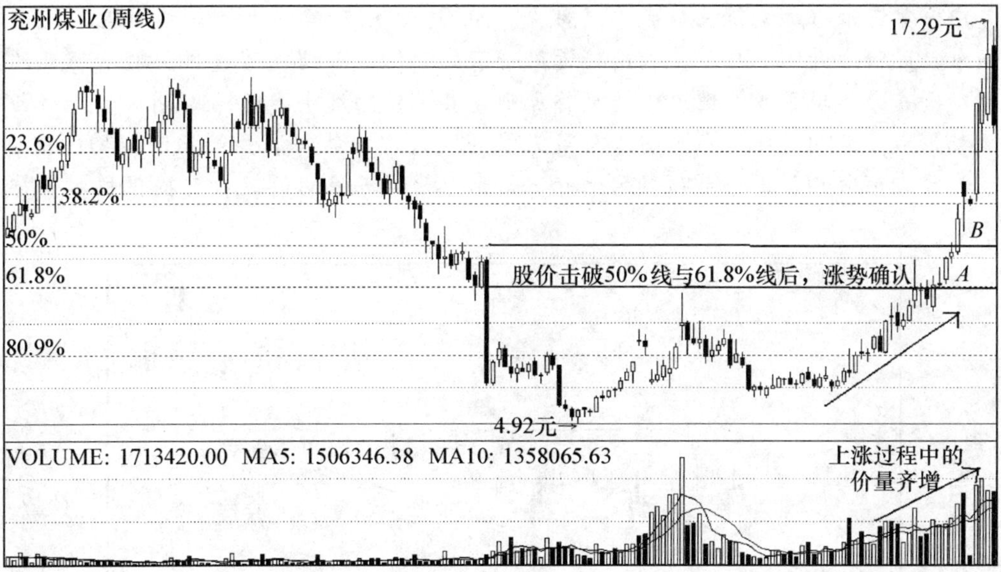

兖州煤业(周线)
17.29元
23.6%
38.2%
50%
61.8%
80.9%
B
A
股价击破50%线与61.8%线后，涨势确认
4.92元
VOLUME: 1713420.00 MA5: 1506346.38 MA10: 1358065.63
上涨过程中的
价量齐增

图 6-37

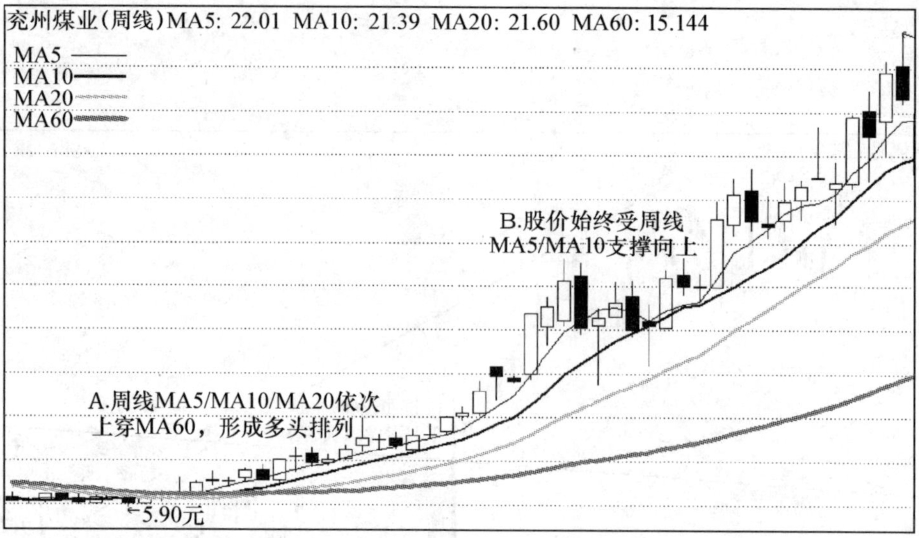

图 6-38

（三）牛市运行阶段

我们知道一个完整的牛市一定具备三浪上升、两浪下跌的循环过程。在前面牛市启动阶段被确认后，显然该股股价已经进入牛市运行阶段。此阶段包括三浪的后半部分，以及四浪和五浪。运行时间大约从 2007 年 3 月中下旬开始，直至 2007 年年中与大盘同时见顶，五浪结束，完成了该股上市以来的一波大牛市。

其中，第三浪（加构筑头肩底右肩部分）从 5.70 元开始到 17.29 元附近构筑小双头位置结束，股价上升 11.59 元，长度接近第一浪的三倍，可谓气势凌厉。随后展开的第四浪调整，则充分体现了波浪理论中的交替原则，其调整幅度小、时间周期短，正好与第二浪的调整形成了鲜明对比。在第四浪与第五浪的运行中，第四浪和第五浪中的 1 浪、2 浪及 3 浪的前期部分构筑出一个明显的上升三角形，为第五浪的最后拉升提供技术支持（见图 6-39）。

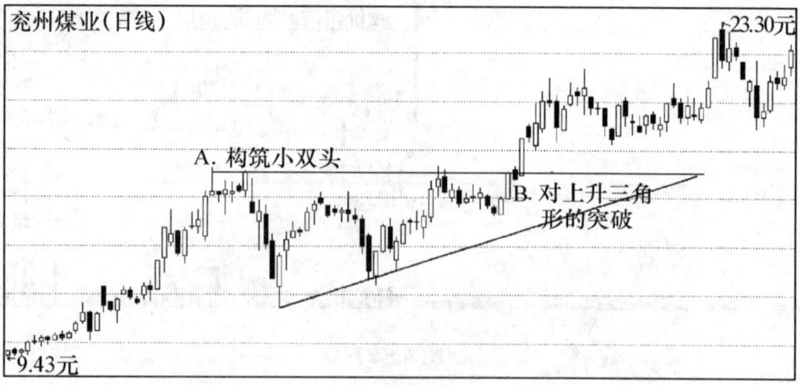

图 6-39

此阶段技术指标 MA 的助涨功能，成为支持股价强势上涨的突出特点。比如，股价始终沿 5、10 日均线上行，即便受到“5·30”事件的冲击，60 日均线亦牢牢地将股价托起

（见图 6－40）。

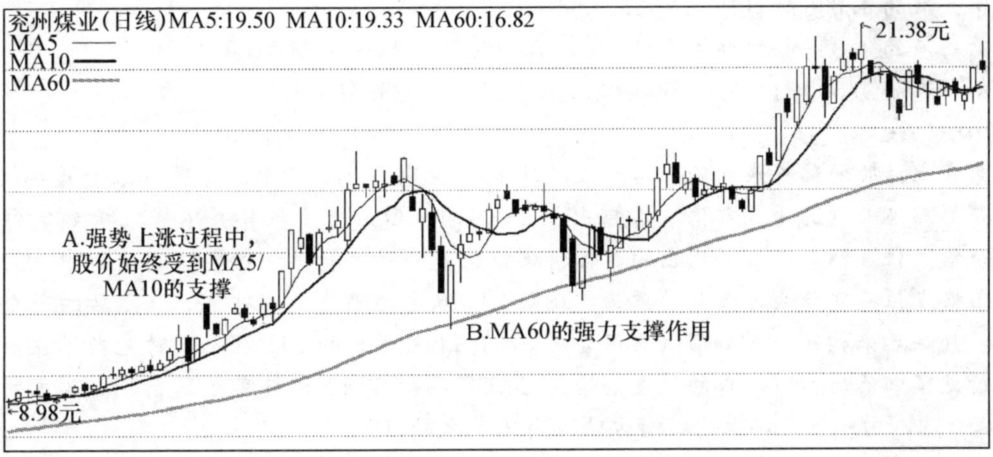

图 6－40

（四）牛市结束阶段

一波五浪结构的牛市在什么点位或价格结束，始终困扰着很多技术分析派投资者。就该股而言，准确确认其牛市是否结束也非唾手可得，实质上是对五浪顶点的一个判断过程。即便较为准确地确定了该股的顶部区域，也要依据后来是否在此出现反转，并参照更多的技术分析方法来加以确认。鉴于它的参考意义，我们假设股价尚未见顶，用技术分析方法对其进行简要分析和预测。

1. 运用波浪理论对顶部特征进行分析和研判

我们已经知道该股第一浪的长度为 3.98 元，而且第三浪的长度是第一浪的 2.912 倍。首先需要假设第三浪是延长浪，还是第五浪是延长浪，否则第五浪的长度无法预测。根据波浪理论中的在主驱动浪第三浪和第五浪中必有一延长浪原则，要么第三浪为延长浪，要么第五浪为延长浪。假设第三浪为延长浪，则第五浪的最大长度不应该超过第三浪的长度，即该股股价最高应为 23.09［＝11.50（第五浪的起点）＋11.59（第三浪的长度）］元。事实上股价在上升到 23.30 元后出现了一波长度为 4.40（＝23.30－18.90）元的回调，回调后继续上升，并再创新高；再假设第五浪是延长浪，那么第五浪的长度一定会超过第三浪的长度。基于这一假设，可以按照斐波纳奇序列数字和黄金分割率推算第五浪的几个高度如下：

第一浪的 2.912 倍（即 2.912×3.98)＋11.50＝23.09（元）；

第一浪的 3.191 倍（即 3.191×3.98)＋11.50＝24.20（元）；

第一浪的 3.236 倍（即 3.236×3.98)＋11.50＝24.38（元）；

第一浪的 3.382 倍（即 3.382×3.98)＋11.50＝24.96（元）；

第一浪的 3.500 倍（即 3.500×3.98)＋11.50＝25.43（元）；

第一浪的 3.618 倍（即 3.618×3.98)＋11.50＝25.90（元）；

第一浪的 3.764 倍（即 3.764×3.98)＋11.50＝26.48（元）；

第一浪的 3.809 倍（即 3.809×3.98)＋11.50＝26.66（元）；

第一浪的 4.000 倍（即 4.000×3.98)＋11.50＝27.42（元）；

第一浪的 4.191 倍（即 4.191×3.98)+11.50=28.18（元）；

第一浪的 4.236 倍（即 4.236×3.98)+11.50=28.36（元）；

第一浪的 4.382 倍（即 4.382×3.98)+11.50=28.94（元）；

第一浪的 4.500 倍（即 4.500×3.98)+11.50=29.41（元）；

…………

事实上该股的第五浪的确为延长浪，其长度在见高 27.68 元时是第一浪长度的 4.065 倍，是第三浪长度的 1.396 倍（略超出 1.382 倍）。但是上述推算并不能准确确定每一浪在哪个倍数位置结束，所罗列出的具体价格仅仅是一种可能性。但在该股运行中，上述倍数的价格点位确实产生过重要的意义。比如 24.96 元的确就是突破 23.30 元后的一个重要高点，且在后来构筑小头肩顶（右肩为 2007 年 11 月 1 日的 24.25 元）时充当了左肩；后来股价见顶回落后留下缺口的位置恰恰是 24.38 元；27.42 元与实际高点 27.68 元的误差亦不足 1%。由此可见，上述推断方法尚有借鉴之处（见图 6－41）。

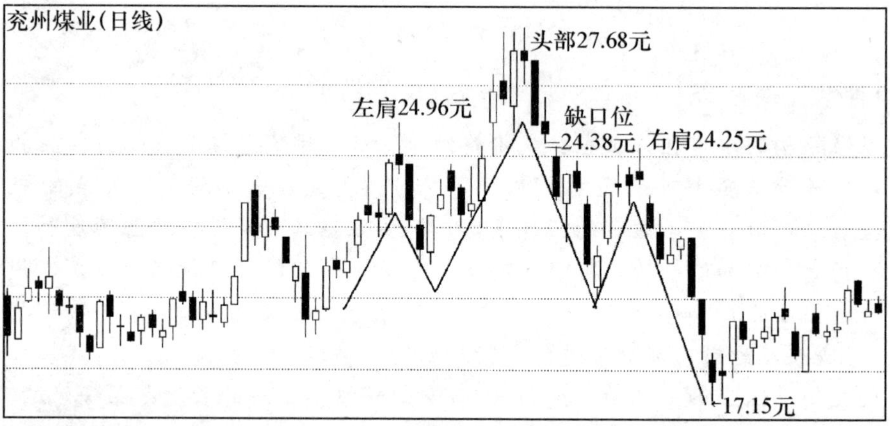

图 6－41

2. 运用切线、K 线、技术指标等理论对顶部特征进行分析和判断

顶部或底部的确认既复杂又有难度，技术分析理论初学者遇到这种问题时，往往束手无策或感到迷茫。其实经过全方位分析后，总体上仍能收到预期效果。

在该股五浪上升过程中，明显出现振荡幅度加大、成交量忽高忽低、浪型结构混乱等特征，但这些并不能干扰人们对顶部的确认。

其一，股价始终沿着幅度较大的上升通道运行。当股价在 2007 年 10 月 15 日达到 27.49 元时，以 2007 年 6 月 25 日的收盘价 12.98 元与 2007 年 9 月 11 日的收盘价 19.41 元构成支撑连线，在 2007 年 5 月 29 日形成的收盘价 17.07 元画该支撑线的平行线，其上升通道的压力位基本上在 28.00 元附近，非常明显。当股价走到 27.50 元时开始受阻，股价始终未能冲破该压力线的压制（见图 6－42）。

其二，由 2007 年 7 月 31 日高点与 2007 年 8 月 7 日高点连线形成的压力线，始终制约股价的高度，但当股价冲破该压力线后，走出了假突破行情，股价收盘价仅在压力线之上停留 2 天即掉头下行（切线理论告诉我们对于压力线或支撑线的突破一般要经过 2～5 天的验证才算有效），导致了股价周 K 线收盘于前一周 K 线实体的 50%附近，亦构筑了吊颈的反转形态，并在此后留下了周 K 线和日 K 线中的下行跳空缺口（见图 6－43 和图 6－44）。

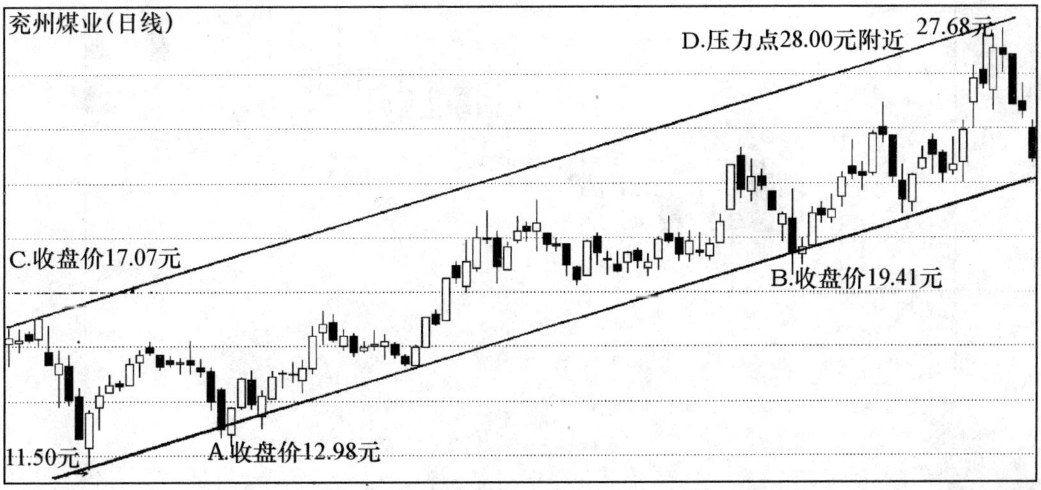
兖州煤业(日线)
D.压力点28.00元附近
27.68元
C.收盘价17.07元
B.收盘价19.41元
11.50元
A.收盘价12.98元

图 6-42

兖州煤业(日线)
27.68元
突破压力线后
仅停留两天
B.高点二24.96元
A.高点一20.98元
12.40元

图 6-43

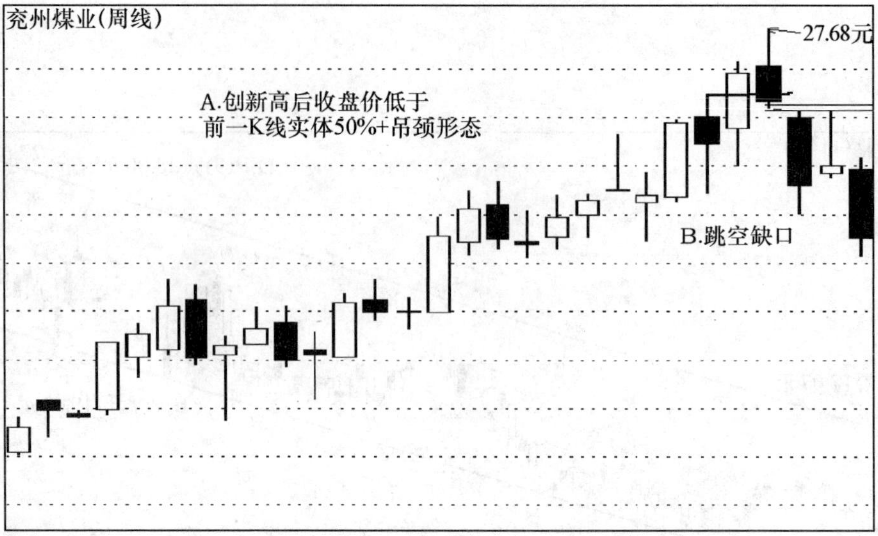

图 6-44

其三，2007 年 9 月 12 日低点 18.90 元与 2007 年 9 月 26 日低点 20.90 元形成的支撑线，于 2007 年 10 月 22 日跌破，随后 2007 年 11 月 1 日反扑未果使该反扑高点（24.25 元）与 2007 年 9 月 24 日的高点（24.96 元）构筑了一个小型头肩顶，对股价继续下探起到推波助澜的作用（见图 6-45）。

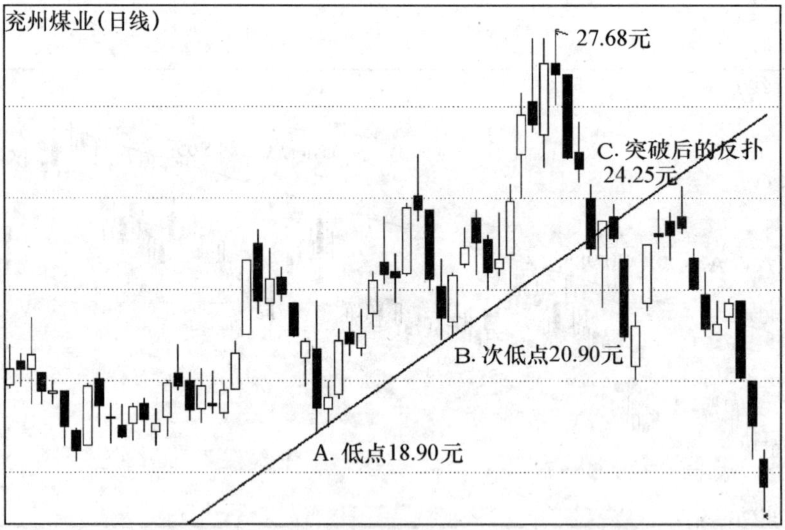

图 6-45

其四，在第五浪运行中的最后三个高点，日线技术指标 KDJ 中的 J 值逐渐开始背离。23.30 元前 J 值为 102.98、24.96 元前 J 值为 102.79，到最后创新高 27.68 元前 J 值已经下降到了 97.56。到达历史新高 27.68 元后的周 K 线吊颈得到了技术指标 KDJ 的验证，在当周 KDJ 就在高位形成死亡交叉，等等（见图 6-46 和图 6-47）。

兖州煤业(日线)
C.27.68元
B.24.96元
A.23.30元
KDJ(9, 3, 3) K: 83.41 D: 82.86 J: 84.51
a.102.98
b.102.79
c.97.56
2007年9月
2007年10月

图 6-46

兖州煤业(周线)
27.68元
7.07元
KDJ高位死亡交叉
KDJ(9, 3, 3) K: 35.82 D: 37.43 J: 32.60

图 6-47

其五，在股价上升到 27.68 元高点时，周线图中的 MACD 的 DIF 也同时达到历史峰值 3.29。两周后 MACD 竖线由红变绿，并伴随着 DIF 与 DEA 的高位死亡交叉，股价见顶得到指数指标的佐证（见图 6-48）。

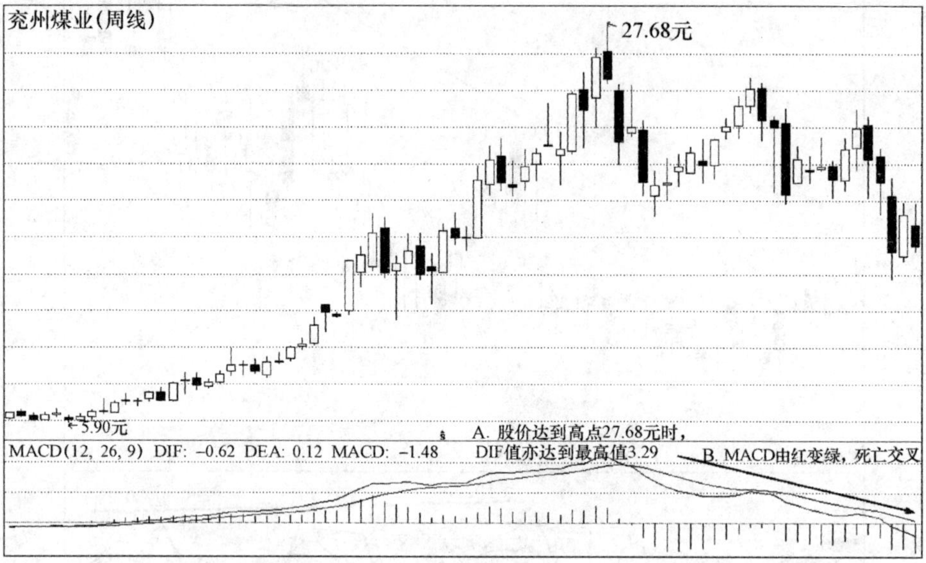

图 6-48

根据上述技术分析的综合研判，无论是从波浪理论、黄金分割、K 线理论、切线理论还是从技术指标分析，我们均可得到该股见顶的一些技术信号。

技术分析方法是股票投资分析的工具之一，虽有其可贵之处，但不可过于神化它。当然也不能因为技术分析存在某些缺陷而全盘否定它。仅就笔者的经验来看，技术分析可以给投资者提供较为准确的买卖点，而基本分析对此则爱莫能助。

附录　对兖州煤业股票牛市的五浪划分

下面是对兖州煤业股票 2005 年年底至 2007 年年底牛市的五浪划分（见图 6-49）。

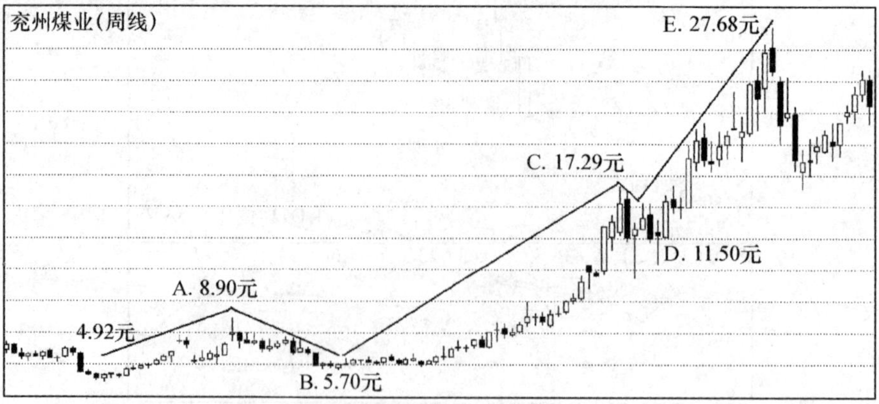

图 6-49

第一浪：4.92元（2005年11月16日）至8.90元（2006年5月17日），上升3.98元，共运行81天、17周、5个月

1浪：4.92元至5.39元（2005年11月21日），上升0.47元（3天）

2浪：5.39元至5.11元（2005年11月23日），下降0.28元（2天），回调1浪的59.57%

3浪：5.11元至7.79元（2006年2月16日），下降2.68元（42天）

4浪：7.79元至6.00元（2006年4月24日），下降1.79元（22天），回调3浪的66.79%

5浪：6.00元至8.90元（2006年5月17日），上升2.90元（12天）

第二浪：8.90元至5.70元（2006年8月21日），下降3.20元，共运行67天、14周、3个月；回调一浪的80.40%

A浪：8.90元至6.75元（2006年6月14日），下降2.15元（20天）

B浪：6.75元至7.77元（2006年7月4日），上升1.02元（13天），回调A浪的47.44%

C浪：7.77元至5.70元（2006年8月21日），下降2.07元（34天）

第三浪：5.70元至17.29元（2007年5月22日），上升11.59元，共运行177天、37周、9个月

1浪：5.70元至6.65元（2006年11月7日），上升0.95元（51天）

2浪：6.65元至5.90元（2006年11月14日），下降0.75元（4天），回调1浪的78.95%

3浪：5.90元至9.95元（2007年2月27日），上升4.05元（67天）

4浪：9.95元至8.36元（2007年3月19日），下降1.59元（14天），回调3浪的39.26%

5浪：8.36元至17.29元（2007年5月22日），上升8.93元（41天）

第四浪：17.29元至11.50元（2007年6月5日），下降5.79元，共运行10天、2周，回调三浪的49.96%

A浪：17.29元至15.30元（2007年5月24日），下降1.99元（2天）

B浪：15.30元至17.10元（2007年5月29日），上升1.80元（3天）

C浪：17.10元至11.50元（2007年6月5日），下降5.60元（5天）

第五浪：11.50元至27.68元（2007年10月17日），上升16.18元，共运行90天

1浪：11.50元至16.23元（2007年6月20日），上升4.73元（10天）

2浪：16.23元至12.40元（2007年6月26日），下降3.83元（4天），回调1浪的80.97%

3浪：12.40元至23.30元（2007年9月4日），上升10.90元（50天）

4浪：23.30元至18.90元（2007年9月11日），下降4.40元（5天），回调3浪的40.37%

5浪：18.90元至27.68元（2007年10月17日），上升8.78元（21天）

第七章

证券投资收益与风险防范

第一节　收益与风险概述

投资者投资的目的是获得投资收益，包括利息和股息收入，还有资本利得等收入，但这种收益具有不确定性，也就是风险。风险和收益的衡量和计算是本节的主要内容，投资者能够对不同证券的收益和风险进行比较，并根据自己的投资偏好做出正确的投资决策。

一、收益值

假设某公司有数千股发行在外的股票。进而假设投资者在年初购买这一公司的一些股票。到了年末，要计算一下投资做得如何。对股票的投资收益，就像对债券或其他投资一样，来自两个方面。一方面，多数公司在一年中支付股利给股东。另一方面，如果公司盈利，它将分配一部分利润给股东。因此，作为一个股东，在一年中将收到一些现金，我们称之为“股利”。这些现金就是投资收益中的“收入部分”。此外，得到的另一部分投资收益是“资本利得”。如果资本利得为负值，我们称之为“资本损失”或“负资本利得”。

图 7－1 给出了投资于某一公司股票的现金流量。假设在年初购买 100 股，每股 37 美元，那么，初始总投资是：

$$C_0=37\times100=3\,700(\text{美元})$$

假如在过去的一年内公司支付每股股利 1.85 美元，那么获得了 185 美元的股利收入，即

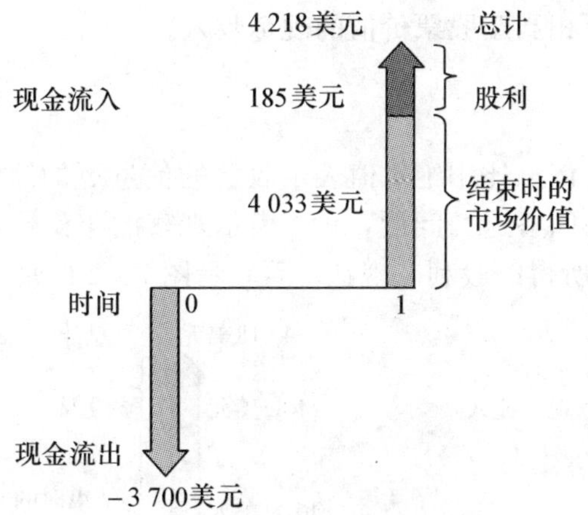

图 7-1　收益值

Div＝1.85×100＝185(美元)

假如年末的市场价格是每股 40.33 美元，那么因为股票价格上升而获得了资本利得：

资本利得＝(40.33－37)×100＝333(美元)

同股利一样，资本利得也是由于投资者持有公司股票而获得的一部分收益。当然，如果股票价格下跌，例如每股跌到 34.78 美元，那么就有资本损失，即

资本损失＝(37－34.78)×100＝222 美元

投资总收益是股利收入和资本利得或资本损失的总和，即

总收益＝ 股利收入＋ 资本利得(或－资本损失)

从现在开始，资本损失指的就是负的资本利得，二者的使用不加区分。就本例而言，投资总收益是：

总收益＝185＋333＝518 美元

值得注意的是，如果在年末出售股票，现金总收入应该是初始投资加上总收益，即

现金总收入＝初始投资＋总收益

＝3 700＋518＝4 218 美元

现金总收入实际上等于出售股票的收入加上股利收入，即

现金总收入＝出售股票的收入＋ 股利收入

＝40.33×100＋185

＝4 218 美元

假如在年末不出售公司的股票，而是继续持有，那么是否应将资本利得视为所获收益的一部分呢？这是否违反在前面提出的只与现金有关的现值原则呢？

对于第一个问题可以十分肯定地回答“是”；而对于第二个问题可以十分肯定地回答“不”。资本利得就像股利，是所获收益的一部分，当然应该计入总收益。换言之，如果决定持有而不是出售股票，或者说不去实现资本利得或损失，这丝毫不会改变这样一个事

实：如果愿意，可以获得相当于股票价值的现金收入。

二、收益率

用百分比表示收益的信息比用绝对值表示收益的信息更加简明扼要。例如，每投资 1 美元能获得多少收益？为回答这一问题，设 t 表示观察的年份；P_t 为年初时股票的价格；Div_{t+1} 表示持有股票一年所得的股利。现在，看一看图 7－2 的现金流量。

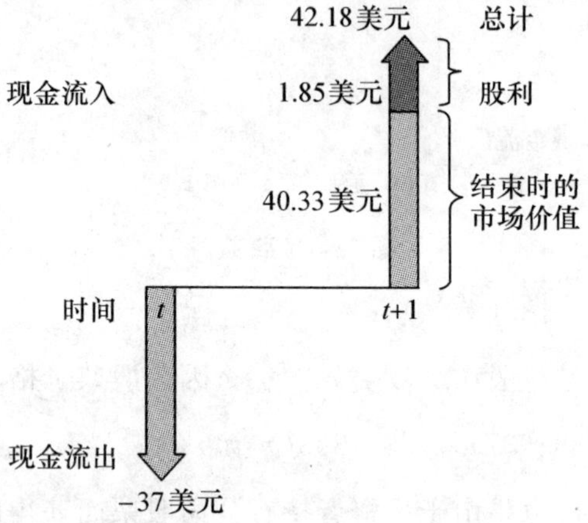

图 7－2　收益率、收益值和每股收益

注：（1）收益率＝$\frac{\text{至期末支付的股利＋期初和期末的价格变化}}{\text{期初价格}}$。

（2）1＋收益率＝$\frac{\text{至期末支付的股利＋期末的价格}}{\text{期初价格}}$。

在这一例子中，年初的每股价格是 37 美元，一年中所得的每股股利是 1.85 美元。因此，股利收益率是：

$$\text{股利收益率} = Div_{t+1}/P_t = 1.85/37 = 0.05 = 5\%$$

资本利得收益率是以股票价格的变动幅度除以初始价格。设 P_{t+1} 表示年末的股票价格，则资本利得收益率是：

$$\begin{aligned}\text{资本利得收益率} &= (P_{t+1} - P_t)/P_t \\ &= (40.33-37)/37 \\ &= 3.33/37 \\ &= 0.09 = 9\%\end{aligned}$$

将股利收益率和资本利得收益率相加，就可以得出一年中投资于该公司股票的总收益率，用 R_{t+1} 来表示，则有：

$$\begin{aligned}R_{t+1} &= \frac{Div_{t+1}}{P_t} + \frac{(P_{t+1} - P_t)}{P_t} \\ &= 5\% + 9\% \\ &= 14\%\end{aligned}$$

例 1　假设某只股票年初的价格是每股 25 美元，而年末的价格是每股 35 美元。在该年度内，公司支付每股 2 美元的股利。问：该只股票的股利收益率、资本利得收益率和总收益率是多少？下面可以设想该只股票的现金流量如图 7－3 所示。

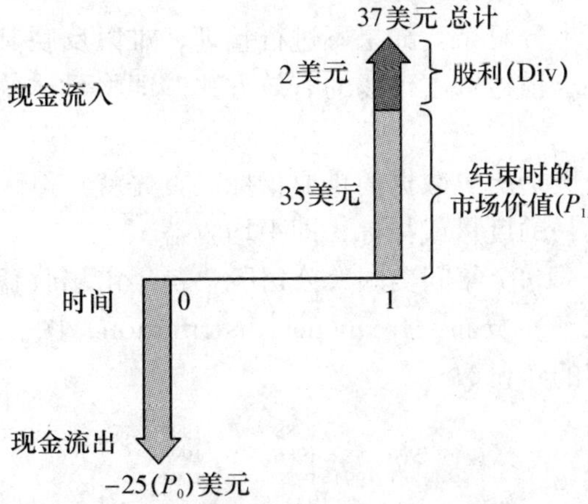

图 7－3　现金流量：一个投资的例子

总收益率计算如下：

$$
\begin{aligned}
R_1 &= \frac{\text{Div}_1}{P_0} + \frac{P_1 - P_0}{P_0} \\
&= \frac{2}{25} + \frac{35-25}{25} \\
&= 8\% + 40\% \\
&= 48\%
\end{aligned}
$$

由此可见，股利收益率是 8％，资本利得收益率是 40％，总收益率是 48％。

假设投资 5 000 美元，期末的现金总收入就是：5 000×（1＋48％）＝7 400 美元。假如知道现金总收入，就不必关心应该买多少股和计算 5 000 美元投资能赚取多少钱，可以直接使用总收益率来解决这一问题。

三、持有期间收益率

持有期间收益率是指如果投资 1 美元于股票市场，且将每年所得到的前一年的股利再投资于股票市场最终所得到的总收益。设 R_t 表示第 t 年的收益率，则从第 1 年到第 T 年的总收入是每年（$1+R_t$）的连乘积，即

$$(1+R_1)\times(1+R_2)\times\cdots\times(1+R_t)\times\cdots\times(1+R_T)$$

例如，假设过去三年的收益率分别为 10％、－4％、8％，若在期初投资 1 美元，则在第 3 年年末将获得：

$$
\begin{aligned}
(1+R_1)\times(1+R_2)\times(1+R_3) &= (1+10\%)\times(1-4\%)\times(1+8\%) \\
&= 1.1\times0.96\times1.08 \\
&= 1.14
\end{aligned}
$$

其中，0.14 或 14％是指总收益率，包括再投资收益，即将第 1 年的股利再投资两年和将第 2 年的股利再投资一年所得到的收益。所以 14％被称为“持有期间收益率”（holdingperiod return）。

四、收益统计

由于资本市场的历史十分复杂，如果不进行整理，难以反映其特征。要使用资本市场的历史数据，首先必须寻求描述资本市场的有效方法，即将具体的数据高度浓缩为一些简单的说明或指标。

在这里，要提出两个概括历史数据的重要指标。首先就是最为自然的能用于最佳地描述过去股票市场收益的单一的度量或指标，即平均收益。

图 7－4 绘制了 1926—1997 年间美国大公司股票各年市场收益的分布直方图。这种分布直方图又称频数（或频率）分布（frequency distribution）图。横轴表示年收益率，纵轴表示落在某收益率区间的年份数。

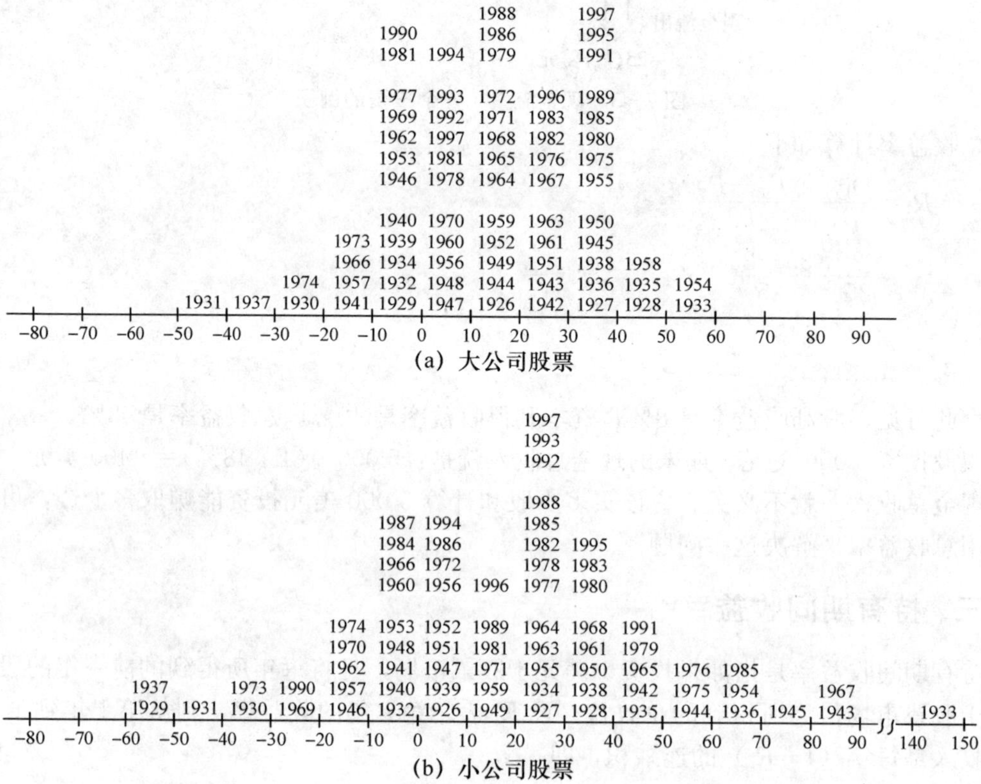

图 7－4　1926—1997 年普通股收益率频数（率）直方图

资料来源：*Stocks*，*Bonds*，*Bills and Inflation*：*1998 Yearbook*（Chicago：Ibbotson Associates）.

根据图 7－4 的频数（率）分布，可以计算分布的平均数。首先将所有收益率相加，然后除以收益率的个数（T）。在本例中，因为有 72 个年度的收益率，所以 $T=72$。按照平均数的一般公式：$\overline{R}=\frac{R_1+R_2+R_3+\cdots+R_T}{T}$，可算出 1926—1997 年间 72 个年度的算术平均收益率是 13%。

五、股票的平均收益和无风险收益

目前已经计算了股票市场的平均收益，如果将它与其他证券的收益进行比较，结果将更加有意义。首先可以将它与波动程度较低的政府证券收益进行比较。政府证券收益基本上没有股票市场收益的那种剧烈波动。

政府通过发行债券筹集资金，这些债券以多种形式出现。典型的国库券是一种纯贴现政府债券，其在一年或更短的时间内到期。因为政府可以通过征税的收入支付它的债务，所以政府的债务实际上没有违约风险。因此，下文假定政府债券的收益在短期内，如一年或更短的时间内，是“无风险收益”。

显然，一个有趣的比较是实际上无风险的国库券收益与风险性极大的普通股收益之间的比较。风险收益与无风险收益之差通常被称为“风险资产的超额收益”。之所以被称为“超额收益”，是因为它是源于股票的风险性而增加的收益，并被解释为“风险溢价”（risk premium）。

股票市场数据中最有意义的观测就是股票的长期超额收益和无风险收益。一个投资者在这一时期从股票市场投资所得到的就是超出国库券投资收益的超额或附加收益。为什么存在这种回报呢？对这一问题的全面完整的回答是现代理财学的核心，下一节将重点讨论这一问题。无论如何，人们可以从观察各类不同投资收益的变动程度中找到一部分答案。在许多年份，投资于国库券的收益高出投资于普通股的收益。同时，注意到投资于普通股的收益经常出现负数，而投资于国库券的收益从未出现过负数。因此，现在转向关注收益变动程度的度量问题和对风险的初步讨论。

现在，让我们仔细地观察表 7－1。可以发现，国库券的标准差大大地低于普通股的标准差。这表明国库券的风险比普通股的风险小。

表 7－1　　　1926—1997 年间各种投资的年总收益（%）

数列	算术平均	风险溢价	标准差	分布
普通股	13.0	9.2	20.3	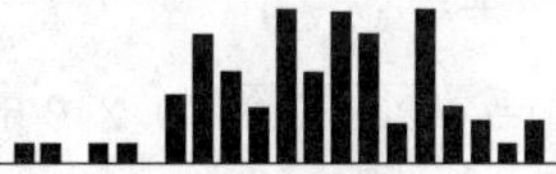
小公司股票	17.7	13.9	33.9	
公司长期债券	6.1	2.3	8.7	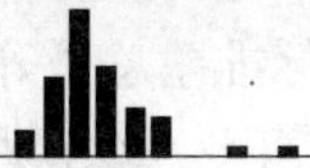
政府长期债券	5.6	1.8	9.2	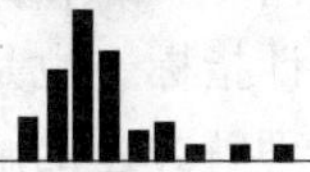
政府中期债券	5.4	1.6	5.7	
美国国库券	3.8	—	3.2	
通货膨胀	3.2	—	4.5	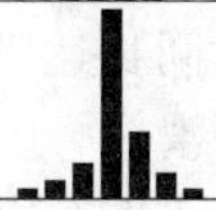
				−90　　0　　90

资料来源：*Stocks, Bonds, Bills and Inflation: 1998 Yearbook* (Chicago: Ibbotson Associates).

六、风险与风险统计

描述收益分布特征的度量或指标是收益的风险。考虑普通股收益风险的度量方法之一就是如图 7－4 所示度量其收益率频数（率）分布的离散或延伸程度。分布的离散或延伸程度表明了某一具体收益与平均收益之间的距离。如果收益延伸分散，则表明收益的不确定性较高。相比之下，如果收益集中在几个百分点内变动，则表明收益的不确定性较低。下面将要讨论的风险度量的指标是方差和标准差。

（一）方差和标准差

方差（variance）和标准差（standard deviation）是度量变动程度或离散程度的指标。标准差是方差的平方根。下面用 Var 或 σ^2 表示方差，用 SD 或 σ 表示标准差。

例 2　假设 1926—1929 年普通股的收益率分别是 0.116 2、0.374 9、0.436 1 和 －0.084 2。作为一个样本，这四年收益率的方差计算如下：

$$\begin{aligned}\overline{R}&=\frac{R_1+R_2+R_3+R_4}{4}\\&=\frac{0.1162+0.3749+0.4361-0.0842}{4}\\&=0.2108\end{aligned}$$

$$\begin{aligned}\mathrm{Var}&=\frac{1}{T-1}[(R_1-\overline{R})^2+(R_2-\overline{R})^2+(R_3-\overline{R})^2+(R_4-\overline{R})^2]\\&=[(0.1162-0.2108)^2+(0.3749-0.2108)^2\\&\quad+(0.4361-0.2108)^2+(-0.0842-0.2108)^2]/(4-1)\\&=0.0579\end{aligned}$$

$$\mathrm{SD}=\sqrt{0.0579}=0.2406(\text{或 } 24.06\%)$$

这一公式告诉我们如何计算方差：它是各年收益率（R_1，R_2，R_3，…，R_T）与平均收益率$\overline{R}$离差的平方，然后将这些离差的平方加总，最后除以收益率的个数与 1 之差，即除以（$T-1$）。标准差总是等于方差的平方根。

1926—1997 年这 72 年期间，股票收益率的标准差是 20.3%。标准差既是度量样本离散程度的标准统计指标，也是下面将常常使用的度量收益变动性或风险的方法。讨论正态分布将更加容易理解方差的解释。

（二）正态分布和标准差

从正态分布（normal distribution）的总体中抽取一个足够大的样本，其形状就像一口“钟”，如图 7－5 所示。这样一个分布是一个以平均数为中心的对称分布，没有偏斜。与年收益率的实际分布或频率分布相比较，它的形状显得比较光滑。当然，如果能够观察股票市场收益的时间长达 1 000 年，图 7－4 中曲线上那些锯齿般的不平之处可能会消失，曲线将显得更加平滑。

在统计学中，正态分布扮演着一个核心的角色，标准差是表示正态分布离散程度的一般方法。对于正态分布，收益率在其平均数左右某一范围内波动的概率取决于标准差。例

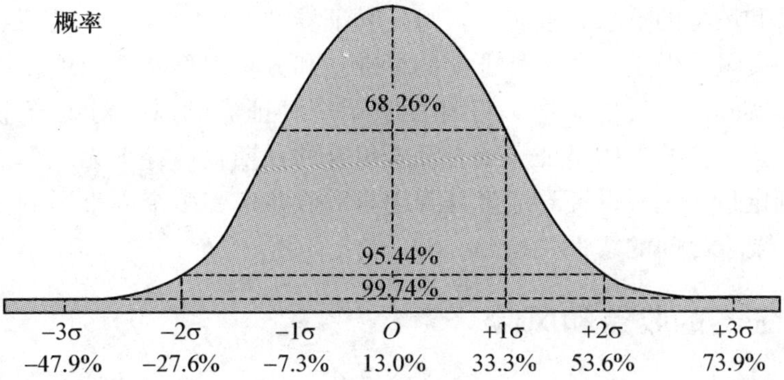

图 7－5　正态分布

注：在正态分布情况下，收益率在其平均数左右一个标准差这一区域内波动的概率是 68.26%。在本例中，年收益率位于－7.3%与33.3%之间的概率是 68.26%。

在正态分布情况下，收益率在其平均数左右两个标准差这一区域内波动的概率是 95.44%。在本例中，年收益率位于－27.6%与 53.6%之间的概率是 95.44%。

在正态分布情况下，收益率在其平均数左右三个标准差这一区域内波动的概率是 99.74%。在本例中，年收益率位于－47.9%与 73.9%之间的概率是 99.74%。

如，收益率在其平均数左右一个标准差这一区域内波动的概率为 68.26%；收益率在其平均数左右两个标准差这一区域内波动的概率为 95.44%。

通过计算所得到的 1926—1997 年这一期间内股票年收益率的标准差是 20.3%，其含义是：如果股票的年收益率趋于正态分布，则年收益率在其平均收益率（13%）左右一个标准差（20.3%）这一范围内波动的概率约为 68.26%。也就是说，大约有 2/3 的年收益率将落在－7.3%（＝13.0%－20.3%）与 33.3%(＝13.0%＋20.3%）之间。年收益率在其平均数左右两个标准差这一范围内波动的概率为 95.44%。换言之，有超过 95%的年收益率落在－27.6%(＝13.0%－2×20.3%）与 53.6%(＝13.0%＋2×20.3%）之间。

图 7－5 的分布是一个理论分布，有时我们称之为“总体分布”或“真实分布”。可以理解，根据样本的观测值所得到的实际分布，其形状不可能完全像理论分布。通过图 7－4，我们就可以看出样本观测值的实际频率分布形状与理论分布形状的差距。如果我们继续长时间地搜集年收益率数据，样本频率分布的这些锯齿状不平之处将消失，实际的频率分布也将开始逐步地与理论分布相吻合。

实际上，这表明了在任何一个样本中都存在抽样误差。换言之，样本的分布仅仅趋于真实的分布：在度量真实性时，总是存在误差。例如，我们并不知道普通股在过去 72 年中的真实平均收益率，但是我们确信 13.0%这样一个实现了的收益率十分接近那个真实的平均收益率。

第二节　证券投资收益与风险控制理论

持有单只证券的投资者应该使用期望收益作为度量该证券的收益的方法，而标准差或方差是度量该证券风险的合适指标。持有证券组合的投资者关注投资组合中每一种证券对组合的期望收益和风险的贡献。事实上，每一种证券的期望收益恰好是其对投资组合的期望收益的贡献的度量。但是，每一种证券的标准差和方差都不能恰当地度量其对投资组合的风险的贡献。实际上，贝塔系数最好地度量了一种证券的风险对投资组合的风险的作用。资本资产定价理论的本质是证券或者证券组合的预期收益等于无风险证券的收益加上风险升水。套利定价理论假设证券或者证券组合的收益率受多个因素影响，它指出了证券收益率与若干个要素之间的线性关系。

一、单只证券的收益和风险

（一）单只证券

单只证券的主要特点如下：

1. 期望收益

它是指一个持有某只股票的投资者期望在下一个时期所能获得的收益。当然，这仅仅是一种期望，实际收益可能比较高或比较低，也可以采用其他方法获得期望收益。单只证券的期望收益可以简单地用这一证券所获得的平均收益来表示。此外，可以通过仔细分析相应上市公司的前景，或采用计算机模型模拟，或根据内幕信息确定期望收益等。

2. 方差和标准差

评价证券收益变动的方法有很多，其中最为常用的是方差。方差是一种证券的收益与其平均收益的离差的平方和的平均数。标准差是方差的平方根。

3. 协方差和相关系数

各种证券的收益之间是相互关联的。协方差是一个度量两种证券收益之间相互关系的统计指标。此外，这种相互关系也可以用两种证券收益之间的相关系数来反映。协方差和相关系数是理解贝塔系数的基础。

（二）期望收益、方差和协方差

1. 期望收益和方差

例 3 假设财务分析人员坚信宏观经济将出现四种状况：萧条、衰退、正常、繁荣，每种状态出现的可能性相同。A 公司的期望收益状况与宏观经济状况基本一致，而 B 公司的期望收益状况并非如此。两家公司的收益预测如表 7－2 所示。

表 7－2

经济状况	A 公司 R_{At}（%）	B 公司 R_{Bt}（%）
萧条	−20	5
衰退	10	20
正常	30	−12
繁荣	50	9

方差的计算分为四个步骤。此外，如果要计算标准差，需要增加一个步骤。计算结果如表 7－3 所示。计算步骤如下：

(1) 计算期望收益：

A 公司：

$$\overline{R}_A=\frac{-0.20+0.10+0.30+0.50}{4}=0.175=17.5\%$$

B 公司：

$$\overline{R}_B=\frac{0.05+0.20-0.12+0.09}{4}=0.055=5.5\%$$

(2) 分别计算每家公司的可能收益与其期望收益的离差，详见表 7-3。

(3) 下面所计算的离差反映了收益的变动性。无论如何，有些离差是正数，有些是负数，对于一家公司来说，这些离差的总和等于零，因此难以说明其真正的含义。为了使离差具有更明确的意义，下面求出各个离差的平方，使得所有离差以平方的形式成为正数，因此这些离差平方和也是正数，详见表 7-3 的最后一列。

(4) 计算每家公司离差平方和的平均数，即方差①：

A 公司：

$$\begin{aligned}\mathrm{Var}(R_A)=\sigma_A^2&=\frac{0.140\,625+0.005\,625+0.015\,625+0.105\,625}{4}\\&=0.066\,875\end{aligned}$$

B 公司：

$$\begin{aligned}\mathrm{Var}(R_B)=\sigma_B^2&=\frac{0.000\,025+0.021\,025+0.030\,625+0.001\,225}{4}\\&=0.013\,225\end{aligned}$$

(5) 计算每家公司股票收益的标准差：

A 公司：

$$\sigma_A=\sqrt{0.066\,875}=0.258\,6=25.86\%$$

B 公司：

$$\sigma_B=\sqrt{0.013\,225}=0.115\,0=11.50\%$$

用数学公式来表述：

$$\mathrm{Var}(R)=\sigma^2=(R_t-\overline{R})^2\times P_t\text{ 的期望值}$$

式中，

R_t 为第 t 种情况下证券的实际收益率；

$\overline{R}$为证券的期望收益率；

① 统计学认为正确的分母是 ($N-1$)，其中 N 为观测值的个数。但在现实世界中，样本的容量通常很大，即样本观测值的个数很大，使用 ($N-1$) 或 N 为分母对方差的计算结果基本没有影响。

P_t 为第 t 种情况下的概率。

表 7-3　　　　方差和标准差计算表

经济状况	收益率 (1)	收益率的离差 (2)	离差平方和 (3)
A 公司	R_{At}	$(R_{At}-\overline{R}_A)$	$(R_{At}-\overline{R}_A)^2$
萧条	−0.20	−0.375	0.140 625
衰退	0.10	−0.075	0.005 625
正常	0.30	0.125	0.015 625
繁荣	0.50	0.325	0.105 625
总和	—	0	0.267 500
B 公司	R_{Bt}	$(R_{Bt}-\overline{R}_B)$	$(R_{Bt}-\overline{R}_B)^2$
萧条	0.05	−0.005	0.000 025
衰退	0.20	0.145	0.021 025
正常	−0.12	−0.175	0.030 625
繁荣	0.09	0.035	0.001 225
总和	—	0	0.052 900

注：$\overline{R}_A=17.5\%$；$\sigma_A^2=0.066\ 875$；$SD(R_A)=\sigma_A=0.258\ 6=25.86\%$。
$\overline{R}_B=5.5\%$；$\sigma_B^2=0.013\ 225$；$SD(R_B)=\sigma_B=0.115\ 0=11.50\%$。

上述计算方差的四个步骤清楚地表明了为什么方差能够度量样本的收益率的变动性或离散程度。对于每个观测点而言，我们将实际收益率与期望收益率之差进行平方，然后将各个观测点的离差的平方加总，使得这些离差成为正数，最后求出平均的离差平方，即离差平方和除以观测值的个数。如果我们使用离差和，即不对各个离差进行平方，仅仅将各个离差加总，则这些离差之和等于零。因为各个实际收益率位于其平均收益率的上方或下方而使其离差出现正数或负数，最终相互抵消。

无论怎么说，由于方差是平方后的值，其计量单位表现为平方，所以难以解释方差的含义。因此，将方差开平方后得到标准差，标准差的含义简单明确。标准差的一般公式可以写作：

$$SD(R)=\sigma=\sqrt{\mathrm{Var}(R)}$$

2. 协方差与相关系数

方差与标准差度量的是单只股票收益的变动性。现在，我们希望度量一只股票的收益与另外一只股票的收益的相互关系。更准确地说，我们需要建立一种度量两个变量之间相互关系的统计指标，这就是协方差（covariance）和相关系数（correlation）。

协方差与相关系数度量两个随机变量之间的相互关系。现在，我们仍然通过上述例子来说明协方差与相关系数的计算方法和含义。

例 4　我们已经确定了 A 公司和 B 公司的期望收益率和标准差，即

$$\overline{R}_A=17.5\%;\ \sigma_A^2=0.066\ 875;\ SD(R_A)=\sigma_A=0.258\ 6=25.86\%$$
$$\overline{R}_B=5.5\%;\ \sigma_B^2=0.013\ 225;\ SD(R_B)=\sigma_B=0.115\ 0=11.50\%$$

此外，我们也计算出了每家公司可能的收益率与其期望收益率之间的离差。根据以上

数据，我们可以分两步计算协方差，分三步计算相关系数。

(1) 计算离差的乘积。具体地说，对应于每种经济状况，将两家公司可能的收益率与其期望收益率之间的离差相乘。即

$$(R_{At}-\overline{R}_A)(R_{Bt}-\overline{R}_B)\times P_t \tag{7.1}$$

式中，

R_{At} 为 A 公司的股票在某种经济状况下的收益率；

$\overline{R}_A$ 为 A 公司的股票的期望收益率；

R_{Bt} 为 B 公司的股票在某种经济状况下的收益率；

$\overline{R}_B$ 为 B 公司的股票的期望收益率；

P_t 为第 t 种情况下两个离差同时发生的概率。

(2) 计算协方差。求出两家公司可能的收益率与其期望收益率之间离差的乘积之和（见表 7-4），然后除以观测点个数（四种可能的经济状况）或观测值个数（四个离差的乘积），就可得出协方差，即

$$\sigma_{AB}=\mathrm{Cov}(R_A,R_B)=\frac{-0.019\,500}{4}=-0.004\,875$$

表 7-4　　　　　协方差计算表

经济状况	收益率 R_{At}	收益率的离差 $(R_{At}-\overline{R}_A)$	收益率 R_{Bt}	收益率的离差 $(R_{Bt}-\overline{R}_B)$	两个离差的乘积 $(R_{At}-\overline{R}_A)(R_{Bt}-\overline{R}_B)$
萧条	−0.20	−0.375	0.05	−0.005	0.001 875
衰退	0.10	−0.075	0.20	0.145	−0.010 875
正常	0.30	0.125	−0.12	−0.175	−0.021 875
繁荣	0.50	0.325	0.09	0.035	0.011 375
总和	0.70		0.22		−0.019 500

注：$\sigma_{AB}=\mathrm{Cov}(R_A,\ R_B)=\frac{-0.019\,5}{4}=-0.004\,875$。

$\rho_{AB}=\mathrm{Corr}(R_A,\ R_B)=\frac{\mathrm{Cov}(R_A,\ R_B)}{\mathrm{SD}(R_A)\times \mathrm{SD}(R_B)}=\frac{-0.004\,875}{0.258\,6\times 0.115\,0}=-0.163\,9$。

协方差的符号（正或负）反映了两家公司股票收益率的相互关系。如果两家公司的股票收益率呈同步变动态势，即在任何一种经济状况下同时上升或同时下降，协方差为正值；如果两家公司的股票收益率呈非同步变动态势，即在任何一种经济状况下一升一降或一降一升，协方差为负值。实际上，由式 (7.1) 可知，在任何经济状况下，如果两家公司股票的可能收益率一般都高于或低于各自的期望收益率，表明两家公司股票的收益率呈正相关关系或趋势，结果协方差为正值。反之，在任何经济状况下，如果两家公司股票的可能收益率中的一个高于其期望收益率而另一个低于其期望收益率，表明两家公司股票的收益率呈负相关关系或趋势，结果协方差为负值。

最后，如果两家公司的股票收益率没有关系，了解和掌握 A 公司的收益率是否高于或低于其期望收益率无助于了解和掌握 B 公司股票的收益率。在这种情况下，根据协方差的公式，协方差等于零。或者说，由于两家公司股票收益率离差的乘积有正有负，总平均后

相互抵消，所以协方差等于零。

当然，即使两家公司的股票收益率没有关系，根据历史数据计算的协方差也可能不等于零。这是由抽样误差引起的，随机性本身将引起计算结果出现正值或负值。但是，在历史时间充分长、样本充分大的情况下，如果两家公司的股票收益率没有关系，我们预期根据协方差公式计算的结果将近似于零。

按协方差公式所计算的结果似乎就是我们需要的。如果两家公司的股票收益率正相关，则它们的协方差为正值；如果两家公司的股票收益率负相关，则它们的协方差为负值；最后，也是最重要的，如果两家公司的股票收益率不相关，则它们的协方差等于零。协方差的数学公式可以写作：

$$\sigma_{AB}=\mathrm{Cov}(R_A,R_B)=\sum[(R_A-\overline{R}_A)(R_B-\overline{R}_B)]\times P_t$$

值得指出的是，两个变量的先后并不重要。也就是说，A 和 B 的协方差等于 B 和 A 的协方差，即

$$\sigma_{BA}=\sigma_{AB}=\mathrm{Cov}(R_A,R_B)=\mathrm{Cov}(R_B,R_A)$$

本例的协方差是−0.004 875，表明当其中一只股票的收益率高于其期望收益率时，另一只股票的收益率低于其期望收益率，反之亦然。但是，无论如何，协方差数值的大小难以解释。正如方差一样，协方差也是离差的平方或乘积。解决这个问题的办法就是计算相关系数。

（3）计算相关系数。相关系数等于两家公司股票收益率的协方差除以两家公司股票收益率的标准差的乘积，根据本例的数据，有：

$$\begin{aligned}\rho_{AB}&=\mathrm{Corr}(R_A,R_B)=\frac{\mathrm{Cov}(R_A,R_B)}{\sigma_A\times\sigma_B}\\&=\frac{-0.004\ 875}{0.258\ 6\times 0.115\ 0}=-0.163\ 9\end{aligned}\tag{7.2}$$

同理，在计算相关系数时，两个变量的先后并不重要。也就是说，A 和 B 的相关系数等于 B 和 A 的相关系数，即

$$\rho_{BA}=\rho_{AB}=\mathrm{Corr}(R_A,R_B)=\mathrm{Corr}(R_B,R_A)$$

因为标准差总是正值，所以相关系数的符号取决于两个变量的协方差的符号。如果相关系数为正，我们说两个变量之间正相关；如果相关系数为负，我们说两个变量之间负相关；如果相关系数为零，我们说两个变量之间不相关。更重要的是，我们可以证明相关系数总是介于+1 和−1 之间。这正是因为将协方差除以两个标准差的乘积后使得计算结果标准化了。

我们可以比较不同的两对证券的相关系数。例如，通用汽车公司和福特汽车公司的相关系数大大高于通用汽车公司和 IBM 公司的相关系数。因此，我们可以说：第一对证券收益率之间的相关程度大大高于第二对证券收益率之间的相关程度。图 7－6 展示了比较 A 和 B 两种资产收益率之间相关程度的三种基准。

图 7－6 分别表明了两种资产收益率之间的相关系数等于+1、−1 和 0 的情况，即完全正相关、完全负相关和完全不相关。图中的曲线展示了在某一时期两种资产收益率之间的相关程度。

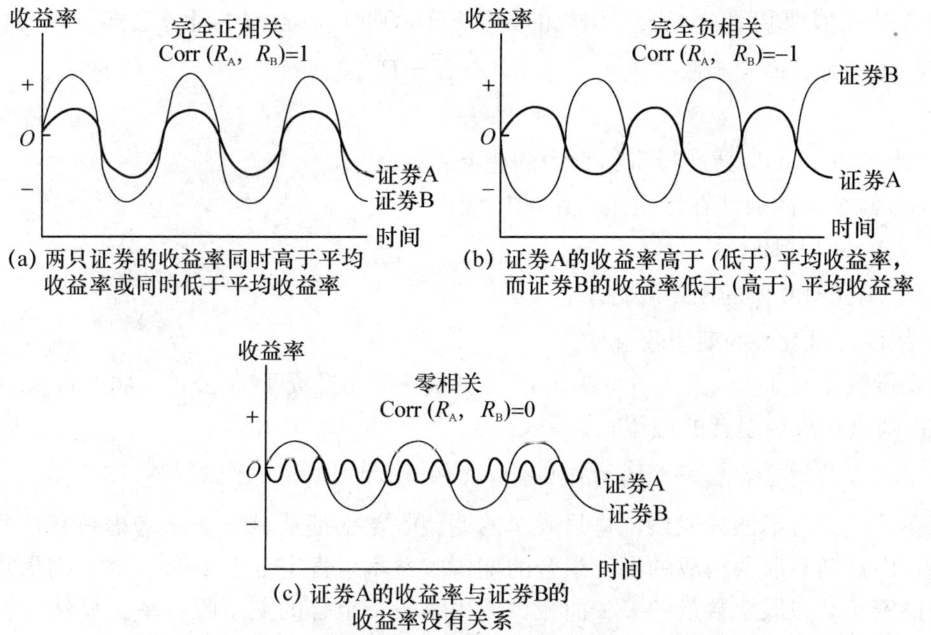

图 7-6　不同的相关系数：某一时期两种资产收益率之间的相关程度

二、投资组合的收益率和风险

设想一个投资者已经估计出每只证券的期望收益率、标准差和这些证券两两之间的相关系数，那么投资者应该如何选择证券构成最佳的投资组合呢？显然，投资者偏好选择一个具有高期望收益率、低标准差的投资组合。因此，如下问题值得我们探讨：

（1）每只证券的期望收益率与由这些证券构成的投资组合的期望收益率之间的相互关系。

（2）每只证券的标准差、这些证券之间的相关系数与由这些证券构成的投资组合的标准差之间的相互关系。

为了分析上述两个关系，我们将仍然使用 A 公司和 B 公司这个例子。有关计算如下。

（一）投资组合的期望收益率

投资组合的期望收益率是构成组合的各只证券的期望收益率的简单加权平均数。

例 5　根据我们前面的计算，A 公司和 B 公司的有关数据如表 7-5 所示。

表 7-5

项目	符号	数值
A 公司的期望收益率	$\overline{R}_A$	0.175＝17.5％
B 公司的期望收益率	$\overline{R}_B$	0.055＝5.5％
A 公司的方差	σ_A^2	0.066 875
B 公司的方差	σ_B^2	0.013 225
A 公司的标准差	σ_A	0.258 6＝25.86％
B 公司的标准差	σ_B	0.115 0＝11.50％
A 公司和 B 公司的协方差	$Cov(R_A, R_B)$	−0.004 875
A 公司和 B 公司的相关系数	ρ_{AB}	−0.163 9

由 A 公司股票和 B 公司股票构成的投资组合的期望收益率的计算公式可以写作：

$$投资组合的期望收益率=\overline{R}_P=\overline{R}_A\times X_A+\overline{R}_B\times X_B \quad (7.3)$$

式中，

X_A 为 A 公司的股票在投资组合中的比例；

X_B 为 B 公司的股票在投资组合中的比例；

$X_A+X_B=1=100\%$；

$\overline{R}_A$为 A 公司股票的期望收益率；

$\overline{R}_B$为 B 公司股票的期望收益率。

假设投资者有 1 000 美元，并决定将其中 600 美元投资于 A 公司，将 400 美元投资于 B公司，则这一投资组合的期望收益率是：

$$组合的期望收益率=\overline{R}_P=0.6\times17.5\%+0.4\times5.5\%=12.7\%$$

现在让我们考虑两只股票，每只股票的期望收益率都是 10%。不考虑持有这两只股票的比例，由这两只股票构成的投资组合的期望收益率也肯定等于 10%。这一结果意味着不会因为投资于某只股票数量的多少而减少或损害投资组合的期望收益率。显然，投资组合的期望收益率是构成投资组合的各只证券的期望收益率的简单加权平均数。

（二）投资组合的方差和标准差

1. 投资组合的方差

由 A 和 B 两只证券构成的投资组合的方差是：

$$\text{Var}(组合)=X_A^2\sigma_A^2+2X_AX_B\sigma_{AB}+X_B^2\sigma_B^2 \quad (7.4)$$

注意到投资组合方差的计算公式由三项构成：第一，证券 A 的方差 σ_A^2；第二，证券 A 和证券 B 的协方差 σ_{AB}；第三，证券 B 的方差 σ_B^2。

上述公式表明：投资组合的方差取决于投资组合中各只证券的方差和每两只证券之间的协方差。每只证券的方差度量每只证券收益率的变动程度；协方差度量两只证券收益率之间的相互关系。在证券方差给定的情况下，如果两只证券收益率之间的相互关系或协方差为正，投资组合的方差就上升；如果两只证券收益率之间的相互关系或协方差为负，投资组合的方差就下降。这一重要的结果符合常识。如果在所持有的两只证券中，当一只证券的收益率上升时另一只证券的收益率下降，反之亦然，则这两只证券的收益率相互抵消。这样，就实现了理财学所提出的"对冲交易"或"套头交易"，结果投资组合的整体风险就低。但是，如果所持有的两只证券的收益率同时上升或同时下降，就无法实现"套头交易"，结果投资组合的整体风险就高。

对于 A 公司和 B 公司来说，如果某投资者拥有 1 000 美元，其中 600 美元投资于 A 公司，$X_A=0.6$，400 美元投资于 B 公司，$X_B=0.4$，则这一投资组合的方差是：

$$\begin{aligned}\text{Var}(组合)&=X_A^2\sigma_A^2+2X_AX_B\sigma_{AB}+X_B^2\sigma_B^2\\&=0.36\times0.066\,875+2\times[0.6\times0.4\times(-0.004\,875)]\\&\quad+0.16\times0.013\,225\\&=0.023\,851\end{aligned}$$

此外，投资组合方差的计算公式（7.4）可以表示为如表7-6所示的矩阵形式。

表7-6

	A公司	B公司
A公司	$X_A^2\sigma_A^2$ $0.36\times0.066\,875$ $=0.024\,075$	$X_AX_B\sigma_{AB}$ $0.6\times0.4\times(-0.004\,875)$ $=-0.001\,17$
B公司	$X_AX_B\sigma_{AB}$ $0.6\times0.4\times(-0.004\,875)$ $=-0.001\,17$	$X_B^2\sigma_B^2$ $0.16\times0.013\,225$ $=0.002\,116$

在上述矩阵表中有四格，我们可以通过将上述四个格子中的数字相加计算投资组合的方差。在左上方和右下方两格中的数字分别表示A、B两家公司的方差；左下方和右上方两格中的数字相等，分别表示A、B两家公司的协方差，这两个格子的数字相加正好是2个协方差。所以，四个格子中的数字相加就是投资组合的方差，计算结果与公式（7.4）的计算结果完全相同。

2. 投资组合的标准差

根据以上投资组合的方差，我们可以计算投资组合的标准差，即：

$$\sigma_P=\text{SD}(\text{组合})=\sqrt{\text{Var}(\text{组合})}=\sqrt{0.023\,851}=15.44\% \tag{7.5}$$

投资组合标准差的含义与单只证券标准差的含义相同。注意到：该投资组合的期望收益率是12.7%。如果投资组合的收益率是−2.74%，说明投资组合的收益率低于其期望收益率1个标准差（=12.7%−15.44%）；如果投资组合的收益率是28.14%，说明投资组合的收益率高于其期望收益率1个标准差（=12.7%+15.44%）。显然，如果假设投资组合的收益率属于正态分布，那么投资组合的收益率位于−2.74%～28.14%之间的可能性或概率约为68%。

3. 投资组合多元化的效应

比较投资组合的标准差和各只证券的标准差具有一定的指导意义。首先考察各只证券标准差的加权平均数。对于由A和B两只证券构成的投资组合，其各只证券标准差的加权平均数为：

$$\begin{aligned}\text{各只证券标准差的加权平均数}&=X_A\sigma_A+X_B\sigma_B\\&=0.6\times0.258\,6+0.4\times0.115\,0=0.201\,2\end{aligned} \tag{7.6}$$

本节最重要的结果之一就是关于式（7.5）与式（7.6）之间的差异。由本例可见，投资组合的标准差小于投资组合中各只证券标准差的加权平均数。

但是投资组合的期望收益率等于投资组合中各只证券期望收益率的加权平均数。由此可见，对比投资组合中各只证券的标准差对投资组合标准差的影响与投资组合中各只证券的期望收益率对投资组合期望收益率的影响，结果完全不同。

一般认为，之所以投资组合的标准差小于投资组合中各只证券标准差的加权平均数，是因为投资组合多元化效应的缘故。例如，A公司股票与B公司股票的收益率之间呈弱负相关关系（$\rho_{AB}=-0.1639$）。当B公司股票的收益率超过其平均收益率时，A公司股票的收益率可能略低于其平均收益率；同样，当A公司股票的收益率超过其平均收益率时，B公司股票的收益率可能略低于其平均收益率。因此，由这两只证券构成的投资组合的标准差就小于这两只证券标准差的加权平均数。

上述例子讨论的是负相关。显然，如果两只证券的收益率之间呈正相关关系，投资组合多元化所产生的收益就小。那么，当两只证券的正相关系数高达多少时，投资组合多元化所产生的收益将消失呢?

要回答这一问题，下面必须讨论和改写式（7.4），即将其中的协方差改写为相关系数。因为协方差可以写为：

$$\sigma_{AB}=\text{Cov}(R_A,R_B)=\rho_{AB}\times\sigma_A\times\sigma_B$$

上述公式表明：协方差实际上是A公司和B公司两只证券的相关系数与它们各自的标准差的乘积。即协方差包括两个部分：(1) 两只证券收益率的相关系数；(2) 以标准差来度量的两只证券各自收益率的变动性。

由本节例子已知，A公司与B公司这两只股票收益率的相关系数是$\rho_{AB}=-0.1639$；标准差分别是$\sigma_A=0.2586$，$\sigma_B=0.1150$。因此，投资组合的方差可以写作：

$$\begin{aligned}\text{Var}(\text{投资组合})&=X_A^2\sigma_A^2+2X_AX_B\rho_{AB}\sigma_A\sigma_B+X_B^2\sigma_B^2\\&=0.36\times0.066875+2\times0.6\times0.4\times(-0.1639)\\&\quad\times0.2586\times0.1150+0.16\times0.013225\\&=0.023851\end{aligned}\tag{7.7}$$

由上式可见，我们现在采用相关系数（ρ_{AB}）而不是协方差（σ_{AB}）来计算组合的方差。如果$\rho_{AB}=+1$，式（7.7）中的其他参数不变，则投资组合的方差和标准差分别是：

$$\begin{aligned}\text{Var}(\text{投资组合})&=X_A^2\sigma_A^2+2X_AX_B\rho_{AB}\sigma_A\sigma_B+X_B^2\sigma_B^2\\&=0.36\times0.066875+2\times0.6\times0.4\times0.2586\\&\quad\times0.1150+0.16\times0.013225\\&=0.040466\end{aligned}$$

$$\text{SD}(\text{投资组合})=\sqrt{0.040466}=0.2012=20.12\%\tag{7.8}$$

值得注意的是：首先，式（7.8）和式（7.6）的计算结果相等。也就是说，当$\rho_{AB}=+1$时，投资组合收益率的标准差正好等于投资组合中各只证券的收益率的标准差的加权平均数。其次，由式（7.7）可见，当由两只证券构成投资组合时，只要$\rho_{AB}<1$，投资组合的标准差就小于这两只证券各自的标准差的加权平均数。

换言之，只要两只证券的收益率之间的相关系数小于1，即只要$\rho_{AB}<1$，投资组合多元化的效应就会发生作用。由本节的例子可见，A公司和B公司这两只股票的收益率之间的相关系数是个负值。当然，我们也可以举例说明当两只证券的收益率之间的相关系数为正时，投资组合多元化的效应。只要两只证券的收益率之间的相关系数不等于1，投资组合多元化的效应就会发生作用。

4. 投资组合的扩展——多种资产构成的投资组合

以上讨论的是由两只证券构成的投资组合，下面可以将它扩展为由多只证券构成的投资组合。也就是说，在由多只证券构成的投资组合中，只要投资组合中两只证券的收益率之间的相关系数小于1，投资组合的标准差一定小于投资组合中各只证券的标准差的加权平均数。

现在，我们来考察表7-7，其列示了最近10年期间标准普尔500指数和其中一些重要证券的标准差。值得注意的是，表7-7中的所有证券，其各自的标准差都大于标准普尔500指数的标准差。虽然有时可能出现指数中个别证券的标准差小于指数的标准差的情形，但是，一般来说，指数中的证券各自的标准差都大于由这些证券构成的指数的标准差。

表7-7　最近10年期间标准普尔500指数及其一些重要证券的标准差

证券资产	标准差（%）
标准普尔500指数	15.02
大西洋贝尔公司	18.73
克莱斯勒公司	37.70
可口可乐公司	20.02
迪士尼公司	28.33
通用电气公司	21.21
IBM公司	25.00
麦当劳公司	21.78
西尔斯公司	26.88
美国玩具反斗城公司	28.48
西屋电气公司	28.83

（三）两种资产组合的有效集

图7-7是由A公司股票和B公司股票这两只证券组成的投资组合的期望收益率和标准差。图中有一点代表A公司股票的期望收益率和标准差，另一点代表B公司股票的期望收益率和标准差。由图7-7可见，A公司股票的期望收益率和标准差都比较大。

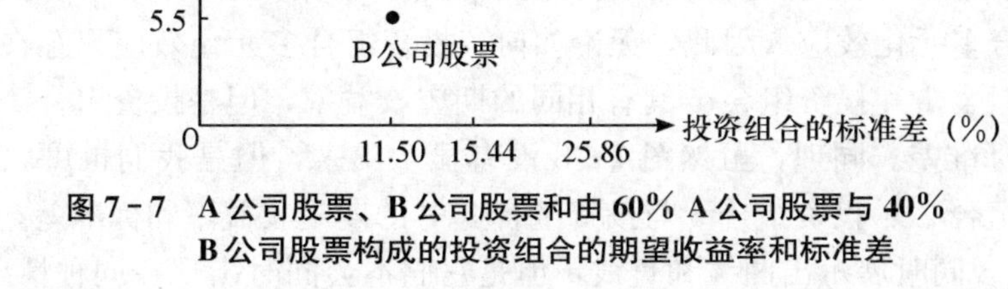

图7-7　A公司股票、B公司股票和由60% A公司股票与40% B公司股票构成的投资组合的期望收益率和标准差

我们在图中用一个小方格“□”表示投资60%于A公司股票和投资40%于B公司股票的投资组合的期望收益率和标准差。注意到我们在前面已经计算过这一投资组合的期望收益率和标准差。

事实上，投资60%于A公司股票和投资40%于B公司股票的投资组合只是我们能够策划出的无限多个投资组合中的一个。无限多个投资组合所形成的集合表现为图7-8中的曲线。

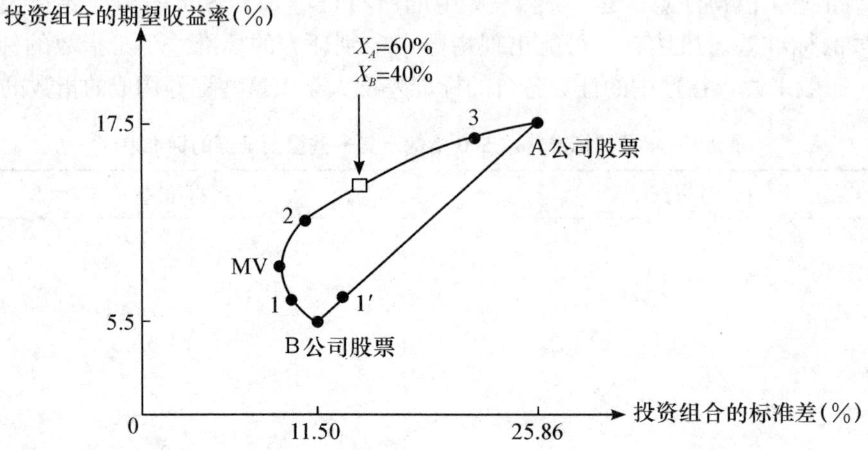

图7-8　A公司股票与B公司股票投资组合的集合（$\rho_{AB}=-0.1639$）

图7-8表示，投资组合1由10%A公司股票和90%B公司股票构成（$\rho_{AB}=-0.1639$），由于这一投资组合中投资于B公司股票的比例很高，所以它在曲线中接近于B公司股票这一点（100%投资于B公司）。投资组合2由50%A公司股票和50%B公司股票构成（$\rho_{AB}=-0.1639$）。投资组合3由90%A公司股票和10%B公司股票构成（$\rho_{AB}=-0.1639$）。投资组合1′由10%A公司股票和90%B公司股票构成（$\rho_{AB}=1$）。投资组合MV被称为最小方差组合，即该投资组合的方差最小。依定义，该投资组合同时具有最小的标准差。

图7-8具有如下一系列重要含义：

（1）我们曾经指出，只要投资组合中的证券的两两相关系数小于1，投资组合多元化效应就将发生作用。A公司股票与B公司股票这两只证券的相关系数（ρ_{AB}）等于-0.1639，通过比较图7-8中的直线、A公司股票的点和B公司股票的点，其所产生的投资组合多元化效应就显示出来了。实际上，直线代表在两只证券的相关系数（ρ_{AB}）等于1的情况下各种可能的投资组合。由图7-8可见，曲线总是位于直线的左边。让我们先考察投资组合1′，其代表在A公司股票与B公司股票的相关系数为1的情况下，由10%投资于A公司股票和90%投资于B公司股票构成的投资组合。在相关系数（ρ_{AB}）等于1的情况下，不存在投资组合多元化效应。因此，无论如何，投资组合多元化效应只存在于曲线上。显而易见，投资组合1和投资组合1′具有相同的期望收益率，但是投资组合1的标准差小于投资组合1′的标准差。同理，虽然图7-8没有显示出来，但是我们也可以分别比较投资组合2与投资组合2′、投资组合3与投资组合3′等的期望收益率和标准差。

虽然图7-8同时展示出曲线和直线，但是它们不会同时出现在同种情况下。换言之，虽然一个投资者可以在 $\rho_{AB}=-0.1639$ 的情况下选择曲线上的不同点或投资组合，但是不能在曲线上的点和直线上的点之间做选择。

(2) 在图 7-8 中，曲线代表着一个投资者考虑投资于由 A 公司股票与 B 公司股票所构成的各种可能的投资组合，即面临着投资的“机会集”(opportunity set) 或“可行集”(feasible set)。换言之，投资者可以通过合理地构建这两只证券的投资组合而到达曲线上的任意一点。但是，投资者不可能到达曲线上方的任意一点，因为他不可能提高某些证券的收益，降低某些证券的标准差，或降低两只证券之间的相关系数。同理，投资者也不可能到达曲线下方的任意一点，因为他不可能降低某些证券的收益，提高某些证券的标准差，或提高两只证券之间的相关系数。当然，即使投资者有可能这样做，他们也不愿意到达曲线下方的点或投资组合。

如果投资者较能忍受风险，他也许将选择投资组合 3，或者选择将所有的资金投资于 A 公司的股票。如果投资者不太能忍受风险，他也许将选择投资组合 2。如果投资者想要尽可能地规避风险，他将选择投资组合 MV，即最小方差投资组合或最小标准差投资组合。

(3) 注意到 B 公司股票与 MV 之间是一段“弓形的曲线”。投资可行集的这一段表明：当投资组合的期望收益率上升时，相应地标准差将下降。学生经常会提出这样的问题：“为什么提高风险较高的资产（A 公司股票）的投资比例会导致投资组合风险下降？”

这一令人惊奇的现象是由于投资组合多元化效应的缘故。这两只证券的收益率呈负相关关系。当一只证券的收益率上升时，另一只证券的收益率却下降；反之亦然。因此，增加少量投资于 A 公司股票，对于仅仅由 B 公司股票构成的投资组合，实际上起到了“套头交易”的作用，即投资组合的风险下降了，并使曲线呈现“弓形”。事实上，只要 $\rho_{AB}\leqslant 0$，弓形的曲线就会出现。当 $\rho_{AB}>0$ 时，弓形的曲线可能出现，也可能不出现。显然，弓形的曲线只出现一段，当投资者继续提高对 A 公司股票的投资比例时，A 公司股票较高的标准差最终将导致投资组合整体的标准差上升。

(4) 没有投资者想持有期望收益率低于最小方差投资组合期望收益率的投资组合。例如，没有投资者愿意选择投资组合 1。对比最小方差投资组合，这个投资组合的期望收益率较低，但标准差较高。因此，我们说像投资组合 1 这一类投资组合受到最小方差投资组合的支配，地位低于最小方差投资组合。虽然从 B 公司股票至 A 公司股票的整段曲线皆被称为“可行集”，但是投资者只考虑从最小方差投资组合至 A 公司股票这段曲线。正因如此，从最小方差投资组合至 A 公司股票这段曲线被称为“有效集”(efficient set) 或“有效边界”(efficient frontier)。

图 7-8 只表示在 $\rho_{AB}=-0.1639$ 时的可行集或机会集。当相关系数变化时，投资组合的收益率和方差之间的曲线会随之变化。由图 7-9 可见，相关系数越低，曲线越弯曲。当相关系数逼近 -1 时，曲线的弯曲度最大。当相关系数等于 -1 时，结果可能令人惊奇，但实际上这种结果几乎不可能发生。大多数证券之间只存在正相关或强负相关关系，因此，完全负相关这种情况的实践重要性很小。

值得注意的是，一对证券之间只存在一个相关系数。例如，B 公司和 A 公司的相关系数是 -0.1639，图 7-9 中的曲线 $\rho=-0.1639$ 所表示的相关系数是真正的情况，其他曲线只是假设的情况。

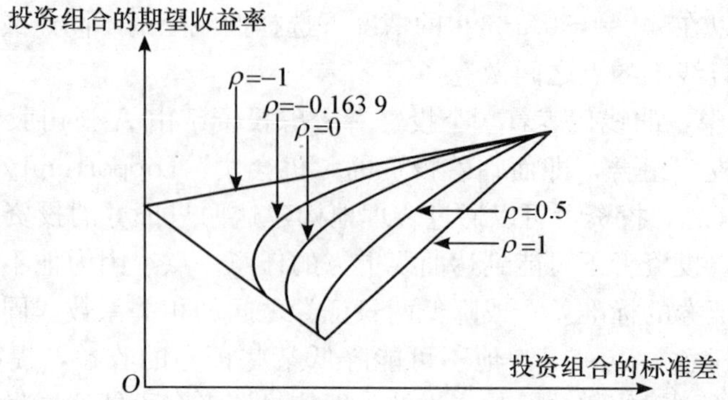

图 7-9　持有 A 公司股票与 B 公司股票投资组合的机会集

我们对图 7-9 的观察并不只是出于对知识的好奇。相反，在现实工作中我们可以很容易地计算出各种有效集。如前所述，虽然主观设想的数值可以用于计算收益率、标准差和相关系数这些统计量，但它们也可以通过历史数据取得。一旦这些统计量被确定后，运用某些软件就可以得出一个有效集。但是，在一个有效集内选择哪个投资组合，完全取决于个人的偏好。计算机软件不提供选择这种偏好的投资组合。

（四）多种资产组合的有效集

前一部分讨论的是两种资产组合的有效集。我们发现用一条简单的曲线可以概括出各种可能的投资组合。因为投资者一般持有超过两只证券，所以我们必须探讨持有证券数量超过两只的投资组合及其有效集。图 7-10 中的阴影部分表示在投资组合中证券数量很多时，投资组合的机会集或可行集。或者说，阴影部分代表了一个其期望收益率和标准差之间所有可能产生的投资组合。例如，以 100 只证券为总体，图 7-10 中的点 1 可能表示 40 只证券的投资组合；点 2 可能表示 80 只证券的投资组合；点 3 可能表示所有可能产生的 80 只证券的投资组合，或相同的 80 只证券因投资比例不同而形成的各种投资组合，或可能产生的其他投资组合。显然，投资组合实际上是无穷无尽的。无论如何，所有可能产生或构成的投资组合都落在一个有限的区域内。换言之，因为各只证券的期望收益率不可能改变，所以任何人都不可能选择一个期望收益率超过给定阴影区域的投资组合。同时，任何人也不可能选择一个标准差低于给定的阴影区域的投资组合。也许，更令人惊奇的是，任何人都不可能选择一个期望收益率低于那条曲线的投资组合。也就是说，资本市场实际上防止了自伤害的投资者去投资一项肯定会造成损失的投资组合。

目前，我们可以看到图 7-10 不同于前面的图。当只有两只证券构成投资组合时，所有投资组合都位于一条弓形曲线上。不同的是，当由多只证券构成投资组合时，所有投资组合都位于一个区域之中。值得注意的是，投资者无论如何都要选择该区域上方从 MV 到 X 这一边界。这一边界就是图 7-10 中那条较粗的曲线，又称“有效集”。任何一个位于从 MV 到 X 的曲线下方的点，其期望收益率都小于有效集上的点，而标准差却相等。例如，考察图中的点 R 和直接位于其下方的点 W，如果点 W 的风险正是可以接受的风险，那么应该选择点 R 而不是点 W，因为点 R 的期望收益率高于点 W 的期望收益率。

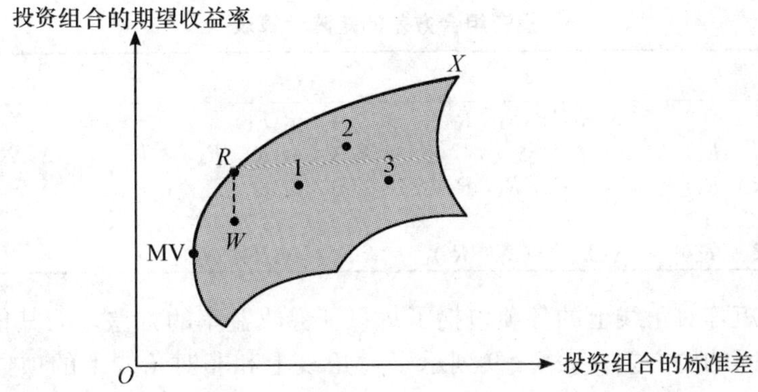

图 7－10　由多种证券构成的投资组合的可行集

下面再分析一下图 7－10 与图 7－8 的相似之处。图 7－8 的有效集是从 MV 到 A 公司股票这条曲线，它包括了 A 公司和 B 公司这两只股票的各种投资组合。图 7－10 的有效集是从 MV 到 X 这条曲线，它包括了多只证券的各种投资组合。实际上，图 7－10 中出现阴影区域而图 7－8 中没有，这并不是重要的区别。没有一个投资者愿意选择图 7－8 中有效集下方的任何一点。

我们在前面提及，在现实工作中很容易绘制两只证券投资组合的有效集。然而，随着证券数量的增加和观测数量的增加，绘制有效集的工作愈加困难。例如，即使采用主观分析的方法估计 100 只或 500 只证券的期望收益率和标准差，工作量也已经很重；而估计其相关系数的工作量则更大。如果取 100 只股票构成投资组合，每两只股票计算一个相关系数，就需计算约 5 000 个相关系数。

我们已经在前面讨论过两种投资组合的方差和标准差的计算公式。现在，我们来讨论多种投资组合的方差和标准差的计算方法，其实际上可以被视为两种投资组合的方差和标准差的计算公式的扩展。

要推导这一公式，我们仍然应用矩阵方法，如表 7－8 所示。假设有 N 种资产，我们在横向列示 1 至 N，又在纵向列示 1 至 N，从而形成一个 $N \times N = N^2$ 的矩阵格式。

现在我们来考察矩阵中的各个格子。例如，第 2 行第 3 列这个格子的值为：

$$X_2 X_3 \mathrm{Cov}(R_2, R_3)$$

其中，X_2 和 X_3 分别表示组合中第 2 种资产和第 3 种资产的投资比例。如果一个投资者持有一个 1 000 美元的组合，其中 100 美元投资于第 2 种资产，那么 $X_2 = 10\%$。$\mathrm{Cov}(R_2, R_3)$ 是第 2 种资产的收益率与第 3 种资产的收益率的协方差。因为 $\mathrm{Cov}(R_2, R_3) = \mathrm{Cov}(R_3, R_2)$，所以第 2 行第 3 列的值等于第 3 行第 2 列的值，即

$$X_2 X_3 \mathrm{Cov}(R_2, R_3) = X_3 X_2 \mathrm{Cov}(R_3, R_2)$$

实际上，每一对都在表 7－8 中出现 2 次：一次出现在表的偏右上方，另一次出现在表的偏左下方。

现在，我们来考察矩阵中对角线上的格子。例如，第 1 格的值是 $X_1^2 \sigma_1^2$，其中，σ_1^2 是第 1 种资产收益率的方差。

表 7-8　　投资组合方差的矩阵计算表

股票	1	2	3	…	N
1	$X_1^2\sigma_1^2$	$X_1X_2\mathrm{Cov}(R_1, R_2)$	$X_1X_3\mathrm{Cov}(R_1, R_3)$	…	$X_1X_N\mathrm{Cov}(R_1, R_N)$
2	$X_2X_1\mathrm{Cov}(R_2, R_1)$	$X_2^2\sigma_2^2$	$X_2X_3\mathrm{Cov}(R_2, R_3)$	…	$X_2X_N\mathrm{Cov}(R_2, R_N)$
3	$X_3X_1\mathrm{Cov}(R_3, R_1)$	$X_3X_2\mathrm{Cov}(R_3, R_2)$	$X_3^2\sigma_3^2$	…	$X_3X_N\mathrm{Cov}(R_3, R_N)$
⋮	⋮	⋮	⋮		⋮
N	$X_NX_1\mathrm{Cov}(R_N, R_1)$	$X_NX_2\mathrm{Cov}(R_N, R_2)$	$X_NX_3\mathrm{Cov}(R_N, R_3)$	…	$X_N^2\sigma_N^2$

由此可见，矩阵对角线上的各项包括了每只证券收益率的方差，而其他各项包括了各对证券收益率之间的协方差。表 7-9 列示了对角线上和非对角线上的项数与矩阵规模之间的关系。对角线上的项数，即投资组合中各只证券收益率的方差的个数，总是等于构成投资组合的证券的数量。非对角线上的项数，即投资组合中每对证券收益率的协方差的个数，大大超过构成投资组合的证券的数量。例如，一个由 100 只证券构成的投资组合，就有 100 个方差和 9 900 个协方差。因此可以说，在一个投资组合中，两只证券之间的协方差对投资组合收益率的方差的影响大于每只证券的方差对投资组合收益率的方差的影响。

表 7-9　　投资组合中方差与协方差的项数与构成投资组合的证券数量之间的关系

构成投资组合的证券数量	投资组合收益率的方差的总项数	投资组合中各只证券的方差的项数	投资组合中各对证券的协方差的项数
1	1	1	0
2	4	2	2
3	9	3	6
10	100	10	90
100	10 000	100	9 900
N	N^2	N	N^2-N

（五）多元化举例分析

为说明上述要点，只要将表 7-8 的矩阵稍做变化。假设我们确定如下三个假设：

（1）投资组合中所有证券均具有相同的方差，定义为$\overline{\mathrm{Var}}$。即对于每只证券来说，都有$\overline{\mathrm{Var}}=\sigma_i^2$。

（2）表 7-8 中的所有协方差相同，定义为$\overline{\mathrm{Cov}}$。即对于投资组合中的每对证券来说，都有$\overline{\mathrm{Cov}}=\mathrm{Cov}(R_i, R_j)$。

实际上，可以证明：$\overline{\mathrm{Cov}}<\overline{\mathrm{Var}}$。

（3）所有证券在投资组合中的比例相同。因为投资组合中有 N 种资产，所以每种资产在投资组合中的比例均为 $1/N$。

表 7-10 是在上述三个假设条件下投资组合的方差和协方差的矩阵。值得注意的是，对角线上的各项都相同，同时，非对角线上的各项也都相同。正如表 7-8 一样，投资组合收益的方差就是表 7-10 中各项的总和。我们知道，在对角线上总共有 N 个方差；在非对角线上总共有 $N(N-1)$ 个协方差。把表 7-10 中的各项相加，我们可以得到投资组合收益率的方差，其计算公式是：

$$投资组合收益率的方差 = N\times(1/N^2)\overline{\text{Var}}+N(N-1)\times(1/N^2)\overline{\text{Cov}}$$
$$=(1/N)\overline{\text{Var}}+[(N^2-N)/N^2]\overline{\text{Cov}}$$
$$=(1/N)\overline{\text{Var}}+[1-(1/N)]\overline{\text{Cov}} \quad (7.9)$$

式（7.9）表示我们这一特殊投资组合的方差，是投资组合中各只证券的平均方差和各对证券的平均协方差的加权平均数。当我们不断地增加投资组合中证券的数量直至无穷时，则投资组合收益率的方差是：

$$投资组合收益率的方差(N\rightarrow\infty)=\overline{\text{Cov}} \quad (7.10)$$

这是很显然的，因为当 N 趋向无穷大时：(1) 投资组合中各只证券的平均方差的权重 $(1/N)$ 趋向于零；(2) 投资组合中各对证券的平均协方差的权重 $[1-(1/N)]$ 趋向于1。

表 7-10　特殊投资组合收益率的方差的矩阵计算表

股票	1	2	3	…	N
1	$(1/N^2)\ \overline{\text{Var}}$	$(1/N^2)\ \overline{\text{Cov}}$	$(1/N^2)\ \overline{\text{Cov}}$	…	$(1/N^2)\ \overline{\text{Cov}}$
2	$(1/N^2)\ \overline{\text{Cov}}$	$(1/N^2)\ \overline{\text{Var}}$	$(1/N^2)\ \overline{\text{Cov}}$	…	$(1/N^2)\ \overline{\text{Cov}}$
3	$(1/N^2)\ \overline{\text{Cov}}$	$(1/N^2)\ \overline{\text{Cov}}$	$(1/N^2)\ \overline{\text{Var}}$	…	$(1/N^2)\ \overline{\text{Cov}}$
⋮	⋮	⋮	⋮		⋮
N	$(1/N^2)\ \overline{\text{Cov}}$	$(1/N^2)\ \overline{\text{Cov}}$	$(1/N^2)\ \overline{\text{Cov}}$	…	$(1/N^2)\ \overline{\text{Var}}$

式（7.10）提供了令人感兴趣和重要的结果。在我们这一特殊的投资组合中，当证券的数量不断增加时，各只证券的方差最终完全消失。但无论如何，各对证券的平均协方差 $\overline{\text{Cov}}$ 仍然存在。事实上，投资组合收益率的方差成为投资组合中各对证券的平均协方差。

人们常常听到，应该进行多元化投资。也就是说，不要把所有鸡蛋都放在同一个篮子里。这个例子所要说明的就是多元化对于投资组合风险的影响作用。在投资组合中，各只证券的方差会因为投资组合而被分散并消失，但是，各对证券的协方差不可能因为投资组合而被分散并消失。

投资组合不能分散和化解全部风险，而只能分散和化解部分风险。这一事实需要进一步探讨。假设史密斯先生携带 1 000 美元去赌场的轮盘赌桌。如果他将所有钱都放在轮盘的一处，那么风险就很大。例如，设想他将 1 000 美元放在轮盘赌桌上的红处，如果轮盘转动后指针停在红处，他将获得 2 000 美元；但如果轮盘转动后指针停在黑处，他将失去所有赌注。如果他将 1 000 美元分成1 000份，每次放 1 美元于红处，那么，依据概率论，他每次获胜的概率是 50%。这意味着他有可能把 1 000 美元的大多数赢回来，或者说，风险分散在 1 000 个不同的地方。

现在，让我们将这一例子与股票市场的例子做个比较。如图 7-11 所示，当只有一只股票构成投资组合时，投资组合收益率的标准差就等于这一股票收益率的标准差；当投资组合中的股票数量增加时，投资组合收益率的方差就逐步下降。这就是投资组合的多元化效应。但是，与史密斯先生赌博的例子有所不同的是，投资组合收益率的方差不可能下降至零。实际上，投资组合收益率的方差只下降至 $\overline{\text{Cov}}$，即各对股票协方差的平均数。但值得指出的是，在方差、标准差不相等这种一般情况下，仍然会发生风险下降效应。

因为方差的平均数 $\overline{\text{Var}}$ 会大于协方差的平均数 $\overline{\text{Cov}}$，因此一只证券收益率的方差可以分解为：

$$某证券的总风险\overline{Var}=投资组合风险\overline{Cov}+非系统性或可分散风险(\overline{Var}-\overline{Cov})$$

其中，总风险是持有一只证券的投资者所承受的风险；投资组合风险，又称系统性风险（systematic risk）、市场风险（market risk）或不可分散风险，是投资者在持有一个完整充分的投资组合之后仍需承受的风险；可分散风险（diversifiable risk），又称非系统性风险（unsystematic risk）或特有风险（unique risk），是通过投资组合可以分散的风险，依定义，其等于总风险与投资组合风险之差。

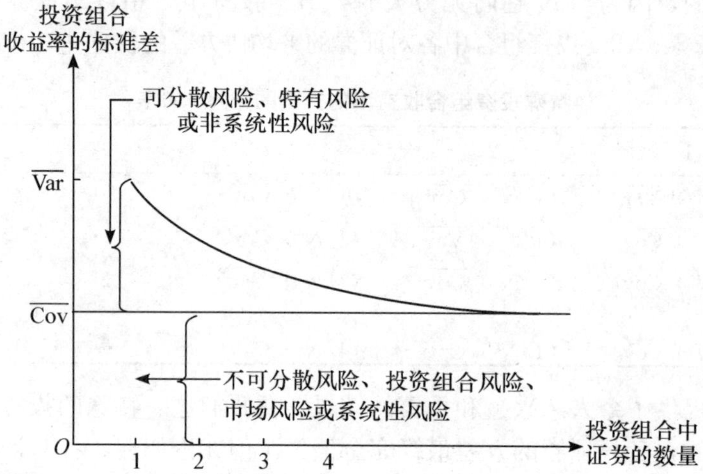

图 7－11　投资组合收益的方差与投资组合中证券数量之间的关系

注：假定：(1) 投资组合中所有证券均具有固定的方差；(2) 投资组合中所有证券均具有固定的协方差；(3) 在投资组合中，所有证券均具有相同的权重。根据这些假设可以得知：当增加投资组合中的证券数量时，投资组合的方差逐渐下降。但是，投资组合的方差无论如何都不会降至零，而只能降至协方差的平均数，即$\overline{Cov}$。

对于选择投资组合的投资者来说，某只证券的总风险并不重要。当增加一只证券于投资组合之中时，投资者关心的是这只证券的不可化解风险。从另一角度看，这部分风险是该只证券对整个投资组合风险的贡献。我们将在以后讨论各类证券对整个投资组合风险所做的不同贡献。

现在，我们已经知道在一个多元化的投资组合中，非系统性风险会消失。那么，我们是如何知道投资者愿意要这样的投资组合呢？假如他们偏好风险，风险也会消失吗？

至少在理论上我们必须承认这种可能性。但是，我们认为这并没有描述我们所想象的那种典型的投资者，即风险厌恶（risk averse）的投资者。风险厌恶的行为有多种定义，而我们倾向于用以下例子来说明：一个公平的赌博是一个期望收益率为零的赌博，而风险厌恶的投资者偏向于避免这种公平的赌博。

为什么投资者要选择充分多元化的投资组合呢？原因是他们是风险厌恶者。风险厌恶者回避任何不必要的风险，如某只股票的非系统性风险。如果认为这一答案不充分，那就想一想自己是否愿意承受这样的风险。例如，假设工作了整整一个夏季，你拥有了一笔5 000美元的存款，想用这笔钱来交纳学费。但是，现在有人来找你，想用掷硬币的方法来与你赌钱：如果出现正面，你将获得双倍的钱；如果出现反面，你将失去这笔钱。你愿意接受这种赌法吗？也许愿意，但大多数人不愿意。即使不考虑有关赌博的道德问题，我们仍然认为一般的投资者不愿意冒这样的风险。

要吸引典型的“风险厌恶的投资者”参与公平的赌博，必须改变条件。例如，必须提高胜算机会，从 50%比 50%提高到 70%比 30%，或者更高。只有当能够使得风险厌恶的投资者感到愉快，以至对于这些投资者的优势来说它们变得不公平时，才能吸引风险厌恶的投资者参与公平赌博。

（六）无风险的借和贷

图 7－12 假设所有位于有效集上的证券都具有风险，并且一个投资者可以十分容易地将一种风险投资产与一种低风险或无风险证券构成投资组合，例如投资于国库券。以下举例说明。

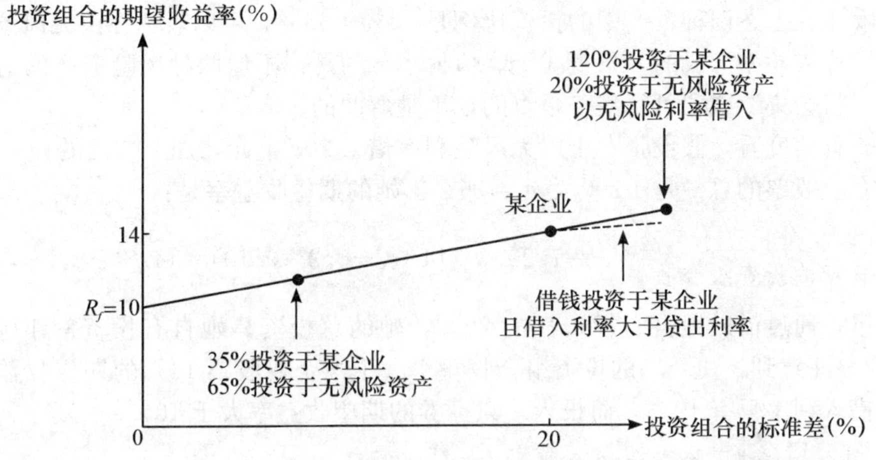

图 7－12　由风险资产和无风险资产构成的投资组合的收益率和风险的关系

例 6　张女士考虑投资于某企业的普通股。此外，张女士可以按照无风险利率进行借入或贷出。有关参数如表 7－11 所示。

表 7－11

名称	该企业股票	无风险利率
期望收益率（%）	14	10
标准差	0.20	0

假设张女士的投资总额为 1 000 美元，其中 350 美元投资于该企业股票，650 美元投资于无风险资产。显然，其总投资的期望或平均收益率是两种资产收益的加权平均数：

$$\begin{matrix}\text{由一种风险资产和一种无风险}\\ \text{资产构成的投资组合的收益率}\end{matrix}=0.35\times0.14+0.65\times0.10=11.4\% \tag{7.11}$$

由于投资组合的平均收益率是风险资产收益率与无风险资产收益率的加权平均数，因此计算方法实际上视同计算两种风险资产的投资组合收益率。换言之，式（7.3）仍然适用于此。

使用式（7.4），投资组合方差的计算公式可以写作：

$$\text{由一种风险资产和一种无风险资产构成的投资组合的方差}=X_{风险}^2\sigma_{风险}^2+2X_{风险}X_{无风险}\sigma_{风险,无风险}+X_{无风险}^2\sigma_{无风险}^2$$

因为无风险资产不存在风险，所以有：

$$\text{由一种风险资产和一种无风险资产构成的投资组合的方差}=X_{风险}^2\sigma_{风险}^2=(0.35)^2\times(0.20)^2=0.0049 \quad (7.12)$$

$$\text{由一种风险资产和一种无风险资产构成的投资组合的标准差}=X_{风险}\sigma_{风险}=0.35\times0.20=0.07 \quad (7.13)$$

由一种风险资产和一种无风险资产构成的投资组合的收益率和风险的关系如图 7－12 所示。张女士在上述两种资产中的投资比例是 35%：65%，可以表示在由无风险资产收益率和风险资产收益率形成的一条直线上。值得注意的是：不像两种风险资产的情况，这种情况下的“机会集”或“可行集”是直的，不是弯曲的。

从另一种角度看，假设张女士以无风险利率借入 200 美元，加上自己的1 000美元，她投资于该企业股票的总额是 1 200 美元，那么，她的期望收益率是：

$$\text{借款投资于风险资产的投资组合收益率}=1.20\times0.14+(-0.2\times0.10)=14.8\%$$

在这里，通过借入她自有投资额的 20%，她的总投资是她自有投资额 1 000 美元的 120%。应该注意到，14.8%的投资组合收益率大于该企业股票 14%的期望收益率。这是因为她的借入利率只有 10%，而投入一只证券的期望收益率大于 10%。

$$\text{由一种风险资产和一种无风险资产构成的投资组合的标准差}=X_{风险}\sigma_{风险}=0.2\times1.20=0.24$$

因为借款投资提高了投资收益率的变动性，所以这一投资组合的标准差为 0.24，大于投资于该企业的标准差 0.2。这一投资组合如图 7－12 所示。

前面部分叙述了由一种无风险资产与一种风险资产构成的投资组合的情况。事实上，投资者希望用无风险资产与风险资产构建投资组合。图 7－13 对此做了说明。考虑图 7－13 中的点 Q，其代表若干证券的一种投资组合，位于风险资产的可行集内部。让我们假设点 Q 是由 30%的美国电话电报公司（AT&T）证券、45%的通用汽车公司（GM）证券和 25%的 IBM 公司证券组成的一个投资组合，投资者将这一投资组合（Q）与一个无风险资产（R_f）的投资结合起来，从而形成一条从 R_f 到 Q 的直线。我们将这条直线称为直线Ⅰ。

例如，位于直线Ⅰ上的点 1 表示 70%投资于无风险资产，而 30%投资于投资组合 Q。如果投资者拥有 100 美元，并选择投资于点 1，他就会将 70 美元投资于无风险资产，而将 30 美元投资于 Q。当然，这样一个投资组合还可以表述为：70 美元投资于无风险资产；9（＝30%×30）美元投资于 AT&T 证券；13.5（＝45%×30）美元投资于 GM 证券；7.5（＝25%×30）美元投资于 IBM 证券。直线Ⅰ上的点 2 表示 35%投资于无风险资产，而 65%投资于投资组合 Q。

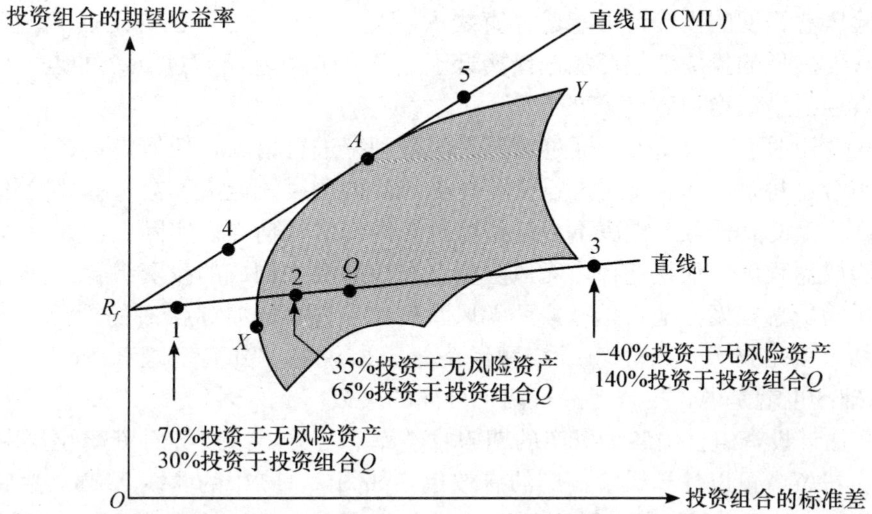

图 7-13　由风险资产和无风险资产构成的投资组合的期望收益率和标准差之间的关系

注：投资组合 Q 是由 30%的 AT&T 证券、45%的 GM 证券和 25%的 IBM 证券组成。

点 3 是通过借钱投资于 Q 而获得的。例如，某投资者只有 100 美元，但是他可以通过向银行或经纪人借款 40 美元，使得他可用 140 美元投资于 Q。具体来说，这样一个投资组合为：42（=30%×140）美元投资于 AT&T 证券；63（=45%×140）美元投资于 GM 证券；35（=25%×140）美元投资于 IBM 证券。以上投资组合概述于表 7-12 中。

表 7-12　　单位：美元

资产	点 Q	点 1	点 3
AT&T 证券	30	9.00	42
GM 证券	45	13.50	63
IBM 证券	25	7.50	35
无风险资产	0	70.00	−40
总投资	100	100.00	100

虽然投资者可以获得直线Ⅰ上的任何一点，但在直线Ⅰ上不存在最优的点或投资组合。要说明这一问题，先来观察直线Ⅱ，一条从 R_f 向 A 延伸的直线。点 A 表示由一些风险资产构成的投资组合。直线Ⅱ表示由无风险资产和风险资产 A 共同构成的各种投资组合。因此，如果有一笔钱，从 R_f 到 A 的直线上的各个点就是部分投资于无风险资产、部分投资于风险资产 A 而形成的各种投资组合。超过点 A 的那部分直线是通过按照无风险利率借钱投资于风险资产 A 来实现的。

如图 7-13 所示，直线Ⅱ是风险资产有效集的切线。如果投资者能够到达直线Ⅰ上的任何一点，那么他也能够到达直线Ⅱ上相应的某一点。对比直线Ⅰ上的那一点，直线Ⅱ上的点的期望收益率较高，而标准差相同。事实上，因为直线Ⅱ是有效集的切线，所以它提供给投资者最优的投资机会。换言之，直线Ⅱ就是通常所说的“资本市场线”（capital market line），该线可以被看作所有资产，包括风险资产和无风险资产的有效集。一个具有合理风险厌恶程度的投资者可能选择直线 R_f 至 A 的某一点，也许是点 4。但是，一个风险厌恶程度较低的投资者很可能选择接近于点 A 的点，甚至超过点 A 的点。例如，点 5 就是投资者通过借钱增加对点 A 的投资。

图 7－13 说明了一个要点：通过按照无风险利率进行借入，任何投资者持有的风险资产的投资组合都将是点 A。不考虑投资者忍受风险的程度，他决不会选择风险资产有效集（曲线 XAY）上的其他点，也决不会选择可行集内部的任何点。实际上，如果投资者具有较高的风险厌恶程度，他将选择由无风险资产和风险资产构成的投资组合；如果投资者具有较低的风险厌恶程度，他将选择按照无风险利率借钱，增加对点 A 的投资。

这个结果就是财务经济学家或金融经济学家所说的“分离定理”（separation principle）的基础。也就是说，投资者进行两个分离的决策：

（1）在估计投资组合中各种资产的期望收益率和方差，以及各对资产收益率之间的协方差之后，投资者可以计算风险资产的有效集，如图 7－13 中的曲线 XAY。然后，投资者就要决定点 A，其是无风险资产收益率 R_f 与曲线 XAY 这一有效集的切点。点 A 表示投资者所要持有的风险资产的投资组合，投资者只要通过估计收益率、方差和协方差就可以确定这一点。在做这一步骤时，还不需要考虑投资者个人的特征，例如投资者的风险厌恶程度。

（2）投资者必须决定如何构造风险资产（点 A）与无风险资产之间的投资组合。他可以部分投资于无风险资产，部分投资于风险资产。在这种情况下，投资者只能在从 R_f 到点 A 的直线上选择某一点。或者，他可以通过以无风险利率借钱，加上他自有的资金，增加对点 A 这个投资组合的投资。在这种情况下，投资者可以在直线Ⅱ上选择超过点 A 的那部分直线上的某一点。由此可见，投资者在无风险资产中所处的位置，也就是他选择的直线上的位置，是由投资者个人的内在特征决定的，例如投资者个人承受风险的能力。

三、市场均衡

（一）市场均衡投资组合的定义

以上分析只涉及一个投资者。他对各种资产的期望收益率、方差和各对资产收益率之间的协方差的估计纯属他个人的事。显然，其他投资者对上述变量有不同的估计。但是，因为所有估计都是建立在相同数据基础上的期望，如历史价格变动的数据和公布的其他可用信息，所以各种估计无论如何是不可能出现太大的差别的。

财务或金融经济学家通常假设，世界上所有投资者对期望收益率、方差和协方差的估计完全相同。虽然这确实是不可能的，但可以认为这是一个简化的假设：全世界的投资者都可以获得相似的信息源。这一假设又被称为“共同期望假设”（homogeneous expectations hypothesis），是指所有投资者对收益率、方差和协方差都具有“相同的确信”，而不是指所有投资者对风险的厌恶程度相同。如果所有投资者都具有相同的期望，图 7－13 对所有投资者来说都相同。也就是说，所有投资者都将绘制出相同的风险资产有效集。这个风险资产有效集表示为曲线 XAY。因为相同的无风险利率适用于每个投资者，所以所有投资者都认同点 A 作为他们持有的风险资产投资组合。那些风险厌恶程度高的投资者可以在点 A 与无风险资产之间进行组合，例如选择点 4。其他风险厌恶程度低的投资者可以通过以无风险利率借钱，增加对风险资产投资组合（点 A）的投资，例如选择点 5。

如果所有投资者都选择相同的风险资产投资组合，那么这个投资组合就是由所有现存证券按照市场价值加权计算所得到的投资组合，被称为“市场投资组合”(market portfolio)。在实践中，财务或金融经济学家使用具有广泛基础的综合指数如标准普尔500指数来代表市场投资组合。当然，在实践中，并非所有投资者都持有相同的投资组合。但是，无论怎么说，我们知道大多数投资者持有多元化的投资组合，特别是那些共同基金和养老基金。而具有广泛基础的综合指数无疑是一个很多投资者持有的高度多元化的投资组合的代表。

（二）持有市场投资组合的风险

上面阐述了多数投资者持有类似综合指数的多元化投资组合。这一结果要求我们更加准确地掌握在多元化投资组合中某一证券的风险。

研究人员已经指出在一个大型投资组合中，对某一证券最佳的风险度量是这一证券的贝塔系数（β）。以下我们举例说明贝塔系数。

例7　考虑如下科美公司股票和证券市场的可能收益率（见表7-13）。

表7-13

状态	经济类型	证券市场收益率（%）	科美公司股票收益率（%）
Ⅰ	牛市	15	25
Ⅱ	牛市	15	15
Ⅲ	熊市	−5	−5
Ⅳ	熊市	−5	−15

虽然证券市场的收益率只有两种可能结果，即15%和−5%，但是科美公司股票的收益率有四种可能结果。首先，需要考虑在某种经济类型下某一证券的期望收益率。假设每种状态出现的概率相同，都是50%，就可得到表7-14的相关结果。

表7-14

经济类型	证券市场期望收益率（%）	科美公司股票期望收益率（%）
牛市	15	$20=25\times1/2+15\times1/2$
熊市	−5	$-10=(-5)\times1/2+(-15)\times1/2$

因为在牛市的时候，科美公司股票的期望收益率大于其在熊市的时候，所以说科美公司对于市场变动产生反应。我们现在来确切地计算科美公司的股票是如何因市场变动而产生反应的。虽然在牛市情况下的证券市场收益率超过在熊市情况下的证券市场收益率20%［=15%−(−5%)］，但是在牛市情况下科美公司股票的收益率超过在熊市情况下科美公司股票的收益率30%［=20%−(−10%)］。由此可见，科美公司股票收益变动对市场收益变动的反应系数是1.5（=30%/20%）。

这一关系展示在图7-14中。无论是科美公司股票的收益率，还是证券市场收益率，都绘制为由4个坐标点构成的散点图，用符号“·”表示。此外，我们再分别将牛市和熊市时证券市场的期望收益率和科美公司股票的期望收益率所形成的2个坐标点绘制在图上，图中用符号“×”来表示。连接这2个“×”的坐标点使之成为一条直线，就是所谓的“证券特征线”(characteristic line of the security)。这条直线的斜率是1.5，等于我们在前面计算的数字。由此可见，科美公司股票的市场反应系数1.5，也就是科美公司股票的贝塔系数。

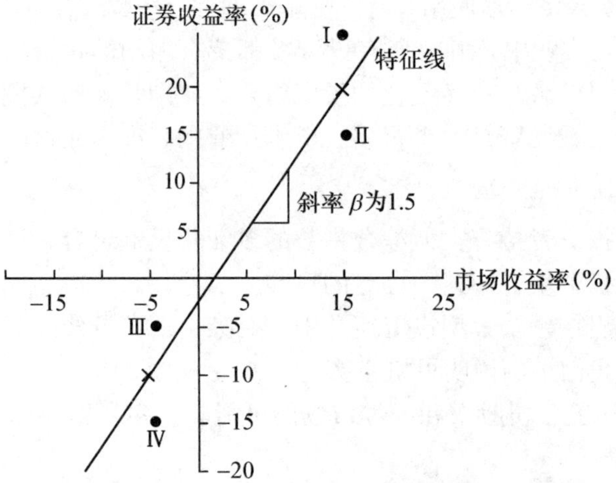

图7-14　科美公司股票的表现和市场投资组合

用图7-14解释贝塔系数的含义非常直观。这幅图表明了科美公司股票的收益率是证券市场收益率的1.5倍。如果市场走势良好，科美公司股票的预期走势将更好。现在，假设某一投资者持有一个投资组合，其接近于市场投资组合，他正在考虑将科美公司股票也纳入他的投资组合。因为科美公司股票的“放大因子”是1.5，所以这个投资者将视科美公司股票为增加其投资组合风险的股票。由此可见，因为科美公司股票对市场变动的反应较大，所以它对于一个大型、多元化的投资组合所贡献的风险，超过一般或平均的股票。现在，我们补充讨论证券的贝塔系数为负值的情况。首先，我们必须将这些证券视同套利交易工具或保险策略。在市场走势较差时，这类证券的预期走势较好；反之，在市场走势较好时，这类证券的预期走势较差。这样，将贝塔系数为负值的股票纳入一个大型、多元化的投资组合中，实际上降低了投资组合的风险。但遗憾的是，实证结果表明：实际上没有贝塔系数为负值的股票。

表7-15是一些证券的贝塔系数的实证估计值。正如我们所看到的，一部分证券的市场反应程度较高，另一部分证券的市场反应程度较低。例如，以标准普尔500指数为市场投资组合的代表，旅行者公司股票的贝塔系数等于1.65，这表明每当市场收益率变动1%时，旅行者公司的股票收益率预期将朝同一方向变动1.65%。相反，绿山电力公司股票的贝塔系数等于0.55，这表明每当市场收益率变动1%时，绿山电力公司的股票收益率预期将朝同一方向变动0.55%。

表7-15　一些股票的贝塔系数的估计值

股票	贝塔系数的估计值
高贝塔值的股票	
美洲银行（Bank of America）	1.55
国际波蓝德公司（Borland International）	2.35

续前表

股票	贝塔系数的估计值
旅行者公司（Travelers，Inc.）	1.65
平均贝塔值的股票	
杜邦公司	1.00
金佰利-克拉克公司（Kimberly-Clark Corp.）	0.90
微软公司	1.05
低贝塔值的股票	
绿山电力公司（Green Mountain Power）	0.55
霍姆斯塔克矿业公司（Homestake Mining）	0.20
甲骨文公司	0.49

注：以标准普尔 500 指数为市场投资组合来估计各股票的贝塔系数。

四、资本资产定价模型

毫无疑问，一种资产的期望收益率与其风险之间应该是正相关的。也就是说，只有当风险资产的收益率可以抵消其风险时，投资者才会持有这种风险资产。在这一小节中，首先我们将股票市场视为一个整体来估计市场的期望收益率，其次我们将估计各种证券的期望收益率。

（一）市场的期望收益率

财务经济学家认为市场的期望收益率可以表述为如下模型：

$$\overline{R}_M = R_f + \text{风险溢价}$$

准确地说，市场的期望收益率是无风险资产的收益率加上因市场组合的内在风险所需的补偿。值得注意的是，上述公式指的是市场的期望收益率，不是某年或某月的实际收益率。因为股票具有风险，某一时期市场的实际收益率当然可能低于无风险资产的收益率 R_f，甚至可能出现负值。

因为投资者要求对风险给予补偿，所以风险溢价假定是正值。但是，风险溢价的正值是多少呢？一般认为未来风险溢价的最佳估计值是过去风险溢价的平均值。Ibbotson 和 Sinquefield 发现了在 1926—1997 年期间，普通股的期望收益率是 13.0%，同期平均的无风险资产的收益率为 3.8%。因此，二者的平均差异是 9.2%（=13.0%−3.8%）。经济学家用这个差异作为未来风险溢价的最佳估计值。在本书中，我们也将经常使用到它。

例如，一般采用一年期国库券的收益率来估计无风险资产的收益率。如果无风险资产的收益率等于 4.0%，那么市场的期望收益率就等于 13.2%，即

$$4.0\% + 9.2\% = 13.2\%$$

（二）单只证券的期望收益率

在上面我们已经讨论了市场整体的期望收益率的估计问题，但是，如何估计单只证券的期望收益率呢？我们已经论证了单只证券的贝塔系数是度量一个大型、多元化投资组合的合理指标。由于大多数投资都是多元化的，因此一只证券的期望收益率与其贝塔系数之

间应该为正相关关系。这一点可以通过图 7-15 得到说明。实际上，经济学家能够比较准确地描述收益率和风险之间的关系。即在某些合理的条件下，期望收益率与贝塔系数之间的关系可以表述为如下模型：

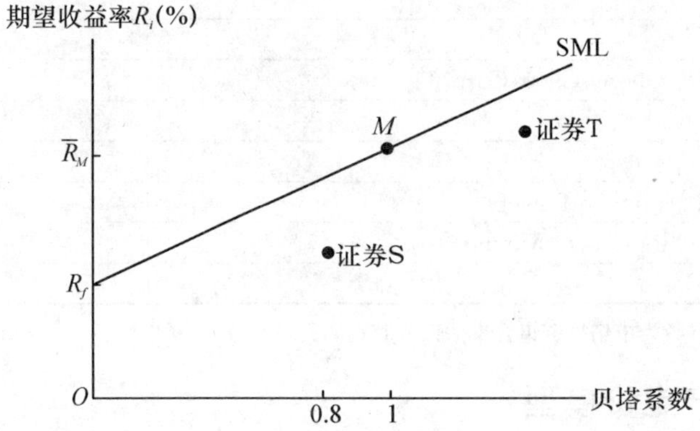

图 7-15　单只证券的期望收益率与其贝塔系数之间的关系

$$\overline{R}_i=R_f+\beta\times(\overline{R}_M-R_f) \tag{7.14}$$

$$\begin{matrix}\text{某只证券的}\\\text{期望收益率}\end{matrix}=\begin{matrix}\text{无风险}\\\text{资产收益率}\end{matrix}+\begin{matrix}\text{证券的}\\\text{贝塔系数}\end{matrix}\times\text{风险溢价}$$

这个公式被称为“资本资产定价模型”（capital-asset-pricing model，CAPM），它表明某证券的期望收益率与该证券的贝塔系数线性相关。由于从长期来看，市场的平均收益率高于平均的无风险资产收益率，因此（$\overline{R}_M-R_f$）应是正数。所以，更确切地说，某证券的期望收益率与该证券的贝塔系数线性正相关。为了进一步说明这一模型，我们下面来讨论以下几种特殊情况：

（1）假设$\beta=0$，就有$\overline{R}_i=R_f$。也就是说，某证券的期望收益率正好等于无风险资产的收益率。显然，因为贝塔系数为零的证券表明它没有风险，所以它的期望收益率应该等于无风险资产的收益率。

（2）假设$\beta=1$，就有$\overline{R}_i=\overline{R}_M$。也就是说，某证券的期望收益率正好等于市场的平均收益率。显然，因为贝塔系数为 1 的证券表明它的风险等于市场投资组合的风险，所以它的期望收益率应该等于市场的平均收益率。

式（7.14）就是图 7-15 中那条斜率为正的直线。值得注意的是，当$\beta=1$时，直线从R_f升至$\overline{R}_M$。这条线通常又被称为“证券市场线”（security market line，SML）。

正如任何直线一样，证券市场线具有斜率和截距。无风险资产收益率R_f是截距。因为证券市场线的横轴是证券的贝塔系数，所以（$\overline{R}_M-R_f$）是斜率。正因如此，只要证券市场的期望收益率大于无风险资产收益率，证券市场线将是一条斜率向上的直线。因为市场投资组合是风险资产的投资组合，所以，从理论上来说，其期望收益率大于无风险资产的收益率。

例 8　华科公司股票的贝塔系数是 1.5，泽波公司股票的贝塔系数是 0.7，无风险收益率为 7%，市场的期望收益率与无风险收益率之差为 9.2%。因此，上述两只股票的期望收益率分别是：

华科公司股票的期望收益率＝7%＋1.5×9.2%＝20.80%

泽波公司股票的期望收益率＝7%＋0.7×9.2%＝13.44%　(7.15)

在这里，有必要简单地讨论一下资本资产定价模型的其他三个要点：

(1) 线性。直观地看，资本资产定价模型为一条斜率向上的直线这一点是显而易见的。因为贝塔系数是一个度量风险的合理指标，所以，贝塔系数较大的证券的期望收益率高于贝塔系数较小的证券的期望收益率。但是，无论如何，式（7.14）和图 7-15 所说明的不仅仅是这样一条斜率向上的直线，其关键是要说明证券的期望收益率和其贝塔系数之间的关系与这条直线一致。

要阐明图 7-15 中的线是一条直线是件容易的事。例如，首先假设某证券 S 的贝塔系数是 0.8，在图中这一证券位于证券市场线下。任何一个投资者都可以通过购买一个投资组合，即 20%的无风险资产和 80%的贝塔系数为 1 的某证券的投资组合，从而获得与证券 S 完全相同的贝塔系数。无论如何，这个自制的投资组合位于证券市场线上。换言之，这个投资组合优于证券 S，因为其贝塔系数与证券 S 的贝塔系数相等，但具有较高的期望收益率。

现在，我们再来考虑证券 T，显然，它的贝塔系数大于 1。这只证券也位于证券市场线下方。任何一个投资者都可以通过借钱投资于一只贝塔系数大于 1 的证券，从而获得与证券 T 完全相同的贝塔系数。显而易见，这个投资组合也位于证券市场线上，所以优于证券 T。

因为没有人愿意持有证券 S 或证券 T，所以这两只证券的价格将会下降。这样的价格调整会导致这两只证券的期望收益率上升。这种价格调整将持续进行，直至这两只证券都位于证券市场线上。上述例子说明了两只定价偏高的证券与直线型证券市场线的关系。反之，位于证券市场线上方的证券是定价偏低的证券，其价格必须上升至它们的期望收益率位于证券市场线上。如果证券市场线本身是一条曲线，那么很多证券的定价将出现误差。在处于均衡状态时，只有当证券的价格变化使得证券市场线成为一条直线时，所有证券才能都被包含在证券市场线上。换言之，证券市场线的线性特征也就实现了。

(2) 投资组合和证券。我们在讨论资本资产定价模型时，仅限于单只证券。问题是：图 7-15 中期望收益率与贝塔系数之间的关系和式（7.14）对于投资组合是否也成立呢？

答案是肯定的。让我们来看一看。假设一个投资组合是由均等投资的两只证券构成的，即华科公司和泽波公司，那么，这个投资组合的期望收益率是：

0.5×20.8%＋0.5×13.44%＝17.12%　(7.16)

这个投资组合的贝塔系数显然是：

0.5×1.5＋0.5×0.7＝1.1

同理，根据资本资产定价模型，这个投资组合的期望收益率也是 17.12%，即

7%＋1.1×9.2%＝17.12%　(7.17)

因为式（7.16）的期望收益率与式（7.17）的期望收益率完全相同，所以通过上述例题我们证明了资本资产定价模型不但对单只证券成立，而且对投资组合也成立。

（3）潜在的混淆。学生经常会将图 7－15 中的证券市场线（SML）与图 7－13 中的直线Ⅱ，即资本市场线（CML）相互混淆。事实上，这两条线具有明显的区别。

资本市场线是沿着投资组合的有效边界，由风险资产和无风险资产构成投资组合。资本市场线上的每一点，都代表着一个完整的投资组合。例如，点 A 是一个完全由风险资产构成的投资组合；资本市场线上的其他各个点分别表示由点 A 的证券组合与无风险资产共同构成的投资组合。此外，图 7－13 的纵轴和横轴分别是期望收益率和标准差。最后，单只证券位于图 7－13 的直线Ⅱ上或资本市场线上。

图 7－15 的证券市场线表明证券或证券投资组合收益率与贝塔系数之间的关系。至少在如下两个方面，证券市场线有别于资本市场线。首先，图 7－15 的横轴表示的是贝塔系数，而图 7－13 的横轴表示的是标准差。其次，图 7－15 中的证券市场线（SML）无论对于单只证券还是投资组合都成立，而图 7－13 中的资本市场线（CML）只对有效组合才能成立。

五、套利定价理论

CAPM 的第一个核心假设条件是均值和标准差包含了资产未来收益率的所有相关信息，但是可能还有更多的因素影响资产的期望收益率。原则上，CAPM 认为一种资产的期望收益率取决于单一因素，即市场投资组合的期望收益率。但是万一有其他因素也影响必要收益率呢？

考虑 GIOC 公司（大投资机会公司）普通股的收益率。GIOC 公司股票的收益率可表示成两部分之和，即无风险收益率，加上一个我们称之为 R（风险）的不确定部分或风险性部分。用 R_G 表示 GIOC 公司股票的收益率，可得：

$$R_G=r_f+R$$

这个不确定部分 R 受多种因素影响。一些因素影响所有公司，另一些因素可能仅影响 GIOC 公司（或是几个类似的公司）。为使之更加普遍化，假设有 K 种相互独立因素影响不可分散风险。在这种情况下，股票的收益率将会是一个多因素模型，即

$$R_G=r_f+R(F_1, F_2, \cdots, F_K)+\varepsilon \tag{7.18}$$

式中，F_K 代表因素 k（$k=1, 2, \cdots, K$）；$R(F_1, F_2, \cdots, F_K)$ 是这些因素的某一函数；ε 代表由于可分散风险而带来的递增收益率。

式（7.18）是比 CAPM 更普遍的必要收益率模型，但是 F_K 中到底包括什么？函数是什么样的？关于这些问题有相当多的争论。例如，在 CAPM 中市场投资组合的期望收益率是否近似地代表了多因素会带来的结果，从而掩盖了必要收益率真正的决定因素？在这一点上，没有一种意见可以占优势地位。但确实有一个模型得到了相当多的关注，因为它放宽了只有一种决定因素的假设，这个模型被称为套利定价模型（APT）。

（一）多因素线性模型

如同 CAPM，套利定价模型建立在资本市场效率的原则之上。虽然套利定价模型把资

本市场效率原则作为它的出发点，但它并不试图在概念讨论的基础上规定出一组特定的决定因素。相反，套利定价模型声称资产的期望收益率取决于一组因素的线性组合，这些因素必须经实验来判别。因此，在套利定价模型的实证检验中出现了各种决定普通股的实际收益率的因素。被称为因素分析法的统计方法可用来鉴别相关因素。

套利定价模型看起来极其类似扩展的资本资产定价模型。然而，它却是由一种完全不同的方式推衍出来的。这里我们并不打算推导套利定价模型，但是我们仍然会展示它的工作形式：

$$\bar{r}_j=r_f+\beta_{j1}(\bar{r}_{f1}-r_f)+\beta_{j2}(\bar{r}_{f2}-r_f)+\cdots+\beta_{jK}(\bar{r}_{fK}-r_f) \tag{7.19}$$

式中，K 是影响资产收益率的因素的数量；$\bar{r}_{f1}$，$\bar{r}_{f2}$，…，$\bar{r}_{fK}$ 是因素 1，2，…，K 各自的期望收益率；并且 β_{j1}，β_{j2}，…，β_{jK} 是该资产对于因素 1，2，…，K 的各自的敏感度。典型地，APT 公式把市场风险溢价这个在 CAPM 中唯一的因素作为一个解释变量。

套利定价模型是式（7.18）的一般形式的多因素模型。通过假设 $k(F_1，\cdots，F_K)$ 是一个简单线性函数可以实证得出 F_K 的值。

（二）套利定价模型的应用

为了阐述 APT，让我们假设有三种相关因素：市场风险溢价，$F_1=\bar{r}_M-\bar{r}_f$；实际国内生产总值（GDP）的增长率相对于无风险收益率，$F_2=\bar{r}_{\mathrm{GDP}}-r_f$；消费者价格指数（CPI）相对于无风险收益率，$F_3=\bar{r}_{\mathrm{CPI}}-\bar{r}_f$。注意第二个和第三个因素各自对于市场风险溢价的影响是递增的。如果 F_2 的影响可以完全由 F_1 的影响来解释，那么 $\beta_2=0$。在这种情形下，F_2 即使确实存在，也不是该模型的必要部分。对于 F_3 也有相同的情形。因此再次重申，重要的因素是经实证确定的。

假设无风险收益率是 6%，证券 j 的贝塔系数是 $\beta_1=1.2$，$\beta_2=0.2$，$\beta_3=0.3$。市场投资组合的期望收益率是 12%。实际 GDP 的预期增长率是 3%，消费品价格的预期上涨率是 4%。证券 j 的期望收益率是多少？

将已知条件代入式（7.19），得出必要收益率为：

$$\begin{aligned}\bar{r}_j&=6\%+1.2(r_m-6\%)+0.2(r_{\mathrm{GDP}}-6\%)+0.3(r_{\mathrm{CPI}}-6\%)\\&=6\%+1.2(12\%-6\%)+0.2(3\%-6\%)+0.3(4\%-6\%)\\&=12.0\%\end{aligned}$$

（三）APT 与 CAPM

实际上，APT 仅是 CAPM 之外的另一个描述股票实际收益率的可选模型。CAPM 持久存在可能是因为它比较简单而且是第一个被提出的模型。其他方法未能对实际收益率做出更好的描述。没有哪种方法能使人们更进一步认识到它在概念意义上是明显优越的，这可能是因为市场风险溢价已充分地融合了那些看似合理的可选因素的影响，可能是因为其他因素仍有待确定，也可能是因为收益率关系是非线性的。

第八章
证券市场监管

第一节　证券市场监管概述

一、证券市场监管的概念

所谓证券市场监管，是指证券管理机关运用法律的、经济的以及必要的行政手段，对证券的募集、发行、交易等行为以及证券投资中介机构的行为进行监督与管理。

证券市场监管的构成要素主要有四个方面：(1) 监管的主体，是证券管理机关；(2) 监管的目的，是降低证券市场风险、保护投资者利益、维护证券市场的正常秩序；(3) 监管的手段，包括法律手段、经济手段、行政手段、自律管理手段；(4) 监管的主要内容，是证券市场体系的各种活动。

二、证券市场监管的理论依据

(一) 不完全竞争市场论

主流经济学认为，完全竞争市场不需要管理，市场能够做到信息充分和自我调节并自动达到均衡。但是，完全竞争只是一种理想状态，现实中的市场基本上是不完全竞争市场。成熟的证券市场比较接近于完全竞争市场，但是仍然不可能达到绝对意义上的完全竞争，因而一定程度的管理与干预是必要的。

(二) 证券市场的非有效性

根据效率市场理论，证券市场可分为弱势有效市场、半强势有效市场和强势有效市场，前两者符合证券市场的现实情况。也就是说，在现实中各种证券的价格不能充分反映所有可能获得的信息，价格作为证券市场中资本有效配置的内在机制失效了。那么，如果将投资者分为信息灵通的投资者和信息不灵通的投资者，他们的收益将有着明显的不同。因而为了保证市场的公平性，必须加以监管。

（三）公共利益论

公共利益论认为监管是政府对公众要求纠正某些社会个体和社会组织的不公正、不公平和无效率或低效率的一种回应。由于市场上存在着信息不对称、市场无法提供公共品、垄断市场结构中市场机制作用受到阻碍等市场失灵的现实情况，要保证经济体系的高效运行和社会资源的有效配置，必然要求在某些方面进行某种程度的外部管制。

（四）经济监管论

经济监管论承认，在某些情况下，管制可以使生产者和消费者双方得益。其重要贡献是解释了监管向生产者倾斜的原因，并得出了三点结论：(1) 即使监管有利于生产者，政策（尤其是价格）也不会被设定在使产业利润最大化的水平。由于受消费集团的影响，价格将被置于低于利润最大化的水平。(2) 监管最有可能发生在相对垄断的产业部门，因为正是在这些产业部门中，监管才会产生最大的影响。(3) 市场失灵的存在使得监管更有可能，因为市场失灵领域的监管会增加社会福利，一些利益集团获得的收益相对而言比其他利益集团蒙受的损失要大。

基于以上理论，政府管理理论在证券市场监管中得到了应用。政府对证券市场实行监管的直接目的是要提高证券市场的效率。政府对证券市场的监管可分为事前监管和事后监管。政府对证券市场的监管不仅要有完整的法律体系，更重要的是这些法律规范能够被公平、公正、公开地执行。

三、证券市场监管的意义

证券市场监管的意义主要体现在以下几个方面：

（一）有助于保护投资者权益

投资者是证券市场的支撑者，没有投资者的积极参与，证券市场就无法实现繁荣。证券市场除了企事业单位、银行及其他金融机构外，广大中小投资者更是市场的中坚力量，他们决定了市场竞争的存在。但是中小投资者普遍资金较少，信息不灵，缺乏专业知识，因而对筹资者的经营状况和证券市场行情的了解不够，充当了价格接受者的角色，所面临的风险较大。只有加强对证券市场的监管，才便于投资者充分了解金融产品发行人的资信、价值和风险状况，从而使投资者能够较正确地选择投资对象。

（二）保护正当交易，维护证券市场正常秩序

在证券市场中，由于供求规律的作用，市场价格经常会发生波动，因而可能存在少数投资者采用不正当手段哄抬价格、买空卖空、牟取暴利的现象，有些券商和融资方可能相互勾结，产生蓄意欺诈、信息披露不完全与不及时、操纵股价、内幕交易等弊端。为此，必须对证券市场活动进行监管，对非法证券市场交易活动进行严厉查处，以保护正当交易，维护证券市场的正常秩序，促进证券市场的健康发展。

（三）健全证券市场体系，促进证券市场功能发挥

证券市场的根本作用在于实现资源的合理、有效配置，它充当资本供求双方之间的桥梁、发挥融资媒介的功能。但证券市场中存在的不正当交易，阻碍了其基本功能的发挥。通过对证券市场的监管，完善与健全市场体系，促进市场功能的发挥，有利于稳定证券市场，增强社会投资信心，促进资本合理流动，从而增进社会福利。

（四）及时提供信息，提高证券市场效率

及时、准确、可靠、全面的信息是证券市场参与者进行发行与交易决策的重要依据。因此，一个发达的高效率的证券市场必须是一个信息通畅的市场，它既要有现代化的通信系统，有一个组织严密、科学的信息网络机构，又必须有一整套搜集、分析、交换信息的制度、技术和相应的管理人员，这些只有通过国家的统一组织和管理才能实现。

（五）控制金融风险，促进经济健康稳定发展

证券市场是一个高风险的市场，既有证券本身无法消除的系统性风险，又有非系统性风险。其中证券投机行为所带来的风险最为恶劣，如果不进行有效的监控，将会对经济的发展产生不利的影响。在证券市场的发展历史上，由于证券投机行为造成金融市场动荡，从而造成整个经济崩溃的现象屡见不鲜，1997 年的亚洲金融危机就是很好的证明。因此，加强对证券市场的监管，减少证券市场的动荡，促进经济健康稳定发展是十分重要的。

四、证券市场监管的原则与方针

为了达到规范和发展的目的，我国证券管理机关根据证券市场的实际情况，结合国际上通用的管理办法，颁布了相关的“三公”原则和“八字”方针，指导我国的证券市场正常运行。

（一）“三公”原则

保护投资者的利益，关键是要建立起公平合理的市场环境，为投资者提供平等的交易机会和获取信息的机会，使投资者能够在理性的基础上自主地决定交易行为。因此，建立和维护证券市场的公开、公平、公正的“三公”原则，既是保护投资者合法利益不受侵害的基本原则，也是保护投资者利益的基础。“三公”原则的具体内容包括如下三个方面：

1. 公开原则

公开原则又称信息公开原则。其核心要求是实现市场信息的公开化，即要求市场具有充分的透明度。公开原则通常包括两个方面，即证券信息的初期披露和持续披露。初期披露是指证券发行人在首次公开发行证券时，应当完全披露有可能影响投资者做出证券购买决策的所有信息；持续披露是指在证券发行后，发行人应当定期向社会公众提供财务及经营状况的报告，以及不定期公告影响公司经营活动的重大事项等。信息公开原则要求信息披露应及时、完整、准确、真实。信息公开原则是公平、公正原则的前提。

2. 公平原则

证券市场的公平原则，要求证券发行、交易活动中的所有参与者都有平等的法律地

位，各自的合法权益能够得到公平的保护。这里，公平是指机会均等、平等竞争，营造一个所有市场参与者进行公平竞争的环境，即发行人有公平的筹资机会，证券经营机构有公平的权利和义务，投资者有公平的交易机会，不能因职能、身份、经济实力等而受到不公平的待遇。

3. 公正原则

公正原则要求证券监督管理部门在公开、公平原则的基础上对一切被监管的对象给予公正待遇。公正原则是实现公开、公平原则的保证。它要求证券立法机构制定体现公平精神的法规和政策，证券监管部门依据法律授权公正地履行监管职责，对证券违法行为的处罚和对证券纠纷事件的处理都公正地进行。

（二）“八字”方针

所谓发展证券市场“八字”方针就是“法制、监管、自律、规范”。“八字”方针中的法制强调的是立法，监管强调的是执法，自律强调的是守法和自我约束，规范强调的是证券市场需要达到的运作标准和运作状态，是证券市场运行机制和监管机制的完善和成熟。“八字”方针是建立在我国证券市场发展的实际情况基础上的、保证证券市场健康发展的长期指导方针，它揭示了证券市场发展过程中各因素之间的相互关系，四个方面相辅相成，缺一不可。其中法制是基础，监管和自律是手段，规范则是目的和核心。

1. 法制是基础

法制建设是保证市场沿着正确轨道健康发展的基本条件和制度基础。没有完整的法律制度，就无法以法律制度来规范市场参与者的权利和义务，无法维护正常的市场秩序，这样市场就只能处于盲目无序的状态，就会有危害社会整体利益的行为。

2. 监管和自律是手段

国家监管和行业自律是证券市场法制能够得到落实的根本保证。有法不依，法制和规范就无从谈起；执法不严，就需要一个强有力的监管机构对市场实行有效管理。另外，市场的有序运作还必须强调自律，发挥市场组织者、参与者的自我管理和相互监督作用，因为证券市场的参与者众多，相互关系和运行程序复杂，仅靠国家监管是远远不够的。

3. 规范是目的和核心

规范是做好证券市场工作的基本出发点，也是“八字”方针的核心。只有规范的证券市场才能引导社会资源用于生产效率较高的经济部门，从而促进国民经济的发展。

第二节 证券市场法律法规

一、证券市场监管的立法

中国证券市场的发展历史较短，缺乏经验，与证券市场发达的国家相比，立法较为滞后，法律体系也不成熟。但是，经过多年来的努力探索，中国证券监管立法已经取得了一定的成果，形成了一个初步的法律框架体系。中国现行证券立法由具有法典意义的法律、政府颁布的行政法规和证券主管机关颁布的部门规章三个部分组成。目前已经颁布的与证券市场监管相关的法律主要有《中华人民共和国证券法》《中华人民共和国公司法》《中华人民共和国证券投资基金法》。此外，《中华人民共和国刑法》《中华人民共和国反洗钱法》也有涉及证券市场监管方面的内容。证券监管的行政法规是指由国务院制定并颁布的有关证券市场监管的法规，目前已经颁布的法规主要有《证券公司监督管理条例》《证券公司风险处置条例》《期货交易管理条例》等。证券主管部门规章是指由中国证券监督管理委员会制定的有关规章，目前已经颁布的主要规章有《证券公司业务范围审批暂行规定》《证券发行上市保荐业务管理办法》《证券市场资信评级业务管理暂行办法》《证券公司董事、监事和高级管理人员任职资格监管办法》《证券发行与承销管理办法》《证券公司融资融券业务管理办法》《首次公开发行股票并上市管理办法》《上市公司证券发行管理办法》《上市公司信息披露管理办法》《上市公司收购管理办法》《证券投资者保护基金管理办法》《证券市场禁入规定》等。

二、法　律

（一）《中华人民共和国证券法》

《中华人民共和国证券法》（简称《证券法》）于 1998 年 12 月 29 日由第九届全国人民代表大会常务委员会第六次会议通过，自 1999 年 7 月 1 日起施行。2004 年 8 月 28 日第十届全国人民代表大会常务委员会第十一次会议通过《关于修改〈中华人民共和国证券法〉的决定》，对部分条款进行了修正。2005 年 10 月 27 日第十届全国人民代表大会常务委员会第十八次会议对《证券法》进行了全面修订，并自 2006 年 1 月 1 日起施行。根据 2013 年 6 月 29 日第十二届全国人民代表大会常务委员会第三次会议《关于修改〈中华人民共和国文物保护法〉等十二部法律的决定》第二次修正。根据 2014 年 8 月 31 日第十二届全国人民代表大会常务委员会第十次会议《关于修改〈中华人民共和国保险法〉等五部法律的决定》第三次修正。

《证券法》共分十二章二百四十条，分别为总则、证券发行、证券交易、上市公司的收购、证券交易所、证券公司、证券登记结算机构、证券服务机构、证券业协会、证券监督管理机构、法律责任和附则。其调整范围涵盖了在中国境内的股票、公司债券和国务院依法认定的其他证券的发行、交易和监管，其核心旨在保护投资者的合法权益，维护社会经济秩序和社会公共利益。

（二）《中华人民共和国公司法》

《中华人民共和国公司法》（简称《公司法》）于 1993 年 12 月 29 日由第八届全国人民代表大会常务委员会第五次会议通过，自 1994 年 7 月 1 日起施行。此后，进行了多次修订。现在适用的是 2018 年 10 月 26 日第十三届全国人民代表大会常务委员会第六次会议重新修正的《公司法》。

《公司法》共分十三章二百一十八条，对在中国境内有限责任公司的设立和组织机构，股份有限公司的设立和组织机构，股份有限公司的股份发行和转让，公司债券，公司财务和会计，公司合并和分立，公司破产、解散和清算，外国公司的分支机构，法律责任等内容制定了相应的法律条款。其调整范围包括股份有限公司和有限责任公司，其核心旨在保护公司、股东和债权人的合法权益，维护社会经济秩序。《公司法》确立了我国公司的法律地位及其设立、组织、运行和终止等过程的基本法律准则。

（三）《中华人民共和国证券投资基金法》

《中华人民共和国证券投资基金法》（简称《证券投资基金法》）经2003年10月28日第十届全国人民代表大会常务委员会第五次会议通过，并自2004年6月1日起正式施行。2012年12月28日第十一届全国人民代表大会常务委员会第三十次会议对《证券投资基金法》进行了修订，自2013年6月1日起施行。现在适用的是2015年4月24日第十二届全国人民代表大会常务委员会第十四次会议修正的法律。

修订后的《证券投资基金法》分为十五章一百五十四条，包括：总则，基金管理人，基金托管人，基金的运作方式和组织，基金的公开募集，公开募集基金的基金份额的交易、申购与赎回，公开募集基金的投资与信息披露，公开募集基金的基金合同的变更、终止与基金财产清算，公开募集基金的基金份额持有人权利行使，非公开募集基金，基金服务机构，基金行业协会，监督管理，法律责任以及附则。其调整范围是证券投资基金的发行、交易、管理、托管等活动，目的是保护投资者及相关当事人的合法权益，促进证券投资基金和证券市场的健康发展。

（四）《中华人民共和国刑法》

《中华人民共和国刑法》（简称《刑法》）于1979年7月1日由第五届全国人民代表大会第二次会议通过，自1980年1月1日起施行。于1997年3月14日由第八届全国人民代表大会第五次会议修订，自1997年10月1日起施行。于1999年12月25日由第九届全国人民代表大会常务委员会第十三次会议第一次做了修正，此后又不断以修正案形式做了修正，并于2017年11月4日由第十二届全国人大常委会第三十次会议进行了第十次修正。《刑法》及其修正案关于证券或与证券有关的犯罪的主要规定有如下方面：

1. 妨害对公司、企业的管理秩序罪

（1）《刑法》第一百六十条规定，在招股说明书、认股书、公司、企业债券募集办法中隐瞒重要事实或者编造重大虚假内容，发行股票或者公司、企业债券，数额巨大、后果严重或者有其他严重情节的，处五年以下有期徒刑或者拘役，并处或者单处非法募集资金金额百分之一以上百分之五以下罚金。单位犯前款罪的，对单位判处罚金，并对其直接负责的主管人员和其他直接责任人员，处五年以下有期徒刑或者拘役。

（2）第一百六十一条规定，依法负有信息披露义务的公司、企业向股东和社会公众提供虚假的或者隐瞒重要事实的财务会计报告，或者对依法应当披露的其他重要信息不按照规定披露，严重损害股东或者其他人利益，或者有其他严重情节的，对其直接负责的主管人员和其他直接责任人员，处三年以下有期徒刑或者拘役，并处或者单处二万元以上二十万元以下罚金。

（3）第一百六十九条之一规定，上市公司的董事、监事、高级管理人员违背对公司的忠实义务，利用职务便利，操纵上市公司从事下列行为之一，致使上市公司利益遭受重大损失的，处三年以下有期徒刑或者拘役，并处或者单处罚金；致使上市公司利益遭受特别重大损失的，处三年以上七年以下有期徒刑，并处罚金：1）无偿向其他单位或者个人提供资金、商品、服务或者其他资产的；2）以明显不公平的条件，提供或者接受资金、商品、服务或者其他资产的；3）向明显不具有清偿能力的单位或者个人提供资金、商品、服务或者其他资产的；4）为明显不具有清偿能力的单位或者个人提供担保，或者无正当理由为其他单位或者个人提供担保的；5）无正当理由放弃债权、承担债务的；6）采用其他方式损害上市公司利益的。上市公司的控股股东或者实际控制人，指使上市公司董事、监事、高级管理人员实施前款行为的，依照前款的规定处罚。犯前款罪的上市公司的控股股东或者实际控制人是单位的，对单位判处罚金，并对其直接负责的主管人员和其他直接责任人员，依照第一款的规定处罚。

2. 破坏金融管理秩序罪

（1）《刑法》第一百七十五条之一规定，以欺骗手段取得银行或者其他金融机构贷款、票据承兑、信用证、保函等，给银行或者其他金融机构造成重大损失或者有其他严重情节的，处三年以下有期徒刑或者拘役，并处或者单处罚金；给银行或者其他金融机构造成特别重大损失或者有其他特别严重情节的，处三年以上七年以下有期徒刑，并处罚金。单位犯前款罪的，对单位判处罚金，并对其直接负责的主管人员和其他直接责任人员，依照前款的规定处罚。

（2）第一百七十九条规定，未经国家有关主管部门批准，擅自发行股票或者公司、企业债券，数额巨大、后果严重或者有其他严重情节的，处五年以下有期徒刑或者拘役，并处或者单处非法募集资金金额百分之一以上百分之五以下罚金。单位犯前款罪的，对单位判处罚金，并对其直接负责的主管人员和其他直接责任人员，处五年以下有期徒刑或者拘役。

（3）第一百八十条规定，证券、期货交易内幕信息的知情人员或者非法获取证券、期货交易内幕信息的人员，在涉及证券的发行，证券、期货交易或者其他对证券、期货交易价格有重大影响的信息尚未公开前，买入或者卖出该证券，或者从事与该内幕信息有关的期货交易，或者泄露该信息，或者明示、暗示他人从事上述交易活动，情节严重的，处五年以下有期徒刑或者拘役，并处或者单处违法所得一倍以上五倍以下罚金；情节特别严重的，处五年以上十年以下有期徒刑，并处违法所得一倍以上五倍以下罚金。单位犯前款罪的，对单位判处罚金，并对其直接负责的主管人员和其他直接责任人员，处五年以下有期徒刑或者拘役。内幕信息、知情人员的范围，依照法律、行政法规的规定确定。

（4）第一百八十一条规定，编造并且传播影响证券、期货交易的虚假信息，扰乱证券、期货交易市场，造成严重后果的，处五年以下有期徒刑或者拘役，并处或者单处一万元以上十万元以下罚金。证券交易所、期货交易所、证券公司、期货经纪公司的从业人员，证券业协会、期货业协会或者证券期货监督管理部门的工作人员，故意提供虚假信息或者伪造、变造、销毁交易记录，诱骗投资者买卖证券、期货合约，造成严重后果的，处五年以下有期徒刑或者拘役，并处或者单处一万元以上十万元以下罚金；情节特别恶劣的，处五年以上十年以下有期徒刑，并处二万元以上二十万元以下罚金。单位犯前两款罪的，对单位判处罚金，并对其直接负责的主管人员和其他直接责任人员，处五年以下有期徒刑或者拘役。

（5）第一百八十二条规定，有下列情形之一，操纵证券、期货市场，情节严重的，处五年以下有期徒刑或者拘役，并处或者单处罚金；情节特别严重的，处五年以上十年以下有期徒刑，并处罚金：1）单独或者合谋，集中资金优势、持股或者持仓优势或者利用信息优势联合或者连续买卖，操纵证券、期货交易价格或者证券、期货交易量的；2）与他人串通，以事先约定的时间、价格和方式相互进行证券、期货交易，影响证券、期货交易价格或者证券、期货交易量的；3）在自己实际控制的账户之间进行证券交易，或者以自己为交易对象，自买自卖期货合约，影响证券、期货交易价格或者证券、期货交易量的；4）以其他方法操纵证券、期货市场的。单位犯前款罪的，对单位判处罚金，并对其直接负责的主管人员和其他直接责任人员，依照前款的规定处罚。

(6) 第一百八十五条之一规定，商业银行、证券交易所、期货交易所、证券公司、期货经纪公司、保险公司或者其他金融机构，违背受托义务，擅自运用客户资金或者其他委托、信托的财产，情节严重的，对单位判处罚金，并对其直接负责的主管人员和其他直接责任人员，处三年以下有期徒刑或者拘役，并处三万元以上三十万元以下罚金；情节特别严重的，处三年以上十年以下有期徒刑，并处五万元以上五十万元以下罚金。社会保障基金管理机构、住房公积金管理机构等公众资金管理机构，以及保险公司、保险资产管理公司、证券投资基金管理公司，违反国家规定运用资金的，对其直接负责的主管人员和其他直接责任人员，依照前款的规定处罚。

(7) 第一百九十一条规定，明知是毒品犯罪、黑社会性质的组织犯罪、恐怖活动犯罪、走私犯罪、贪污贿赂犯罪、破坏金融管理秩序犯罪、金融诈骗犯罪的所得及其产生的收益，为掩饰、隐瞒其来源和性质，有下列行为之一的，没收实施以上犯罪的所得及其产生的收益，处五年以下有期徒刑或者拘役，并处或者单处洗钱数额百分之五以上百分之二十以下罚金；情节严重的，处五年以上十年以下有期徒刑，并处洗钱数额百分之五以上百分之二十以下罚金：1）提供资金账户的；2）协助将财产转换为现金、金融票据、有价证券的；3）通过转账或者其他结算方式协助资金转移的；4）协助将资金汇往境外的；5）以其他方法掩饰、隐瞒犯罪所得及其收益的来源和性质的。单位犯前款罪的，对单位判处罚金，并对其直接负责的主管人员和其他直接责任人员，处五年以下有期徒刑或者拘役；情节严重的，处五年以上十年以下有期徒刑。

(五)《中华人民共和国反洗钱法》

《中华人民共和国反洗钱法》由中华人民共和国第十届全国人民代表大会常务委员会第二十四次会议于2006年10月31日通过，自2007年1月1日起施行。

《中华人民共和国反洗钱法》共分七章三十七条，主要内容包括：总则，反洗钱监督管理，金融机构反洗钱义务，反洗钱调查，反洗钱国际合作，法律责任，以及附则。该法旨在预防洗钱活动，维护金融秩序，遏制洗钱犯罪及相关犯罪。

三、行政法规

2008年4月23日，国务院公布《证券公司监督管理条例》（以下简称《监管条例》）和《证券公司风险处置条例》（以下简称《处置条例》）。这两个条例的公布实施，进一步完善了我国证券公司监管的法律法规体系，使证券公司的运行与监管更加规范。

(一)《证券公司监督管理条例》

为了加强对证券公司的监督管理，规范证券公司的行为，防范证券公司的风险，保护客户的合法权益和社会公共利益，促进证券业健康发展，国务院于2008年4月23日制定了《证券公司监督管理条例》，自2008年6月1日起施行。该法于2014年7月29日进行了修订。《监管条例》共分八章九十七条，包括总则、设立与变更、组织机构、业务规则与风险控制、客户资产的保护、监督管理措施、法律责任和附则等内容。

（二）《证券公司风险处置条例》

为了控制和化解证券公司风险，保护投资者合法权益和社会公共利益，保障证券业健康发展，国务院制定了《证券公司风险处置条例》，并自2008年4月23日公布之日起实施。于2016年2月6日对该法进行了修订。《处置条例》共分七章六十三条，包括：总则，停业整顿、托管、接管、行政重组，撤销，破产清算和重整，监督协调，法律责任，以及附则。

四、部门规章

（一）《证券发行上市保荐业务管理办法》

为了规范证券发行上市保荐业务，提高上市公司质量和证券公司执业水平，保护投资者的合法权益，促进证券市场健康发展，中国证券监督管理委员会于2008年10月17日颁布了《证券发行上市保荐业务管理办法》，并于2009年和2017年分别做了修正。该管理办法共分七章八十三条，包括总则、保荐机构和保荐代表人的资格管理、保荐职责、保荐业务规程、保荐业务协调、监管措施和法律责任、附则等内容。

（二）《证券市场资信评级业务管理暂行办法》

为了促进证券市场资信评级业务规范发展，提高证券市场的效率和透明度，保护投资者的合法权益和社会公共利益，中国证券监督管理委员会制定《证券市场资信评级业务管理暂行办法》。该办法共分六章四十三条，包括总则、业务许可、业务规则、监督管理、法律责任和附则等内容，自2007年9月1日起施行。

（三）《上市公司信息披露管理办法》

为了规范发行人、上市公司及其他信息披露义务人的信息披露行为，加强信息披露事务管理，保护投资者合法权益，中国证券监督管理委员会制定该办法。《上市公司信息披露管理办法》共分七章七十二条，包括总则，招股说明书、募集说明书与上市公告书，定期报告，临时报告，信息披露事务管理，监督管理与法律责任，附则等内容，自2007年1月30日起实施。

（四）《证券公司董事、监事和高级管理人员任职资格监管办法》

为了规范证券公司董事、监事、高级管理人员和分支机构负责人任职资格监管，提高董事、监事、高级管理人员和分支机构负责人的专业素质，保障证券公司依法合规经营，中国证券监督管理委员会于2006年10月20日颁布了《证券公司董事、监事和高级管理人员任职资格监管办法》，并于2012年10月19日进行了修订。修订后的该办法共六章六十七条，包括总则、任职资格条件、申请与核准、监督管理、法律责任和附则等内容。

（五）《证券发行与承销管理办法》

为了规范证券发行与承销行为，保护投资者的合法权益，2013年10月8日中国证券监督管理委员会第 11 次主席办公会议审议通过《证券发行与承销管理办法》，并于 2014 年、2015 年、2017 年和 2018 年分别进行了修改。该办法共分六章四十二条，包括总则、定价与配售、证券承销、信息披露、监管和处罚、附则等内容。

（六）《上市公司收购管理办法》

为了规范上市公司的收购及相关股份权益变动活动，保护上市公司和投资者的合法权益，维护证券市场秩序和社会公共利益，促进证券市场资源的优化配置，中国证券监督管理委员会于 2006 年 5 月 17 日制定该办法，并于 2008 年、2012 年、2014 年和 2017 年进行了修正。《上市公司收购管理办法》共分十章九十条，包括总则、权益披露、要约收购、协议收购、间接收购、豁免申请、财务顾问、持续监管、监管措施与法律责任、附则等内容。

（七）《证券公司融资融券业务管理办法》

《证券公司融资融券业务管理办法》经 2015 年 6 月 3 日中国证券监督管理委员会第 96 次主席办公会议审议通过，2015 年 7 月 1 日中国证券监督管理委员会令第 117 号公布。该管理办法分总则、业务许可、业务规则、债权担保、权益处理、监督管理、附则七章五十三条，自公布之日起施行。

（八）《证券市场禁入规定》

为了维护证券市场秩序，保护投资者合法权益和社会公众利益，促进证券市场健康稳定发展，中国证券监督管理委员会制定了《证券市场禁入规定》。该规定共十三条。《关于修改〈证券市场禁入规定〉的决定》已经 2015 年 3 月 2 日中国证券监督管理委员会第 79 次主席办公会审议通过，自 2015 年 6 月 22 日起施行。

（九）《首次公开发行股票并上市管理办法》

为了规范首次公开发行股票并上市的行为，保护投资者的合法权益和社会公共利益，中国证券监督管理委员会于 2006 年 5 月 17 日颁布了《首次公开发行股票并上市管理办法》，并于 2015 年和 2018 年进行了修正。修正后的该管理办法共分六章五十九条，包括总则、发行条件、发行程序、信息披露、监管和处罚、附则等内容。

（十）《上市公司证券发行管理办法》

为了规范上市公司证券发行行为，保护投资者的合法权益和社会公共利益，中国证券监督管理委员会颁布了《上市公司证券发行管理办法》。该管理办法共分七章七十五条，包括总则、公开发行证券的条件、非公开发行股票的条件、发行程序、信息披露、监管和处罚、附则等内容，自 2006 年 5 月 8 日起施行。

第三节　证券市场从业人员管理

证券市场从业人员素质的提高和风险防范意识的增强是证券市场风险防范的重要环节，对证券从业人员的监督管理离不开制度的建设。1995 年 4 月 8 日，国务院证券委员会发布了《证券从业人员资格管理暂行规定》，决定在我国建立证券从业人员资格考试制度，由中国证监会负责实施。2002 年 12 月 16 日，中国证监会颁布了《证券业从业人员资格管理办法》，对从业人员的类别、申请条件、资格培训和考试、申请程序、资格维持、违规处罚等做出了规定，从而使证券市场在规范化、法制化的道路上迈出了重要一步。

一、证券市场从业人员的资格管理

（一）证券业从业人员主要类别

根据《证券业从业人员资格管理办法》，证券业从业人员包括：

（1）证券公司中从事自营、经纪、承销、投资咨询、受托投资管理等业务的专业人员，包括相关业务部门的管理人员。

（2）基金管理公司、基金托管机构中从事基金销售、研究分析、投资管理、交易、监察稽核等业务的专业人员，包括相关业务部门的管理人员；基金销售机构中从事基金宣传、推销、咨询等业务的专业人员，包括相关业务部门的管理人员。

（3）证券投资咨询机构中从事证券投资咨询业务的专业人员及其管理人员。

（4）证券资信评估机构中从事证券资信评估业务的专业人员及其管理人员。

（5）中国证监会规定需要取得从业资格和执业证书的其他人员。

（二）从业资格的取得和执业证书

中国证券业协会负责从业人员从业资格考试、执业证书发放以及执业注册登记等工作。中国证监会对中国证券业协会有关证券业从业人员资格管理的工作进行指导和监督。凡年满 18 周岁，具有高中以上文化程度和完全民事行为能力的人员均可参加证券业从业人员资格考试。从业资格不实行专业分类考试。资格考试内容包括一门基础性科目和一门专业性科目。通过了有关资格考试即取得相关从业资格。根据证券市场发展的需要，中国证券业协会可在资格考试之外另行组织各项专业的水平考试，但不作为法定考试内容，由从业人员自行选择，供证券经营机构用人时参考。

取得从业资格的人员，符合下列条件的，可以通过证券经营机构申请统一的执业证书：（1）已被机构聘用。（2）最近 3 年未受过刑事处罚。（3）不存在《证券法》第一百三十二条规定的情形。（4）未被中国证监会认定为证券市场禁入者，或者已过禁入期的。（5）品行端正，具有良好的职业道德。（6）法律、行政法规和中国证监会规定的其他条件。

申请人符合《证券业从业人员资格管理办法》规定条件的，中国证券业协会应当自收到申请之日起 30 日内，向中国证监会备案，颁发执业证书；不符合《证券业从业人员资格管理办法》规定条件的，不予颁发执业证书，自收到申请之日起 30 日内书面通知申请人或者机构，并书面说明理由。

申请执业证券投资咨询、财务顾问以及资信评级业务的，申请人应当同时符合《证券法》第一百七十条以及其他相关规定。

（三）执业管理

中国证券业协会应当建立从业人员资格管理数据库，进行资格公示和执业注册登记管理。取得执业证书的人员，经证券经营机构委派，可以代表被聘用的证券经营机构对外开展本机构经营的证券业务，证券经营机构不得聘用未取得执业证书的人员对外开展证券业务。

取得执业证书的人员，连续3年不在证券经营机构从业的，由中国证券业协会注销其执业证书；重新执业的，应当参加中国证券业协会组织的执业培训，并重新申请执业证书。

从业人员取得执业证书后，辞职或者不为原聘用机构所聘用的，或者因其他原因与原聘用机构解除劳动合同的，原聘用机构应当在上述情形发生后10日内向中国证券业协会报告，由中国证券业协会变更该人员的执业注册登记。

取得执业证书的从业人员变更聘用机构的，新聘用机构应当在上述情形发生后10日内向中国证券业协会报告，由中国证券业协会变更该人员的执业注册登记。

从业人员在执业过程中违反有关证券法律、行政法规以及中国证监会有关规定，受到聘用机构处分的，该机构应当在处分后10日内向中国证券业协会报告。

中国证券业协会及证券经营机构应当定期组织取得执业证书的人员进行后续职业培训，提高从业人员的职业道德和专业素质。

（四）相关处罚

（1）参加资格考试的人员，违反考场规则，扰乱考场秩序的，在两年内不得参加资格考试。（2）取得从业资格的人员提供虚假材料，申请执业证书的，不予颁发执业证书；已颁发执业证书的，由中国证券业协会注销其执业证书。（3）证券经营机构在办理执业证书申请过程中，弄虚作假、徇私舞弊、故意刁难有关当事人的，或者不按规定履行报告义务的，由中国证券业协会责令改正；拒不改正的，由中国证券业协会对证券经营机构及其直接责任人员给予纪律处分；情节严重的，由中国证监会单处或者并处警告、3万元以下罚款。（4）证券经营机构聘用未取得执业证书的人员对外开展证券业务的，由中国证券业协会责令改正；拒不改正的，给予纪律处分；情节严重的，由中国证监会单处或者并处警告、3万元以下罚款。（5）从业人员拒绝中国证券业协会的调查或者检查的，或者聘用机构拒绝配合调查的，由中国证券业协会责令改正；拒不改正的，给予纪律处分；情节严重的，由中国证监会给予从业人员暂停执业3～12个月，或者吊销其执业证书的处罚；对机构单处或者并处警告、3万元以下罚款。（6）被中国证监会依法吊销执业证书或者因违反《证券业从业人员资格管理办法》被中国证券业协会注销执业证书的人员，中国证券业协会可在3年内不受理其执业证书申请。（7）中国证券业协会工作人员不按《证券业从业人员资格管理办法》的规定履行职责，徇私舞弊、玩忽职守或者故意刁难有关当事人的，中国证券业协会应当给予纪律处分。

二、证券业从业人员诚信信息管理

（一）诚信信息的内容

证券业从业人员诚信信息记录的内容包括：基本信息、奖励信息、警示信息、处罚处分信息。

（二）诚信信息的来源以及用途

1. 诚信信息来源

中国证券业协会的诚信信息来源于以下几个方面：（1）中国证监会及其派出机构传送的文件；（2）中国证券业协会与上海证券交易所、深圳证券交易所、地方证券业协会建立的信息交换渠道；（3）证券从业机构经由中国证券业协会执业注册系统报备；（4）有关媒体，经证实后予以记录；（5）投诉，经核实后予以记录；（6）其他合法途径。

2. 诚信信息的用途

诚信信息的用途包括如下方面：（1）作为中国证监会对有关人员进行任职资格审核的依据；（2）作为境外证券监管机构对有关人员进行胜任能力考核的依据；（3）作为境内外其他金融监管机构对有关人员进行任职资格审核的参考；（4）作为国家司法机关、有关部门或组织依法履行职责的参考；（5）作为中国证券业协会审核证券业执业注册或变更申请的依据；（6）作为中国证券业协会推荐有关人选或组织行业评比的依据；（7）作为证券从业机构招聘人员的参考；（8）作为证券从业机构客户选择专业服务人士的参考；（9）其他合法用途。

三、证券业从业人员的行为规范与行为准则

中国证券业协会为促进行业健康发展，编制了从业人员的行为规范和基本行为准则。

（一）证券业从业人员行为规范的内容

证券业从业人员行为规范的内容包括正直诚信、勤勉尽责、廉洁保密、自律守法四个方面。

（二）证券业从业人员的行为准则

1. 保证性行为

（1）热爱本职工作，准确执行客户指令，为客户保密。（2）努力钻研业务，提高自己的业务水平和工作效率。（3）遵守国家法律和有关证券业务的各项制度。（4）积极维护投资者合法权益，珍惜证券业的职业荣誉。（5）文明经营，礼貌服务，保证证券交易中的公开、公平、公正。（6）服从管理，服从领导，维护证券交易中的正常秩序。（7）团结同事，协调合作，妥善处理业务活动中出现的各种矛盾。（8）热心公益事业，爱护公共财产，不以职谋私，不以权牟利。

2. 禁止性行为

（1）不得以获取投机利益为目的，利用职务之便从事证券买卖活动。（2）不得向客户提供证券价格上涨或下跌的肯定性意见。（3）不得与发行公司或相关人员之间有获取不当利益的约定。（4）不得劝诱客户参与证券交易。（5）不得接受分享利益的委托。（6）不得向客户保证收益。（7）不得接受客户对买卖证券的种类、数量、价格及买进或卖出的全权委托。（8）不得为达到排除竞争的目的，不正当地运用自己在交易中的优越地位限制某一客户的业务活动。

第四节　我国证券监管体制与欧美监管体制

一、证券监管的三种模式

从全球范围看，一个国家或地区采取何种证券监管模式并无定论。这主要取决于两个基本因素：一是证券市场的发展阶段、发育程度与证券市场的自由度；二是政府对经济运行的调控模式。由于各国或地区具体情况不同，监管的模式也不大一样。综合各国或地区证券市场管理体制，大体有三种模式：集中型管理模式、自律型管理模式、分级型管理模式。

（一）集中型管理模式（美国模式）

集中型管理模式是指政府通过制定专门的证券市场管理法规，设立全国性的证券管理监督机构来实现对全国证券市场的管理。集中型管理模式的代表是美国。此外，加拿大、日本、中国、菲律宾、韩国、巴西、巴基斯坦、印度尼西亚、墨西哥、以色列、尼日利亚、埃及、土耳其等国家和中国台湾地区也实行集中型管理模式。

1. 集中型管理模式的特点

（1）有一整套全国性的证券市场管理法规。以美国为例，除有《公司法》对组建公司的行为进行规范外，还有证券管理的专门立法：1933 年《评判法》、1934 年《证券交易法》、1940 年《投资公司法》、1940 年《投资咨询法》、1970 年《证券投资保护法》等。

此外，美国各州都有一些与证券管理有关的法律，这些法律大体可分为三类：一是州的公司法，用于规范公司的组建和经营；二是州的证券法（总称蓝天法），大多是重复联邦法律中的禁止条款；三是关于证券转让的法律，主要是对联邦法律《统一商法典》第八篇的重复。

（2）设有全国性的管理机构负责管理、监督证券市场。这种管理机构有的是专职管理机构，有的是政府的一个职能部门。这类机构由于得到政府的充分授权，因而具有相应的权威来维护证券市场的正常运行。各种自律性组织与机构处于全国性监管机构的管理之下，并帮助监管整个市场。

2. 集中型管理模式的优点

（1）具有超脱于证券市场参与者之外的统一管理机构，能较公平、公正、客观、有效、严格地发挥其监督作用，并能起到协调全国各证券市场的作用，防止出现群龙无首、过度竞争的混乱局面。

（2）具有专门的证券法规，使证券行为有法可依，提高证券市场监管的权威性。

（3）由于管理者的超脱地位，较注重保护投资者的利益。

3. 集中型管理模式的缺陷

由于证券市场的管理是一项艰巨而复杂的任务，涉及面广，单靠全国性的证券管理机构而没有证券交易所和证券业协会的配合很难胜任，难以实现既进行了有效管理又不过多施加行政干预的目标。

为了克服单纯集中型管理模式的缺陷，实行集中型管理模式的国家也注意充分发挥证券交易所和证券业协会的自律管理作用。

（二）自律型管理模式（英国模式）

自律型管理模式是指政府除了某些必要的国家立法外，较少干预证券市场，对证券市场的管理主要由证券交易所及证券业协会等组织进行自律管理。自律性组织通过其章程、规则来引导和制约其成员的行为，自律性组织有权拒绝接受某个券商为会员，并对会员的违章行为实行制裁，直到开除其会籍。自律型管理模式的典型代表是英国。此外，荷兰、爱尔兰、芬兰、挪威、瑞典等欧洲国家或地区也实行自律管理。

1. 自律型管理模式的特点

（1）通常没有制定单行的证券市场管理法规，而是通过一些间接的法规来制约证券市场的活动。以英国为例，它没有证券法或证券交易法，但有一些间接的法规，如1958年《防止欺诈（投资）法》、1973年《公平交易法》、1976年《限制性交易实践法》、1984年《证券交易所（上市）条例》和1985年《公司法》。

（2）没有设立全国性的证券管理机构，而是靠证券市场及其参与者进行自我管理。例如，英国的证券市场没有单行法律，多以"君子协定"和道义劝告等方式进行管理。其自律管理体系由证券业理事会、证券交易所协会及企业收购和合并问题专门小组三家机构组成。证券业理事会是1978年根据英格兰银行的提议成立的自律管理机构，其主要职责是制定并执行有关证券交易的各项规章制度，如《证券交易商行动准则》《基金经理个人交易准则》《大规模收购股权准则》等。该理事会下设一个常设委员会，负责调查证券业内人士根据有关规章制度进行的投诉。证券交易所协会管理着伦敦及其他6个地方性证券交易所的业务，实际上管理着全国日常的证券交易活动。该协会制定的规章主要有《证券交易所管制条例和规则》、关于批准证券上市及发行公司需进行连续披露的规则以及一些特殊情况下的行动规则。企业收购和合并问题专门小组于1968年由参加"伦敦城工作小组"的9个专业协会发起组成，负责解释和执行《伦敦城关于收购和合并的准则》，并进行咨询和发布消息等活动。

2. 自律型管理模式的优点

（1）它既可提供较充分的投资保护，又能充分发挥市场的创新意识和竞争意识，从而有利于市场的活跃。

（2）它允许券商参与制定证券市场管理条例，鼓励它们模范地遵守这些条例，从而使市场管理更切合实际。

（3）由市场参与者制定和修订证券管理条例比由议会制定证券法具有更大的灵活性，效率更高。

（4）自律性组织对现场发生的违法行为能做出迅速而有效的反应。

3. 自律型管理模式的缺陷

（1）自律管理通常把重点放在市场的有效运转和保护证券交易所会员的利益上，对投资者提供的保障往往不充分。鉴于此，实行自律型管理模式的国家通常都公布了投资保护法规以弥补不足。如英国颁布了1958年《防止欺诈（投资）法》、1973年《公平交易法》、1976年《限制性交易实践法》等。

（2）管理者的非超脱性难以保证管理的公正。

（3）没有立法做后盾，管理手段较软弱。

（4）没有专门的管理机构，难以协调全国证券市场的发展，容易造成混乱状态。

由于自律型管理模式具有诸多缺陷，因此实行自律型管理的国家也纷纷仿效集中型管理模式的某些做法，朝着政府管制与市场自律相结合的方向发展。例如，1986 年英国颁布了《金融服务法》，这是英国第一次以国家立法形式对证券业进行管理。该法案提出以“立足业者，依靠法规”作为管理投资业务的新体制，将投资业的自我管理和法令制约结合起来；同时成立了证券和投资委员会，由该委员会负责执行该法案，并掌管所有证券的投资业务。该法案的一个突出特点是既顾及自律性组织的利益又顾及投资者的利益，从而使英国投资业管理得到相当程度的加强和完善。

（三）分级型管理模式

分级型管理模式是指既强调集中立法管理又强调自律管理，是集中型管理模式和自律型管理模式相互结合、相互渗透的产物。分级型管理模式包括二级监管和三级监管两种子模式。二级监管是指中央政府和自律机构相结合的监管，三级监管是指中央、地方两级政府和自律机构相结合的监管。最早实行分级型管理模式的国家有德国、泰国等。目前，由于集中型管理模式和自律型管理模式都存在一定的缺陷，因此，有些以前实行集中型管理模式或者自律型管理模式的国家开始向分级型管理模式过渡，使两种模式取长补短，发挥各自的优势，以使证券市场监管更有效率。

二、我国证券监管体制

1992 年 10 月，我国成立了中国证券监督管理委员会（简称中国证监会），依法对证券市场和期货市场实施监管。从 1997 年开始，证券交易所直接归中国证监会领导，强化了证券市场监管的集中性和国家证券主管机构的监管权力。目前，中国证监会在各省、自治区、直辖市、计划单列市共设立了 36 个证监局，作为中国证监会在各地的派出机构，行使证监会赋予的权力，对当地的证券业务实施监管，从而逐步形成具有中国特色的集中型证券监管体制。

（一）我国证券市场监管机构

1. 中国证券监督管理委员会

在证券监管组织执行体系方面，中国证券监督管理委员会负责对全国证券市场实施监管。《中华人民共和国证券法》明确规定国务院证券监督管理机构为证券市场的监管者，并对其职责做出了具体规定。

中国证监会成立于 1992 年 10 月。目前设有发行监管部、市场部、上市公司监管部、证券公司机构监管部、私募部、公司债券监管部、期货监管部、非上市公司监管部、法律部、稽查总队、稽查局、会计部、国际部等职能部门。

2. 中国证券监督管理委员会的派出机构

中国证监会在上海、深圳分别设立了上海专员办和深圳专员办 2 个专员办，并在各省、自治区、直辖市、计划单列市共设立了 36 个证监局，作为中国证监会的派出机构。

其主要职责是：认真贯彻、执行国家有关法律、法规和方针、政策，依据中国证监会的授权对辖区内的上市公司，证券、期货经营机构，证券、期货投资咨询机构和从事证券业务的律师事务所、会计师事务所、资产评估机构等中介机构的证券业务活动进行监督管理，依法查处辖区内前述监管范围的违法、违规案件，调解证券、期货业务纠纷和争议，以及中国证监会授予的其他职责。

3. 市场自律性组织与社会监管机构

市场自律和社会监管是我国证券市场管理体制中不可缺少的组成部分，是政府对市场监督和管理的重要补充。

（1）证券业自律性组织。

1）证券业协会。中国证券业协会于1991年8月成立，是依法注册的具有独立法人地位的、由经营证券业务的金融机构自愿组成的行业性自律性组织。它的设立是为了加强证券业之间的联系、协调、合作和自我控制，以利于证券市场的健康发展。其主要职责是根据国家法律、法规和方针政策，制定自律性管理规章，进行行业管理，对违反行业行为规则的会员进行惩罚。

2）证券交易所。证券交易所是为证券集中交易提供场所和设施，组织和监督证券交易，实行自律管理的法人。证券交易所既是交易市场又是自律性管理机构，主要对证券交易活动实施自我管理。其主要职责是：根据国家有关法律和法规，制定证券交易所的业务规则；提供证券交易场所和设施；审核批准证券的上市申请；组织监管证券交易活动；提供和管理证券交易所的证券市场信息等。

（2）社会监管机构。

会计师事务所、律师事务所和审计师事务所等既是证券业的中介服务机构，也是社会监管机构。它们在取得证券从业资格后，依照国家法律，对公开发行证券的企业的财务报告、资产评估报告、招股说明书和法律意见书等进行审核，实行社会监督，并承担相应责任。其与证券有关的业务，由中国证监会进行资格确认。

4. 政府其他部门与地方政府

在我国，政府其他有关部门和地方政府在证券市场中也发挥着重要的管理职能。

（二）我国证券市场监管手段

我国证券市场的监管手段主要包括法律、经济、行政、自律管理四种。

1. 法律手段

法律手段是指运用经济立法和司法来管理证券市场，即通过法律规范来约束证券市场行为，以法律形式维护证券市场良好的运行秩序。法律手段具有强制性、统一性、公平性和稳定性的特点，是证券市场监管最基本和最重要的手段。各国的法律对证券市场的各个方面均有详尽的规定，如各国的银行法、票据法、证券交易法等，使市场各方以法律为准绳规范自身行为。

2. 经济手段

经济手段是指政府以管理和调控证券市场为主要目的，采用利率政策、公开市场业务、税收政策等经济手段间接调控证券市场运行和参与主体的行为。如中央银行通过准备金率、再贴现率、公开市场业务等手段调节和稳定证券市场价格，政府通过财政政策和外贸政策影响汇率等。这种手段相对比较灵活，但调节过程可能较慢，存在时滞。

3. 行政手段

行政手段是指依靠国家行政机关系统，通过命令、指令、规定、条例等对证券市场进行直接的干预和管理。在成熟的证券市场中，行政手段一般适用于如下情况：第一，对证券市场日常和细小的监管可采用行政手段；第二，在发生突发性事件时，无法采用法律和经济手段时可采用行政手段。与经济手段相比，运用行政手段对证券市场的监管具有强制性和直接性的特点。

4. 自律管理手段

自律管理即自我约束、自我管理，通过自愿方式以行业协会的形式组成管理机构，制定共同遵守的行为规则和管理规章，以约束会员的经营行为。证券市场交易的高度专业化、从业人员之间的利益相关性与证券市场运作本身的庞杂性决定了对自律监管的客观需要。但政府监管与自律监管之间存在主从关系，自律监管是政府监管的有效补充，自律管理机构本身也是政府监管框架中的一个监管对象。

一般来说，在市场发育的早期行政手段用得较多，而在成熟阶段用得较少。这是由于在证券市场发展的早期往往法律手段不健全，经济手段效率低下，造成监管不足的局面，故以行政手段作为补充。我国目前对证券市场的监管就是通过行政手段、经济手段、法律手段和自律管理手段相结合的方式进行的。

（三）我国证券市场监管的主要内容

1. 对证券发行上市的监管

证券发行上市是证券市场运作的初始阶段，也是整个市场各个环节规范的基础和前提，所以对这个阶段的监管也是证券市场监管的首要内容。

（1）实行证券发行核准制。

证券发行监管的核心是发行决定权的归属，我国目前对证券发行实行的是核准制。核准制是指发行人申请发行证券，不仅要公开披露与发行证券有关的信息，要符合《公司法》和《证券法》所规定的条件，而且要求发行人将发行申请报请证券监管部门决定的审核制度。

（2）实行证券发行上市信息披露制度。

制定证券发行上市信息披露制度是以维护股东和债权人合法利益为宗旨，将公司信息完全、准确、及时地公开，以提供证券投资价值判断的法律制度。信息披露的意义在于：有利于投资者了解发行公司的资信情况和经营状况，防止公司转嫁债务风险、欺骗投资者行为的发生。证券发行上市信息披露制度的主要内容包括如下方面：

1）证券发行信息的公开。《证券法》第二十五条规定："证券发行申请经核准，发行人应当依照法律、行政法规的规定，在证券公开发行前，公告公开发行募集文件，并将该文件置备于指定场所供公众查阅。发行证券的信息依法公开前，任何知情人不得公开或者泄露该信息。"第三十一条规定："证券公司承销证券，应当对公开发行募集文件的真实性、准确性、完整性进行核查；发现有虚假记载、误导性陈述或者重大遗漏的，不得进行销售活动；已经销售的，必须立即停止销售活动，并采取纠正措施。"

2）证券上市信息的公开。《证券法》第五十三条规定："股票上市交易申请经证券交易所审核同意后，签订上市协议的公司应当在规定的期限内公告股票上市的有关文件，并将该文件置备于指定场所供公众查阅。”第五十四条规定：“签订上市协议的公司除公告前条规定的文件外，还应当公告下列事项：股票获准在证券交易所交易的日期；持有公司股份最多的前十名股东的名单和持股数额；公司的实际控制人；董事、监事、高级管理人员的姓名及其持有本公司股票和债券的情况。”第五十九条规定：“公司债券上市交易申请经证券交易所审核同意后，签订上市协议的公司应当在规定的期限内公告公司债券上市文件及有关文件，并将其申请文件置备于指定场所供公众查阅。”

（3）实行证券发行上市保荐制度。

企业发行上市不但要有保荐人进行保荐，还需要具有保荐代表人资格的从业人员具体负责保荐工作。监管部门对符合条件的证券公司及其从业人员注册登记为保荐人和保荐代表人。

企业首次公开发行和上市公司再次公开发行证券都需要保荐人和保荐代表人保荐。保荐期间分尽职推荐和持续督导两个阶段。各个阶段都有明确的保荐期限。保荐人和保荐代表人在向监管部门推荐企业上市前，要对企业进行辅导和尽职调查，要在推荐文件中对发行人的信息披露质量、发行人的独立性和持续经营能力等做出必要的承诺。

对保荐人和保荐代表人的违法违规行为，除进行行政处罚和依法追究法律责任外，证券监管机构还将引进持续信用监管和“冷淡对待”的监管措施。

2. 对证券交易市场的监管

对证券交易市场监管的重要内容之一就是对信息披露的监管，因为各国证券交易市场都存在着不同程度的信息披露虚假和失真问题，这对整个证券交易市场的正常运作具有很大的影响，所以应将其作为监管的重要内容。

（1）实行证券上市审核制度。

此项制度的监管内容包括：证券上市的条件，上市契约与上市公司的义务，证券上市的法定程序以及证券上市的暂停、恢复和终止。

（2）实行上市公司信息持续披露制度。

其披露的主要内容包括：上市公司定期报告文件、临时报告书以及为执行证券交易所及时公开政策而公开的各类报告文件。定期报告包括年度报告、中期报告以及季度报告。一般情况下，定期报告的内容涉及：最近时期的资产负债表、利润表和现金流量表。《证券法》第六十六条规定：“上市公司和公司债券上市交易的公司，应当在每一会计年度结束之日起四个月内，向国务院证券监督管理机构和证券交易所报送记载以下内容的年度报告，并予以公告：公司概况；公司财务会计报告和经营情况；董事、监事、高级管理人员简介及其持股情况；已发行的股票、公司债券情况，包括持有公司股份最多的前十名股东的名单和持股数额；公司的实际控制人；国务院证券监督管理机构规定的其他事项。”第六十五条规定：“上市公司和公司债券上市交易的公司，应当在每一会计年度的上半年结束之日起两个月内，向国务院证券监督管理机构和证券交易所报送记载以下内容的中期报告，并予以公告：公司财务会计报告和经营情况；涉及公司的重大诉讼事项；已发行的股票、公司债券变动情况；提交股东大会审议的重要事项；国务院证券监督管理机构规定的其他事项。”临时报告是为了弥补定期报告信息公开滞后、不能及时满足公司信息公开的最新性与迅速性需要而设立的。一般情况下，在公司发生对证券投资判断具有影响的重大事件时，公司需要发布临时报告。《证券法》第六十七条规定："发生可能对上市公司股票交易价格产生较大影响的重大事件，投资者尚未得知时，上市公司应当立即将有关该重大事件的情况向国务院证券监督管理机构和证券交易所报送临时报告，并予以公告，说明事件的起因、目前的状态和可能产生的法律后果。下列情况为前款所称重大事件：公司的经营方针和经营范围的重大变化；公司的重大投资行为和重大的购置财产的决定；公司订立重要合同，可能对公司的资产、负债、权益和经营成果产生重要影响；公司发生重大债务和未能清偿到期重大债务的违约情况；公司发生重大亏损或者重大损失；公司生产经营的外部条件发生的重大变化；公司的董事、三分之一以上监事或者经理发生变动；持有公司百分之五以上股份的股东或者实际控制人，其持有股份或者控制公司的情况发生较大变化；公司减资、合并、分立、解散及申请破产的决定；涉及公司的重大诉讼，股东大会、董事会决议被依法撤销或者宣告无效；公司涉嫌犯罪被司法机关立案调查，公司董事、监事、高级管理人员涉嫌犯罪被司法机关采取强制措施；国务院证券监督管理机构规定的其他事项。"

中国证监会自2000年以来陆续制定了一系列《公开发行证券的公司信息披露编报规则》，就上市公司有关信息披露事项和披露办法做了明文规定。

3. 对证券经营机构的监管

（1）对证券经营机构设立的监管。

对证券经营机构设立的监管方式主要有注册制和特许制，目前大多数国家包括中国都采取特许制。《证券法》第一百二十二条规定，设立证券公司，必须经国务院证券监督管理机构审查批准。未经国务院证券监督管理机构批准，任何单位和个人不得经营证券业务。

设立证券公司还需要符合一系列条件：一是对公司章程的要求；二是对证券公司主要股东持续经营能力和净资产的要求；三是与公司经营业务范围相应的注册资本；四是公司的董事、监事和高级管理人员具有证券从业资格和胜任能力；五是公司具有完善的风险管理与内部控制制度以及其他要求。《证券法》第一百二十八条规定了证券公司设立的行政许可程序，证券监管部门可以根据实际情况的变化，依照法定条件和法定程序，并根据审慎监管的原则对证券公司设立的条件做出补充规定。《证券法》第一百二十九条规定了证券公司重要事项变更审批要求。证券公司设立、收购或者撤销分支机构，变更业务范围或者注册资本，变更公司章程中的重要条款，变更持有5%以上股权的股东、实际控制人等，需要经证券监管部门批准。证券公司在境外设立、收购或者参股证券经营机构，也必须经证券监管部门批准。

（2）对证券经营机构行为的监管。

第一，定期报告制度。证券经营机构定期报告制度是指通过证券主管机构对所提供文件的审查、监管活动，全面掌握证券经营机构经营及财务状况，以确保证券经营机构安全营业，忠实地履行业务。

第二，财务保证制度。证券经营机构的财务保证制度是指以财务的适合性和资产保证来维护证券经营机构的信誉，防止因发生证券事故而损害投资者的利益，并使受损害的投资者得到损失补偿。其主要内容包括：1）最低资本额限制。《证券法》规定经纪类证券公司注册资本金最低限额为人民币5 000万元，综合类证券公司注册资本金最低限额为人民币5亿元。2）负债比率的限制。《证券法》规定，证券公司的对外负债总额不得超过其净资产额的规定倍数，其流动负债总额不得超过其流动资产总额的一定比例，其具体倍数、比例和管理办法，由国务院证券监督管理机构规定。3）客户保护规则。这主要是指保护证券经营机构所持有的顾客资金和证券。《证券法》规定，综合类证券公司必须将其经纪业务和自营业务分开办理，业务人员、财务账户均应分开，不得混合操作，客户的交易结算资金必须全额存入指定的商业银行，单独立户管理，严禁挪用客户交易结算资金，证券公司办理经纪业务，必须为客户分别开立证券和资金账户，并对客户交付的证券和资金按户分账管理，如实进行交易记录，不得做虚假记载。

第三，行为规范和行为禁止制度。各国证券法大多规定，券商在执行其业务时对客户应遵循诚信原则，不得有操纵市场的行为。《证券法》对证券公司的业务范围予以明确规定，并严禁证券经营机构从事以下行为：1）将自营业务和代理业务混合操作；2）证券经营机构内部人员持有、买卖股票；3）未按规定的时间、程序、方式承销股票；4）将客户的股票借予他人或作为担保物；5）以客户的名义为本机构买卖股票，挪用客户保证金；6）为股票投资者提供融资服务；7）在证券买卖代理业务中，与客户分享交易利润或分担交易损失，或向客户提供避免损失的保证；8）禁止银行资金违规流入股市；9）操纵市场的行为，欺诈客户的行为；10）虚假陈述的行为和内幕交易的行为。

第四，证券经营机构的自律制度。证券市场活动十分复杂，政府运用行政手段和法律手段管理市场虽然可以取得一定的效果，但是仍然存在一些政府的行为很难奏效的领域，必须借助证券经营机构的自律行为，予以行业或道德约束。证券经营机构的自律管理有证券业协会的自律管理和证券交易所的自律管理。

中国证券业协会履行以下职责：1）教育和组织会员遵守证券法律、行政法规；2）依法维护会员的合法权益，向证券监督管理机构反映会员的建议和要求；3）搜集整理证券信息，为会员提供服务；4）制定会员应遵守的规则，组织会员单位的从业人员的业务培训，开展会员间的业务交流；5）对会员之间、会员与客户之间发生的证券业务纠纷进行调解；6）组织会员就证券业的发展、运作及有关内容进行研究；7）监督、检查会员行为，对违反法律、行政法规或者协会章程的，按照规定给予纪律处分；8）证券业协会章程规定的其他职责。

依据证券交易所相关规定，证券交易所对证券经营机构监管的具体职责包括：1）为组织公平的集中交易提供保障。2）提供场所和设施。3）公布证券交易即时行情，并按交易日制作证券市场行情表，予以公布。4）依照证券法律、行政法规制定上市规则、交易规则、会员管理规则和其他有关规则，并报国务院证券监督管理机构批准。5）对证券交易实行实时监控，并按照中国证监会的要求，对异常的交易情况提出报告。6）对上市公司及相关信息披露义务人披露信息进行监督，督促其依法及时、准确地披露信息。7）因突发事件而影响证券交易的正常进行时，证券交易所可以采取技术性停牌的措施；因不可抗力的突发性事件或者为维护证券交易的正常秩序，证券交易所可以决定临时停市等。

第五，证券经营机构的风险管理。对于券商来说，证券交易中的风险主要来自两个方面：一是来自自营业务活动；二是来自委托代理业务。就证券市场而言，风险是永远存在的，关键在于如何强化风险的防范和管理，以降低和控制风险。

我国的《证券公司监督管理条例》第二十七条规定，证券公司应当按照审慎经营的原则，建立健全风险管理与内部控制制度，防范和控制风险。《证券法》第一百三十条规定，国务院证券监督管理机构应当对证券公司的净资本，净资本与负债的比例，净资本与净资产的比例，净资本与自营、承销、资产管理等业务规模的比例，负债与净资产的比例，以及流动资产与流动负债的比例等风险控制指标做出规定。《证券法》第一百三十五条规定，证券公司从每年的税后利润中提取交易风险准备金，用于弥补证券交易的损失，其提取的具体比例由国务院证券监督管理机构规定。

4. 对证券从业人员的监管

证券从业人员需要具备证券从业资格，监管部门对证券公司董事、监事和高级管理人员的任职资格实行核准制，对从事保荐业务的保荐代表人实行注册制，对一般从业人员，授权中国证券业协会管理。

《证券法》第一百三十一条规定了证券公司的董事、监事和高级管理人员任职资格，要求其正直诚实，品行良好，熟悉证券法律、行政法规，具有履行职责所需要的经营管理能力，并在任职前取得监管部门核准的任职资格。《公司法》第一百四十六条及《证券法》第一百三十一条都规定了不得担任证券公司董事、监事和高级管理人员的情形。

5. 对证券投资者的监管

对投资者的监管包括对投资者资格的审查及对其交易行为的监管。

(1) 对投资者资格的审查。

投资者包括个人投资者和机构投资者。对于个人，目前以下几类人员不得直接或间接为自己买卖证券：现役军人；国家部级以上干部；证券管理机构中管理证券事务的有关人员；证券交易所内人员；证券经营机构的从业人员；与发行者有直接行政隶属或管理关系的工作人员；其他与股票发行或交易有关的知情人。对于机构投资者，我国规定：各级党组织和国家机关、非独立核算的单位，不得买卖境内上市交易的股票。

(2) 对投资者交易行为的监管。

对投资者交易行为的监管一般包括：对组织或个人以获取利益或者减少损失为目的，利用其资金、信息等优势，或者滥用职权，制造证券市场假象，诱导或者致使投资者在不了解事实真相的情况下做出投资决定，扰乱证券市场秩序等操纵市场行为的监管；对知情者以获取利益或减少经济损失为目的，利用地位、职务等便利，获取发行人未公开的、可以影响金融产品价格的重要信息，进行有价证券交易，或泄露该信息的内幕交易行为的监管等。

6. 对证券违法行为的监管

(1) 对操纵市场行为的监管。

证券市场中的操纵市场行为是指某一组织或个人以获取利益或者减少损失为目的，利用其资金、信息等优势，或者滥用职权，影响证券市场价格，制造证券市场假象，诱导或者致使投资者在不了解事实真相的情况下做出证券投资决定，扰乱证券市场秩序的行为。

操纵市场行为包括：1）单独或者通过合谋，集中资金优势、持股优势或者利用信息优势联合或者连续买卖，操纵证券交易价格或数量；2）与他人串通，以事先约定的时间、价格和方式相互进行证券交易，影响证券交易价格或者证券交易量；3）在自己实际控制的账户之间进行证券交易，影响证券交易价格或者证券交易量；4）以其他手段操纵证券市场。

对操纵市场行为的监管包括事前监管与事后处理。事前监管是指在发生操纵行为前，证券管理机构采取必要手段以防止损害发生。为实现这一目的，各国证券立法和证券管理机构都在寻求有效的约束机制。如美国《证券交易法》第二十一条赋予证券管理机构广泛的调查权，以约束种类繁多的市场危害行为。

事后处理是指证券管理机构对市场操纵行为者的处理及操纵者对受损当事人的损害赔偿。主要包括两个方面：第一，对操纵行为的处罚。《证券法》第二百零三条规定："操纵证券市场的，责令依法处理非法持有的证券，没收违法所得，并处以违法所得一倍以上五倍以下的罚款；没有违法所得或者违法所得不足三十万元的，处以三十万元以上三百万元以下的罚款。单位操纵证券市场的，还应当对直接负责的主管人员和其他直接责任人员给予警告，并处以十万元以上六十万元以下的罚款。"第二，操纵行为的受害者可以通过民事诉讼获得损害赔偿。

（2）对欺诈客户行为的监管。

欺诈客户是指以获取非法利益为目的，违反证券管理法规，在证券发行、交易及相关活动中从事欺诈客户、虚假陈述等行为。

欺诈客户行为包括：1）违背客户的委托为其买卖证券；2）不在规定时间内向客户提供交易的书面确认文件；3）挪用客户所委托买卖的证券或者客户账户上的资金；4）未经客户的委托，擅自为客户买卖证券，或者假借客户的名义买卖证券；5）为牟取佣金收入，诱使客户进行不必要的证券买卖；6）利用传播媒介或者通过其他方式提供、传播虚假或者误导投资者的信息；7）其他违背客户真实意思表示，损害客户利益的行为。

对欺诈客户行为的监管：禁止任何单位或个人在证券发行、交易及其相关活动中欺诈客户。证券经营机构、证券登记或清算机构以及其他各类从事证券业的机构有欺诈客户行为的，将根据不同情况，限制或者暂停证券业务及其他处罚。因欺诈客户行为给投资者造成损失的，应当依法承担赔偿责任。

（3）对内幕交易行为的监管。

所谓内幕交易，又称知内情者交易，是指公司董事、监事、经理、职员、主要股东、证券市场内部人员或市场管理人员，以获取利益或减少经济损失为目的，利用地位、职务等便利，获取发行人未公开的、可以影响证券价格的重要信息，进行有价证券交易，或泄露该信息的行为。

1）内幕交易的行为主体。《证券法》第七十四条规定："证券交易内幕信息的知情人包括：发行人的董事、监事、高级管理人员；持有公司百分之五以上股份的股东及其董事、监事、高级管理人员，公司的实际控制人及其董事、监事、高级管理人员；发行人控股的公司及其董事、监事、高级管理人员；由于所任公司职务可以获取公司有关内幕信息的人员；证券监督管理机构工作人员以及由于法定职责对证券的发行、交易进行管理的其他人员；保荐人、承销的证券公司、证券交易所、证券登记结算机构、证券服务机构的有关人员；国务院证券监督管理机构规定的其他人。”

2）内幕信息的界定。《证券法》第七十五条规定：“证券交易活动中，涉及公司的经营、财务或者对该公司证券的市场价格有重大影响的尚未公开的信息，为内幕信息。下列信息皆属内幕信息：本法第六十七条第二款所列重大事件；公司分配股利或者增资的计划；公司股权结构的重大变化；公司债务担保的重大变更；公司营业用主要资产的抵押、出售或者报废一次超过该资产的百分之三十；公司的董事、监事、高级管理人员的行为可能依法承担重大损害赔偿责任；上市公司收购的有关方案；国务院证券监督管理机构认定的对证券交易价格有显著影响的其他重要信息。”

3）内幕交易的行为方式。内幕交易的行为方式主要表现为：行为主体知悉公司内幕信息，且从事有价证券的交易或其他有偿转让行为，或者泄露内幕信息或建议他人买卖证券等。

4）对内幕交易的监管。《证券法》第七十六条规定：“证券交易内幕信息的知情人和非法获取内幕信息的人，在内幕信息公开前，不得买卖该公司的证券，或者泄露该信息，或者建议他人买卖该证券。持有或者通过协议、其他安排与他人共同持有公司百分之五以上股份的自然人、法人、其他组织收购上市公司的股份，本法另有规定的，适用其规定。内幕交易行为给投资者造成损失的，行为人应当依法承担赔偿责任。”

5）内幕交易的法律责任。《证券法》第二百零二条规定：“证券交易内幕信息的知情人或者非法获取内幕信息的人，在涉及证券的发行、交易或者其他对证券的价格有重大影响的信息公开前，买卖该证券，或者泄露该信息，或者建议他人买卖该证券的，责令依法处理非法持有的证券，没收违法所得，并处以违法所得一倍以上五倍以下的罚款；没有违法所得或者违法所得不足三万元的，处以三万元以上六十万元以下的罚款。单位从事内幕交易的，还应当对直接负责的主管人员和其他直接责任人员给予警告，并处以三万元以上三十万元以下的罚款。证券监督管理机构工作人员进行内幕交易的，从重处罚。”

主要参考书目

曹凤岐，刘力，姚长辉．证券投资学．北京：北京大学出版社，2000.

符启林．证券法学．北京：中国金融出版社，2003.

韩俊平．太钢不锈股份有限公司财务报表分析．山西财经大学学报，2008(11).

汉姆·列维．投资学．北京：北京大学出版社，2004.

何建，彭明强．证券投资学．成都：西南财经大学出版社，2007.

胡海鸥．证券投资分析（第3版）．上海：复旦大学出版社，2008.

胡金焱，李维林．金融投资学．北京：经济科学出版社，2004.

黄磊，姚铮．证券投资学．北京：中国财政经济出版社，2006.

黄本笑．证券投资学．北京：中国人民大学出版社，2004.

霍文文．证券投资学．北京：高等教育出版社，2008.

坎托．证券组合策略．北京：机械工业出版社，2007.

李唯滨，梁静溪．证券投资与评估．北京：科学出版社，2007.

林毅夫．新结构经济学．北京：北京大学出版社，2012.

马柯维茨．资产选择（第2版）．北京：首都经济贸易大学出版社，2000.

朴明根．证券投资学．北京：清华大学出版社，2009.

秦冬杰．证券公司业务与经营．北京：中国物资出版社，2004.

王旭凤．金融理论与实务．济南：山东人民出版社，2006.

威廉·F.夏普．投资学基础（第3版）．北京：电子工业出版社，2004.

吴晓东．证券投资技术分析（第2版）．成都：西南财经大学出版社，2007.

吴晓求．证券投资分析．北京：中国人民大学出版社，2001.

吴晓求．证券投资学．北京：中国人民大学出版社，2004.
夏斌，陈道富．中国金融战略．北京：人民出版社，2011.
谢百三．证券投资学．北京：清华大学出版社，2005.
张维迎．产权激励与公司治理．北京：经济科学出版社，2010.
赵锡军，李向科．证券投资分析．北京：中国金融出版社，2003.
周小川．国际金融危机观察、分析与应对．北京：中国金融出版社，2012.
庄新田，高莹，金秀．证券投资分析．北京：清华大学出版社，2008.

附录一

证券业从业人员资格管理办法

第一章 总 则

第一条 为了加强证券业从业人员资格管理，促进证券市场规范发展，保护投资者合法权益，根据《中华人民共和国证券法》，制定本办法。

第二条 在依法从事证券业务的机构（以下简称“机构”）中从事证券业务的专业人员，应当按照本办法规定，取得从业资格和执业证书。

第三条 本办法所称机构是指：

（一）证券公司；

（二）基金管理公司、基金托管机构、基金销售机构；

（三）证券投资咨询机构；

（四）证券资信评估机构；

（五）中国证券监督管理委员会（以下简称“中国证监会”）规定的其他从事证券业务的机构。

第四条 本办法所称从事证券业务的专业人员是指：

（一）证券公司中从事自营、经纪、承销、投资咨询、受托投资管理等业务的专业人员，包括相关业务部门的管理人员；

（二）基金管理公司、基金托管机构中从事基金销售、研究分析、投资管理、交易、监察稽核等业务的专业人员，包括相关业务部门的管理人员；基金销售机构中从事基金宣传、推销、咨询等业务的专业人员，包括相关业务部门的管理人员；

（三）证券投资咨询机构中从事证券投资咨询业务的专业人员及其管理

人员；

（四）证券资信评估机构中从事证券资信评估业务的专业人员及其管理人员；

（五）中国证监会规定需要取得从业资格和执业证书的其他人员。

第五条　中国证券业协会（以下简称“协会”）依据本办法负责从业人员从业资格考试、执业证书发放以及执业注册登记等工作。

第六条　中国证监会对协会有关证券业从业人员资格管理的工作进行指导和监督。

第二章　从业资格取得和执业证书

第七条　参加资格考试的人员，应当年满 18 周岁，具有高中以上文化程度和完全民事行为能力。

第八条　资格考试由协会统一组织。参加考试的人员考试合格的，取得从业资格。

第九条　从业资格不实行专业分类考试。资格考试内容包括一门基础性科目和一门专业性科目。

根据证券市场发展的需要，协会可在资格考试之外另行组织各项专业的水平考试，但不作为法定考试内容，由从业人员自行选择，供机构用人时参考。

第十条　取得从业资格的人员，符合下列条件的，可以通过机构申请执业证书：

（一）已被机构聘用；

（二）最近三年未受过刑事处罚；

（三）不存在《中华人民共和国证券法》第一百二十六条规定的情形；

（四）未被中国证监会认定为证券市场禁入者，或者已过禁入期的；

（五）品行端正，具有良好的职业道德；

（六）法律、行政法规和中国证监会规定的其他条件。

申请执业证券投资咨询以及证券资信评估业务的，申请人应当同时符合《中华人民共和国证券法》第一百五十八条，以及其他相关规定。

第十一条　申请人符合本办法规定条件的，协会应当自收到申请之日起三十日内，向中国证监会备案，颁发执业证书；不符合本办法规定条件的，不予颁发执业证书，并应当自收到申请之日起三十日内书面通知申请人或者机构，并书面说明理由。

第十二条　执业证书不实行分类。取得执业证书的人员，经机构委派，可以代表聘用机构对外开展本机构经营的证券业务。

第三章　监督管理

第十三条　取得执业证书的人员，连续三年不在机构从业的，由协会注销其执业证书；重新执业的，应当参加协会组织的执业培训，并重新申请执业证书。

第十四条　从业人员取得执业证书后，辞职或者不为原聘用机构所聘用的，或者其他原因与原聘用机构解除劳动合同的，原聘用机构应当在上述情形发生后十日内向协会报告，由协会变更该人员执业注册登记。

取得执业证书的从业人员变更聘用机构的，新聘用机构应当在上述情形发生后十日内向协会报告，由协会变更该人员执业注册登记。

第十五条 机构不得聘用未取得执业证书的人员对外开展证券业务。

第十六条 从业人员在执业过程中违反有关证券法律、行政法规以及中国证监会有关规定，受到聘用机构处分的，该机构应当在处分后十日内向协会报告。

第十七条 协会、机构应当定期组织取得执业证书的人员进行后续职业培训，提高从业人员的职业道德和专业素质。

第十八条 协会依据本办法及中国证监会有关规定制定的从业资格考试办法、考试大纲、执业证书管理办法以及执业行为准则等，应当报中国证监会核准。

第十九条 协会应当建立从业人员资格管理数据库，进行资格公示和执业注册登记管理。

第四章 罚 则

第二十条 参加资格考试的人员，违反考场规则，扰乱考场秩序的，在两年内不得参加资格考试。

第二十一条 取得从业资格的人员提供虚假材料，申请执业证书的，不予颁发执业证书；已颁发执业证书的，由协会注销其执业证书。

第二十二条 机构办理执业证书申请过程中，弄虚作假、徇私舞弊、故意刁难有关当事人的，或者不按规定履行报告义务的，由协会责令改正；拒不改正的，由协会对机构及其直接责任人员给予纪律处分；情节严重的，由中国证监会单处或者并处警告、3 万元以下罚款。

第二十三条 机构聘用未取得执业证书的人员对外开展证券业务的，由协会责令改正；拒不改正的，给予纪律处分；情节严重的，由中国证监会单处或者并处警告、3 万元以下罚款。

第二十四条 从业人员拒绝协会调查或者检查的，或者所聘用机构拒绝配合调查的，由协会责令改正；拒不改正的，给予纪律处分；情节严重的，由中国证监会给予从业人员暂停执业 3 个月至 12 个月，或者吊销其执业证书的处罚；对机构单处或者并处警告、3 万元以下罚款。

第二十五条 被中国证监会依法吊销执业证书或者因违反本办法被协会注销执业证书的人员，协会可在 3 年内不受理其执业证书申请。

第二十六条 协会工作人员不按本办法规定履行职责，徇私舞弊、玩忽职守或者故意刁难有关当事人的，协会应当给予纪律处分。

第五章 附 则

第二十七条 本办法实施前，持有协会颁发的证券经纪资格证书、证券代理发行资格证书、证券投资咨询资格证书和基金从业人员资格证书的，可以直接申请取得执业证书。

持有上述两个或者两个以上证书的，可以根据协会规定，取得专业水平级别认证。

第二十八条 机构高级管理人员的资格管理由中国证监会另行规定。

第二十九条 本办法自 2003 年 2 月 1 日起施行。1995 年发布的《证券业从业人员资格管理暂行规定》同时废止。

附录二

2018年证券业从业人员一般从业资格考试大纲

第一部分　证券市场基本法律法规

第一章　证券市场基本法律法规简介

第一节　证券市场的法律法规体系

了解法的概念与特征；了解法律关系的概念、特征、种类与基本构成；熟悉证券市场法律法规体系的主要层级；了解证券市场各层级的主要法规。

第二节　公司法

掌握公司的种类；熟悉公司法人财产权的概念；熟悉关于公司经营原则的规定；熟悉分公司和子公司的法律地位；了解公司的设立方式及设立登记的要求；了解公司章程的内容；熟悉公司对外投资和担保的规定；熟悉关于禁止公司股东滥用权利的规定。

了解有限责任公司的设立和组织机构；熟悉有限责任公司注册资本制度；熟悉有限责任公司股东会、董事会、监事会的职权；掌握有限责任公司股权转让的相关规定。

掌握股份有限公司的设立方式与程序；熟悉股份有限公司的组织机构；熟悉股份有限公司的股份发行；熟悉股份有限公司股份转让的相关规定及对上市公司组织机构的特别规定。

了解董事、监事和高级管理人员的义务和责任；掌握公司财务会计制度的基本要求和内容；了解公司合并、分立的种类及程序；熟悉高级管理人员、控股股东、实际控制人、关联关系的概念。

熟悉关于虚报注册资本、欺诈取得公司登记、虚假出资、抽逃出资、另立账簿、财务会计报告虚假记载等的法律责任。

第三节　合伙企业法

掌握合伙企业的概念；了解合伙企业与公司的区别；掌握合伙企业的种类；掌握普通合伙人的主体适格性的限制性要求；掌握合伙协议的订立形式与基本原则。

掌握设立合伙企业的条件；熟悉合伙企业财产分割、转让以及处分的相关规定；掌握合伙企业经营中应当经全体合伙人一致同意的重要事项；了解合伙企业利润分配、亏损分担的原则；了解新合伙人入伙的条件；掌握合伙人退伙、除名的情形或条件；掌握特殊普通合伙企业的内容。

掌握有限合伙企业的合伙人、有限合伙企业的名称；了解有限合伙企业协议的内容；掌握有限合伙企业的出资；掌握有限合伙企业事务的执行；掌握有限合伙企业的特殊性；掌握有限合伙和普通合伙的转化。

了解合伙企业的解散事由；了解合伙企业的清算规则；了解合伙企业注销后的债务承担；掌握违反合伙企业法及合伙协议应当承担的主要法律责任。

第四节　证券法

熟悉证券法的适用范围；掌握证券发行和交易的“三公”原则；掌握发行交易当事人的行为准则；掌握证券发行、交易活动禁止行为的规定。

掌握公开发行证券的有关规定；熟悉证券承销业务的种类、承销协议的主要内容；熟悉承销团及主承销人；熟悉证券的销售期限；熟悉代销制度。

掌握证券交易的条件及方式等一般规定；掌握股票上市的条件、申请和公告；掌握债券上市的条件和申请；熟悉证券交易暂停和终止的情形；熟悉信息公开制度及信息公开不实的法律后果；掌握内幕交易行为；熟悉操纵证券市场行为；掌握虚假陈述、信息误导行为和欺诈客户行为。

掌握上市公司收购的方式；熟悉上市公司收购的程序和规则。

熟悉证券交易所的组织架构、交易规则和风险基金制度。

熟悉证券登记结算机构的设立条件、职能、业务规则和证券结算风险基金。

熟悉违反证券发行规定的法律责任；熟悉违反证券交易规定的法律责任；掌握上市公司收购的法律责任；熟悉违反证券机构管理、人员管理相关规定的法律责任及证券机构的法律责任。

第五节　证券投资基金法

掌握基金管理人、基金托管人和基金份额持有人的概念、基金份额持有人的权利、基金管理人、基金托管人的职责；了解设立基金管理公司的条件；熟悉基金管理人的禁止行为；掌握基金财产的独立性要求；掌握基金财产债权债务独立性的意义。

熟悉基金公开募集与非公开募集的区别；了解公募基金运作的方式；了解非公开募集基金的合格投资者的要求；了解非公开募集基金的投资范围；了解非公开募集基金管理人的登记及非公开募集基金的备案要求；了解相关的法律责任。

第六节　期货交易管理条例

掌握期货的概念、特征及其种类；熟悉期货交易所的职责；了解期货交易所会员管理、内部管理制度的相关规定；了解期货公司设立的条件；了解期货公司的业务许可制度；了解期货交易的基本规则；了解期货监督管理的基本内容；了解期货相关法律责任的规定。

第七节　证券公司监督管理条例

熟悉证券公司依法审慎经营、履行诚信义务的规定；熟悉禁止证券公司股东和实际控制人滥用权利、损害客户权益的规定；了解证券公司股东出资的规定；了解关于成为持有证券公司5%以上股权的股东、实际控制人资格的规定；掌握证券公司设立时业务范围的规定；熟悉证券公司变更公司章程重要条款的规定；了解证券公司合并、分立、停业、解散或者破产的相关规定；了解证券公司及其境内分支机构的设立、变更、注销登记的规定；熟悉有关证券公司组织机构的规定；掌握证券公司及其境内分支机构经营业务的规定；掌握证券公司为客户开立证券账户管理的有关规定；熟悉关于客户资产保护的相关规定；熟悉证券公司客户交易结算资金管理的规定；了解证券公司信息报送的主要内容和要求。

了解证券监督管理机构对证券公司进行监督管理的主要措施（月度、年度报告、信息披露、检查、责令限期整改的情形及可采取的措施）；了解证券公司主要违法违规情形及其处罚措施。

第二章　证券经营机构管理规范

第一节　公司治理、内部控制与合规管理

熟悉证券公司治理的基本要求；掌握证券公司与股东之间关系的特别规定；掌握对证券公司董事会、监事会、高级管理人员的相关要求；熟悉证券公司与客户关系的基本原则。

熟悉证券公司内部控制的基本要求；熟悉证券公司各类业务内部控制的主要内容；了解对证券公司业务创新的相关规定；了解对证券公司内部控制的监督、检查与评价机制。

熟悉证券公司合规、合规管理及合规风险的概念；掌握证券公司合规经营基本原则与应遵守的基本要求；熟悉证券公司合规管理基本制度的有关内容；掌握证券公司董事会、监事会或监事、下属单位负责人的合规管理职责；掌握证券公司工作人员在业务活动和执业行为中的合规管理职责；掌握证券公司合规负责人进行合规审查、合规检查、对公司违法违规行为或合规风险隐患的处理规定；熟悉证券公司合规部门、合规管理人员的相关规定；熟悉证券公司合规负责人和合规管理人员的独立性原则；了解证券公司合规报告的内容规定；了解对证券公司及有关人员违反合规管理规定的监管措施。

掌握证券公司管理敏感信息的基本原则和保密要求；熟悉各主体在证券公司信息隔离墙制度建立和执行方面的职责；掌握证券公司跨墙人员基本行为规范；熟悉证券公司观察名单、限制名单管理的基本要求。

掌握证券公司分类监管的概念；熟悉证券公司分类监管的评价指标体系及评价方法；熟悉基于分类监管要求划分的证券公司基本类别。

掌握反洗钱的定义；熟悉客户身份识别和客户身份资料保存的基本要求；掌握洗钱和恐怖融资风险评估及客户分类管理要求；掌握证券公司反洗钱保密要求；掌握应当提交可

疑交易报告的情形及后续控制措施；熟悉涉及恐怖活动资产冻结的流程及要求。

第二节　风险管理

掌握证券公司风险控制指标基本规定；了解净资本计算标准；掌握证券公司从事相关证券业务的净资本标准；掌握证券公司应持续符合的风险控制指标标准；了解证券公司编制风险控制指标监管报表相关要求；了解风险控制指标相关监管措施。

掌握全面风险管理的定义；掌握全面风险管理体系所包括的内容和覆盖范围；掌握证券公司全面风险管理的责任主体；熟悉证券公司应将子公司风险管理纳入统一体系的要求；了解中国证券业协会就证券公司的全面风险管理实施自律管理可采取的措施。

掌握证券公司流动性风险的定义；掌握证券公司流动性风险管理的目标；熟悉证券公司流动性风险管理应遵循的原则；了解证券公司流动性风险管理的组织架构及职责；了解证券公司流动性风险限额管理的基本要求；了解证券公司融资管理的基本要求。

第三节　投资者适当性管理

熟悉证券经营机构执行投资者适当性的基本原则；掌握经营机构向投资者销售产品或提供服务应了解的投资者信息；掌握普通投资者享有特别保护的规定；熟悉专业投资者的范围；掌握确定普通投资者风险承受能力的主要因素；熟悉划分产品或服务风险等级时应考虑的因素；掌握经营机构在投资者坚持购买风险等级高于其承受能力的产品时的职责；熟悉经营机构销售产品或提供服务的禁止性行为；熟悉经营机构向普通投资者销售产品或提供服务前应告知的信息；掌握经营机构需进行现场录音录像留痕的要求；掌握对经营机构违反适当性管理规定的监管措施。

第四节　从业人员管理

了解从事证券业务的专业人员范围；了解专业人员从事证券业务的资格条件；熟悉从业人员申请执业证书的条件和程序；了解从业人员监督管理的相关规定；熟悉违反从业人员资格管理相关规定的法律责任。

掌握证券业从业人员执业行为准则；熟悉中国证监会及中国证券业协会诚信管理的有关规定；掌握证券市场禁入措施的实施对象、内容、期限及程序；掌握廉洁从业有关规定。

掌握证券公司从事经纪业务相关人员的要求；熟悉从事证券经纪业务人员不得存在的行为；了解证券公司承担技术、合规管理和风险控制职责的人员不得从事的工作；了解违反经纪业务相关规定的人员承担的法律责任。

掌握证券经纪业务营销人员执业资格管理的有关规定；了解证券经纪人与证券公司之间的委托关系；掌握证券经纪业务营销人员执业行为的范围、禁止性规定。

掌握证券投资基金销售人员执业资格管理的有关规定；掌握销售证券投资基金、代销金融产品的行为规范。

掌握证券投资咨询人员分类及其执业资格管理的有关规定；掌握证券投资顾问与证券分析师的注册登记要求；掌握发布证券研究报告应遵循的执业规范；掌握对署名证券分析师发布研究报告的基本要求。

熟悉保荐代表人的资格管理规定；掌握保荐代表人执业行为规范；掌握保荐代表人应遵守的职业道德准则；掌握保荐代表人违反有关规定的法律责任或被采取的监管措施。

熟悉财务顾问主办人应该具备的条件；熟悉财务顾问主办人执业行为规范。

掌握客户资产管理业务投资主办人执业注册的有关要求；熟悉资产管理投资主办人执业行为管理的有关要求。

了解证券资信评级业务人员有关规定。

第三章　证券公司业务规范

第一节　证券经纪

了解证券公司经纪业务的主要法律法规；熟悉证券经纪业务的特点；熟悉证券公司经纪业务中营销管理的主要内容、证券经纪人制度的主要内容、账户管理、客户适当性、客户交易结算资金三方存管、交易委托、异常交易行为管理、客户交易安全监控、佣金管理、指定交易及托管、转销户等环节的基本规则、业务风险及规范要求；掌握经纪业务的禁止行为；了解经纪业务风险防范的主要内容；熟悉监管部门对经纪业务的监管措施和自律性组织对经纪业务的自律管理措施。

熟悉沪港通、深港通股票范围及主要交易规则；了解对证券基金经营机构开展港股通相关业务内部管理和业务流程的基本要求；了解证券交易所对沪港通、深港通业务的自律管理措施。

第二节　证券投资咨询

掌握证券投资咨询、证券投资顾问、证券研究报告的概念和基本关系；掌握证券投资咨询机构及人员资格管理要求；掌握证券、期货投资咨询业务的管理规定；掌握监管部门对发布证券研究报告业务的有关规定；掌握监管部门对证券投资顾问业务的有关规定；掌握证券公司、证券投资咨询机构及其执业人员向社会公众开展证券投资咨询业务活动的有关规定；掌握利用“荐股软件”从事证券投资咨询业务的相关规定；掌握证券投资咨询人员执业行为准则；了解监管部门和自律性组织对证券投资咨询业务的监管措施和自律管理措施。

第三节　与证券交易、证券投资活动有关的财务顾问

了解上市公司收购以及上市公司重大资产重组等主要法律法规；掌握财务顾问业务的业务许可情况；熟悉从事上市公司并购重组财务顾问业务的业务规则；熟悉财务顾问的监管和法律责任。

第四节　证券承销与保荐

了解证券公司发行与承销业务的主要法律法规；熟悉证券发行保荐业务的一般规定；了解证券发行与承销信息披露的有关规定；掌握证券公司发行与承销业务的内部控制规定；熟悉监管部门对证券发行与承销的监管措施；掌握违反证券发行与承销有关规定的法律责任。

第五节　证券自营

了解证券公司自营业务的主要法律法规；掌握证券公司自营业务投资范围的规定；了解证券自营业务决策与授权的要求；掌握证券自营业务相关风险控制指标；了解证券自营业务操作的基本要求；掌握自营业务的禁止性行为；熟悉证券自营业务的监管措施和法律责任。

第六节　证券资产管理

熟悉证券公司开展资产管理业务的法律法规体系和基本要求；掌握证券公司客户资产

管理业务类型。

掌握证券资产管理业务的一般性规定；掌握资产管理业务投资主办的基本要求、合同签署及内容约定要求；掌握不同类型资产管理计划委托资产的起始金额、资产来源等要求；掌握资产管理计划成立和存续的基本条件；掌握资产管理业务客户参与、退出、终止的要求；掌握资产管理计划推广销售的要求；掌握不同类型的资产管理计划投资交易的要求；掌握证券公司以自有资金参与集合资产管理计划的相应要求；熟悉关联交易的要求；熟悉资产管理业务的托管要求；掌握资产管理业务禁止行为的有关规定。

掌握监管部门对资产管理业务的监管措施及后续监管要求；掌握资产管理业务违反有关规定的法律责任。

掌握对证券期货经营机构及相关销售机构销售资产管理计划的监管要求；掌握委托第三方机构为资管计划提供投资建议的监管要求。

熟悉从事证券资产管理业务活动的违法情形；熟悉证券资产管理业务为违法证券期货业务活动提供交易便利的情形；熟悉“资金池”性质的私募资产管理业务。

掌握金融机构开展资产管理业务遵循的基本原则、产品种类、适当性、内控要求、金融机构基本职责、代销要求、投资范围、资金池要求、估值要求、禁止刚性兑付要求、分级要求、通道及嵌套要求、人工智能、监管原则等。

了解合格境外机构投资者境内证券投资、合格境内机构投资者境外证券投资的相关监管规定。

熟悉证券公司开展资产证券化业务的主要规则；熟悉资产证券化业务基础资产负面清单；了解专项计划管理人主要职责；了解专项计划设立、运作的一般流程；了解资产支持证券挂牌、转让的相关规定；熟悉资产证券化业务的尽职调查规定；了解资产支持证券信息披露的相关要求。

第七节　证券公司信用业务

了解证券公司信用业务的主要法律法规；掌握融资融券业务管理的基本原则；了解证券公司申请融资融券业务资格应具备的条件；掌握融资融券业务的账户体系；熟悉融资融券业务客户的申请、客户征信调查、客户的选择标准；掌握融资融券业务合同及风险揭示书的基本内容；熟悉融资融券业务所形成的债权担保的有关规定；掌握标的证券、保证金和担保物的管理规定；了解融券业务所涉及证券的权益处理规定；掌握监管部门对融资融券业务的监管措施；了解转融通业务的基本概念及主要规则；了解转融通业务中资金和证券的来源及权益处理。

熟悉股票质押式回购、约定式购回、质押式报价回购业务的主要规则；了解股票质押回购、约定式购回、质押式报价回购业务的风险管理、违约处置及异常交易处理的一般规定。

第八节　证券公司场外业务

了解全国股转系统的性质、服务对象及主要功能；熟悉全国股转系统一般业务规则；掌握主办券商在全国股转系统开展业务的主要业务类别、业务申请条件及业务管理要求；掌握主办券商在全国股转系统开展业务的主要规则；熟悉全国股转系统对主办券商的自律管理措施。

了解证券公司柜台交易、柜台市场的概念、基本要求；熟悉证券公司可以在柜台市场发行、销售与转让的产品种类；了解柜台市场发行、销售与转让产品可采取的方式；熟悉柜台交易合同签订、财产担保的有关要求；熟悉柜台市场账户、登记、托管、结算的有关要求；熟悉柜台市场内控制度建设、投资者适当性管理、信息披露的有关要求；了解证券公司柜台市场业务的自律管理要求。

了解证券公司参与区域性股权交易市场的业务范围；熟悉证券公司在区域性股权交易市场提供业务服务的相关规定；了解证券公司参与区域性股权交易市场的自律管理要求。

第九节　其他业务

熟悉代销金融产品的规范和禁止性行为。

熟悉证券公司中间介绍业务的业务范围；掌握证券公司开展中间介绍业务的业务规则与禁止行为；熟悉对中间介绍业务的监管措施。

了解证券公司另类投资业务的概念及投资范围；熟悉证券公司另类投资业务的主要业务规则；了解证券公司设立子公司开展另类投资业务的相关规定。

熟悉证券公司私募投资基金业务的主要业务规则；了解证券公司设立子公司开展私募投资基金业务的相关规定。

掌握非银行金融机构开展证券投资基金托管业务的条件与管理要求。

了解股票期权交易的主要制度安排；熟悉证券公司开展股票期权业务的条件与主要业务规则。

熟悉证券公司金融衍生品的交易范围、种类及其备案管理。

第四章　证券市场典型违法违规行为及法律责任

第一节　证券一级市场

熟悉擅自公开或变相公开发行证券的特征及其法律责任；熟悉欺诈发行股票、债券的犯罪构成、刑事立案追诉标准及其法律责任；掌握非法集资类犯罪的犯罪构成、立案追诉标准并熟悉其法律责任；掌握违规披露、不披露重要信息的行政责任、刑事责任的认定；了解擅自改变公开发行证券募集资金用途的法律责任。

第二节　证券二级市场

掌握诱骗投资者买卖证券、期货合约的刑事责任的认定；掌握利用未公开信息交易的刑事责任及行政责任的认定；掌握内幕交易、泄露内幕信息的刑事责任、民事责任及行政责任的认定；掌握操纵证券期货市场的刑事责任、民事责任及行政责任的认定；掌握在证券交易活动中做出虚假陈述或者信息误导的法律责任认定；熟悉背信运用受托财产的犯罪构成、刑事追诉标准及其法律责任。

第二部分　金融市场基础知识

第一章　金融市场体系

第一节　金融市场概述

掌握金融市场的概念；熟悉金融市场的分类；了解金融市场的重要性；掌握金融市场

的功能。

掌握直接融资与间接融资的概念、特点和分类；熟悉直接融资与间接融资的区别；熟悉直接融资对金融市场的影响。

第二节　全球金融市场

了解全球金融市场的形成及发展趋势；了解国际资金流动方式；熟悉全球金融体系的主要参与者。

了解英、美、香港为代表的主要国家和地区金融市场结构和金融监管特征。

第二章　中国的金融体系与多层次资本市场

第一节　中国的金融体系

了解新中国成立以来我国金融市场的发展历史；熟悉我国金融市场的发展现状；了解影响我国金融市场运行的主要因素。

了解金融中介机构体系的构成；掌握商业银行、证券公司、保险公司等主要金融中介机构的业务；了解我国银行业、证券业、保险业、信托业的行业基本情况；熟悉我国金融市场的监管架构；了解“一委一行两会”的职责；了解金融服务实体经济的要求。

了解中央银行的业务（资产负债表）和主要职能；熟悉存款准备金制度与货币乘数的概念；掌握货币政策的概念、措施及目标；掌握货币政策工具的概念及作用原理；熟悉货币政策的传导机制。

第二节　中国的多层次资本市场

掌握资本市场的分层特性及其内在逻辑；掌握中国多层次资本市场的主要内容、结构与意义。

熟悉场内市场的定义、特征和功能；熟悉场外市场的定义、特征和功能；熟悉主板、中小板、创业板的概念与特点；熟悉全国中小企业股份转让系统的概念与特点；熟悉私募基金市场、区域股权市场、券商柜台市场、机构间私募产品报价与服务系统的概念与特点。

第三章　证券市场主体

第一节　证券发行人

掌握证券市场融资活动的概念、方式及特征。

掌握证券发行人的概念和分类；熟悉政府和政府机构直接融资的方式及特征；熟悉企业（公司）直接融资的方式及特征；熟悉我国上市公司首次融资与再融资的途径；掌握金融机构直接融资的特点。

第二节　证券投资者

掌握证券市场投资者的概念、特点及分类；了解我国证券市场投资者结构及演化。

掌握机构投资者的概念、特点及分类；熟悉机构投资者在金融市场中的作用；熟悉政府机构类投资者的概念、特点及分类；掌握金融机构类投资者的概念、特点及分类；熟悉合格境外机构投资者、合格境内机构投资者的概念与特点；掌握企业和事业法人类机构投资者的概念与特点；掌握基金类投资者的概念、特点及分类。

掌握个人投资者的概念；熟悉个人投资者的风险特征与投资者适当性。

第三节 证券中介机构

掌握证券公司的定义；了解我国证券公司的发展历程；掌握我国证券公司的监管制度及具体要求；掌握证券公司主要业务的种类及内容；了解证券公司业务国际化。

熟悉证券服务机构的类别；熟悉对律师事务所从事证券法律业务的管理；熟悉对注册会计师、会计师事务所从事证券、期货相关业务的管理；熟悉对证券、期货投资咨询机构的管理；熟悉对资信评级机构从事证券业务的管理；熟悉对资产评估机构从事证券、期货业务的管理；掌握我国证券金融公司的定位及业务；掌握对证券金融公司从事转融通业务的管理；熟悉证券服务机构的法律责任和市场准入。

第四节 自律性组织

掌握证券交易所的定义、特征及主要职能；熟悉证券交易所的组织形式；了解我国证券交易所的发展历程。

熟悉证券业协会的性质和宗旨；了解证券业协会的历史沿革；熟悉证券业协会的职责和自律管理职能。

熟悉证券登记结算公司的设立条件与主要职能；熟悉证券登记结算公司的登记结算制度。

掌握证券投资者保护基金的来源、使用、监督管理；熟悉中国证券投资者保护基金公司设立的意义和职责。

第五节 证券监管机构

熟悉证券市场监管的意义和原则、市场监管的目标和手段；掌握我国的证券市场的监管体系；掌握国务院证券监督管理机构及其组成；熟悉《证券法》赋予证券监督管理机构的职责、权限。

第四章 股票

第一节 股票概述

掌握股票的定义、性质和特征；熟悉普通股票与特别股票、记名股票与不记名股票、有面额股票与无面额股票的区别和特征；掌握股利政策、股份变动等与股票相关的资本管理概念。

掌握普通股股东的权利和义务；掌握公司利润分配顺序、股利分配条件、原则和剩余资产分配条件、顺序；熟悉股东重大决策参与权、资产收益权、剩余资产分配权、优先认股权等概念。

熟悉优先股的定义、特征；了解发行或投资优先股的意义；了解优先股与普通股、债券及其他股债混合产品的比较；了解优先股票的分类及各种优先股票的含义。

了解我国各种股份的概念；了解我国股票按投资主体性质的分类及概念；了解我国股票按流通受限与否的分类及概念；熟悉A股、B股、H股、N股、S股、L股、红筹股等概念。

第二节 股票发行

熟悉股票发行制度的概念；了解我国股票发行制度的演变；掌握审批制、核准制、注册制的概念与特征；掌握保荐制度、承销制度的概念；了解股票的无纸化发行和初始登记制度。

掌握新股公开发行和非公开发行的基本条件、一般规定、配股的特别规定、增发的特别规定；熟悉增发的发行方式、配股的发行方式；了解新股网上网下申购的要求。

熟悉股票退市制度。

第三节　股票交易

掌握证券交易原则和交易规则；熟悉做市商交易的基本概念与特征；熟悉融资融券交易的基本概念与操作。

掌握证券账户的种类；掌握开立证券账户的基本原则和要求；了解证券托管和证券存管的概念；了解我国证券托管制度的内容；了解证券委托的形式；掌握委托指令的基本类别；熟悉委托指令的内容；熟悉委托受理的手续和过程；了解委托指令撤销的条件和程序；掌握证券交易的竞价原则和竞价方式；了解涨跌幅限制等市场稳定机制；了解证券买卖中交易费用的种类；了解股票交易的清算与交收程序；了解股票的非交易过户。

熟悉股票价格指数的概念和功能；了解股票价格指数的编制步骤和方法；熟悉我国主要的股票价格指数；了解海外国家主要股票市场的股票价格指数。

熟悉沪港通和深港通的概念及组成部分；了解沪港通和深港通股票范围及投资额度的相关规定。

第四节　股票估值

掌握股票票面价值、账面价值、清算价值、内在价值的概念与联系；熟悉股票的理论价格与市场价格的概念及引起股票价格变动的直接原因；了解影响股票价格变动的相关因素；了解基本分析、技术分析、量化分析的概念。

熟悉货币的时间价值、复利、现值、贴现的概念；熟悉影响股票投资价值的因素；了解股票的绝对估值方法和相对估值方法。

第五章　债券

第一节　债券概述

掌握债券的定义、票面要素、特征、分类；熟悉债券与股票的异同点。

掌握政府债券的定义、性质和特征；掌握中央政府债券的分类；了解我国国债的品种、特点和区别；掌握地方政府债券的概念；熟悉地方政府债券的发行主体、分类方法；了解我国国债与地方政府债券的发行情况。

掌握金融债券、公司债券和企业债券的定义和分类；了解我国金融债券的品种和管理规定；熟悉各种公司债券的含义；了解我国企业债的品种和管理规定；了解我国公司债券的管理规定；熟悉我国公司债券和企业债券的区别。

掌握国际债券的定义、特征和分类；掌握外国债券和欧洲债券的概念、特点；了解我国国际债券的发行概况。

掌握资产证券化的定义与分类；熟悉资产证券化各方参与者；熟悉资产证券化的具体操作要求；熟悉资产支持证券概念及分类；熟悉资产证券化的主要产品；了解资产证券化兴起的经济动因；了解美国次级贷款及相关证券化产品危机；我国资产证券化的发展历史。

第二节　债券发行

掌握我国国债的发行方式；熟悉记账式国债和凭证式国债的承销程序；熟悉国债销售的价格和影响国债销售价格的因素。

了解财政部代理发行地方政府债券和地方政府自行发债的异同。

熟悉我国金融债券的发行条件、申报文件、操作要求、登记、托管与兑付的有关规定；了解次级债务的概念、募集方式；了解混合资本债券的概念、募集方式。

熟悉我国企业债券和公司债券发行的基本条件、募集资金投向和不得再次发行的情形；了解企业债券和公司债券发行的条款设计要求。

熟悉企业短期融资融券和中期票据的注册规则、承销的组织；熟悉中小非金融企业集合票据的特点、发行规模要求、偿债保障措施、评级要求、投资者保护机制。

熟悉证券公司债券的发行条件与条款设计；了解证券公司次级债券的发行条件；了解证券公司债券发行的申报程序、申请文件的内容；熟悉证券公司债券的上市与交易的制度安排。

了解国际开发机构人民币债券的发行与承销的有关规定。

第三节　债券交易

掌握债券现券交易、回购交易、远期交易和期货交易的基本概念；熟悉债券现券交易、回购交易、远期交易和期货交易的流程和区别；掌握债券报价的主要方式；熟悉债券的开户、交易、清算、交收的概念及有关规定；熟悉债券登记、托管、兑付及付息的有关规定。

掌握债券评级的定义与内涵；了解债券评级的程序；熟悉债券评级的等级标准及主要内容。

了解银行间债券市场的发展情况；了解交易所债券市场的发展情况；熟悉银行间债券市场与交易所债券市场的交易方式、托管方式及结算方式；熟悉债券市场转托管的定义及条件。

第四节　债券估值

熟悉债券估值的基本原理；熟悉影响债券价值的基本因素；了解债券报价与实付价格；了解零息债券、附息债券、累息债券的估值定价；了解债券当期收益率、到期收益率、即期利率、持有期收益率、赎回收益率的概念；了解利率的风险结构和期限结构的概念。

第六章　证券投资基金

第一节　证券投资基金概述

掌握证券投资基金的概念和特点；掌握基金与股票、债券的区别；掌握契约型基金与公司型基金、封闭式基金与开放式基金的概念与区别；熟悉股票基金、债券基金、混合型基金、货币市场基金的概念；熟悉公募基金与私募基金的区别；掌握交易所交易基金与上市开放式基金的概念、特点；熟悉保本基金、QDII 基金、分级基金、基金中基金以及伞形基金的概念；了解证券投资基金的起源与全球证券投资基金业发展概况；熟悉我国证券投资基金的发展概况。

第二节　证券投资基金的运作与市场参与主体

熟悉我国证券投资基金的运作关系；熟悉基金投资管理过程；熟悉基金投资面临的外部风险与内部风险；熟悉基金市场参与主体。

第三节　基金的募集、申购赎回与交易

熟悉拟募集基金应具备的条件；熟悉基金的募集步骤；熟悉开放式基金的认购步骤、认购方式、认购费率和收费模式；熟悉开放式基金申购、赎回的概念；熟悉认购与申购的区别；熟悉申购、赎回的原则；了解申购、赎回费用及销售服务费的概念；熟悉开放式基金份额的转换、非交易过户、转托管与冻结的概念；熟悉封闭式基金的交易规则与交易费用。

第四节　基金的估值、费用与利润分配

熟悉基金资产估值的概念；了解基金资产估值的重要性；熟悉基金资产估值需考虑的因素；熟悉我国基金资产估值的原则；熟悉基金费用的种类；熟悉各种费用的计提标准及计提方式。

熟悉基金收入的来源、利润分配方式；掌握不同类型基金利润分配的原则；熟悉基金自身投资活动产生的税收；熟悉基金投资者（包括个人和机构）投资基金的税收。

第五节　证券投资基金的监管与信息披露

熟悉基金监管的含义与作用；熟悉我国基金监管机构和自律性组织；熟悉对基金机构的监管内容；掌握对公募基金销售活动的监管内容；掌握对公募基金投资与交易行为的监管的内容；熟悉基金信息披露的含义与作用；掌握基金信息披露的禁止性规定；熟悉基金募集信息披露、运作信息披露和临时信息披露的内容。

第六节　非公开募集证券投资基金

掌握对非公开募集证券投资基金的基本规范；熟悉私募基金的募集程序；熟悉私募基金的信息披露。

第七章　金融衍生工具

第一节　金融衍生工具概述

掌握衍生工具的概念、基本特征；掌握衍生工具的分类；掌握股权类、货币类、利率类以及信用类衍生工具的概念及其分类。

了解金融衍生工具的发展动因、发展现状和发展趋势；掌握金融衍生工具市场的特点与功能；了解我国衍生工具市场的发展状况。

第二节　金融远期、期货与互换

掌握远期、期货、期权和互换的定义、基本特征和区别；掌握金融期货、金融期货合约的定义；了解金融期货合约的主要种类；掌握金融期货的集中交易制度、保证金制度、无负债结算制度、限仓制度、大户报告制度、每日价格波动限制、强行平仓、强制减仓制度等主要交易制度；掌握金融期货的种类与基本功能。

了解人民币利率互换的业务内容；了解信用违约互换的含义和主要风险；了解收益互换的应用。

第三节　金融期权与期权类金融衍生产品

掌握金融期权的定义和特征；熟悉金融期货与金融期权的区别；熟悉金融期权的主要

功能；了解金融期权的主要种类；了解金融期权的主要风险指标；了解权证的定义和分类；了解期权品种及其应用。

掌握可转换公司债券、可交换公司债券的概念、特征、发行基本条件；熟悉可交换债券与可转换债券的不同。

第四节　其他衍生工具简介

熟悉存托凭证与结构化金融衍生产品的定义和分类。

第八章　金融风险管理

第一节　风险概述

了解风险的常见定义；掌握中国国家标准对风险的定义；掌握风险的构成要素；掌握金融风险的分类；熟悉系统风险与非系统风险的概念；熟悉流动性风险、市场风险、信用风险、操作风险、声誉风险的概念与特点。

第二节　风险管理

掌握风险管理的概念；熟悉风险管理的方法；熟悉风险预防、风险分散、风险对冲、风险转移、风险规避、风险补偿的概念及特点；熟悉风险管理的过程；熟悉风险管理 VaR 分析法的原理与应用；了解风险管理的发展趋势。

附录三

证券市场常用术语

大盘： 指股市整体状况的表现，通常用价格指数来观察分析。

牛市： 股票价格普遍持续上扬的行情，市场前景乐观。

熊市： 股票价格普遍持续下跌的行情，市场前景暗淡。

多头： 预期未来价格上涨，以目前价格买入一定数量的股票，等价格上涨后高价卖出以获利的投资者。特点为先买后卖的交易行为。

空头： 预期未来行情下跌，将手中股票按目前价格卖出，待行情下跌后低价买进以获利的投资者。特点为先卖后买的交易行为。

利多： 对多头有利，能刺激股价上涨的各种因素和消息，如银行利率降低、公司经营状况好转等。

利空： 对空头有利，能促使股价下跌的各种因素和信息，如银根收紧、利率上升、经济衰退、公司经营状况恶化等。

套牢： 预期股价上涨而买入股票，结果股价却下跌，又不甘心将股票卖出，被动等待获利时机的出现。

斩仓（割肉）： 在买入股票后，股价下跌套牢后，投资者为避免损失增加而低价（赔本）卖出股票的行为。

分红： 指上市公司以现金方式发放股利，这种分配方式需缴纳所得税，目前进行分配时送股和红利所得已可自动进入股东账户。

送股： 指上市公司将本年的利润留在公司里，发放股票作为红利，从而将利润转化为股本。送红股后，公司的总股本增大了，同时每股净资产降低了。红股来自公司的年度税后利润，只有在公司有盈余的情况下，才会向股东送红股。

转增股本：指公司将资本公积转化为股本，转增股本并没有改变股东的权益，但却增加了股本的规模，因而客观结果与送红股相似。但转增股本来自资本公积，它可以不受公司本年度可分配利润的多少及时间的限制。

开盘价：指每天通过开盘前的集合竞价确定的第一笔成交的价格。

收盘价：指每天成交中最后一笔的价格。

成交数量：指交易成功的数量。

最高价：指当天成交的各种不同价格中最高的成交价格。

最低价：指当天成交的各种不同价格中最低的成交价格。

内盘：靠近买盘价格成交的数量统计时记入内盘。

外盘：靠近卖盘价格成交的数量统计时记入外盘。内盘、外盘这两个数据大体可以用来判断买卖力量的强弱。若外盘数量大于内盘，则表明买方愿意以高价买入的力量较强；若内盘数量大于外盘，则说明卖方力量较强。

换手率：指在一定时间内市场中股票转手买卖占流通股数的比例，是反映股票交易活跃程度强弱的指标之一。换手率太低，说明成交不活跃，如果是庄股，则说明筹码已基本集中在主力手中，浮筹不多。计算公式如下：

换手率＝成交股数/流通股总数

市盈率：是市价与每股收益的比值，是衡量股价高低和企业盈利能力的一个重要指标。计算公式如下：

市盈率＝当前每股市场价格/每股税后利润